纪念慕天颜诞辰四百周年

XIANG

XIAN

MU

TIAN

YAN

乡贤慕天颜

李世恩 主编

中国人民政治协商会议静宁县委员会 编

中国出版集团 现代出版社

图书在版编目（CIP）数据

乡贤慕天颜／李世恩主编. — 北京：现代出版社，

2024.7. —ISBN 978-7-5231-1060-7

Ⅰ. K827 =49

中国国家版本馆 CIP 数据核字第 2024UC9614 号

主　　编　　李世恩
责任编辑　　刘　刚

出版发行	现代出版社
地　　址	北京市安定门外安华里 504 号
邮政编码	100011
电　　话	（010）64267325
传　　真	（010）64245264
网　　址	www.1980xd.com
印　　刷	北京荣泰印刷有限公司
开　　本	710mm×1000mm　1/16
印　　张	28.5
字　　数	342 千字
版　　次	2024 年 7 月第 1 版　2024 年 7 月第 1 次印刷
书　　号	ISBN 978-7-5231-1060-7
定　　价	88.00 元

《乡贤慕天颜》编纂委员会

墓中尚像

慕天颜像

（清孔继尧绘，载顾沅辑《吴郡名贤图传赞》，道光九年刻本）

公姓慕諱天顏字鶴鳴陜西靜寧州人順治十二年進士康熙九年由

福建副使擢江蘇布政使時吳中水旱相仍公議請糴貨緩徵疏濬

吳淞劉河寓賑於工丁丙艱

特旨起復等入覲凡七上疏曰減浮糧除荒坍治淮黃寬澗田調守

令均田役給囚糧居七年就擢江蘇巡撫晉階太子少師兵部尚書

以通賦無徵再請酌蠲

詔從之復條上免坍荒停捐例更則例等八疏十八年旱蝗賑恤甚

至開濬白茆孟河建牐蓄洩爲東南之利二十一年坐他事降調去

贊曰蠲糧濬河嘉謨入告利溥東南民歌熙皞

《慕天颜传赞》书影

序一

中共静宁县委书记　何鹏峰

　　静宁为陇口要冲，文华之地，古称大州。这里历史悠久，文化灿烂，钟灵毓秀，物华天宝，人文始祖伏羲降生于古成纪，教民畜牧、创制八卦，开启中华文明耀眼曙光，为静宁赢得了"中华文明重要发祥地之一"和"陇东南始祖文化核心区"的美誉。

　　亘古以来，在这块古老而又神奇的土地上，曾蕴育了众多彪炳史册的著名历史人物，是后世敬仰的先贤、效法的典范。被称为"飞将军"的西汉名将李广，先后与匈奴作战七十余次，以身先士卒、指挥若定、骁勇善战而闻名天下，他忠诚的报国之心、凛然的大将风范、毫不苟且的人格力量，为中国军人树立了高山仰止的精神标尺；抗金名将吴玠、吴璘兄弟率领的吴家军，在国家危急存亡之际，毅然肩负起抵御外侮、保家卫国的历史重任，与金兵展开了旷日持久的残酷战争，著名的仙人关大战，重创敌军，保全蜀中，成为中国军事史上以少胜多的成功战例；与吴氏兄弟同时期的"中兴名将"刘锜，挽狂澜于既倒，扶大厦之将倾，顺昌一役，大败金兵，扭转了宋金军事局势，成为肩负半壁江山安危的国之干城；被康熙皇帝称许为"实心任事、勤劳茂著"的清初名臣慕天颜，胸怀治国利民之志，一展经邦济世之才，在招抚台湾、助剿三藩、发展水利、救灾救荒、蠲免钱粮、整饬漕运等许多重大事件、重要改革中功勋丕著，成为清初屈指可数的一代能臣。这些文韬武略、建功立业的名臣乡贤，是静宁人的骄傲和荣光，也为静宁留下了弥足珍贵的精神财富。

在中国历史上享有很高声誉的上述历史人物中，慕天颜是距我们最近、留下著述最多的一位，也是多年来缺少研究、被世人忽视的一位。慕天颜，字拱极，他出身于诗礼名门、积善人家，自幼聪敏出众，悲天悯人，曾劝祖父开仓煮粥，赈济饥民。少年时，到西岩寺面壁苦读《大藏经》，儒佛相参，学问日进。23 岁中举，32 岁中进士，成为清代静宁州第一位举人、平凉府第一位进士，不仅开启了其个人的宦海生涯，也倡导了静宁崇文重教、科第联翩的社会风气。入仕后，他历任浙江钱塘县知县、广西南宁府同知、福建兴化府知府、江苏布政使、江宁巡抚、湖北巡抚、贵州巡抚、漕运总督，所历之处，兴利革弊，惠政昭彰，百姓爱戴。特别是作为清初一代名臣能吏，他任职江苏十二年，颇多建树，出使台湾、兴利革弊、筹集军备、制造战舰、疏通漕运、平定三藩、改善民生，被称为"康熙重臣"。正如林则徐所言："静宁慕中丞先后巡抚吴、黔，封事凡数十上，而其功德之及民者，在吴尤大。条举其要曰：治淮黄也，疏水利也，请蠲贷也，减浮粮也，除荒坍也，宽涸田也，均田役也，停捐例也，其文具疏稿中。"林则徐所称的"疏稿"，即于康熙、道光年间两次印行，2015 年由台湾经学文化事业有限公司出版的《稀见清代四部辑刊》中的慕天颜著作《辑瑞陈言》《抚吴封事》《抚楚封事》《抚黔封事》《督漕封事》，以及江南士绅辑录慕天颜等名宦惠民功绩的《兴革事宜略》。这些著作，凝聚着慕天颜的治世思想、施政智慧和为民情怀，是作者留给家乡、留给世人的一笔宝贵的精神财富。

最近，被平凉市委、市政府列为"平凉市古籍整理出版重点项目"的《慕天颜集》由商务印书馆正式出版，为我们研究慕天颜其人、发掘慕天颜文化提供了重要依据。作为慕天颜生前心心念念的家乡，岂能不倍加珍视、发扬光大？

今年适逢慕天颜诞辰 400 周年，县政协组织编撰《乡贤慕天颜》一书，系统梳理了慕天颜的生平事迹、家世渊源、交游交往以及在救灾救荒、开江疏河、均田均役、尊崇法治、开放海禁、台海战略等方面的要况，堪称国内专门研究慕天颜的首部著作。这一举措，不仅是挖掘历史文化、弘扬乡贤精神的创新之举，也是政协文史资料工作"团结、资政、育人"作用的充分彰显，功在当代，利在千秋，惠及当世，泽被后人。

《易经》曰："关乎天文，以察时变；关乎人文，以化成天下。"读慕天颜之事，敬慕天颜之行，掩卷沉思，其一生恪守的儒家"修身齐家治国平天下"的人生信仰，践行的"民者，天下之本"的民本思想，传承的以"廉、恕、谦、明、勤、俭"为核心的做人为官六字箴言，对鼓舞广大党员干部和家乡人民热爱静宁、建设静宁，实现静宁经济社会高质量发展具有重要的现实意义和深远的历史意义。

是为序。

序二

静宁县政协主席　王宁香

今年是新中国 75 华诞，也是人民政协成立 75 周年。

75 年来，人民政协作为中国人民爱国统一战线组织，作为中国共产党领导的多党合作和政治协商的重要机构，作为我国政治生活中发扬社会主义民主的重要形式，同新中国一起诞生，与共和国一道成长。多年来，人民政协始终高举爱国主义和社会主义两面旗帜，围绕团结民主两大主题，积极履行政治协商、民主监督、参政议政职能，广泛凝聚共识，在我国政治生活中发挥了不可替代的作用，为实现中华民族伟大复兴作出了重要的贡献。

75 年来，全县上下团结奋斗、共同努力，特别是经过 40 多年的改革开放，经济社会发展不断迈上新台阶，静宁大地发生了历史性的巨变。静宁政协全程参与了这一伟大的历史性变革，并发挥了不可替代的作用。

为隆重庆祝人民政协成立 75 周年，静宁县政协坚持与时代同频共振，在推动中华优秀传统文化创造性转化、创新性发展的实践中，紧盯"以史团结人，以史影响人，以史教育人"的目的，决定编撰《乡贤慕天颜》一书，既是献给清初名臣慕天颜诞辰 400 周年的一瓣心香，也是献给人民政协成立75周年的一份礼物。

静宁历史悠久，文化底蕴十分深厚，对静宁各个历史时期事件、史迹、人物、民俗、古迹、趣闻等方面，以史料挖掘和亲历亲见亲闻的方式，进行翔实、生动、具体的记述，让更多的人能够感知到伏羲故里的文化魅力、葫芦河畔的沧桑巨变，洞察到静宁在政治、经济、文化、科技、教育、民生等诸多方面的历史演变，对了解静宁、热爱静宁、建设静宁具有重大而积极的作用。

书香是世界上最美丽的香味。近年来，静宁县政协致力于书香政协建设，先后创建了政协文史室、政协书画长廊、文化界委员工作室，开展了各类读书交流活动，举办了专家学者专题讲座，定期编印《静宁文史》期刊，向政协委员推介书目，不断把书香政协建设向纵深推进。

慕天颜是康熙时代的名臣，是再造江南的功臣，是静宁人立德立言立功的代表，他的仕宦经历、执政思想和丰功伟绩，记载于各类典籍，传颂于世代百姓。但长期以来，静宁乃至国内学者对慕天颜还缺乏系统、全面、深入的研究，这不能不说是静宁历史文化领域的一大遗憾，也正是县政协决定编撰此书的意义之所在。

文史资料工作是人民政协一项经常性、基础性工作，也是一项具有统一战线特色的社会主义文化事业，已深深扎根于政协的土壤。《乡贤慕天颜》一书的编撰和出版，得到了县委、县政府的极大关心和支持，对进一步挖掘、传承、弘扬慕天颜经邦济世的执政理念、兴利革弊的为民情怀，具有十分重要的现实意义。

捧读这本沉甸甸的书稿，特别感谢主编李世恩先生和全体作者的辛苦劳作，是他们在百忙之中，本着对家乡文化的一片深情和对乡贤的无比敬仰，青灯黄卷，探玄钩沉，勘误正谬，数易其稿，终于使慕天颜这一功在江南、名传后世的著名乡贤，走出尘封的史册，进入当代人的视野。在《乡贤慕天颜》付梓之际，谨向本书的所有编者、作者，以及为本书付出汗水、心血和智慧的专家学者，致以崇高的敬意和真挚的谢忱！

初心如磐，使命如炬；继往昭来，承前启后。文史关乎国本、国运，守住中华民族的根与魂，知史爱家，知史爱国，研究静宁历史名人，讲好静宁文史故事，我们旁无责贷，勇担重任。

谨写数语，以作为序。

目 录

生平传记

流风善政

艺文赏析

生平传记

再造江南

——康熙时期的江苏布政使、江宁巡抚慕天颜

□ 李世恩

引　子

信乎，慕公保护良法，再造东南，他年并文襄俎豆千秋可也。

　　——松江府名士曹家驹《华亭县均田均役碑》摘录

　　上面这句话，是一名普通生员对时任江宁巡抚慕天颜大力推行均田均役法的由衷赞誉，代表着平民百姓的心声。其实，慕天颜作为康熙年间在朝野上下具有较大影响的能吏名臣，经营"天下财赋重地"江南十二年，成为清初许多重大事件的参与者、重大工程的实施者和重大改革的推动者，善政彰彰，岂止一端。

　　慕天颜，明天启四年（1624）腊月初三生于陕西省平凉府静宁州阜民坊（今甘肃省静宁县城新街）一户读书仕宦之家，远祖系鲜卑慕容氏，明初有仕于平凉者，其中一支定居静宁州，至慕天颜父亲辈才将复姓改为单姓。慕天颜出生后，祖父慕容三让为其取名天颜，字拱

极，有"天子容颜""拱卫北极（即君王）"之意，可见对其寄托之重、期许之高。后来，可能是嫌"拱极"太过直白，又据《诗经·小雅·鹤鸣》的诗意，取号"鹤鸣"。

慕天颜的童年和少年时代，由于"小冰河期"气候的巨大影响，旱灾、蝗灾、地震多年相继，饥民暴动此起彼伏，李自成农民起义军席卷西北。作为静宁州城内为数不多的殷实人家，其生命和财产时时受到威胁，可谓一夕数惊。

在这样的环境下，他"五岁受书，能过目成诵"。六岁那年，岁遇大饥，他指着家藏数千石的粮囤对祖父说："藏这么多粮食有何用处？不如拿来赈济饥民。"祖父甚为惊异，即发粟煮粥，遍施饥民，救活了两三千人。十五岁时，他成为州儒学生员，因鲜有博学师友可以切磋，遂到静宁州城西南名刹西岩寺，潜心研读该寺旧藏六千多卷的佛教经典《大藏经》，足不出户，不到一年读完。回家后又精读《四书》，再专攻《论语》，不览他书，澄心默坐，遂恍然有得。从此，做文章确有根蒂，议论泉涌，清真峭拔，气象正大，绝不像那些只为了应付科举考试而写的迂腐不切实际之言。

顺治元年（1644），清朝定鼎，刚过弱冠之年的慕天颜遇到了清代静宁州第一任学正李友郭。这位学正大人家学渊源，腹笥甚丰，且兄长在前朝为官，习染较多，故能注重实学，尤其在案牍和策对方面很有见解，对慕天颜影响甚大，慕天颜也"终身师事之"。顺治三年，23岁的慕天颜赴西安府参加陕西乡试（也称"秋闱"），成为清代静宁州第一位举人，一时轰动乡里。

接下来，慕天颜继续发奋读书，备考会试。直到顺治十二年（1655）乙未科，终于一跃龙门，中式列三甲192名，按例赐同进士出身，成为静宁州乃至平凉府改朝换代后的第一位进士。随后，被分往吏部等衙门观政（新科进士任职前的实习制度），以扩充见闻，明达政体，历练经验。

观政期满后，慕天颜经部堂官考核通过，被签分到闽浙总督衙门所在地杭州府属钱塘县任知县。顺治十四年（1657）初，他从老家静宁出发，赴任钱塘，从此开启了他不平凡的仕宦生涯。

当时的钱塘县衙，在杭州城内。因清军与郑成功军事势力对抗十分严峻，时有摩擦，老百姓既要供给驻军钱粮，又要承担大军过境时拉纤等各类徭役，赋役十分繁重。而奸猾小吏又趁机从中作祟，致使弊窦丛生。面对这种情况，慕天颜表现出沉着和睿智的治理能力，他通过走访当地贤达和百姓，逐渐厘清钱粮征收方面的各种积弊，按朝廷规定予以严肃整顿。新政一出，赋役有所减轻，百姓竭力供输，官员勉力催征，不仅赢得了民心，而且也保证了军需供应不至于匮乏。

在钱塘任内，他除了整顿钱粮积弊外，至少还有三件事给当地人留下了深刻印象。

一是坚拒兵占民房。为了遏制郑成功军队沿长江北伐，清廷调集大军进行围剿，同时实行严厉的迁界禁海政策。当时的清军大帅驻师杭州，要求杭州府、县两级腾出一万多间民房，在城中安插军队。慕天颜接令后，提出毋占民居，让军队在钱塘江岸边搭建临时军营的建议。此建议得到浙江地方官员的支持，但军队方面大为恼火。正当军地双方僵持不下时，顺治帝下旨："兵以卫民，何得驻城？"于是，杭州城内，从督抚到百姓无不佩服这位年轻县令的先见之明。

二是铁腕整治匪盗。钱塘县有个叫"张八"的地痞，以偷盗起家，随后召集了好些喽啰，干起了打家劫舍的营生，不几年便身家过万，街坊邻人敢怒不敢言。慕天颜在暗中查清其罪行后，设计将他们一网打尽，将民愤极大的张八及十几个头目就地正法、籍没家产，对被逼迫胁从的几十人予以宽大处理。张八伏法后，其他匪盗从此潜踪匿迹，四境以宁。

三是差船制度改革。清初数十年，东南沿海战事频发，运送官兵的船只都需供应纤夫。这些按里摊派的纤夫，不仅酬劳不足以糊口，而且往往被拘集到一起候差，饥寒交迫，如同囚犯。尤其恶劣的是拉纤途中被悍兵鞭笞赶程，甚至还发生过迫害致死的案件。为此，慕天颜对大家见惯不怪的差船制度进行了改革：除刻不容缓的紧急军情外，对一般回京或换防官兵的运送，只要给船主付足与雇用纤夫同样的水脚费，就由船主雇足水手，不用纤夫。慕天颜将这一改革方案逐级汇报到总督、巡抚，得到充分肯定后，在全省推广，解放了数以万计的贫苦百姓。这是慕天颜为官期间多项改革中的第一项。

这三件事，既展示了他初生牛犊不怕虎的勇毅果敢之气，也显露出他通权达变、善于创新的理政才能。

康熙三年（1664）初，已任七年钱塘知县的慕天颜，因历年考核政绩突出，被擢升为河南开封府同知（知府的佐官，正五品）。但未及赴任，就于春夏之际接到父丧的噩耗，遂丁忧回乡，按例守制二十七个月。

康熙五年（1666），慕天颜丁忧期满后，被签分广西南宁府同知。在此任上，不光被时任知府视为臂膀，甚至连督抚也将全省疑难刑狱，委托其办理。他每接手一宗案件，一定要亲临现场，亲自审问，必得其真凭实据方敢定谳。为此，几个月间就走遍了南宁各地，尤其是一些人烟稀少的烟瘴之地，所办案件均水落石出。

除此之外，他还干过两件大事。一件是安靖地方。当时的南宁，社会治安比较混乱，尤其是有个叫"黑七"的泼皮无赖，组织团伙，为非作歹，欺弱凌寡，民愤极大。但由于其和衙门内部有勾结，有恃无恐，就地坐大。慕天颜侦知此事后，安插眼线，将其智擒。经审理，将四五名首恶者问斩，其余十余人收监问罪，那个衙门内鬼也被革职法办。为了巩固治理成果，他还在各乡各保训练民兵，对盗匪形成威慑，并积极推行乡保互助制度，申明赏罚，让各毗邻地区守望相助，互相擒救，盗患遂息，百姓方得安枕。

另一件是兴修书院。南宁府城的敷文书院（亦称阳明书院），系由明嘉靖时期的思想家、哲学家王阳明创办。可惜这座在广西开风气之先的著名书院，毁于明末战火。慕天颜深感此地欲变民风，必先变士风，于是购买邻近空地，修建屋舍，扩大规模，为士子读书之所。同时，在所属各乡捐设义学，延师训迪，月给膏火。

慕天颜任南宁府同知仅八个月后，就被擢升为福建兴化府知府（从四品）。虽然他任职时间很短，但在乾隆八年（1743）官方纂修的《南宁府志·职官志》中，被列入名宦之列。

康熙四十四年《兴化府莆田县志》中的府治图

康熙六年（1667），44 岁的慕天颜就任福建兴化府（今莆田市）知府。当时，因郑氏政权孤悬海外，"无田土物力可以资生"。清廷为了避免郑氏海军通过袭扰沿海来攫取给养，于顺治十八年（1661）制定了严厉的迁界禁海（又称沿海迁界）政策，强制将沿海居民迁移到内地，坚壁清野，很快就形成了一个无人区。而福建兴化府，直接与台湾隔海对峙，迁界禁海首当其冲，滨海百姓迁离故土，受尽了流离饥寒的苦难。

慕天颜上任伊始，迁界禁海政策更为苛刻，老百姓为打渔或开荒，有不注意稍稍越界者，即犯死罪，甚至牟连家人和亲邻。慕天颜作为一方主政者，在配合军方执行这项政策的同时，又能为百姓着想，拿出防患于未然的办法。于是，从康熙七年（1668）正月起，自江口至枫亭修筑界墙，挖界沟，以明其疆址；或在各界碑之间容易走错的地方，多设醒目的标志牌，以明确其界限，并责成各乡、保、里甲各负其责，将政策广泛告谕到户。从此，百姓不犯禁，官军不扰民，尚称相安。到康熙八年二月，又根据实际情况，由界外展出五里地，允许生活无着的百姓筑屋耕种。

在福建一带，执行这一政策的军方大员是第二代靖南王耿继茂。他骄奢淫逸，滥设工役，私创苛税，民不堪命。耿继茂有个叫陈智生的亲信，仗着主子的势，在福建一带以做生意为幌子，官商勾结，巧取豪夺，不几年就积累了大量财富，福建士绅百姓无不切齿痛恨。后来，他又将魔爪伸向了兴化，以给军方服务为借口，垄断经营，牟取暴利，甚至抄掠无辜百姓之家，逼得一些人家破人亡。慕天颜查访得知后，为之震怒，遂以劫掠之罪将其拘捕审问。尽管陈智生坚称是奉靖南王之命行事，但慕天颜仍然将其认定为"假命黠奴"，历数其罪，立毙杖下。随后，将其喽啰戴上枷锁，游行示众，声称是查获了假传王命、损害靖南王清名的罪犯。一时间，百姓人心大快，恶人畏惧敛迹。

康熙四年（1665），驻扎在兴化府的明降将杨富兵营中，有几名无赖子弟，以冒名的手段混迹于行伍之中，并成了杨富的门下差役。他们以给军中采办为名，经常低价强买甚至抢夺白拿，攫取百姓的薪菜盐豉，且理直气壮，习以为常。而杨富也是睁一只眼闭一只眼，不仅不严加管束，反而将"雉堞守御"之类的军务，强迫百姓来干。对此，慕天颜出于义愤，与驻军严正交涉，杨富也怕慕天颜不依不饶，把事闹大，才不得不申饬军纪，有所收敛。

慕天颜虽然是地方主政官员，但因兴化处于战略前沿，他在遵命建造沿海台寨、修葺战船的同时，也潜心研究台海军事布局，这为他此后提出台海战略之攻守策略奠定了基础。为了昌明教化，培养人才，他还重修了兴化府文庙大成殿以及殿前东西两庑，改善了府学的办学条件。

如果说以上这些政绩，都是知府分内之责的话，那么，慕天颜受巡抚之命，去处置牵连了福建官场数百人的军需大案，则是以知府代行巡抚事，一下子从同级别的官员中脱颖而出，引起了朝廷重臣乃至皇上的关注。

原来，因福建布政使衙门支解军需钱粮的账目十分混乱，各级官员疑有贪污侵占之嫌。被人参劾后，康熙帝严明彻查。这不查则已，一查竟查出个惊天大案。这百万两白银的军需账目中，既有经手征收的、接征的，也有经手上解的、支出的，牵涉全省府、州、县官及差役多达几百人，其中已经镌级夺职者已有好几十人。但是查来查去，查了好几年，调查的案卷累积如山，仍然未查出眉目，既不能定罪判刑，也不能贸然平反，主事者茫然无绪，涉事者惶惶不可终日，地方政务也濒临瘫痪。于是，时任福建巡抚刘秉政鉴于慕天颜素有干才，且与当地官员尚无交集，遂命他主持清查。慕天颜不偏徇，不苛求，抽丝剥茧，如理乱丝，于数日内核其要领，最后查出真正侵挪的官员并按律定罪；对于无辜受到牵连者，尽快平反。就这样，他以快刀斩乱麻的手段，使国库钱粮得以清偿，受牵连的官员得以官复原职。而一些在执行过程中因有小过而免职的几十名官员，也按照资历依次补缺。

康熙八年，慕天颜奉康熙帝诏书，以正使身份，特加太常寺卿（正三品）衔，与都督佥事季佺等人渡海赴台湾，招抚郑经回归祖国，为以后收复台湾立下了不可磨灭的功勋。此事详见后文《慕天颜招抚台湾》，兹不赘述。

一、天下藩司　以此为法

1. 理繁治剧

康熙九年（1670），47 岁的慕天颜步入了仕途快车道。

起初，慕天颜由福建兴化知府被擢升为湖北上荆南道（驻荆州）道员（正四品）。任命下达时，深受顺治、康熙两代皇上赏识的刘兆麒由四川调任闽浙总督还不到一年，他特上疏请留："天颜旧治钱塘，多惠政，士民至今思之。及守兴化，奉使台湾，熟悉边海情形，于建造台寨、修葺战船诸务，殚心经理。"皇上允准后，遂改任慕天颜为福建兴泉道（驻泉州）道员。

同年五月，慕天颜还未及赴任福建兴泉道，又突然被破格提拔为江苏布政使（从二品，民间称藩司、藩台、方伯等）。布政使系总督、巡抚的属官，专管一省的钱粮财税、民生事务、军需供给等事务，因

清代《姑苏繁华图》中的江苏布政使衙门

职责重大，一般都是由吏部从盐运使、资深道员或京官中，按品阶和考绩拟定名单，呈皇上选定。当时，江苏布政使恰好空缺，皇上考虑到江苏为海疆要地、财赋奥区，且局势未稳，必须文武兼优、才望素著者方能胜任，而慕天颜此前因赴台招抚时已加太常寺卿衔（正三品），于是，康熙帝在朝臣推荐和吏部提供的遴选名单之外，特提名慕天颜充任。就这样，还没来得及当过一天道员的慕天颜就被破格擢用。

为此，当时已名满天下的文学家李渔特撰联以贺：

天子门生第一人，自海外以至中原，白叟黄童，孰不称扬异绩；

圣朝特简无双士，由郡牧而登方岳，千秋百世，谁能步武芳踪？

李渔还专门为此联加了按语："由太守骤迁方伯，前此出海外招抚。"文学评论家王仕云（字望如）评此联："荣出非常，联亦称之。"

明朝时，今江苏、安徽两省属南直隶。入清后，改南直隶为江南省。顺治十八年，江南布政使司分置左、右，其左布政使司仍驻江宁府（今南京），与两江总督同城；其右布政使司移驻苏州府。到康熙六年，正式将江南省析为安徽、江苏两省，当时的江苏辖江宁、苏州、常州、松江（今上海）、镇江、扬州、淮安七府，徐州直隶州一。原江南右布政使司也随之改为江苏布政使司，与江宁巡抚同城。这样一来，在江苏就分别形成了以督、抚为中心的两个省会。需要说明的是，在称谓上，无论书面还是口头，人们还惯称当时的江苏省为江南省，称江苏巡抚为江宁巡抚（其全称是总理粮储提督军务巡抚江宁等处地方）。

江苏省素为天下财赋重地，每年上交户部的财政收入居全国第一，是第二名浙江省的两倍。其一个府的财政收入，要比偏远地区如广西、云南、贵州等全省的收入还要高。慕天颜由知府而直接跃升财赋第一大省的布政使，皇上寄托之重，自己压力之大，可想而知。

但是，因财赋额度畸重，加之自康熙八年、九年起，淮、扬一带因黄河（时在徐州、淮安故道）多处决堤，连年洪灾，老百姓活命都很不容易，哪能做到足额全完赋税？因此，江苏各府拖欠钱粮（称逋赋或积逋）的情况十分严重。而藩库（布政使司库）存银，在垫空之后，已经难以正常运转。

面对各州县钱粮连年挪混缺额，各级财政捉襟见肘的现状，慕天颜认为治本尚需时日，当务之急是先从治标入手，将历年逋赋、账目厘剔清楚，再徐图治本之策。

就像此前受命清查福建百万军需大案一样，他从布政司历年钱粮往来账目、办理钦命和部颁各项事务中，逐项清查，共查出一百多宗挪混、侵占等案件，并逐一厘清线索，划清责任，该垫赔的垫赔，该追缴的追缴，该带征的带征（即将因故积欠的钱粮匀为数份，在今后各年中次第征收），有些因天灾实在无法征收的，汇报督抚，请其上疏（向皇上奏疏）停减或蠲免。就这样，经过一段时间的集中清理，纷繁积案，终得逐步完结。

在清查账目的过程中，慕天颜敏锐地发现之所以造成这一系列的问题，主要原因还是布政使司移驻苏州不久，一切规条未立，让一些奸猾之人钻了制度缺失的空子，因而蠹弊渐兴。比如江苏地处水乡，在册田地有熟田、山坡、草荡、滩涂等不同等级，名色繁多，征粮科则（即官府根据土地等级制定的田赋征收标准）有六七十则不等，户部颁布的由单（赋税定额的凭证），款目冗杂，百姓全不通晓。这样，不仅有狡黠的富户往往通过关系将田地分派到他人名下，以此来逃避赋税，谓之"洒派"；更有贪墨胥吏上下其手，利用重戥多收、包揽钱粮等办法，愚弄百姓，坐收渔利，往往导致应征一两银的，实征到一两二三钱。老百姓一年辛苦下来，缴过皇粮国税，所剩无几，难以糊口，以致怨声载道，逃亡接踵。

为此，慕天颜对征收办法进行了一系列改革：首先是革重戥、平戥法。鉴于胥吏往往在称量粮食的秤、斗、升等器物上做手脚，或将秤的戥头暗中加重，或将斗、升容器稍稍加大，用来多收少计，慕天颜统一制作称量衡器，编号烙印，配发各征粮场所。如不使用官制衡器，允许百姓告发，严厉查处治罪。

其次是禁包揽、严缴纳。一些胥吏和里甲在督催钱粮的过程中，利用百姓不谙赋额科则的短处，包揽粮户投纳事宜，趁机收取好处，或以损耗为借口额外增加数量，给本来就穷困不堪的百姓造成了更多的负担。慕天颜对这种包揽投纳的行径严厉禁绝，让百姓在缴纳银两时，自署其户主姓名与数量，封包后亲赴专柜缴纳，然后由州县再上缴藩库。这样一来，包揽投纳、盘剥百姓的弊端一概禁除。

再就是创截票、清比册（税收花名册）。江南一带征收的税粮，因为要通过大运河运至京师，所以也叫"漕粮"。给粮户所核漕粮，因一次性缴纳难以库存，所以通常都是分成十份，每月缴纳一份，粮户们一边缴纳，漕运者一边运输，这样会省去许多仓储成本。但还是因为百姓们基本都不识字，也不懂繁杂的赋额科则和记账方法，一旦误期，则受杖责。尤其是如遇当年带征此前多年所欠漕粮（有的多达九年），所欠年份的漕粮也分为十份，这样每月则有多日"应比"（缴纳钱粮），官府立限诛求，百姓如稍逾时日，则朴杖加身，旧伤未愈，又加新伤，直打得血肉淋漓，体无完肤，哀惨之声不绝。于是，慕天颜发明了"截票之法"，即由官府印制缴纳凭证（票据），将各户应缴款目开载于前，实缴钱粮注记于后，一式两份，中间加盖官印，对折裁开，一存官府，一付税户。各户每年应缴钱粮仍然分为十份，以十个月为期，每月为一票，有先期完成十份者，则十票俱截；有至期未完一份者，则一票不截。这样，完与未完，举目了然，官府便于核查，百姓易于掌握，缴纳钱粮再也没有因马虎而逾期者，胥吏也无法以督催完欠而浑水摸鱼，欺害百姓。后来，由慕天颜创立的"截票之法"，通行全国，并逐步演变为当代人司空见惯的"两联单"

"三联单"。

这三项立竿见影的改革措施，使衡器无偏重，称兑无亏耗，督催无专役，官民两安，成为江苏藩库永久遵守的章程。

紧接着，慕天颜又在江苏大力推行治本之举，如请除荒坍，宽免涸田，均田均役，大兴水利等（详见后文），使连年受灾的穷苦百姓得以休养生息。同时，他精打细算，量入为出，呕心勉慎，持筹得宜，也使捉襟见肘的藩库存银得以大幅增长。

可未料他的治本之举刚刚起步，康熙十二年（1673），"三藩之乱"爆发，清廷出兵征讨，粮饷孔急，作为财赋重地的江苏需供给大量协饷（朝廷核算需供给外省驻军的钱粮），慕天颜为之权轻重，量缓急，次第分拨，保障供给。也就在这时，其继母景氏去世。按例，继母与嫡母一样，也必须丁忧回乡，在守孝期满后方能另行铨选。他将此变故及时报告两江总督麻勒吉、江宁巡抚玛祜后，这两位满族上司深感慕天颜理繁治剧，渐入佳境，舍不得放他回乡，故联名上疏："天颜廉明勤敏，清积年逋赋，厘剔挪移，事未竟，请令在官守制。"康熙帝再次特事特办，准其所请。

2. 首次觐见

布政使是一省运转的中枢所在，也是真正的办事之官。但在当时，还没有像督抚大员那样有直接上疏和觐见皇上的权利。

到慕天颜就任江苏布政使后的第三年，即康熙十二年，御史马大士上疏："藩（布政使）、臬（按察使）总一省钱粮、刑名，熟悉地方利弊，嗣后仍令藩、臬亲身朝觐。"皇上也抱着当面考察官员、了解下情的目的，准其所请。慕天颜接旨后，十分重视，深感如将江南利弊面奏皇上，就能争取支持，造福百姓。于是，他于该年十一月中

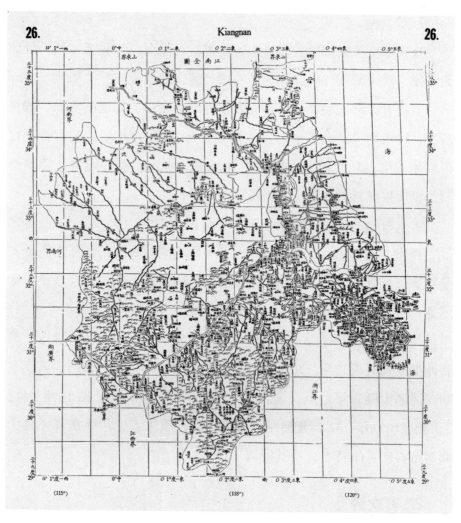

康熙六十年《皇舆全览图》之江南全图

旬从苏州启程,沿大运河一路北上赴京。

在扬州历高邮、宝应,再到山阳县(今淮安市淮安区)的途中,发生了桃源县(今泗阳县)黄河决口的特大洪灾。一时间,洪流滚滚,一泻千里,昔日的村落腴田都成了一望无际的泽国。他多次舍舟登岸,站在运河河堤上向东眺望,当地人遥指水连天际的二三百里地方，说是兴化、盐城、泰州的被淹之地，只见波涛冲荡，烟火全消。因运河河堤较高，附近百姓大都逃难到此，白天则就食于赈厂，夜间则露宿于堤上。正是数九严寒，他们忍饥挨饿，身无完衣，面目蓬垢，瑟瑟发抖。好一点的还能搭一草窝，一家老幼，穴居其中。其中的青壮劳力，从一二十里外挑土以助堤工。慕天颜亲临各灾民住处，加以慰问，在一片呜咽哭泣声中，他也禁不住潸然泪下。

随后，他渡黄河北上，于腊月初一日抵达清河县，再次深入灾民中间，详细询问他们的生活情况，灾民们说："自康熙八年、九年来，因黄河决口，洪水漫灌，已无田可耕，无屋可住，举足是水，何处营生？不只是无米可炊，而且也无柴可烧，外面运来的柴草，都是优先保证堤工所需。本地村落，久成巨浸，即使绅衿殷实之家，也是恒产无存，面多菜色了。"

腊月初二，慕天颜到达桃源县黄家嘴，专程去查看五天前黄河决堤的新庄口现场。原来十一月二十八日（阳历1674年1月4日）夜，忽因黄河冰凌顺流涌下，在这里造成堵塞，顷刻间顿高丈许，河堤被冲垮，浊流裹挟着冰块雷鸣般一路向东南冲泻。一些居住在较高处的人，尚可涉过浅水，来堤上求食。但好些没来得及逃走的人，因无船可渡，只得坐困水中。慕天颜查看时，依然水势滔天，远处还能看到一些茅庵草舍半露于外，半沉于浪，累累成堆，一些男妇老幼，在被洪水浸泡的屋顶上缩成一团，已是好几天水米未进了。经询问河堤上的当地人，他们说："方圆数十里被困在水中的人，还远远不止眼前这些。"慕天颜闻言，既惊且悯，因自己还得赶赴行程，不敢耽延，只能捐出一些银两，令董理河工的官员吴美秀多觅船只，遍为救渡，尽快让所有被困的灾民都安全上岸，赴赈厂食粥，以保全性命。

腊月初三，慕天颜在运河渡船上度过了令自己难忘的五十岁生日。他回顾半生所历，感念沿途所见，心中五味杂陈，在自责"奉职无状，上致天灾，祸此一方"的同时，其解救灾区百姓的近期规划和远期目标也愈加明晰。

关于这次觐见的内容和方式，我们知道的，至少还有皇上特允马大士所请的两点：一是考虑到各省布政使们拜见皇上，咫尺之下，因紧张而不能尽言，允许他们将地方利弊列出专题，写成奏章，以便各抒所见。二是奏章内容，必须就各省当前的难点、热点问题，提出切实可行的意见建议，马大士所举的例子，第一个就是"江南钱粮拖欠牵混，作何厘剔清楚"。

所以，慕天颜在进京前，已精心准备好了遵旨陈言的七道奏稿。这些奏稿的内容，正如慕天颜自己认为的："若益下而有损于国计者，不敢言也；利之不垂永远者，不敢言也；弊之不清本源者，不敢言也；目击之不真、稽考之无据者，不敢言也。总为国家万世不拔之基，故所陈不在目前；尽抒微臣亲历欲言之事，故所陈不仅职掌。"进京后，他顾不上休整，结合这次沿途亲见的淮扬灾苦真情，又临时增加了一道关于《淮扬涸田宽征》的奏稿。这八道奏稿，以《条陈分奏缘由》为总前言，于次年正月十五觐见时，亲呈皇上。

第一道《黄淮全局情形》，主要是结合自己对古今治理黄淮得失的思考，以及这次沿途实地考察的心得，提出"治河先审受患之本源，止决宜开归水之故道"的建议。

第二道《淮扬涸田宽征》，报告数年来黄淮水患给百姓造成的巨大灾难，以及自己赴京途中亲见亲闻的灾区荒凉情形和灾民的困苦生活，如同最新的灾情报告。随后，对重灾叠灾地区及有望涸出可耕田地提出蠲免钱粮的请求。

第三道《请除荒坍田粮》，分析苏州、松江、常州、镇江四府钱粮挪移积弊之所以数年难清，其根源在于版荒、坍缺、公占田粮的数目未予免除，无田有赋，赋无所出。

第四道《请减浮粮额数》，专门为苏州、松江二府赋税畸重这一"老大难"问题大胆建言。

第五道《永行均田均役》，建议排除地方势力的干扰，广泛推行已在本地行之有效的均田均役之法。

第六道《选用守令能员》，因苏州、松江、常州、镇江积逋甚多，"莅兹土者，从无升转之官"。所以，对这些府州县主官的选派，建议在全国范围内遴选已有丰富实践经验的卓异官员，并打破论资排辈，突出激励原则，在加级、记录和职衔升迁方面给予优待。

第七道《恤给罪囚口粮》，针对罪囚口粮没有保障，尤其是"无亲属可依"者面临断食的情况，建议在各省自理赎锾（赎罪金）内，编制罪囚口粮定额，从制度上给予根本性的保障。

第八道《闽海寨游设防》，是对此前在兴化知府任上给钦差大臣明珠上书建议的补充和完善。他从福建沿海一带的战略要地和兵力布置出发，参考明代以来诸多名将的军事思想和海上战例，提出了"损益五寨五游之规，斟酌据险扼要之制"的战守之策，体现出变被动退守为主动攻防的战略思考，对当时的台海防守和未来的收复台湾都具有建设性的作用。

当时的康熙帝年方二十，少年老成；而慕天颜已年届半百，经多见广。关于君臣二人见面的具体情况，未见文字记录，想必应对裕如，气氛融洽。可以肯定的是，慕天颜这组奏稿所体现出的真知灼见和务实文风，深受皇上赏识，其批语是："该部知道。慕天颜各本俱比式短，着饬行。"

尤其可贵的是，官员们对第一次觐见皇上最为看重，往往会揣摩上意，生怕一句话说错，会冒犯天威。但慕天颜没有报喜不报忧，而是秉笔直书，为民请命，体现出其忠勇和直率的性格。

3. 倡治黄淮

历史上，黄河河道是不断变迁的。在南宋之前，它基本位于如今河道的北面。自南宋末年，它南泛而下，自淮安府清河县的清口与淮河汇流后，一并向东入海，史称"夺淮入海"（1194 年至 1855 年）。及至元明清三代，皆定都北京，而整个国家的经济重心从南宋之后已转移到了江南地区。为了利用江南雄厚的物质力量支撑北方政治中心对全国的统治，贯穿黄淮两河转运漕粮的京杭大运河就被视为国家命

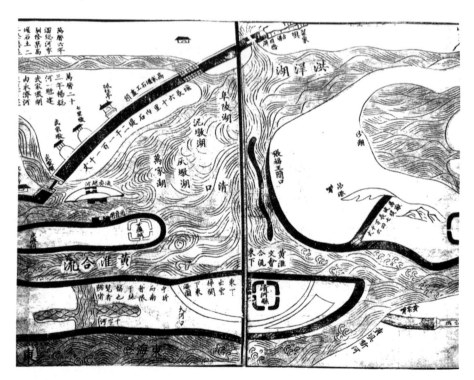

清代黄淮合流故道入海图局部（两图的方位为上南下北、左东右西）

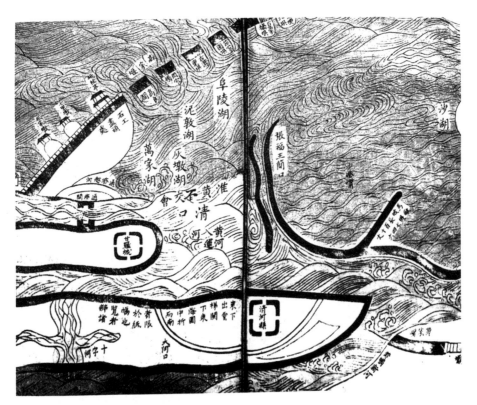

清代黄淮不循故道海口淤垫图局部（*两图的方位为上南下北、左东右西*）

脉，为历代统治者高度重视。

在黄河、淮河、运河中，黄河因"善淤、善决、善徙"的特性，每当泛滥决溢，不仅严重影响大运河的运输，也给百姓的生命财产造成深重灾难。仅清顺治元年至康熙十六年（1644—1677）的 33 年间，因黄河成灾的次数就多达 90 起。为此，康熙帝登基后，就"以三藩及河务、漕运为三大事，夙夜廑念，曾书而悬之宫中柱上"，以策励自己和群臣。

慕天颜就任江苏布政使后，亲历了黄河、运河堤工多次决口给淮扬人民造成的毁灭性灾难。虽然河道之事由河道总督执掌，但灾难须由江苏百姓承受。为此，慕天颜对治理河道十分重视，不仅认真研读了明代河道官员、水利学家潘季驯所著的《河防一览》《两河管见》等著作，对其"以河治河，以水攻沙"的思想有了深刻领悟，而且亲历现场，勘查问计，对黄淮运三河的治理有了新的创见。

他认为，这些决口的形成，既有天灾，也有人祸。康熙元年间，南河工部分司（河督属官）吴炜擅开洪泽湖大坝的周桥分水石闸，加之奸商利通私贩，为了行船方便，往往盗决洪泽湖的翟坝诸处，以致淮水自洪泽湖急流而下宝应湖、高邮湖，昼夜不息，湖水盈满。到二三月桃花汛来临之际，两湖难以容纳，浪击风摧，水溢湖外，导致紧邻高邮湖的运河河堤溃坏，湖边的清水潭遂成为一大决口。这样，自西北而来的淮水经洪泽湖、高宝湖到清水潭决口一路向东南冲荡，而北来的黄河之水又趁洪泽湖南泄、水位降低，从清河县的黄淮运三河交汇枢纽清口倒灌进洪泽湖，浊流西涌，淮水本来的洪泽湖出口——清口自然淤塞。其引起的连锁反应是，在清口交汇处，淮河的清水难以顺故道畅流，渐趋微弱，而南下的黄河浊流因无清水冲刷，势力愈悍，灌入清江浦四闸之一的天妃闸后，沙随水漫，而运河运道势必淤塞。

这样长此以往，黄河、淮河南辕北辙，各走其道，不再交汇，自前代以来所遵循的"以清刷黄"办法成了一句空话。康熙八年、九年来，黄河决口而北，则邳州、宿迁、桃源、清河、安东、海州（今赣榆县）诸州县，百姓沉溺；淮河溃坝而东，则高邮、宝应、兴化、盐城、山阳（今淮安区）、江都（今扬州市区东南）、泰州，田沉水底。人民流离惨苦之状，若真绘一幅难民图也难以名状。

在上述各州县连年受灾的同时，因淤沙难以涤荡，原黄淮出海必经的云梯关水道则愈来愈浅，愈来愈狭，日垫日高，水势缓则沙停，淤沙停则水溢，势必造成下游不畅而上游四溃。于是，桃源县的烟墩最先决口，安东县（今涟水）的茆良口、宿迁县的磨儿庄相继决口。这几处决口的筑工未竣，而安东县的二铺口、邢家口再次发生决口；徐州城外的七里沟溃坝才合龙门，而桃源县新庄口又发生决口。其他如清河王家营、罗家口等处，处处冲溢，真是按下葫芦起了瓢，顾此失彼，慌张失措。发源于西北大地的万里黄河，竟无出海之河身，岂能不处处决口？决口而只想着用堵塞的办法治理，岂是长久之策？

为此，慕天颜借觐见之机，结合这次赴京途中考察的心得，站在战略和全局的高度，备陈黄淮总体之情形，穷究黄淮水患之本源，在朝廷大规模治理黄淮之前几年，就提出了一套颇有前瞻性和科学性的治河策略。其奏疏称：

> 故决堤旋塞旋开，河流变迁无定。斯其病，止在黄淮之不交，海口之难泄耳。
>
> 我国家岁挽漕粮四百万石，以淮、扬运道为咽喉；淮南亿万生灵，以河、漕堤堰为屏障。惟赖全淮之水与黄河交会，刷黄沙以东归于海，则黄、运两利，自无昏垫之虞。盖淮渎导自桐柏，千溪万壑，汇为洪泽湖，注出清口，其水会黄入海者十之八，引资漕渠（运河）者十之二。惟清口无病，则湖水直泻而北，其势全盛，足以敌黄之强，而黄沙不致倒灌运道。惟海口无病，则黄水疾趋而东，其势迅急，自无淤垫之阻，而奔流不致横溃四决。此以清刷黄，用水治水，而亦顺水之性，千古不易之法也。

他认为，现在的治河上策和当务之急，就是将开浚海口与筑塞诸决口同时兴工，尽快让黄淮之水复归故道，实现黄淮之交汇、海口之通泄。唯其如此，才能将治河与利漕、利民统一起来，永奠万世邦本。

随后，他还就如何解决黄河、淮河交汇的问题，提出了疏浚清口、堵塞清水潭决口，以解决枢纽堵塞的问题；筑闭天妃闸，定期挑浚运河，以解决运河水慢沙凝的问题；从黄淮入海口溯云梯关而上，逐节疏浚，以解决出口不畅的问题；堵塞决口，汇合众流，加大径流速度，以实现以水攻沙的问题；建设减水坝，以调节伏秋洪水猛涨的问题；就疏浚沙浅地带，采用古法所用混江龙、铁扫帚等工具，以提高工作效率的问题等，提出了具体可行的建议。同时，还对一些错误的治河言论条分缕析，如有人认为自古就没有疏浚海口之说，只要利用淮黄"以水攻水"即可，他指出这是刻舟求剑、简单从事；如有人认为河道迁徙不定，可纵其所之，另凿一出海口，他指出新凿之人工出口，远不如天造正河之宽广，当今正河出口尚且可淤，能确保新凿出口不淤？还如有人认为可以开辟多条支河，将黄河分流下海，可免再决，他指出古人所谓分流黄河的办法，只是增设减水坝，而非强行将其分为数条河流，况且分流之后，一旦决口，数条河流势必还会合流。所以，"疏、筑二事，机有当乘，工难偏废"。

最后，他还大胆建言，望皇上给予河道总督以便宜行事之权，以更好地应对"呼吸难待"的紧急状况。

慕天颜的这道奏疏，纵论黄淮全局和河工大事，全文3300多字，虽自称"字多逾格"，但实事求是，贯通古今，见地高明，让皇上读得酣畅淋漓，颇多会心，认为这才是替君分忧、为国谋利的谠论鸿猷。于是，欣然批道："这所奏治河事宜，殊为详切。着逐一确议具奏。"

康熙初年，因河患频仍，朝臣和地方大员也多次提出治河建议，正如慕天颜所谓"人人能言之而莫能收其全效，良由急于近功而缓于久计，故决堤旋塞旋开，河流变迁无定"。加之康熙十二年"三藩之乱"爆发，朝廷发兵平叛，很难专意于治河，但慕天颜的治河策略无疑得到了皇上的充分肯定，并被确定为将要实施的国家大计。到康熙十六年（1677），清廷对"三藩"的战争转入主动后，就及时腾出手来，调任原安徽巡抚靳辅为河道总督，开启了康熙治河的宏图大略。

靳辅作为一代治水名臣，上任伊始，就将黄河、淮河、运河视作一个整体来全盘考虑，先后在已任江宁巡抚的慕天颜等人的鼎力支持下，实施了疏浚清口、云梯关河道，修筑束水堤、堵塞清水潭等大决口、建上流减水坝等工程，经过十多年的努力，基本解决了黄河、淮河复归故道的问题。这些富有成效的工作，固然离不开靳辅的精心谋划和稳步实施，但也离不开康熙帝的胸有定见和顶层谋划。而康熙帝的定见，很大程度上来自慕天颜早先提出的"黄淮全局"之擘画。正如当时的山阳进士、后官至山东提学使的刘谦吉对黄淮治理措施的评价："（慕公）以'黄淮不交，海口难泄'两言尽之，诚拔本塞源之论也。"

慕天颜关于治理黄淮的创议，深刻影响了康熙一朝乃至后世的治河策略，影响很大。他的《黄淮全局情形》一疏，作为清代重要文献被收录于《皇清奏议》《皇朝经世文编》等书。

4. 请减浮粮

天下赋税，江南为先；苏松赋额，江南最重。如果把苏州府、松江府（今上海市）的赋额与其他各省比较，高出将近十倍；即使与本省毗邻的常州、镇江两府相比，也超过两倍。所以，苏、松积逋（累欠的赋税）从未有一年能照额全完。

清代赋额，沿袭自明代。慕天颜任布政使后的第一件事，就是根究苏、松钱粮之所以难以完成的原因，并仔细查阅苏、松赋税源流，理出其变迁脉络。早在先秦时期，《禹贡·扬州》就称这一带是"厥田下下"。唐天宝后，随着逐步开发，财赋始增。宋宝祐、景定年间（1314—1320），苏州府赋额至三十万石，松江府赋额至二十七万石。元世祖时，悉循宋例。到元仁宗延祐年间，苏州府夏税丝二万二千余斤、秋粮八十八万余石，松江府夏、秋税粮六十五万余石。明洪武初年，朱元璋定天下赋税，因迁怒当年苏州士绅归附劲敌张士诚，致其久攻不下，故以强烈的报复心理，籍没苏、松地区的豪族土地，变为官田，课以重税，加派浮粮，两府粮额猛然被提高到共四百万石。到建文帝时，刚要下诏减免，但永乐帝即恢复洪武旧制。宣德五年（1430），再次敕旨每亩旧额减去十分之二三。正统元年（1436），应时任南直隶巡抚周忱疏请，官田准与民田同等起科，两府共减额粮八十余万石。即便如此，这个对老百姓来说如同鸡肋的优惠政策，并未持久。到万历以后，又代有增加，逋赋仍然难追。

清朝开国，即刊定《赋役全书》，苏、松钱粮按万历后的赋额而定，比宋时多七倍、比元时多三倍。那么，万历以后是怎么增加的呢？慕天颜随即查阅苏、松旧志，以及《从信录》《文献通考》诸书，发现问题出在加派耗米（征收钱粮时以弥补损耗为名额外加征的部分）上，因为漕运维艰，官府或照粮而加，或按田而派。到后来，耗米节节递增，且被计入正供（法定的赋税）额内，并耗为正，以致五十多年以来，官府和百姓都弄不清应缴之粮中究竟哪些是正供、哪些是耗米。

与苏、松两府情况相似的是江西瑞州（今高安市）、袁州（今宜春市）等地，曾是朱元璋攻打宿敌陈友谅的故战场，因同样原因，赋额繁重。但这两地的浮粮，在顺治时期，经江西布政使庄应会条陈，特允对照旧额，赐予豁免。

康熙帝登基之后，曾钦颁上谕，命户部："查洪武以后，因有仇怨，或一处钱粮征收甚重，或一处不许牛耕、教人自耕，此等情由，尔部详议察奏。"皇上命令调查钱粮征收甚重的信息，以及先帝豁免瑞、袁两州浮粮的先例，让江苏官员看到了希望。他们认为苏、松两府与瑞、袁两州事同一例，完全可以仰邀天恩。于是，康熙四年（1665），时任江宁巡抚韩世琦上疏，请减苏、松浮粮。但这道奏疏，在康熙帝交户部议处时，未予通过。

怎料，户部未予通过的结果，竟引起了吏部的连锁反应。原来，自入清后，苏州府之太仓、长洲、吴县、常熟、昆山、嘉定、崇明，松江府之华亭、娄县、上海、青浦，常州府之无锡、宜兴，镇江府之丹徒、金坛，计十五州县，其官员不仅从无升迁，而且还动辄被参处、革职。针对这一反常现象，吏部于康熙十年（1671）下发咨文，要求江苏"通查所属地方从无升任之官，因何事故"。

慕天颜接到自巡抚衙门转来的咨文后，觉得可以借吏部调查官员升迁事宜的机会，重提苏、松浮粮这一深层次原因，通过吏部影响户部乃至皇上的决策，最终促使这一老大难问题的解决。于是他"援据必求其确，考订务得其详"，遂向巡抚玛祜写了一道《地方之敝坏日甚等事》的详文。他认为，官困只是其表，民困才是其实。而民困的根源，一曰浮粮过重，征输难完；二曰坍荒田地，缺额无补。如此日积月累，逋赋难完，官员考绩自然被列为下等，得不到升迁犹可，更有"羁留赔累，驯至流离死亡，孑身求活者，不下数十余员"。为此，他请求巡抚玛祜向皇上题疏，对"苏、松两郡额赋，量为酌减，即不能如他省之轻，亦得照常、镇科则，一体分别征输"。同时，他还附录了一份明代正统以后递加钱粮的细目，以备督抚详查采摘。

当年十月，巡抚玛祜以慕天颜的详文为依据，会同两江总督麻勒吉、漕运总督帅颜保，仍以《地方之敝坏日甚等事》为题，向康熙帝剀切具题，请免苏、松浮粮。但是，不知出于何种原因，仍未议允。

苏、松浮粮问题，像一块石头压在慕天颜的心上。终于，在康熙十三年正月首次觐见时，才得到向皇上当面陈情和上奏的机会。

他向皇上表明虽然江苏督抚屡请屡驳，但自己还仍然坚持上奏的原因：

假使苏、松重赋，或一官曾经征足，或一县可以全完，或一岁偶能及额，是朝廷实收其用，而小民力犹能胜，相习既久，臣亦不敢请也。

在奏疏中，他秉笔直书，为民请命：

小民之膏血无存，则有司之智勇俱困，甚至挪垫以塞责，一时此盈而彼缺，旧补而新亏，在民之拖欠依然，在官之收支反混，徒有虚额，究无实济，积年悬项，仍奉皇恩赦蠲。与其赦免于民力既穷之后，孰若早沛恩纶，培养斯民为万年根本之图也哉。

他还恳切地写道：

但臣迫切仰吁皇恩者，以臣身在地方三载，设法催科，未能如额，实因民间尾欠，究竟催征不得，原无济于军需。况臣今所请量减，亦仅指催征不得之虚数，于岁入无损，于民困可甦。恭逢圣主在上，将起百代之衰，不使一夫不获，宁忍两郡亿万生灵沉困于故明之弊政乎？

这次觐见后，康熙帝对慕天颜印象颇佳，对其请减苏松浮粮的奏疏也心有所动。但就在这节骨眼上，吴三桂起兵反叛，大军需饷甚急，又不得不搁置下来。

直到康熙二十一年正月，慕天颜因江南豆草奏销案得罪去官，在听闻此消息后，他十分冷静，于元宵节的前两天，一日连上三疏，皆言水利、垦荒和苏、松浮粮大事，体现出其为民请命、仗义执言的本色。

在这道《请减苏松田地浮粮》一疏中，他虽跌入低谷，仍不避风险，仰天呼吁：

臣于康熙十三年正月备员江苏布政使入觐时，遵旨陈言，恭具苏、松浮粮万难完额等事一疏上奏，其中备陈历代增损赋税原委，及故明仇加重征、江西恩豁有例缕悉情事，叩请酌减，久达御前，未蒙俞旨。时值军兴，需饷孔亟，迄今八载，不敢续陈。

虽说"不敢续陈"，但他又不得不陈。在疏中，他充分肯定了苏、松百姓为国家做出的巨大贡献，并针对断断难以完成的"不及一分之民欠"，提出了分上、中、下三则予以减粮的方案：

逆贼吴三桂反叛之后，王师出征军需，取给于江南不下三千余万，源源不匮。此无他，赤子之寸诚感戴我皇上深恩，仰体我皇上焦劳，恨不同心灭贼，故不自计其家之有无，互相鼓舞，多方典鬻，竭蹶输将耳。但存此不及一分之民欠，即日加敲朴，断断难完者，非民之不尽力也，更非官之不设法也，实因粮额过浮，法无可设，力无可尽也。

臣原疏奏请酌减浮粮二十余万，如上则三斗至四斗外者，每石减一斗；中则二斗外者，每石减七升；下则二斗以内者，每石减五升；其一斗以内之科则，不减。在国家正课，原止减其必不能完之虚数；在两郡万民，共得舒其万难措办之催征。

其忠君爱民之心，日月可鉴。虽然慕天颜前后两次在人生重要关口为苏、松浮粮问题泣血求请，未能取得实际效果，但他梳理出其源流演变，反映了百姓疾苦和官员困境，代表了江南的民意和舆论，在朝野上下产生了巨大影响，为以后乾隆二年（1737）最终解决苏、松浮粮问题奠定了基础。

5. 宽征涸田

当时的江苏，是黄、淮流经之地；其淮安、扬州两府，是黄、淮为害最烈之区。康熙六年，清河县高家堰洪泽湖大堤决口，淮水自决口奔涌而出，淮水以南的白马湖、宝应湖、高邮湖等皆泛溢成灾，导致高邮城北清水潭附近的大运河东西旧堤全部奔溃。淮水之害，皆洪泽湖下游地区受之，如扬州府之高邮、泰州、兴化、宝应，淮安府之山阳、盐城，几乎永为泽国。康熙八年、九年以后，黄河多次决口，重点在桃源、宿迁之间，其他如睢宁、清河、安东等黄河沿岸，又无地不溃。洪水初至，地为淹田；洪水暂去，地为涸田。几次洪涝灾害过后，淹而涸，涸而复淹，不可胜纪，地遂为废田。

但这些土地，都是国家在册纳赋之田。起初被淹，按例在勘报灾

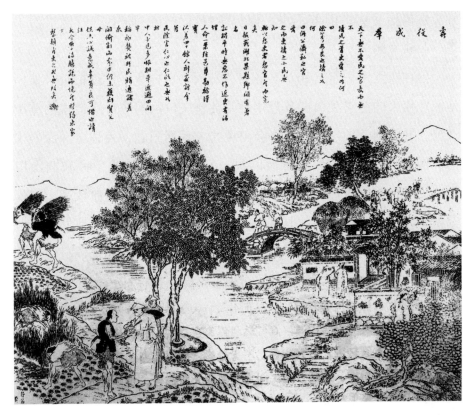

清末《点石斋画报》里的"蠹役成群"

荒的范围内，经布政使及督抚逐级上报，尚可邀恩免除正赋。一旦水退涸出，虽然寒沙淤土尚不能立即耕种，其地实同于淹废，但官府不得不按期征收钱粮。百姓为逃避催科，每多弃其旧地故业，流离他乡。是故，当地人普遍认为：涸田之害，尤甚于淹田。

慕天颜任布政使后，就领教了黄淮水患给百姓造成的深重灾难，也从各府州县的汇报及自己的踏勘调查中，掌握了各处被灾的实际情况。当时的黄、淮因灾分流，黄河以北的清河、安东二县，灾情较其他州县倍惨。淮河以南的兴化、盐城、宝应、高邮、山阳、泰州六州县，因累年重叠凶荒，非一两年偶尔受灾者可比，故尤其严重。老百姓虽然屡屡受灾，困苦不堪，但仍然眷恋乡土，盼望官府能根治水患，归耕家园。

他在康熙十三年（1674）正月入觐时，曾向皇上详细汇报了淮扬地区几年来的叠灾涸田以及当年桃源县新庄口黄河决口所造成的淹田情况，并特别就灾田涸出后将会出现的一系列问题，表达了深深的忧虑。他认为，黄、淮、运三河的决口，终将渐次筑成，将来涸出田地，仍需残黎们耕种，以输赋税。但是，百姓们现在膏血久竭，皮骨空留，即使有涸田可耕，但耕牛、种子何在？房屋何在？他们或四处借贷，竭力垦锄，刚刚搭成土室草棚，但未及播种，征粮催科的官员已经上门了。在官府，勘报涸出田地，不敢不按期征课；在灾民，口腹未饱，收获尚遥，哪里还有余力完纳钱粮？这样，势必造成百姓逃荒，弃而不耕，耕而复弃。何况被洪水淹过的田地，寒沙淤土，并不适宜稻谷生长，第一年只能播种豆麦，产量很低，薄收无几，糊口之外，连偿还耕牛、种子的钱都不够。第二年的耕种所得，也仅仅可以添置农具；到第三年，百姓方能缓过气来，有望一个好的收成。从长远出发，对这类灾苦百姓，应当倍加抚恤。

康熙初年，朝廷为了鼓励农民开垦荒田，曾颁布上谕："凡开垦荒田，许令三年起科（计亩征收钱粮）。"后来，又将"三年起科"改为"十年起科"，政策更为优惠。慕天颜认为，淮扬地区经洪水久淹的涸田，实与荒田一样，且垦荒者，是用其余力，而淮扬灾民久已力竭汗干了。

为此，慕天颜向皇上提出建议，请求对涸出灾田比照垦荒起科之例，给予一定的优惠减免政策，以培养民力。如清河、安东、盐城、兴化、高邮、宝应、泰州、山阳等州县的重灾叠灾田地，将来凡有涸出复耕者，仍免其三年本折钱粮（旧时田赋，征收粟米实物谓之本色，将其折算为银两征收谓之折色，如二者并征谓之本折），这样始可休养生息，不再发生逃亡弃耕之事。

为了争取皇上的认可和支持，慕天颜还谨慎地称："而臣所请，亦止照开荒旧例'宽免三年'，未敢概邀新奉'十年起科'之恩例。""此后归业之遗黎，即国家永远供输之户口也。宽恤三年之力，可培邦本于无疆，所全甚大。"同时，他还恳切希望将"涸出田亩三年起征"，作为一项长久政策，通行全国。

慕天颜关于涸田宽征的建议，经户部确议，皇上允行："分先涸、新涸二等，凡新涸者，得准三年起科。"遂为永遵定例。得到实惠者，岂止江苏一省百姓。

6. 议除荒坍

在慕天颜整顿江苏钱粮问题的过程中，他深刻认识到：兴利必先除其弊，去病务求治其源。源头不治，虽法峻令严，其弊亦难以杜绝。

多年来，苏、松、常、镇四府逋赋难以足额完征，百姓遍受捶楚之痛，官员多犯挪移之罪。寻其根源，除了前文所述浮粮过重的原因外，还有版荒、坍缺、公占的在册田粮未予免除，也就是田已无存而赋仍在征收。

所谓版荒，或在最高而水源不到，或在极低而洼下难耕，无术可凿，无人可种，历时既久，成为不毛之地，被称为"石田"。所谓坍缺，就是原有田地被江海湖荡冲毁漂没，一望汪洋，并无地形可丈，但其赋额之数仍照征不误。至于公占，系沿海墩台、马路、桥梁、土堡、营房等类，以前因战争急迫，官府或军队并不问何人产业，随意圈占，地已被公家所用，但赋额仍留于原主。这三类田地，统称为

"荒坍"。

这些荒坍田地，数量不小。官府在严行催缴时，即使原业主已逃，但其所属的里甲还在，其钱粮赋额就责成一里或一甲的民户包赔。所以，里甲之内，凡有荒坍赋额者，时间一长，赔累难当，每多畏惧而逃，以致连原来的熟田都成了抛荒之地。

百姓苦不堪言，而官府也智竭技穷。一个州县的钱粮任务如果征输不全，则一直记录在案。对实在田地，催征尚有理由；而对荒坍田地，催征则理亏气短。如果某里某甲人尽逃亡，凭谁是问？追缴不完，官员们为了考成（即官员政绩考核），漕粮急则垫漕粮，军饷急则垫军饷，挪新掩旧，拆东补西，年复一年，不得不甘蹈挪移之咎而不辞。待到终有一天被上级查出并弹劾参革，其所欠钱粮还须由官员包赔。试想，由一人一家包赔一州一县之所欠，除非富比王侯，又有几人能全身而退？官员包赔不上，则治罪流徙在所不免，但在册赋税仍然难以消除。

慕天颜到任后，虽然对挪移积弊痛加厘剔，但对荒坍钱粮仍然毫无办法。于是，他根据各州县汇报及百姓反映的荒坍问题，在禀告总督和巡抚的同时，订立查勘办法。在查勘过程中，他又担心各府官员在本辖区内舞弊捏冒，遂令百姓先亲自据实填单，再命别府佐官交叉丈量，并承担相应的责任。经查勘，苏、松、常三府之太仓、长洲、常熟、昆山、嘉定、华亭、娄县、上海、青浦、宜兴十州县，实有版荒、坍缺、公占田地共计三千四十一顷（一顷等于一百亩）。

这些荒坍的情况，经慕天颜查实，由巡抚玛祜于奏销康熙十年钱粮事案内具疏入告。这次的奏疏，还附有各州县历年完欠明细册，并注明了各州县荒坍田地具体情况。皇上阅后，命户部议处，同意荒坍钱粮准予缓征（并非蠲免），各官处分也予取消。而在江苏钱粮递年挪混一案中，由官府垫解的民欠，又蒙皇上同意，廷议时概与蠲豁。这是江苏荒坍田地钱粮征收过程中，慕天颜与朝臣博弈的一点小小的进步。

康熙十三年正月，就在慕天颜首次觐见时，他仍然抓住机会，就荒坍钱粮当面上奏皇上："虽然今康熙十三年苏、松等六府钱粮，因上年洪灾，仰奉上谕，减免一半，深山穷谷莫不感戴皇上恩外加恩，小民供输自当争先恐后，半额钱粮理应全完。但是，此半额之中，仍有版荒、坍缺、公占之粮额在内，恐里甲、差役等包赔者仍未能完足。故臣再三思之，不得不请早除虚额，以期钱粮积弊一清，官员考成全足也。"

为此，他建议：将太仓等十州县已经勘报的荒坍田地应当蠲免的钱粮，先于包赔原户之下注明，暂停追缴。待本省再次复勘核准，造圩丘图册，由巡抚具题，一次性予以蠲免。

慕天颜的这次上奏，受到皇上的重视，遂命江苏据实复勘后，再行定夺。未料次年，因"三藩之乱"的严重干扰，巡抚玛祜未遑亲勘，题请停报。这一悬案，直到慕天颜继任江宁巡抚后，才真正有了一个圆满的结果。

7. 初均田役

赋税与徭役，是支撑国家运转和公共事务最基本的手段。

明代初年，在清丈土地的基础上，建立了黄册（记载户口、土地）和鱼鳞册（绘有田丘形状等信息的图册）相配合的户籍地籍制，以此作为征收赋税与摊派徭役的依据。到明代中后期，随着土地兼并日趋严重，豪强地主运用一切可行的手段来逃避相应的赋役，为此，张居正又实行了将赋役合并为征收银两的"一条鞭法"。一条鞭法不仅简化了赋役制度，而且调整了一县之内各里甲间的负担，堵塞了赋役编审及派差轮役的种种弊窦。但后来，随着一些地方又恢复旧制，特别是明末三饷（辽饷、练饷、剿饷）的按亩加征，其简化税项、减轻负担的实效全遭破坏。

到清代初年，由于田地科则轻重不一、名目繁多，或是胥吏、里书（负责册籍书算的小吏）等在土地买卖过割中营私舞弊、移丘换段，或是清初战乱中田赋册籍尽失，导致地籍管理十分混乱，赋役分摊严重不均，豪绅坐享豪华，穷民家破人亡，民间怨声载道。有赋则有役，赋不均，役亦不均，这种官民交困的痼疾，与新兴王朝百废俱兴的气象大相径庭。

就拿松江府华亭县来说，幅员狭而赋额广，百姓久困于赋役。每遇十年一次的赋役编审，经办者们总是以冠冕堂皇的"照田编役"四字，下既以此欺官，官亦以此自欺。每到征赋派役之际，将一里之赋

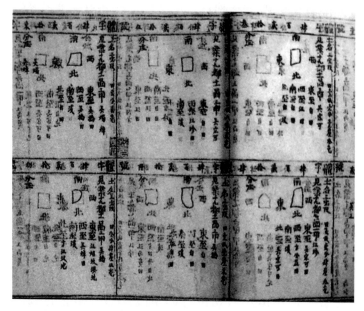

清代鱼鳞册

役，唯年首（一里之中每年轮派的头目）是问。年首计无所出，则四处求告，赔累不迭，家产散尽，而公家之欠如故。县官按照早已与实情不符的图册追比，县衙内外只闻敲扑之声，通宵达旦；敲扑无效，则羁押拘禁。于是，好多走投无路的人，自缢的，投河的，逃亡的，比比皆是。而由此形成的无主之田，最后强令邻里乡党耕种，但赋役照样不免，势同株连，循环往复。长此以往，昔日的富庶之地，竟成了蓬蒿满眼的一片废墟。

有鉴于此，康熙元年（1662），户科给事中柯耸上奏，提出首先在积弊最为严重的苏州、松江两府实行均田均役的建议，得到康熙帝的支持。但是，地方官员因忌惮于江南豪绅的强烈抵制，迟迟未能付诸实施。直到康熙四年，山东济南府滨州人李复兴出任松江府娄县知县，在本县举人吴钦章（字含文）的协助下，大力推行均田均役之法。其做法是：本县内的区图里甲，仍仿旧制，只是在清丈田亩的基础上，将一甲之田亩限以定数（个别不能合并到一甲内者称为"花户"，另行掌握），毋超毋少，百姓以自愿方式，各自并其田而组成一甲，再汇甲成图，汇图成区，汇区成保（甲、图、区、保大致相当于如今的组、社、村、乡）①。一甲之内，只论田亩之数，不计人户几何。这样纲举目张，民间各级单位的田亩占有额划一均衡，其各自承担的赋役额也完全一致。田均，则赋自均，役亦自均。如此一来，一目了然，不仅堵塞了豪绅转嫁负担的漏洞，而且也革除了里书舞弊、年首包赔的祸根。一时，流亡复归，荒芜日垦，邻邑外省相继取法，阖邑百姓诵声不断，莫不称"李侯活吾"。但就在娄县均田均役告成后，李复兴于康熙八年（1669）溘然病逝于任上，娄县民众遂将其奉为本县城隍神。

李复兴的改革举措，在周边州县产生了巨大影响，也为在江南地区广泛推行均田均役蹚出了一条路子。但就在苏、松地区正要普遍推行之际，一些豪绅们利用其在朝野上下巨大的影响力，散布谣言，鼓吹邪说，迷惑高层视听，如一场毒焰要将刚刚取得的局部成果焚毁殆尽。

在这关键时刻，慕天颜就任江苏布政使。他在清理历年积逋的过程中，深为苏、松钱粮的积重难返而忧虑，也为苏、松百姓的沉重赋役而伤痛。他想：这难道是百姓尽顽劣、官员尽愚拙、差役尽贪掠吗？一定要追本寻源，尽快改弦更张。他调查发现，其主要症结在于：自明朝以来，豪绅猾胥，狼狈为奸，借土地买卖变动的机会，在版籍（黄册、鱼鳞册之类）上篡改田地荒熟，增减赋役轻重。发展到最后，竟然抛开版籍，民间买卖只凭地契载某圩之田，而不知此田属某丘；官府过户只凭地契上开田若干亩，而不知此丘若干、彼丘若干。有此漏洞，狡黠者充大其数以卖，愚者受之；强势者减少其数以收，弱者听之。日积月累，以致熟冒荒、荒作熟、瘠办重、腴办轻，甚至有田无粮、有粮无田，成了一本永远难以厘清的糊涂账。

慕天颜充分肯定了李复兴的改革举措，并进一步明确：富人田地超过十甲（十甲组成一里）者，令其一户供一里之役，并将其超出十甲的部分再编入其他里或花户中。而仅有数亩田地的贫民，则合并若干户以供一甲之役，而以田多者领之。这样，富者供富者之役，贫者供贫者之役，富者无法向贫者转嫁，可真正体现以田地确定赋役的原则。为此，他还对症下药，于康熙十年制定了《坐图销圩条约》（简称"销图"）[②]，要求对新的图甲编号与旧的鱼鳞图册进行核查，避免原来同一业户所拥有的不同田块要到不同的图缴纳钱粮的现象，以彻底杜绝"飞洒""诡寄"之弊。同时，还颁布了《征收条约》，提出行截票、稽完欠、禁秤封（收银加耗等）、绝差扰"四法"，再三饬令各府州县严格执行。

　　慕天颜虽然有巡抚玛祜的大力支持，但因履新未久，推行难度极大。如苏州府长洲县，其知县沈恩举也是一位清廉有为的官员，他于康熙十一年（1672）春开始实行。其主要措施是：一是购求旧册，使有依据；如果旧册实在无法找到，再行履亩丈勘。二是所丈田亩必须核查户主，田与人一一对应，如新丈之数与现行办粮之数不符者，以新丈之数为准。三是为避免来自民间的欺诈和干扰，禁民告讦，对已往发生的隐占之弊既往不咎。四是选择端方正直且有心计的士绅独立行事，胥吏不得干预。几月之间，全县清丈，功奏其半。后因农事方殷，恐扰于民，乃暂停，只待秋收结束，一举告成。而就在此时，沈恩举以他事去职。一时间，豪民猾胥，议论蜂起，有人说此事迂腐，不必行；有人说劳民伤财，不宜行；有人说须概行丈量，乃有济。凡此种种，不一而足，总之是不利于此事的继续推进。嗣后，知县易人，因循搁置。慕天颜深知此人不足与谋，为稳妥计，姑且暂缓。直到康熙十五年（1676）十月，由慕天颜提名，该县知县李敬修暂谢县事，专力清丈，历时一年多，方圆满完成。

　　而与长洲县情况类似的松江府华亭县，均田均役因地方豪绅势力的强烈抵制，也几乎中道夭折。就在豪绅势力与正直绅民相持不下、陷于停滞之际，刚好慕天颜以布政使身份赴京觐见，才赢得转机。他向皇上面奏均田等事宜，但因时间紧张，未能畅所欲言。随后即呈上早已准备好的《永行均田均役》奏疏，其分析三大弊端，剀切淋漓：

　　　乃民间贫富不等，所以田地多寡不齐，若田多至数十顷而占籍止一图，或穷民仅有田几亩而亦当差于一甲，是豪户避役，卸累小民，而隐苦之弊生矣。又或贫民苦累不堪，将本名田地寄籍于豪强户下，以免差徭，而诡寄之弊生矣。又或蠹胥奸里觑知小民不谙户役之事，包当里递，替纳钱粮，代应比较，而包揽之弊生矣。种种弊端，皆因赋役不能均平之故耳。

随后，他还介绍了已故娄县知县李复兴已行之有效的均田均役办法，并请求皇上"天语儆饬，永著为例"：

臣请勒行，嗣后推收编审，悉照均田均役，听民自相品搭，充足里甲之数。不许多田少役，则隐苫、诡寄、包揽诸弊可以永清，实有益于民人矣。

慕天颜的建议，再一次坚定了康熙帝力行此项改革的信心。经户部议处通过，皇上传旨申饬，勒石永遵。

华亭县均田均役由此排除阻力，顺利实施。正如华亭名士曹家驹在《华亭县均田均役碑》中所赞颂的：

慕公一疏，寝贪夫溪壑之源，束才士蹦张之气，意良深矣，余因是而重有感也。县令身司民社，间有贤者，亦思奋励有为，无如事权掣肘，不免垂成而挠败。即幸而成，而法因人立，人去而法随亡矣。李侯（李复兴）建树虽奇，设不遇慕公，彼墨吏肆志而图逞翻局，又何能泽被邻邑，俾吾华承麻袭庆于无穷哉！信乎，慕公保护良法，再造东南，他年并文襄（明代名臣周忱）俎豆千秋可也。

慕天颜于康熙年间极力推行的均田均役，是我国赋役史上的重大改革之一，至今仍然是国内乃至日本等国学者关注和研究的重要话题。虽然阻力重重，未能很快在江苏全面推行，但在他升任江宁巡抚后，一以贯之，终于夙愿以偿，造福于民。

注释：

①并田之法：凡有田者不拘原旧区图界限，如一人有数百亩之田，而坐落不等区图者，即以数百亩不等区图之田汇归本户，遵照均定新图田额，分为各甲编列，一处完粮。其子户田不足甲，仍许因亲及亲，因友及友，共并一甲。即于甲内分注明白各自出额，听其自己造册，里递。册内开明收并原某某都某某图圩号，田若干，俟递别之日，查其住址相近者，安顺编配，是为以田就人，非以人就田，人人自收自田，已完已税。（邵之棠《皇朝经世文统编》卷66上）

②销图之法：通县田地，每图俱有圩号。务先着令各图造明挨号一册，开注现业户名，呈递存案，以为均田张本。俾从前飞洒隐漏之弊，尽行厘剔革除，然后令业户查明号册，照数收并。即将业户造成田册，逐号参对原图核准无异，随于该图原号内注销。俟编图之日，注明新编某图讫。倘有田数无多，不愿自己出名，寄并亲识名下，务要开明原户姓名，以便销图。仍再取户领号一册，以与号册为经纬。比如某图一人，共有田若干，内某某圩某某号各若干，就田之多少，挨次攒造。其存图零星田亩，无人收并者，亦即按田按户，编归一甲，各照征输，则无不税之田矣。

8. 开浚两江

在三吴大地，主要干流有黄浦江、吴淞江、刘河（古称娄江，今作浏河）三条，皆源于太湖（古称震泽），其水道畅通则利甚溥，水道淤塞则害尤深。明代，经营此地的名宦夏原吉、周忱、崔恭、海瑞、林应训等，都先后留下了开浚江河、惠泽百姓的佳话。

到崇祯年间，因久未疏浚，河道不畅，尤其是吴淞江、刘河淤塞严重，导致太湖泛滥，江水四溢，苏州、松江、常州以及浙西嘉兴、湖州、杭州各府诸州县受患日深。当时，就有官员屡屡奏议开浚，但都以工费甚巨而罢。

顺治九年（1652），工科给事中胡之骏上疏请开吴淞、刘河。到顺治十四年，出巡江南的监察御史李森先奉上命，专事刘河工程，令太仓、昆山、嘉定三州县分段疏浚。但由于海禁极严，仅开中段，入海口未通，江水无从宣泄，不久即淤，工程告废。

到康熙八年，江南多大雨，造成严重水灾，数百里内不只庄稼无收，而且室庐漂没，百姓逃荒。次年，浙江巡抚范承谟致函江宁巡抚玛祜，商议疏浚吴淞、刘河淤道，这与玛祜的想法不谋而合。

于是，玛祜紧急召见新任布政使慕天颜，并初步提出自己的意见：苏州、松江、嘉兴、湖州的入海大江，只有黄浦、刘河两道。今黄浦顺畅通流，无庸复议；而刘河海口淤浅，以致上游洪涛横溃，可将专力疏浚此河作为第一急务。当慕天颜问起同样是已淤塞多年的吴淞时，玛祜颇感为难地说：吴淞虽然也很重要，但修复工繁，用费极多，不敢轻议。随后，他命慕天颜先行调研商讨，并拿出可行意见。

治理江河，为江浙百万生灵造此无疆之福，这与慕天颜"除大害兴大利"的人生理想高度契合，故倍感振奋。他随即采访舆论，考证旧志，披阅新图，并认真研究明代诸贤的治水经验，认为自太湖奔趋而东的黄浦、吴淞、刘河具有同等重要的作用，且吴淞入海处因沙壅荚丛，明代夏元吉引黄渡以西之水北入刘河，使刘河成为分流吴淞的重要河道（明清故道），今既然疏浚刘河，吴淞岂能稍有迟缓？

他在精心筹谋的同时，还命苏、松二知府详加确勘，提出方案。苏州知府认为，须尽快疏浚刘河，这是昆山、太仓、嘉定三州县的命脉所在；而松江知府认为，须尽快疏浚吴淞，这是上海、青浦两县的安危所系。慕天颜接报后，认为两府都站在各自的立场上，"未可为全局之通论也"。

随后，他向巡抚玛祜上书《疏河救荒议》，提出两江并浚："救时之策，刘河固宜急疏；远大之谋，吴淞亦所必浚。"为了说服玛祜放弃专浚刘河一江的既定观点，他提出："然而今日民穷财尽，更际凶灾，两工决难并举。刘河处其易，吴淞处其难，莫若缓吴淞而先事刘河。"并特别就疏浚吴淞的可行性进行分析：在太湖泄水的三江中，吴淞居于中间，其故道比刘河更阔，地势也比刘河更直，疏浚起来并非太难；且当年导吴淞之水入刘河时，也将吴淞的一些支流如昆山之夏驾河，嘉定之顾浦河，以及盐铁、新洋、虬江诸港浦河水一并汇入，借刘河而出海。现在这些支流港浦全都淤塞，吴淞自为吴淞，刘河自为刘河，两不相干，吴淞不能借刘河而畅流，如果只疏浚刘河，也只能泄太湖半面之流，而汇纳泖淀湖水以奔涌吴淞江的径流，仍然不得畅通。到以后再议疏浚蒲汇、新泾，重开虬江、顾浦，与其费力于支河小港，还不如聚力于吴淞大江。他还搬出名臣海瑞"吴淞江开，六府均蒙其利；塞则六府同受其害"的观点来增强说服力。

对于玛祜所称工费难措的忧虑，慕天颜也一并为之谋划。他认为，疏浚两江，江浙六府皆受益不浅，而江苏三府更为重大，即使浙江方面不予配合，江苏也不得不疏浚；何况浙抚如此主动相商，自然会承担部分费用，且两省督抚联名奏请国库钱粮，更易于成功。对于国库钱粮，慕天颜虽然深感朝廷正是蠲灾诎饷之时，但算账对比，如遇灾荒，朝廷一年须蠲免江苏数十万两银，几年下来，也得成百万两。所以，若惜一时之费，不作久远之图，则百姓流离，国赋常亏。倒不如狠下决心，尽快两江并举，一劳永逸。

玛祜也是有担当、有胸襟的一方大吏，他对慕天颜的观点和谋划十分赞赏，遂命慕天颜将两江工费多方撙节，细加核算。此前，仅刘河一项工费，核算者预估为七十万两，数目太大，这也正是玛祜决定只开刘河一江的主要原因。慕天颜领命后，亲自踏勘两江，栉风沐雨，相地形，丈土方，遂得丈尺之实数，并精打细算，核出工役费用，即有四万两银即可完工。前后估算，悬殊如此之大，这让一直为工费忧心的玛祜信心大增。于是，他与两江总督麻勒吉联名上奏：请于苏、松、常三府康熙九年折漕银两内，暂留四万两，以支工费。得到皇上允准后，刘河之役于康熙十年三月十五日开工，该年六月三日告竣。

刘河工程，是自明代万历初年林应训疏浚吴淞、白茆一百年后，江南最大的水利工程。慕天颜作为工程总负责人，起到了总揽全局的关键作用。

当时，正是水灾未除之际，穷苦百姓，工费价廉，且饥寒交迫，易生匪盗，而兴举河工，发粟募民，人们不仅能凭劳作以糊其口，不致逃荒外流，而且盗贼亦可潜消。于是，他首先效法范仲淹当年在苏州治水时采用的"荒年兴役、日给五升"的以工代赈办法，赴役饥民，计工受食，莫不欢呼踊跃。其次，在雇募民夫方面，他坚持以"募夫宜近不宜远"为原则，只抽调太仓、昆山、嘉定百姓承担，以方便附近百姓应役就食。

开工之际，慕天颜采取分州县雇募民夫、分河段委官负责的办法，繁段则短，易段则长。施工过程，除了人工开挖河道，还购备淘河诸器，待开挖到一定程度，就掘开蓄水大坝，借水力以冲荡，所有沙土，全都顺流入海。兴工之初，慕天颜为确保施工规范、推进顺利，还亲自制定《条约》，下发各责任官员，并张贴各处工地，从筑坝、戽水，以至划土方、给工料、安置役夫、棚厂医药之类，无不详细规定，堪称治河大工的施工纲领，皆可载之令典，垂为定法。

据统计，除部分河道不必疏浚外，该工程共疏浚河道三千六百多丈。疏浚后的河面仿照海瑞开吴淞之例，由原宽十一丈改为十五丈、统深一丈六尺。共计移动土方三万三千九百多方，每方用夫十四工，共计四十七万五千多工，实用银三万一千六百八十二两。

刘河大功告成后，慕天颜在续建石闸等辅助工程、汇核确册造报的同时，及时将吴淞工程提上议事日程。因吴淞工程数倍于刘河，且关乎江浙两省，责任更为重大，他先是责成专官丈勘估工，并对引导浙水、通流泖淀先行规划，制订方案。但因各州县册报颇多不符，慕天颜再次令苏、松二知府亲往覆丈，并查照刘河则例，核算土方，备造细册。随后，慕天颜亲临现场，划分段界，然后确定民夫、银两实数。

尤其掣肘的是，吴淞因废弃多年，新泾以东尽成平地，垦殖为稻田者有之，树艺为园圃者有之，今次疏浚，还不得不饬查已经升科征收者何年入册？税亩未经报明者何人耕占？占用者系某都图、某户甲、某年，科则若干、纳粮若干等，另行编征，请除其赋额。

最后，核算吴淞工程需工费银十万两，经奏请康熙帝允准，在康熙十年折漕银内再留五万两，由浙江方面协济五万两。于康熙十年十二月初八日农隙时节启工，分段施工，露宿雨驰者凡数月，至康熙十一年四月二十六日前后各段相继竣工。该工程自黄浦东口起，由新泾口至施家港，共计一万零四百九十一丈，河面阔十五丈，底阔七丈五尺，深一丈五尺，除原旧江洼深地段无须疏浚外，共移动土方一十三万一千四百多方，每方用夫一十四工，共募夫一百八十四万一百五十七工。

两江大工，次第疏浚，正如当时官至御史的昆山人盛符升后来所言："其力主并浚，身荷全功，以期必济者，实惟今中丞慕公也。"著名文学家李渔也深为慕天颜疏浚两江的硕画鸿谟所感动，不仅将慕天颜的《疏河救荒议》收录于其所编《资治新书（二集上）·文移部》，盛赞此文"直诚剀切，当与海（瑞）疏并传"，并且高度评价慕天颜"居官之廉，任事之勇，抚民之慈，表率属僚之严且介，无一不肖海公，非止疏河一事而已也。真千古上下之一人哉"！

9. 建立营房

苏州是国家积贮重地，襟带江海，其经济和交通地位十分突出，但并非军事重镇，且有京口、松江、崇明三大镇的驻军为之藩卫，可保无虞。所以，入清以来，这里只驻有巡抚、布政使等地方官员，而不驻大帅和军队，其目的就是不因驻军而累民。

但是，到顺治十六年（1659）夏，郑成功从其根据地金门、厦门率军北上，一举攻拔镇江、瓜洲，以牵制深入西南追击南明永历政权的清军，并以图恢复前明江南半壁。清廷赶忙调集大军围击，旋即平息。时逢新任江南巡抚朱国治赴任苏州，以抗粮为名，制造了牵连士绅、衙役共一万五千多人的江南奏销案，又在"哭庙案"中，罗织罪名杀害了名士金圣叹等人，一时风声鹤唳，冤狱四起。他担心时局不稳、地方未靖，遂以"倡乱入告"，疏请大军驻扎苏州城内。自此，驻军开始圈占民房，自阊关桃花坞到娄关、齐关一带，百姓流离失所，无所生业。这位被民间称为"朱白地"（谓搜刮地皮）的巡抚仓皇离任后，继任者韩世琦于康熙三年为便民起见，极力上疏撤离苏州驻军，得到皇上的允可，并很快付诸实施。从此，苏州百姓始得安居乐业，并感念韩公为民造福的善行义举。

不料到康熙十二年（1673），吴三桂从云南起兵叛乱，闽广耿精忠、尚可喜遥相呼应，烽烟四起，殃及三吴。时任江宁巡抚玛祜为守住苏州郡城，保卫一方安全，复请大军驻城，以防民变或兵变等不测之祸。

　　因为有朱国治时期兵占民房的先例，这让苏州百姓心有余悸。听闻大军又要驻扎城内时，满城居民，人心惶惶，生怕自家房屋院落被强行征用。况请神容易送神难，一经圈占，则遥遥无期。当时的各级官员，也表现出十分矛盾的心理，他们既怕大军不来，又怕官兵扰民。时任江苏布政使的慕天颜独慨然道："已然之变，可知隐然之忧。三藩作乱，局势堪忧，而人心莫测，若有趁火打劫者，一旦举事，谣言惑众，能保地方必静乎？但圈占民房，前事之失，后事之鉴也，又何忍居民之播迁，百姓之失业？兹事体大，须权衡利弊，及早谋划。"

　　慕天颜思来想去，只得两害相权取其轻，认为非建造营房不可。他随即对修建营房的材料、工费做了大致匡算，非数万两银子不可。作为整天与钱粮打交道的官员，他深知筹款之艰难，如动支经费，则军需已十分窘迫；如征收于民，则百姓连年遭灾已家徒四壁。怎么办？最后，他悉心筹划，还是想出了一条上不费国库分厘、下不取百姓锱铢的办法——这就是官员带头捐建营房。他将这一想法汇报巡抚玛祜后，玛祜欣然道："此固本之计，民社之福也。"他又征询苏州士绅百姓的意见，大家认为此举既能妥善安置驻军，又能保全百姓利益，都愿意各尽所能，踊跃捐款。

　　在得到上级和百姓支持后，慕天颜很快在苏州城南选取了一块闲旷之地，开始规划和建设。经与驻军首领协商，双方分别命苏州知府高晫、中军游击刘邦栋分别代表地方和军方共同董理其事。开工后，匠夫云集，夜以继日，不到一月即告竣工。该工程共建造军官公署八所，计六十四楹，营房一千间。在建设过程中，慕天颜作为首倡者，率先垂范，带头捐俸，苏州城内大小官员、士绅富商也纷纷慷慨解囊，共计筹资八千多两银，而未取百姓一分一文。

自此，军官有其署，士兵有其庐，战马有其厩，以至军营中的杂役马夫，都无不有其屋。以前令苏州人闻之色变的驻军，竟然有了一种宾至如归的感觉。于是乎，人不知兵，家室无恙，与前些年驻军圈占民房时百姓去先人之居，捐故土之乐，颠沛流离于城乡荒野何啻霄壤。所以，人们把苏州城的军民关系，称赞为"武侯之杂耕渭滨，复见于今矣"。

慕天颜建立营房，只是其任布政使期间的一件小事，但也是具有开拓性的一项创举。因为自清朝定鼎以来，凡大军驻防之所，未有不圈占民房者。而且地方官员和军队首领都习以为常，无一不认为理所当然。而在有清一代，建营房以代民房，实自慕天颜始。故当时的吴江绅士、曾供职朝廷的二等侍卫金世溁特意写了一篇《建立营房记》以记其事，并高度评价慕天颜此举"洵为熙朝之硕画，仁声之先路也"。

金世溁还将慕天颜的建立营房与名宦韩世琦的疏请撤离驻军进行比较，认为："韩公挽救于已失之后，其事稍易，易于乐成也；（慕）公绸缪于未雨之先，其事极难，难于虑始也。"

10. 例定囚粮

明清时期的刑事案件办理，其流程是：经县（州）主官初审后，将人犯解往上级府（厅）主官覆审，而后解往省上按察司主官再审，按察司定拟后将文书上报督抚，由督抚专案咨报刑部核覆，刑部年终汇总，以题本形式向皇上汇报。

其中在定案环节被拟为斩监候或绞监候罪名后，就要进入所谓"秋审"环节。地方秋审的大致程序是：直省每年二三月，先由按察使拟定情真、缓决、可矜等意见后，由督抚复勘。勘后，督抚再会同布政使、各道道员，亲提人犯，当堂唱名，拟定意见，于五月以前具题刑部核拟。

从上述资料不难看出，慕天颜无论是任钱塘知县，还是任兴化知府，都无不承担着其辖区的司法职务。用现代眼光来看，这种司法职务几乎是法官、检察官、警长乃至法医的总和。即使任江苏布政使后，其主要职责已不再管理刑名，但仍然经常受巡抚委托清理一些刑狱案件，督催有关官员将久拖不决的案件尽快审理终结，当然也得参与每年秋审的重大案件。可以说，慕天颜自步入仕途后，就一直主导或参与着地方司法活动。

他早年任知县、知府时，时常清理狱囚，每每看到人犯饥饿哀号，总是于心不忍，遂不时捐资给予米粮。尤其对那些情真罪当、即将被处以重典的人犯，常常以不能活其性命而心生悲悯。任布政使后，他对长期羁押的人犯，也一如既往地捐给钱米，予以赈恤。他始终认为，所有被关押的已决或未决犯，虽然法所当刑，但一日未处决，尚留旦夕之命，无论从朝廷"法外施仁"的理念，还是从个人"人命至重"的心理出发，都不能因身负重罪而任其饿病毙命。况且还有一些因钦案牵连者，尚难定罪，不得不羁押；也有一些审理完毕而未及结案者，或许经覆勘还有雪冤的可能；更有一些狱食断顿而又无亲属可依者，这类情况尤其令人同情。

原来，狱囚口粮的供给，在康熙初年仍与历朝历代一样，都是由狱囚自行解决（当然是转嫁给亲属）。只有在狱囚实在无法解决时，官府才勉强予以承担，但很难得到较好的保障。为此，康熙四年

（1665），为宣布皇恩，刑部在给皇上进呈的一道题本中称："遵谕请给罪囚口粮等事一案，行文各省查在监囚犯，动何项粮米支给。"各省接到圣旨后，都进行了调查和答复，其狱囚口粮来源可谓五花八门，没有统一的标准和办法。就江苏而言，所辖七府一州中，仅淮安府盐城县有原额编狱囚口粮银五十二两二钱，其他各州县概无此例。而如果某州县没有此项额编钱粮，衙门即使钱粮宽裕，动支也属非法挪移。所以，长期以来，省上只能鼓励地方官捐俸供给。慕天颜就任布政使后，考虑到这样捐俸供给，总非常法，就于康熙十二年与江苏按察使陈秉直等人商议，倡议官员们一次性多捐银两，购置田产，以作为专门解决狱囚口粮的义田。从此，省会所在地苏州的狱囚口粮问题，得到了切实的保障。

但是，他也想到，这一创举并不是各省、各州县都能移植的办法。因为各省之广、州县之多，不仅情况皆不相同，而且狱囚多寡，动态各异，如果统一设定额编标准，不是囚少钱多，滋生中饱私囊之患；就是囚多钱少，不足以保障正常的供给。所以，他本着司法必备的人道原则，借赴京觐见之机，专门就解决狱囚口粮问题向皇上呈上了一道奏疏，建议在各省每年所报各衙门自己掌管使用的犯人赎罪银内，按惯例给每名狱囚每月口粮三斗；如果该衙门没有赎罪银，即于钦案籍没的赃款内动支。然后统一在年终造册，开明事案人数，听各省巡抚查核报销，并将额编银两一体查核，务期实给，不虚皇恩。同时，他还奏请"在京在外，均照施行"。

康熙帝本来也很重视"慎刑""祥刑"，认为这是"上干天和，下关人命"的大事。所以对慕天颜的这一建议，十分重视，在敕令刑部议奏后，将其作为"仁及图圄"的一件善事，通令全国遵照执行。

从此，几千年来由狱囚自己解决口粮的问题画上了一个句号，中国司法史上的狱囚口粮终于有了制度保障。

慕天颜在任江苏布政使的六年间，虽然水灾频仍、战乱又起，积逋沉重、人民困苦，但由于上司信任，同僚支持，尤其是得到皇上的面谕和鼓励，能放开手脚除大害，独当一面兴大利，初步展示出一名地方大员经世济民的韬略和才干。尤其是在地方财政左支右绌、千疮百孔的困境中，一边请蠲请免、与民生息，谋求长远之策；一边均田均役、大兴水利，夯实民生基础；总是能精打细算、开源节流，保障节节进逼的钱粮供给。这种以民为本、为国聚财的理财观念，使他在天下赋税最重的江苏开辟出一条养民生财的路子。

他当初接任布政使时，正值升平年月，前任佟彭年留下藩库存银只有七万五千六百一十两。到康熙十五年下半年，已升任江宁巡抚的慕天颜按规定盘点自己此前任布政使六年时间的钱粮账目（相当于当今的离任审计），与继任者当面交接账务。据核算，在保证全省正常运转的情况下，除按例支解外省协饷、本省各项饷需外，藩库实有银一百二十九万七千余两。一接一交，两相比较，悬殊如天壤之别。难怪康熙帝在阅其《司任交代钱粮》的奏疏和所附钱粮交代册后，特传旨：

具奏苏、松等处钱粮浩繁，向来挪垫混淆。慕天颜任布政使后，实心任事，竭力清厘，有裨国计。据奏交代，贮库银两甚多，款项清楚，深为可嘉。知道了。以后各布政司交代时，应照此式，详明开造，察明具题，该部一并定例议奏。

从此，慕天颜创设的钱粮交代册就成为有清一代布政使交接的固定模式，他本人也被时人乃至后世称为康熙时期的理财专家和"藩司典范"。

慕天颜善于理财，名声在外，曾引起远在云南的吴三桂的关注。据《清稗类钞》记载：苏州上津桥有朱某者，曾入山遇一老者，授测字一书，其验如神。回城后，他每日仅测一字，取银一两，过得煞是滋润。当时，吴三桂已有异志，筹备反清之举，遂向江苏布政使慕天颜请求借饷。慕天颜接到其专使送来的信件后，十分矛盾：不借吧？吴三桂已晋封为平西亲王，炙手可热；借吧？眼看三藩已成皇上的心头大患，无疑于助纣为虐。于是，他就身着布衣，摒去随从，来朱某的卦摊求其测字，并将吴三桂借饷之事如实相告。朱某让慕天颜写一个字，他随手就写了一个"正"字。朱某说："'正'似'王'字，'王'心已乱，谋反之兆也。不可借。"听了朱某的话后，慕天颜断然拒绝。不久，吴三桂果然发动了大规模的叛乱，慕天颜对朱某甚为佩服，且心存感激。

野史的故事不一定可靠，但也从一个侧面印证了慕天颜理财的本领。

二、江南福星　声绩懋著

1. 钦点巡抚

慕天颜任江苏布政使时，其直接的顶头上司是三位满洲大员——驻江宁的两江总督麻勒吉及其继任者阿席熙，还有与布政使同驻苏州的江宁巡抚玛祐。

麻勒吉（？—1689），瓜尔佳氏，满洲正黄旗人。他因精于满蒙之文，于顺治九年（1652）成为第一位满榜状元，曾先后在宫中任侍讲、学士、日讲官、经筵讲官等职。后因宠滋骄，辱没同僚，收受贿赂，廷议夺官。直到顺治十八年，恢复原衔，入值宫中。康熙七年（1668），授江南江西总督（俗称"两江总督"）。到任后，他请蠲淹田钱粮，赈济灾民，深受百姓爱戴。特别是支持布政使慕天颜疏浚刘河、吴松江，赢得贤明的称誉。后因失察之罪降级降任。康熙十二年，三藩乱起，受命代理广西巡抚。平叛后，招抚流民，修葺学堂，振兴文教，颇有政绩。

麻勒吉去任后，擢陕西巡抚阿席熙继任。阿席熙（？—1681），瓜尔佳氏，满洲镶红旗人。康熙十三年（1674）初，吴三桂犯湖南，耿精忠窥江西，朝廷增设江西总督，阿席熙任江南总督，收复失地甚多。康熙十七年，在时任巡抚慕天颜的鼎力支持下，因清隐田、征钱粮、供军需有功，加兵部尚书衔。康熙二十年，因江南豆草奏销案，被诬瞻徇慕天颜，遂罢任还京，不久去世。

在清代，总督为地方最高级长官（正二品），管辖一省或数省，位在主管一省的巡抚（从二品）之上。无论总督还是巡抚，如果另有

位于苏州书院巷的江苏巡抚衙门旧址

加衔，都可以最高到从一品甚至正一品。因督、抚属于封疆大吏，这些岗位在清代前期都以满族人为主，其次是蒙古族人，很少有汉族官员充任。麻勒吉、阿席熙两任总督都十分欣赏慕天颜，并为其施展才干提供了广阔的空间。

慕天颜任布政使时的江宁巡抚是玛祐，更是其仕途上的一大贵人。玛祐（？—1676），满洲镶红旗人，顺治九年（1652）翻译科举进士，官至钦天监（观察天象、推算节气、制定历法的官署）监正。康熙九年（1670），在慕天颜被破格擢升为江苏布政使时，玛祐也被超擢为江宁巡抚，成了一对十分难得的"黄金搭档"。他一上任，就首先撤销接待筵席，禁绝官场送礼，正己率属，给慕天颜创造了良好的从政环境，也是向皇上请留慕天颜在官守制的关键人物。尤其是密奏皇上，蠲免了康熙元年至八年的欠赋银一百九十余万两，民困大纾。淮、扬、苏、松、常、镇六郡频遭水灾，奏请蠲赈，活人无数。在总督麻勒吉的支持下，他还与慕天颜一道谋划和疏浚刘河、吴淞江以利蓄泄，清丈田亩以豁免百姓负担和基层官员的赔累。康熙十五年，江南连日大雨，淹没大量田庐，他忧惶成疾。临终前，还亲自起草遗疏，向皇上极陈水灾民困和救助之方，无一言涉及个人私事。去世后，朝廷赐谥号"清恪"。

玛祐去世后，康熙帝在谁来接任的问题上曾颇为踌躇。因为按照惯例，封疆大吏一般须任用满洲贵族，即所谓"从龙入关"者及其后人，但当时三藩乱起，四处用兵，加之水旱灾荒，频频肆虐，既要确保军需供应，也要兼顾民生疾苦，非具奇策异才者，难以胜任。所以，正如后来的朝中重臣归允肃评价慕天颜："有非常之君，必有非常之臣。"康熙帝最终还是在吏部和朝廷重臣推荐的人选之外，破格选择了在处理和应对复杂局面时屡有创新且政绩卓著的慕天颜。这在当时的高层官员任用上，不能不说是一个难能可贵的特例，堪称"钦点巡抚"。

当年七月二十三日，朝廷传旨：擢江苏布政使慕天颜为江宁巡抚（从二品），因加带记录八次，兼都察院右副都御史衔。八月二十四日，慕天颜上《江苏巡抚谢恩》疏，称：

> 臣思江南，海疆要地，财赋奥区，当此邻封多事，筹兵措饷，防御地方，事事维艰，必须文武兼优、才望素著者，方克胜任。臣有何能？谬蒙皇上宠眷，有加无已，惊闻成命下颁，不觉汗流浃背。臣感激殊恩，虽肝脑涂地，亦不足仰报知遇于万一，曷敢控辞？惟有益加黾勉，竭尽驽骀，洁己奉公，保障此方，少纾皇上南顾之忧已耳。臣谨具疏，恭谢天恩。

从此，慕天颜"于藩发其端，于抚究其事"（黄与坚《慕公神道碑铭》），一以贯之，继续致力于布政使任上尚未完成的事业，开启了又一个六年再造江南的大治之举。

康熙十六年（1677）二月，慕天颜因裁撤驿站银十万两以上，加兵部右侍郎。康熙十七年闰三月，因造船济师，优加太子少师（正二品）、兵部尚书（从一品）。康熙二十年七月，加授光禄大夫（正一品），自此到达人生的巅峰。未料半年之后，因"莫须有"式的豆草案而迅即跌入第一次人生谷底。

2. 广育遗婴

我国古代就很重视弃婴问题。《礼记·王制》记载夏、商、周时期的育婴之法："少而无父者，有常饩（口粮）。"东汉元和年间

（84—87），为鼓励生育，给民间孕妇发胎养谷，并下诏对无亲属及因贫不能养育婴儿的人家，予以周济。到南宋淳祐（1241—1252）初，官府创办慈幼局，修建屋舍，专门收养道弃子女。这些举措，都无不体现了统治者所遵循的儒家"不独亲其亲"的仁政理念。

到顺治时期，曾发布上谕：严禁溺弃女婴。皇太后还特意给北京寂照寺育婴堂赐禄米，以倡率和劝导全国各地广设育婴堂。但在江苏，地方官员对此并不重视，既没有官府通令饬行，也没有在全省一体实行。已建成的如扬州小东门、松江西关，以至无锡、通州等地的育婴堂，都是在当地士绅的捐助和倡导下建起来的，属于民间自发行为，故难以有效推动和普及。

从康熙十二年到十六年（1673—1677），江南一带几乎连年因多雨而成灾，河湖并涨，洪流肆横，以致田沉水底，庐舍漂荡，出现了大量孤儿和弃婴。康熙十五年，还在布政使任上的慕天颜，看到遗孩弃置，道殣相望，深为这些幼小可怜的生命担忧，就通令全省各州县广设育婴堂，并警告各级官员如漠然视之，将以渎职虐民罪提出弹劾。

为了在省城苏州建成全省的样板育婴堂，他首先在繁华闹市区的著名古观圆妙观内，选中雷殿左侧空地，兴工修建，并亲题匾额"保赤"二字。随后，募资金，立条规，聘乳妇，收婴保婴。由于付托得人，运行规范，终于让苏州城内外的弃婴和孤儿们有了栖身之所和生命保障。

不久，慕天颜升任巡抚，仍一如既往地关心育婴堂之事。他与新任布政使丁思孔一道，慨然发愿：为圆妙观育婴堂每日给银一两。三年下来，未有丝毫亏欠。但是，这些经费全靠慕天颜等官员捐俸和士绅善款维持，并非长久之计。加之连年旱涝不时，仳离载道，弃婴和孤儿越来越多，每日一两银已难以及时足额供给。慕天颜喟然道："我能不能以吴人之赢余而乐施者，还以救吴民之不足乎？"于是，他首先想到了石湖上方山寺院，这里香火旺盛，将其香火钱取之于信众，用之于孤儿，不也是寺院僧人普渡众生的日常修行吗？康熙十八年（1679），他向苏州府发文，令该府将上方山所收香火钱，每日酌取银一两，作为苏州育婴堂乳褓之资。就这样，苏州育婴堂终于有了源源不断的专项经费。同时，慕天颜还率先垂范，与苏松常镇督粮道道员祖泽深每月各捐银十两予以补贴。广大士民深受鼓舞，每月多有捐助，孩子们能吃饱穿暖，可谓全活殊多。

在慕天颜的大力倡导和言传身教下，江宁知府陈龙岩先在东郊旧天坛改建育婴堂，请僧人慧心法师主持经营。但运行不久，发现这里距城较远，甚为荒凉，担心城里士绅捐助不便，会导致经费不足。又商议在水西门外户部分司废址，另为兴建。慕天颜对此积极鼓励和支持，不仅免其地价，而且再次捐俸。江宁育婴堂建成后，由原来的偏僻之地搬到了中心城区，也由原来的僧人艰难经营变成了士绅广为捐输，与苏州育婴堂一样成为各府的表率。

在倡建样板育婴堂的同时，慕天颜再次向各司道府发布广育遗婴文，提出严格要求：

为此仰司道府官吏照牌事理，即便转行所属着落地方官，延集绅耆，多方劝谕，同心协力，设立育婴公所。凡一应募建屋宇、雇觅乳母、需用饮食、衣絮医药等项，仿照江、扬、苏、松现行成例，推举硕望老成掌管出入，务期加意收养，普全婴命。如果行有成效，本部院不靳奖励；倘地方官视置膜外，定以溺职残民论劾，决不少徇。至民间产女，往往厌弃，忍心淹溺，此等

恶俗，毒逾虎狼，一并严加饬禁。如敢再有违犯，立拿大法
杖毙。

其政令不谓不严，其用意不谓不良。

在慕天颜的极力推动下，江苏各地官绅争相劝勉，共趋为善之
路。各州县在建办过程中，还探索出了不少好的做法和经验。如高淳
县知县刘泽嗣为本县育婴堂置买义田七十多亩，将田租作为专项抚育
经费。为避免侵欺混淆，他还将界址亩数等书丹刻石，立于田边，以
垂久远。还如常熟县严氏族人，联名上书官府，请将其先祖、嘉靖名
臣严讷创建的拂水道院香火钱捐助给本县育婴堂。慕天颜对此大为褒
奖，并饬令主持该县育婴堂的王孙蕃秉公办理，将堂址从偏僻的小辋
川迁至风景优美的石梅山，为孤儿们创造了十分舒适的生活环境。

就在各地育婴堂纷纷建办起来并取得成效后，苏州育婴堂的经费
却出现了新的问题。原来，供给该堂乳褓之资的上方山寺院，在持续
了一段时间后，竟然抗命不遵，以致婴儿有断炊之虞。慕天颜闻讯后
十分震怒，由此而引发了江南撤淫祠以恤育婴堂的一系列事件。

吴地俗旧，多有淫祀（按礼制不当祭的祭祀）。苏州石湖的上方
山，历代多有佛寺道观。当时，这里的寺庙主要是祭祀五通神，其仪
式尤为隆重，牲醴贡品，摆满几案；笙箫鼓吹，昼夜不休。山僧将寺
庙变成了获利之地，也发明了好多牟利之术。慕天颜素来精通佛、道
教义，他经过调查后认为，上方山寺院就是地地道道的淫祀与淫祠，
应该立即驱逐，理由有三：僧奉佛法，而此地所祀之神号称"五通"，
故非守法僧侣，此其一；僧居清净之地，而此地肉山酒海，故非正经
僧地，此其二；该寺僧侣所倚靠者，皆贵胄、土豪、权役之流，于法
皆当诛除，此其三。

为此，慕天颜特向苏州府行文，果断要求撤此淫祠：

近闻寺僧违抗不遵，竟无香钱取送，以致婴孩乳哺无资，相
继饿毙，殊为可悯。今本部院先捐银四十两，发与育婴堂应用。
所有上方寺原议支取香钱，合再饬查。仰府即查上方山所助育婴
堂银两，如果按日取交，并无缺欠，查实回覆。或系寺僧抗违不
遵，立将该寺僧众尽行驱逐远方，毋许潜踪染指。即着育婴堂内
老成殷实之人，遴选素有德行僧缁，协同董理，收取香钱，助送
本堂收用。

与皈依佛门而无慈心善行的僧人相比，身在官场的慕天颜更能身
体力行佛家"慈悲为怀"的真谛。

当上方山寺院的恶僧被驱逐后，该寺改弦更张，遵守教义，再次
成为正规寺庙。随后，江苏多地纷纷效仿，撤淫祀淫祠，聘合法僧人
住持，以香火钱资助育婴堂，成就了一段道无遗婴、孝慈成风的佳
话。长洲乡绅许定升、吴县名士施维宜后来曾分别撰写《撤淫祠以恤
育婴堂颂》《广设育婴堂记》，以记其事，表彰慕天颜的功德。

3. 造船济师

慕天颜就任江宁巡抚时，"三藩之乱"战火正炽。尤其是吴三桂
已打到湖南一带，凭借洞庭湖之险对抗清军，气焰十分嚣张。

康熙十六年（1677）六月初七日，负责岳州军务的安远靖寇大将
军贝勒尚善再次向皇上建议："若得鸟船四十只，可以破贼。造船之
事，宜交与巡抚慕天颜设法令各官火速捐造。"这一建议，与皇上不
谋而合，遂传旨：令慕天颜遴选贤能官员火速捐造。

根据图片复原的明清鸟船

　　慕天颜接旨后，首先考虑的是钱粮问题。经初步估算，制造鸟船每只费银三千余两，共计需银十三万余两。这项银两朝廷已明令由官员捐助（官员捐例是当时官员的一大负担），所以不能动用国库。于是，他紧急向驻地将军、总督、漕督、巡盐御史和提镇等官员呈文，并通令所属司道府州各官多方劝谕，设法捐助。其次考虑的是技术问题。虽然他当年两次往返台湾，都乘坐鸟船，对该船粗有了解，但江南从未制造，本地自然没有巧匠良工。所以，慕天颜一面飞咨求助于闽浙督抚，将经造匠役及画图样式星夜送至江苏，以供参酌；一面派专差带领匠人驰赴岳州军前，请大将军尚善面示船式之高矮阔狭及板片厚薄。同时，他考虑的是工期问题。以往江南制造一只艍、犁之类的普通船只，也得一年时间，而鸟船比这类船只大好几倍，即使再遵命"火速"，日夕躬督，星夜赶造，至少也得半年时间。

这鸟船制造究竟有多难？根据岳州大将军所示图式，其身长十一丈余，桅高九丈六尺，再加上炮位、器械、扛具等，总得几十万斤，皆置于船面。船面承重过大，而舱内又属空虚。每船再安排官兵、炮手一百五六十人，当船行动用力时，如船底过薄，吃水太浅，未免有上重下轻之虑，船头调转是否利便？施放火炮有无震惊？这些都不能不精确计算。

对慕天颜提出的半年工期，皇上和兵部都认为到那个时节湖水消涸，战船难以任意纵横，有误破贼之期，故严令务于八月内竣工，解往岳州。如此满打满算，工期不足三个月。加之工匠来自闽浙，图式发自岳州，又需时日，其工程之巨，工期之紧，真是"天字第一号"的艰巨工程。

面对这一严峻考验，慕天颜沉着应对，精心部署，表现出处理复杂事务的超群才干。在官捐银两远未凑足的情况下，他果断决定：一是先从藩库借出现银，派官员分赴深山巨谷，采办巨木原料，将来再以官捐补齐。二是与布政使丁思孔一道继续劝捐，同仇共奋，襄此大工，并责成丁思孔及早做好稽核销算工作。三是在江宁府城的东江门外分设四厂，选用熟悉船政的贤能官员如松江知府鲁超、江宁知府孙芳、常州知府单务嘉、京口船政同知任道立四人，各监造鸟船十只，选募夫役，尽快开工。四是责成按察使崔维雅巡回各厂临验工次，惩怠励勤。在做出以上安排后，他还特意上疏皇上，请求对"万万难副"的工期，"特赐矜原"，能有所松动。

这时，遇到的最大难题就是木料采购。因为鸟船的大桅、头桅都得用八九丈的杉木，而作为通船之主的船底正艎也得长五丈以外、围圆六尺的松木。这些木料，都是千木之中仅得一二。其他如梁面、桅夹、舵杆、大橹，都得用椐、榆、樟、柏之类的坚实木料，必须长二丈以外，围圆七八尺不等，也都得百余年树龄。江南地方间或生有巨材，但因前些年制造沙唬类小型战船，已砍伐殆尽。慕天颜为此终夜彷徨，寝食俱废，不得不分遣得力官员带领精干兵丁，遍入周边大山，广为搜求。甚至上至江西，下抵浙江，给价采伐。如果觅得一合式巨料，群情欢腾，如获至珍。但是从岩谷险僻、人迹不到之处，扛抬出山，径路崎岖，一棵树需用四五百人，不远千里，盘运到厂。

所幸上下同心效力，一月之间，已将所需部分木料、油铁、灰煤、棕麻等项陆续采买，先得二十船之用，解赴江宁四家船厂。此时，木料堆积如山，夫匠屯聚如云，慕天颜择吉于七月十一日破木兴工。

七月十九日，他自苏州星夜赶往江宁，并与船厂监督、司府各官，以及大将军尚善派来的捕舵水手以及闽浙匠头等，面商式样、底板尺寸，进行论证。有人认为按大将军图式所定的帮底板片净用二寸六分，显得船底过轻而桅杆过重。慕天颜因有穿越台湾海峡的经历，深感海浪湖波，平险各异，故提出自己的看法：水战取其便捷，若担心桅高底轻，随时增加压舱石，未为不可。因为轻而加重则易，倘重而改轻则难。他的看法，得到练匠、舵水们的一致赞同。

自此，慕天颜住宿在船厂，亲临鼓励，稽其勤惰，节材恤匠，慎细精坚，甚至暑热寒风、疾病医药之类，无不亲为慰劳。因对夫匠工钱及时发放，所以人们争先恐后，乐于从事，船厂之内灯火通明，斧斤之声通宵达旦。慕天颜与监造各官，整日风餐露宿，都显得面目黧黑，形神憔悴。

到七月二十六日至八月初一日，将第一批船二十只铺底定舱，一月之后，渐次完工。九月初三日，慕天颜亲至江岸，主持鸟船试水演示，果然坚固灵便。第二批船二十只，因底舱大木必须采自万山之中，运自千里之外，只能随得随造，也于九月初一、初三等日定舱起手，于十月初八等日试水成功。

另有所需火药二十万斤，慕天颜也遵命赶造完成，先后随两批船同解岳州。船行江上，真有"楼船器甲，遮天蔽日"之盛。

在制造鸟船的过程中，还发生了两件十分神奇的事。一件是，船上所需底板舱木需整棵巨木，多方寻觅，仅得三十七棵，尚有三棵没有着落。适值慕天颜自苏州到厂，正忧心焦虑间，忽然有报长江上漂来三棵巨木，他喜出望外，急往观看，恰巧都是舱木良材，也正好补齐了四十之数，人们无不称是河伯显灵。慕天颜当即晓谕寻找失主，按价支付，但始终无人认领。最后，在报销时，他将此项银四十八两未计其中。另一件是，采办者在常熟的虞山觅得一高大椐树，人们好不容易将其从深山拖运到河口，准备上船时，不料因登船人多，船身摇荡，将巨木掀入水中，一千多人喊着号子无论怎么使劲也拖不上来。慕天颜接报后，特撰祭文，在江宁遥遥致祭。祭毕，犹如神助，一拖辄起，遂得乘船赴厂，用为梁面，真乃奇事。

慕天颜自七月十九日到江宁，食宿工厂，躬亲督造，直到十月十二日一切就绪后，方返回苏州处理积压的各项公务。期间除赴扬州会商驿站事宜外，将近三个月。其工期虽然比兵部原定不足三个月的时限明显逾期，但比他最初计划半年的时限则大为提前。

这四十只鸟船，由于慕天颜多方节省，共计费银九万九千二百四十三两，比原预算减少了三万多两。而官绅共捐助八万九千三百六十两，尚缺九千八百三十四两。慕天颜表示在两年之内，继续劝捐，以补缺额。

就在慕天颜大功告成，回到苏州衙门的十多天后，未料又接到上谕：特遣户部尚书伊桑阿亲临江宁，会同总督阿席熙、安徽巡抚徐国相和江宁巡抚慕天颜，督造鸟船六十只、沙船二百只，务于次年春以前竣工，并解往岳州。

慕天颜席不暇暖，即于十月二十九日再次轻骑就道，飞赴江宁进行会商。这项任务，慕天颜承造三分之一即鸟船二十只、沙船六十七只。为了给阿席熙、徐国相提供便利，慕天颜将江宁现成船厂让与他们，自己则在京口另建鸟船厂，在常熟、镇江分建沙船厂。随后，慕天颜马不停蹄，赴各厂安排开工，饬令各官员躬率匠役，火速起工。

在慕天颜的仕宦生涯中，制造鸟船并非其最为突出的政绩，但给康熙帝留下了十分深刻的印象。正因如此，这才有次年闰三月优加其太子少师、兵部尚书的恩遇，也才有后来在河工争讼案中被皇上特加宽免的幸运。

4. 宽涸蠲逃

慕天颜造船济师，可谓用尽全力。但即使在如此呼吸难缓的情况下，他仍然还在江宁造船现场想方设法解决淮扬一带涸田宽征等紧迫问题。

原来，徐州直隶州所属宿迁县一直是黄河水患的重灾区，早在康熙十一年，前巡抚玛祜就亲勘该县水淹田地，上报涸出田七百顷，但还有一千六百八十五顷永沉水底，主要集中在祠堂湖、顺德乡等处，涸出无望。上报后，户部要求："涸出田地照数征收，其余水沉田地，因黄家嘴等决口既已堵塞，必尽数涸出，应一并查明，并照额征收钱粮。"同时，户部还提出："该县尚多旷土，应招集业户开垦，于康熙十六、十七两年起征钱粮。"

慕天颜接任后，该县钱粮仍然按以往淹田蠲免的办法征收，但户部紧追不放，命令再次勘查上报。慕天颜遂命布政使委官员复勘，结果是原报未涸田地实系积淹，历年钱粮并未征收，依例停免。但户部并不相信，要求："令再行严查。"其实，这些积淹未涸田地，与户部所谓黄家嘴等决口相距遥远，其决口之堵塞，与这些积淹田地毫无关涉。于是，再次遵命复勘的道府县各官员坚称：实系积淹，并无续涸，所有未涸田地原额钱粮、漕粮、漕项等都应仍行停免，俟水退涸出之日，再议征收。对这些来自基层的呼吁，户部充耳不闻，屡报屡驳。该县前任知县李灿因淹田地方的百姓都外出逃荒，无可催征，积逋难完，竟遭到漕运总督的题参议处。李灿被罢免前，畏于法令之严厉，不得不

晚清《豫饥铁泪图》之"得雨垦荒，农器典尽"

将逃荒百姓所欠钱粮自行垫赔完纳。此等情由，令人不寒而栗。

为此，慕天颜在江宁督造鸟船的间隙，于康熙十六年（1677）七月初九日向皇上题奏"为粮田永沉水底，亟恳详请题蠲以救民生事"。奏疏中，他请求皇上将宿迁积淹未涸田地历年本未征收的钱粮明令停

免，以免干扰。为了表达江苏官员的积极态度，慕天颜还主动对户部提出的该县垦荒田地起征问题予以回应："该县荒地，皆硗瘠难垦，为弥补积淹田地损失，臣令该州县加意招垦，已新垦六百零二顷三十四亩。新垦之数，虽不足抵水沉田地之额，但沉田既难复涸，垦地亦可资课。此新垦田地钱粮，如按户部于康熙十六、十七年起征之命，深恐此等新招残黎尚未收获，先罹科扰，故请于康熙十七年起征，以宽民力。"

慕天颜此疏在皇上命户部核议具奏后，再无下文。直到次年九月，慕天颜再次上《宿迁水沉田地疏》，提出对该县历年所有扣停本折钱粮，以及仍淹未涸田地，"实难向久经失业流亡之民户再复追输，仍恳皇仁准赐停免"。同时，对垦地钱粮相应做出让步："应于十六、十七年各起征一半，以稍补水沉缺额正赋。"这次上疏，得到皇上的恩准和户部的应允：

> 自十一年起，至十四年止，每年蠲停地丁等银六千九百七十余两，米麦三千二百一十余石；十五、十六、十七三年，每年停征银四千七百六十余两，米麦二千二百五十余石。

在第二批鸟船刚刚开工后的九月初七日，驻在江宁船厂的慕天颜腾出手来，又着手解决江宁府有关州县并征省卫（省城附近的军屯单位）丁田钱粮的问题。

当时，朝廷为了减轻卫所既要屯垦生产，又要征收催科的负担，将卫所"丁田钱粮归并州县征输"，即如今所谓属地管理。但是，由于战乱频仍，卫所兵丁大量逃亡，土地荒芜。据前巡抚玛祜和慕天颜先后驳查四载，调查确凿，分布在省城各州县卫所的逃亡三则人丁[①]

有：上元县两千三百三十二丁，江宁县一千二百五十五丁，江浦县四百六十一丁，六合县四百七十九丁，另有逃亡窜丁（原籍非本地丁口）四十八丁。这些卫所兵丁（未计妇女）人逃土弃，也无子侄可以追究抵补，其丁口银就成了"无丁可问"。还有上元县满洲圈种田地二十九顷零四十三亩（满族旗人的优待政策"种地不纳粮"），六合县撂荒田一百二十三顷零五十六亩。这些田地或者由各旗圈占，不能征收，或者无人耕种，满目蒿莱，其额征钱粮当然就成了"无田可征"。江宁自古号称"江南佳丽地，金陵帝王州"，但从这组数字，可见清初战乱和天灾之严重。

在实行卫所钱粮归并州县征收的政策后，这些无丁可问、无田可征的钱粮，如果责令州县代为催征，势必会造成摊派包赔，将以往遗留的额外负担转嫁于现在的屯丁。而屯丁们不堪赔累，又势必会造成新的逃亡，撂荒更多的田地。如此恶性循环，将使国家赋税遭受更多的损失。

慕天颜认为，朝廷的"并卫"政策，本来是要"清理夙弊，以甦军累"，但这些逃丁荒田的钱粮不清除，则逋欠虚额仍属悬项，与国赋无益，而屯垦之困愈久愈深。为此，慕天颜向皇上题《请蠲并卫荒田逃丁》疏，恳请皇上将四县逃荒丁田新粮、旧欠，并行蠲免。

这道奏疏，皇上阅后，令户部议奏。其结果现无据可查，但如果按该奏疏所称"援照总漕臣帅颜保'请蠲上元后卫孝陵闲丁[②]'"已获批准的先例，当是有一个圆满的回音。

江苏永沉水底之田，主要集中在黄淮沿岸的徐州直隶州和淮安、扬州两府。慕天颜自康熙十三年（1674）正月入觐，当面向皇上汇报一路目击的严重洪灾后，涸田征收遂成为永遵定例，百姓负担减轻不少。山阳进士刘谦吉曾撰《淮扬涸田说》，以赞颂慕天颜的功绩。他写道：自十三年至十九年，故籍皆班班可考。淮扬之民，可困于波涛之神，但已不再困于石壕之吏了。

在这些"故籍"中，就有慕天颜于康熙十七年（1678）十二月所题《邳沭淹田蠲停丁粮》。邳州、沭阳两州县，上年因花山口等处决口未塞，以致黄河淹沉田地，已"荷蒙恩蠲"。但到当年按例征收时，邳州岠山等一十五社的四千二百四十多顷淹田，仍然水深数丈，消涸难期；竹林等十社的二千八百五十多顷淹田虽然半沉半浮，但难以耕种。沭阳县因上年杨家庄决口，积水冲淹二千八百四十多顷田地，因无田可种，溺亡和外逃三千九百四十九丁（不计妇女），灾情严重，可见一斑。慕天颜虽然称"何敢率请蠲停"，但还是毅然会同总督阿席熙、河道总督靳辅联名具题，"仰祈皇上俯念二邑仍淹田地，与寻常偶被灾伤不同"，对历年旧欠钱粮和本年地丁钱粮分别停缓，破格加蠲。

还有慕天颜于康熙十八年（1679）正月所题奏《勘报睢邑积淹田地疏》。徐州睢宁县历年叠遭水灾，经慕天颜具疏入告，俱蒙蠲恤。但今岁在积水未退的情况下，又遭黄河决口，致该县原淹田地一千七百多顷涸出无期。该县知县激切申报，各级官员屡次勘察，皆无捏冒。未料因睢宁水淹田地系错杂于邳州境内的插花地带，以致河道总督靳辅未经细辨，函告慕天颜睢宁无冲决。在慕天颜认真核查后，才免致误会。慕天颜遂以属官及靳辅的查证经过为由上疏，增强了奏疏的说服力，并获得蠲免的结果。

更有慕天颜于康熙十九年（1680）八月所题奏《请停桃邑淹田钱粮疏》。三年前，宿迁县杨家庄黄河决口，殃及邻县桃源县陆城等乡。但在康熙十七年报告灾情时，布政使丁思孔"以杨家庄在宿迁县境内，桃邑（以前）既经照例蠲免，（此次）未便率请，驳令竭力补救"，导致桃园县无法享受"准免额赋十分之三"的政策。后来，在单独就桃源县灾情上疏后，部臣又质问"桃邑田地果系同时被淹，彼时岂不一并题报"？同样的灾情，本应是同样的政策，但因工作环节上的问题，需要数次查勘、解释和说明（可见朝廷对各地赋税掌控之严格）。慕天颜援例吁请，虽驳勘再三，最后还是"不得不再请皇上俯鉴前疏，将桃邑陆城等乡水淹田地并逃溺人丁应征康熙十八年起存地丁并漕粮、漕项，及节年旧欠钱粮，暂停征收"。次年三月，户部最终发文允准。

慕天颜在屡次请蠲请免的同时，还对蠲灾条例的弊端洞若观火。他在康熙十八年九月的"安民八疏"（见后文）中，就从制度安排上提出了修改条例的意见。当时的规定是："勘实被灾五、六分者，免正赋十分之一；被灾七、八分者，免正赋十分之二；被灾九、十分者，免正赋十分之三。而漕粮、漕项，不在应蠲之内。"但正如慕天颜指出的，按例蠲免三分者，在扣除漕粮、漕项不蠲外，真正蠲免的也就二分，灾民仍然难以承受；同时，这个规定所谓蠲免三分、二分、一分者，只是考虑到田有夏秋二熟，夏灾可望秋熟，秋灾或有夏熟，总有一次收成可以完赋。但像这几年不光夏秋两灾，而且连年遭灾，部臣如果执意以"夏灾已蠲，不再重为"为说辞，则百姓断无活命之理。为此，他向皇上激切建议修改现行的蠲灾条例："如被灾五、六、七分者，仍照旧例止蠲正赋一、二分不议外，若灾至九、十分，请条漕并蠲三分；灾至八分者，请条漕并蠲二分；若夏秋并灾者，请照灾分数，两次并蠲；倘夏秋并灾而俱至十分者，不得不丐天恩破格将地丁及漕粮、漕项全蠲，以恤斯民。"

就在他誊抄这道奏疏时，接到邸报，发现内有某科道官员上疏："请议嗣后灾至十分，尽行蠲免钱粮。"但廷议不允，已经奉旨。在这种情况下，慕天颜依然坚持上疏。他在疏中说："民为皇上之民也，赋为皇上之赋也。赋诎一时，养民以力田供输，则在万年；民若死亡，实难生聚。"直如泣血，令人感动。

作为封疆大吏，慕天颜既要体谅朝廷战乱未平、国用浩繁的困境，也要念及百姓流离失业、饥寒交迫的苦楚，其内心的矛盾和痛苦、执政的复杂和艰难可想而知。

注释：

①三则人丁：清代摊丁入地前，多地沿袭明代三等九则赋役法，即人丁以资产之多寡，分成九个等级完纳丁徭。等则随人丁资产数量的变化而增降，在五年一次的人丁编审时予以更定。这里的三则，指这些人丁所承担赋役的等级。

②闲丁：亦称舍余。清代指卫所中尚未担任漕运任务之壮丁。顺治十三年（1656）复准，除现运屯丁外，凡在卫闲丁、舍余，以十六岁为成丁，六十岁开除另补，均按丁纳银贴造漕船。十六年又复准，卫所舍余、闲丁，每名征银二钱。

5. 轸恤旱荒

康熙初年，全球"小冰河期"极端气候的余威尚未消散。康熙十七年（1678）夏，未料多年水灾的江南竟遭遇了百年不遇的大旱，数旬之间，滴雨未降，秋粮几乎全部绝收。

入冬以后，重灾区的百姓已绝粮断炊，饥号载道。慕天颜轻舟简从，到各地察访，每每看到那些好多天粒米未进而奄奄一息者，典当无资而全家饿死者，剥食草根树皮而哀号道路者，以观音土充饥而鼓胀待毙者，以及饥寒难忍、投告无门而轻生自缢者，总是禁不住心酸落泪，寝食俱废。

于是，慕天颜一边向官民竭力倡捐，共襄善举；一边在各地紧急开办粥厂二百多所，以救民命。苏州一带的大量饥民，纷纷涌向城里，寻找一线生机。他们往往守候在巡抚衙门前，只要看到慕天颜的马车出入，就携老挈幼，"呼啦"一下子拥上百十来人，环辕呼泣。慕天颜对衙役们说，身为巡抚，我不能给他们以温饱，但总得接受他们的倾诉和呼救，尔等不得呵斥和驱赶。

乾隆版《劝善图说》之"施行粥赈饥"

每次，他都将随身携带的铜钱分发给饥民，并劝他们赶快到附近的粥厂觅食。

康熙十八年（1679）开春后，到了饥馑最为严重的时刻。经慕天颜与总督阿席熙联名奏请，皇上准发国库钱粮予以赈济，并宽免历年逋赋。因每州县饥民都多达十数万，慕天颜分身乏术，就与总督等大员采取分片赈济的办法：江南总督阿席熙（驻江宁）负责江宁及江北地区，河道总督靳辅（驻淮安）负责淮安、徐州，巡盐御史郝浴（驻扬州）负责扬州，慕天颜则负责苏州、常州、镇江。

当年的春赈于正月二十八九日陆续开始。在安顿好苏州城里的赈济后，他担心偏乡僻壤的赈济有滥漏之弊，就微服单骑，亲往乡村察访。在乡下粥厂，他看到散米之际，有人因羸弱连十几斤的米都背不起，有人因领到赈米感激得哭了起来。此情此景，引得慕天颜和随行官役也无不潸潸涕零。各地措捐和赈恤的顺利进行，让饥民得以存活，不致流离，也让慕天颜心中稍感宽慰。

但到夏秋之交，炎威日甚，流金铄石，四境枯槁，三月未雨。旧灾再加新灾，各地频频告饥。席不暇暖的慕天颜遍谕耕农生产自救，于近河田亩竭力车戽灌溉，在高阜山区及时补种杂粮。随后，亲率部属步祷祈雨，反省斋戒达四十多日，其间虽降过两次一二寸的雨，但因久旱，随润随燥，无济于事。而且民间每天有数万个水车吸尽人河之水，导致支河小港，全部干涸。接着，蝗灾继起，遮天蔽日，过境之处，皆为赤地。全省52个州县中，勘报重灾者达40个。

慕天颜每天接到的各地报灾之文堆案盈尺，句句血泪，他只恨自己奉职无状，以致天心难挽，只能会同阿席熙上奏皇上，痛陈灾情。皇上遂遣部臣到江苏实地察勘，分重灾、次灾、轻灾三类，商议蠲免地丁正赋若干。但江南漕粮是京师储备的重要来源，向来不算在正赋之内，且各地皆有定额，既不能折为银两（即折色），又不能轻易蠲免。为此，慕天颜再次会同阿席熙、靳辅，连上三疏，坚请在蠲免正赋的同时，也一并蠲免当年的漕粮，得到皇上的同情和允准。

当时，百姓们尚可依靠春夏薄收的粮食瓜菜苟延残喘，但到冬春之际，势必又是饥黎载道。那时，藩库已空，征收无望，该如何是好？为此，他提前采取了两个措施：一是不得不向皇上请求广开捐纳功名事例，以合法且自愿的方式，开辟一条汇集民间财富的渠道。二是冒着擅专之罪，果断从藩库借支现银五六万两，遴选廉洁精干官员，分别前往江西、湖北等地，趁其新米收获之际，价格尚贱，购进数十万石，按原价出售，以平抑本地粮价，打击囤积居奇，让百姓均沾实惠。

入冬之后，各重灾地方果然夏粮已尽，秋稻全无，不仅没有食物，而且难以御寒。就在此时，慕天颜接到湖北巡抚的咨覆，声称该省也遇旱灾，无从购买。他阅后，想到濒临饿死的百万残黎，自己竟然束手无策，悲痛难抑，伏案痛哭。而派往江西采办的官员也陆续回称：价贵难买，只买到两万多石，尚未运到。

争取外援，此路不通，慕天颜就只能千方百计在赈救办法上尽量周全。他考虑到，如果给每人发给现米，来春饥民愈多，领者如蚁，拒之不能，且流落到此的外地乞丐难道能忍心不给？况且每人发给一斗，饥饿难挨，不能省之又省，不几天就会告罄。最好的办法仍然是在各处路程适均之处多设粥厂，使饥民远不过十里，扶老携幼，食粥延生。这样一来，那些稍微能活命的人家，顾全颜面，也不会蒙耻食粥。这真是一个至公至广而又节省的好办法。

于是，从腊月十五日开始，各地再次煮粥开赈，并公举好义绅士、诚实耆民董理其事。为了防止饥民们拥挤冒滥，慕天颜发明了一项"散筹登簿法"，在各地粥厂推广。其办法是：每人每天发给一筹（有独特标记的木棍或竹片），凡妇女儿童先行放进，其余老弱在前，壮健在后，鱼贯入厂，先验筹，再登记，最后给食，杜绝了混乱踩踏和一人多领的弊端。

粥厂赈济一直坚持到康熙十九年（1680）三月初，因春播即将开始，赴厂食粥未免有妨耕作。加之各粥厂开办已久，监赈官对本地饥困真情与赴厂人口已了然于胸。慕天颜就及时调整政策，变"煮粥散食"为"计口给米"，令司道府厅各官员亲赴各粥厂，清查饥民人数，仍照每日给粥的米数，约至麦熟之期，按大口一斗、小口五升的标准计口给米，让他们回家耕种，莫误农时。

粥厂撤销后，饥民们是不是都领到了米？慕天颜总是放心不下，深恐有虚冒或遗漏的情况。于是，在三月初四日向皇上报告灾情后，他于当天就轻舸简从，开始了下乡查赈的旅程。

从去秋以来，慕天颜因忧旱成病，今春忽患火症，尚在医治。他拖着病体，于初五日首先到达无锡。在北延区，饥民们个个面黄肌瘦，都跪在路边向巡抚大人呼号哀求。慕天颜惊问其故，原来该县前任知县韩文焜被参离任时，将灾民报册遗漏，灾民们虽曾前往各厂食粥，但在粥厂撤销时未领到赈米，以致奄奄欲毙。慕天颜立即飞拨米粮，命下属当日补给。其他偏远之地，有茕弱不能到厂领米者，也都一一按口散给。

初八日，慕天颜抵达武进各乡村，看到饥民比其他地方更多。他先委粮道刘鼎查赈，但地广民稠，一万多石米，难以周济。他随即增拨米粮，召集士绅耆老公议，用抓阄的方式，先分发各图（乡村单位），再分给民户，唱名分发，公开公平。

随后，慕天颜又急棹扁舟，到宜兴、金坛、丹阳检查。在大山深处，他乘着兜舆，逐加体访，老幼都声称已领到赈米，得延余生。到丹徒山区，因沙区的助赈之米（山区曾在迁界时收留过沙区之民，故慕天颜令已返回故地的沙区之民助赈山区）尚未筹足，饥民们嗷嗷待哺。慕天颜又立拨现米。

二十日，慕天颜还舟至江阴，看到饥民们都已受赈安生。再到常熟，已赈饥民惟额手呼颂皇恩。在二十天之内，慕天颜周巡八县之茅屋穷檐，每至一处，先问疾苦，再劝春耕，这才安下心来。

两年大旱，两次大赈。幸赖慕天颜苦心硕画，布置得宜；僚属们竭力奉行，无滥无遗。逾百万灾黎，得以活命；几十万家庭，得以保全。大济苍生，真可谓"万家生佛"。

6. 继赈水灾

在江南连续遭逢两年特大旱灾后，到康熙十九年（1680）四五月间，风调雨顺，二麦结穗，人们都觉得走出了干旱的阴影。不料，饥馑之后，瘟疫流行，染病者死亡枕藉。正是收割与复种之际，慕天颜担心误了两料庄稼，赶紧选访良医，研究配制药饵，令各地分头救济，全活颇多。

真是天未厌灾，民命多舛。自六月初旬起，淫雨连绵。到当月十三日至二十五日，江南一带昼夜大雨，势若倾盆，声同飞瀑，以致平地漫溢，处处水深数尺。慕天颜心急如焚，赶忙差员四出，乘舟查看。据报各地水势泛滥，四望无际，来往之人，舟行田中，莫辨方向。低乡之区，百姓淹溺，房屋漂塌，田沉波底；而高阜之区，水浮埂岸，车戽难排。

江阴、无锡、常熟、武进四县，只因河道多有淤塞，积水不畅，一望弥漫，竟成泽国。镇江、淮安、扬州、徐州的水势淹漫情况，更加严重。只有华亭、娄县、上海、青浦、太仓、嘉定等州县，因靠近刘河、吴淞两江，水道畅通，日夜宣泄，不致重灾。

受灾最重的，要数高邮州。连日暴雨，导致高邮湖水面猛涨，从周桥、翟坝、高良涧等处漫溢出来，浪涌如山，尽冲州境上下两河，田庐悉沉波底，狂澜奔注，冲破南水关（高邮城引运河水为城区河道提供活水水源的主要闸洞），直灌入城。城内平地水深六七尺，阖城男女老幼被塌压、溺淹死亡者，不可胜计。逃生的人们，只得暂躲到城墙上、高埠处，岌岌可危。

慕天颜收到高邮士绅的求助信后，读之句句堕泪。他随即飞饬布政使勘查灾情，并令道府各官员设法堵塞决口或引导宣泄。同时，拨出现银，委派专人送往扬州府，督令该府火速送往高邮，并会同该州知州及绅耆共同商讨，先将露天灾民择附近高阜地面，搭盖茅舍，安顿居住。再调查其中的绝粮人口，酌量给米赈救，让灾民人人有饭吃。

高邮州知州白登明，素有廉能之名，以本州遭遇大灾而引咎请斥。慕天颜未予同意，并鼓励其殚心供职，以安灾黎。在此后的救灾中，白登明终因积劳卒于任上。后入祀高邮名宦祠。这是题外话，暂且不表。

乾隆版《劝善图说》之"荒年放粮"

慕天颜虽然没有同意白登明引咎请斥的请求，但他却将连年水旱的原因归结到自己和江苏官员抚绥无术，未能召感休祥上，故在连连上疏请蠲请赈时，无不踧踖悚惶，生怕难邀天恩。但是，当看到各地灾民累日而炊烟常断，屋坏而乞食飘零，严冬而无完衣蔽体的凄惨情景，又顾不得国用殷繁、饷需紧迫的朝廷困境，毅然上疏，为民请命。

皇上接到慕天颜的赈灾疏稿后，特派都察院左副都御史科某来江苏勘灾。科某行至淮、扬地界，满眼是饿莩盈道，充耳是哭泣哀求，深感灾情十分严重，就不等勘察完毕，急忙将高邮一州，兴化、盐城二县以及江都县邵伯乡四个地方列为重灾区,向皇上具陈。但是,宝应、泰州两县全境虽不比这四地的十分之灾,但也在七八分灾以上,饥民遍地,且夕莫保,这也是科某勘灾时所亲见的事实。为此,慕天颜再次上疏,据理力争,终将宝应、泰州列入赈灾范围。

当这六地被一并列入重灾区后,朝廷对他们在宽免正赋外,动用国库钱粮进行赈恤。共核饥民三十一万三千余口,拨银五万两。从康熙二十年(1681)正月十日开始,到麦熟时节,共八十日,每日大口给银二钱、小口五分(当时白银一两等于十六钱,一钱等于十分),听其择便,自行谋食。那些因受灾而穴居河堤上、水宿舟篷里的饥民们,能得到这样的救济,比以往赴厂食粥或分给升斗真可谓优渥有加了。

在江苏连续几年的旱灾、水灾发生后,还屡屡发生了因城乡外观而影响勘灾结果的事件。原来,钦差部员每次勘察时,看到长江以南的下江各地高宅栉比、店铺林立,香袖轻裳、闲游歌舞,无不认为这是富庶繁华之区,百姓要比上江稍可存活,故每次都将这些地方排除在即赈范围之外。早在两年前请赈旱荒时,慕天颜就曾深刻揭示了这一由吴地浮夸风俗所导致的视觉错位:"若江、苏、常、镇等属,寸地片壤,皆系赋重之产,村落相联,人民稠密,虽贫家室空如洗,而外观仍似蕃庶。"他还在请蠲一疏中称:"城市逐末之辈(经商者),聚集谋生,致见纷靡。其实输赋小民,万分凋瘵,农桑村落,一望萧条。"慕天颜的这些话,就连吴地的士大夫们都认为"真深悉吴民之隐病"。

正因如此,在赈恤旱、水二灾期间,苏、松、常、镇四府各属即使慕天颜如何争取,都因钦差部员的第一印象而未能勘报重灾,不能享受朝廷赈济。在这次水灾中,虽然对四府分别轻重程度,蠲免了地丁正赋，但漕米依例不得蠲免。

到康熙十九年，水灾刚刚过去，各府既要征收当年的本色漕米（即不能折银之米），又要带征上年所欠的漕米，用慕天颜的话来说，就是"一岁两漕并征，灾黎颗粒莫措"。他从当年冬十月再三督征，手口交瘁，心血为枯，怎奈连续三年的水旱积荒，各处百姓都困苦颠连，万难兼办两年漕粮。在给皇上的奏疏中，慕天颜将征收漕粮的严酷情形据实以告：

> 臣日夕严催，经征官坐卧仓场血比（动刑追缴），粮道亲历各次督攒，不遗余力。但粮户稍能变鬻完办者，业已交仓；所存欠户，实系鸠鹄之民，方且号呼求赈，赴比之下，甘受箠楚而不辞。问其措处买籴，毫无可典可卖，一惟哀泣，称皇恩已渥，而岁凶莫告，补旧无新，完新缺旧，即不死于追呼，亦必死于饥饿也。（慕天颜《借帑买米完漕》）

这样血肉淋漓的场面，任谁看了都会心生哀怜。但是，对慕天颜来说，他既不忍对万般无奈的饥民徒施血比，又不敢也不准对事关京师供应的漕粮滥请蠲免。于是，他不得不以万难措办之情，连章上请，对征收时限和漕粮品种进行变通处理：因一岁难完两漕，先是请求将康熙十九年漕米，推迟到康熙二十年冬带征一半；因米价腾贵，告籴无门，又请求对灾区特许红白（粗细米）兼收、籼粳并纳；因灾年难以一次筹集到两年之米，更请求征麦代米，在军队"行月粮"中搭配散发，妥善处置。

慕天颜三番五次的请求，得到了皇上的谅解和同意，给吴地百姓减轻了许多负担和麻烦。但到康熙二十年二月，苏、松、常、镇四府属上年漕粮以及前年带征灾田米麦尚欠十三万石。此时已经延误了漕粮运送的期限，法尽计穷之际，慕天颜不得不采取"通融购兑"之策，从藩库漕项银两内暂借部分款项，选派精干吏员赴米价稍廉的江西、湖北等处采买，运到京口，就船交兑，再令粮户照原价纳银还项。这真是古今中外田赋史上最为无奈的创举之一。为官之难，于斯可见。

即使这样，四府本来按冬春完成的漕米，因为百姓要东挪西借，官府需通融购兑，直到夏天才完成。而由此造成的逾期责任，慕天颜又不得不代民受过。

漕米缴纳后，苏、松、常、镇四府各属百姓已家无粒米，冬春之际开始出现大量饿死人的事件。慕天颜"念皇恩屡沛之余，不敢更为渎请"，乃与布政使丁思孔多方曲算，劝勉捐输，分委各地教谕、训导等学官，分片包干，遍历各州县乡村，详加体察，确核饥寒彻骨的贫困人口，按每日大口一钱、小口五分的标准，轮流发放，省之又省，不敢妄授。随后，慕天颜还借踏勘版荒的机会，到宜兴的蒋店、蒋渚、赵家圩、六可圩等处，看到满目荒凉，即行补赈；又看到溧阳县胥溪以西的多个村落，饥寒万状，又会同总督一起筹款赈济。除此而外，还有常州芙蓉圩的十万八千多亩田，金坛县建昌圩方圆的八十多里地，以及吴县三洋等处被洪水冲毁、无人耕种的大片田地，慕天颜都用劝捐所得的银两，召集饥民支修围岸、分段派筑，以便赴工就食。

对苏、松、常、镇四府的赈济，共费银二万三千一百八十五两，全部出自慕天颜等大员的措置和官绅的捐助，上无损于公帑，下无累于百姓。其忍辱负重、体恤民艰的民本意识和苦心筹划、救济详善的救荒思想，至今仍然是从政者的一面宝贵镜鉴。

7. 再开两河

康熙十九年（1680）初，丝丝春雨驱赶了江南连续两年的特大干旱。饥饿的人们开始备耕，憧憬着丰收的一年。

几年来，朝廷因连年用兵，军饷甚急，而各地又因天灾频仍，屡请蠲免，给军需造成了很大的缺口。于是，按户部的建议，康熙帝敕令各地督抚就如何解决这一矛盾，建言献策。

慕天颜素有建功立业的"循吏情结"，他曾说：历代循吏，执政何异？只是能广渠资溉罢了。所以，他一直对治水情有独钟。接旨后，他于当年二月初七日上了一道比较另类的奏疏。他指出：虽然因财力困难而敕议生财之道，但绝不能就事论事，而是要查找造成困难的根源，并从源头上予以治理。他认为：钱粮短缺，原因在百姓穷困；而百姓穷困，根子在水旱相继。针对人们所谓"天灾流行，非人力所能挽救"的消极说法，他果断提出了积极改造自然的观点，这就是"若果尽人事以弭天灾，未尝无善策。但应图于机先，不图于临时；应计其永远，不计其目前"。接着，自然就引出"使旱不至于枯槁，水不至于沉淹者，非藉蓄泄之有方而何"的治水措施。

出身陇上的慕天颜，治理江南已逾十载，自信对当地农事颇为熟悉。在疏稿中，他以赋额最重的苏、松、常、镇四府为例，列举当年开浚刘河、吴淞二江，抵御了近年旱涝重灾的事例，通过工程所费和连年收益的算账对比，得出"即此一年之不告蠲者，已足补昔年之所费。从兹以往，宁有量哉"的结论。随后，慕天颜从上两年已有大旱，今夏必有大涝的预测，以及目前亟待治理的河道，提出了利计长远、科学治水的理念，以及尽快治理白茆港、孟渎河等河道并"推此而行之天下"的设想，其擘画不可谓不周密，胸襟不可谓不宽广。

慕天颜这道奏疏及其关于大兴水利的系列论述，都是他优秀水利思想的总结和清初水利建设的实录。如果康熙帝当时采纳了这条至关重要的建议，即刻利用此农闲季节兴工，当年六月的连旬暴雨就不会导致那样巨大的灾害。但很可惜，此奏疏并未引起康熙帝和朝臣们的足够重视，仅以"应无庸议"而罢论。

慕天颜的先见之明虽然未予采纳，但并不妨碍他先干再说的实践。特大水灾发生后，慕天颜在积极请蠲请免的同时，积极开展生产自救。他先是选择一些工易费少的水利工程，采取多种办法进行疏浚。如在七丫港一带，劝民浚涤淤沙，以通崇明的水运之道；在福山港、三丈浦，经地方官倡导，由各里百姓自愿分段疏通；再如黄田、申包、安西等港，也开始酌量缓急，多方设法，次第兴举。

而对于大型水利工程，非得康熙帝首肯才行，于是他于当年十月十八日再上《请开浚白茆孟渎》疏，向康熙帝力陈自吴淞、刘河疏浚后，流域各州县在抵御特大旱涝灾害的成功实践，并特别就事关苏州、常州、镇江三府安危福祸的白茆港、孟渎河治理，予以激切呼吁。为了说服康熙帝和朝臣，就经费问题，慕天颜对部臣"拘例惜费"的做法进行了辩驳，既有"经国恤民，当计其大而不惜小费，当图其远而不拘目前"的主张，又有先动库银尽快兴工，再以捐纳之款（如童生捐例）补还的办法。同时，慕天颜还提出兴修水利，不光"寓赈于工，数善兼备"，而且"利农田而全民命，以培万年之邦本"，体现了他一贯的民本思想。

这次，他的奏疏和谋划得到了康熙帝的高度认可，欣喜地朱批道："这本说的是。"

在得到康熙帝的支持后，慕天颜深感欣慰，僚属和吴地百姓闻讯后也无不群情振奋。对于十年前就已治理过刘河、吴淞的慕天颜而言，再次治河可谓驾轻就熟。他决定于康熙二十年（1681）二月农闲时节，一并开浚两河，成此大功。前期谋划时，他仍采取划段包干的办法，令两名得力官员——苏松粮道道员刘鼎、苏松常道道员祖泽深分别担任白茆、孟渎工程总负责，各驻扎工地，临河督理。在两名总负责人之下，又分别委派了苏州府海防同知刘三杰、松江府同知唐朝宣分任监督；在两监督之下，每河分委管工官各十人，每人专管一段。且明令各官不许多带衙役，生扰地方及凌辱夫役。如有此等事件发生，严惩不贷。

为了确保工程顺利进行，慕天颜还制定了长达四千多字的《开浚白茆孟河条约》，就浚河、筑坝、募夫、稽工、编号、标准、车戽、人员、给银、监督、搭棚、堆土、恤夫、开坝、建闸、豁粮等十六个方面，提出周密而又严格的要求。这既是治河官员和民夫必须遵守的规章制度，也是古代治河大工的施工纲领和工程规范。

如募夫：

当灾荒之后，饥民赴工就食，既有现给每工银四分，似必踊跃奔趋，原无俟于派拨。但为工甚巨，恐四方之民应募散杂，不得不议统领稽察，是以分段、分县募解。

如给银：

每工止给银四分，丝毫皆为民命所关，毋容稍有短少。今尚委府佐官亲自鏨开验明，足色足数包封，每五日一散给。务须躬诣河干，唱名手领，不得假手胥役，任意先后，扣剋及掺和低潮（即成色不足）。如有此弊察出，官听参究，役拿杖毙。

如搭棚：

人夫辐辏，风雨不时，自难露处，又不可借居民屋。今动官银备买竹木、芦席，于沿河处所苫盖棚厂，约一间可容二十人，安置锅灶及畚锸之具，日则为炊爨聚食于内，夜间则以草铺栖宿其中，不许掺越混杂。

如堆土：

河中起土，若仍堆积于沿河，一遇雨淋，倾卸入河，不久淤浅，最为大害。今定挑土，务要离岸数丈，毋容贪近积聚，亦不得混堆有主田地，病农误课。此必委官公同儒耆，逐号指画界限。违者，即时扑责。

再如恤夫：

应募人夫，皆系食力穷民，自应倍加爱养，方合寓赈于工之意。不论民夫之壮弱，每日挑土之多寡，总计土方给银，使其同力合作。……而河心土实，比两边步担稍远；又当底淖泥比面上干土加重，务须将中心、两边配搭派认，庶劳逸适均。……又夫役用力，恐饥饱不时、寒暑失节，致生疾病，应每段延取明理医生一名，每日给饭食银一钱，常在工视疾。其需用药饵，将用过数目造报本部院捐发，不必动销钱粮。

细读这个《条约》，从中以看到慕天颜为国计民生计久远、寓赈于工的全局观念，为治河工程制定细则、锱铢必较的缜密筹划，以及体恤民夫、保护弱者，严饬官役、防患未然的执政理念。

流经常熟县境的白茆，系苏州、常州两府诸水东北出江的第一要河。自明代失修，淹塞成陆，旱则潮汐不通，涝则宣泄无路。如此河疏通，不光常熟一县水旱无虞，即使昆山、长洲、太仓、无锡、江阴等也无不共沾其利。该工程于二月初二日开工后，一时间，沿河一线，锸畚如云，人潮如蚁，民夫挥汗如雨，官员勤稽质量，终于到农事将兴的四月二十九日全河告竣。共长四十三里，移动土石七万一千方，用夫九十九万四千工，又有筑坝、戽水二万工，支给工银四万余两。

武进县境的孟渎河，系常州、镇江诸水北向的归江要道。也是年久失修，河身壅积，武进以西，丹阳以东，宜兴、金坛以北，诸水归江道阻，于是水旱并灾。该工程于二月十八日兴工，正当灾荒之后，赴工者皆待赈之民，值农闲季节，给之口食，踊跃恐后，且做工时日任从其便，允许陆续更替。还有住宿饮食、医药调养，轸恤之意，事事周详。到五月初十日竣事，共长四十八里，河面十丈，河底六丈，其深一丈，移动土石方六万八千二百余方。

百年废坠，三月而告成。以资灌溉，以供通航，以备宣泄，其利在三郡，其功在百世。故当地士绅评价慕天颜治理两河的创举：其分段之均平、驭夫之尽善、程限之得宜、任人之得当，比起江南前明治水名臣夏原吉、海瑞真正是有过之而无不及。

8. 大均田役

当年，江南地区均田均役进展情况不尽一致。在慕天颜升任巡抚前夕，他决定先啃长洲、青浦这两个"硬骨头"，俟有成效，在全省全面推行，一举完成。

　江南地区虽经战乱，但人口并未尽徙，田亩不致尽芜，这与其他省份新垦无主荒田自然不同。慕天颜均田均役的目的，主要是清理附着在田地上的荒熟轻重之混淆，飞洒包赔之拖累。按理说，这些积弊，用"销图之法"，即按照以前的鱼鳞册，逐田逐户一一顶对核实，

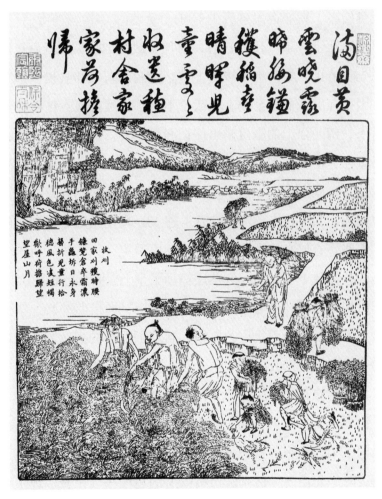

《康熙御制耕织诗图》之"收刈"

将飞洒、隐漏之弊以至水坍面积尽行剔除，然后再按田按户按标准组成里甲，重新编制新册即可。但是，有些州县早已旧册无存。就拿同为苏州府的两个附郭吴县与长洲来说，吴县的里长论其户籍而定，未均田以前，里长皆世守此役，自然也世守旧册，故官府虽然丢失但民间保存齐全；而长洲的里长论其田地而定，几经买卖，一番编审，则一番更易，再加上逃亡流徙、改朝换代，故官府和民间的旧册都已不知所踪。这样，在清丈田地时，有册可稽者，两月之功，可以告竣；而无案可稽者，就非得大事清丈不可。

早在康熙十一年（1672）春，时任布政使的慕天颜就命长洲知县沈恩举先行清田，惜因事未竣而去官。此后，新任知县畏惧地方豪强势力，因循守旧，搁置至今。其赋役不均，百姓苦累，自不待言。

后来，精明强干的李敬修出任长洲县知县，慕天颜十分赏识，认为可堪重任。但考虑到清丈之事，如果不能专任，不予事权，很难推行。于是，在康熙十五年前半年，慕天颜向巡抚玛祜建议：令该县知县李敬修暂卸县事，专事清田。这一建议经玛祜题疏，得到康熙帝的允准。那些一直以来极力阻挠此事的豪民猾吏，一看长洲清田不仅让县令连政务都放下了，而且竟然还惊动了皇上，都内心惶然。

李敬修领命后，向署理县事者交代完毕，即借鉴娄县、华亭的成功经验，本着易简而不扰民的原则，制定了严格的规章制度，进行了周密的安排部署。未几，慕天颜升任巡抚，上下相孚，同声相应，当年十月，李敬修正式开始清丈工作。此时，正是秋收扫尾之际，视野开阔，田地无碍，他们一行人自备舟楫，自带口粮，不费民间一文，不饮民间一勺，亲临各乡村田间地头，步履丈勘。

清丈时，先由各片区掌管田赋图册的总图书、甲长、地主、佃户共同丈量，互相监督，共同担责，就埂插签，标明步尺，造册备查。

然后，再由李敬修带领清丈官员进行复丈，挨田顺号，无田不量，并不问何人之业，如复丈与原丈相符，则记录在册，作为定数；如与原丈不符，即追究原丈诸人的责任，予以处罚。每处田地清丈完毕，数目已准，册籍已定，然后才填写业户姓名，据此落实到图，立户办粮。次年，再进行里甲的归并与调整，最后达到各里甲田均赋均役均。

因为李敬修十分清廉，不受豪强左右，不受劣绅干扰，一体丈步，一个标准，十分严格，所以胥吏不敢上下其手，豪强不敢纵恣为奸，差役也从不敢到乡里滋扰。

这次清丈，到次年夏秋之际因稻田蓄水，难以丈量，遂告一段落。再到冬季农闲季节，继续清丈，直到康熙十七年二月全面完成。

经清丈，该县原额田地共计一万三千二百六十一顷六十五亩多，今丈共计一万三千二百七十九顷一十四亩多。较之原额，溢出一十七顷四十九亩。新旧数目差别不大，应在预料之中，但关键是祸害百姓长达百年的荒坍田地得以豁补，隐混积弊一扫而清。

随后，李敬修还简化烦琐冗沓、为费不赀的各类图册，以详细开列田形四址、斗则轻重、业佃姓名者为"信册"，盖印存县备用；以大致开列圩丘编号、钱粮款目、业户姓名者为"镜册"（即与信册相映），呈送藩司备查；以简单开列县总、仓总、图总、圩总之大端者为"简明册"，送达户部，作为报销凭据。

慕天颜对李敬修的清田成绩予以充分肯定，他特向康熙帝题疏，称其"实心任事，成劳难泯，今仍令其复任县务"。江南名士蔡方炳曾撰《长邑清田纪事》，盛赞慕天颜任用李敬修的清田功德："是举也，起百年之废坠，定万世之章程，剔豪蠹积岁之欺蒙，豁兆姓无穷之赔累，造福一方，泽流千祀。"

松江府的青浦县，与长洲都属于江以南赋额最重、积逋最多的州县。究其原因，也不外乎数十年来册籍淆混，诡寄丛奸。像青浦这样的重赋之地，不比别省的粮轻田地，如有隐田一二顷，即亏粮数十石，自应亟为丈勘。在长洲清田告竣后，慕天颜开始谋划青浦的清丈工作。鉴于另外委派清丈官员，恐与民情不相亲切，利弊不能熟谙，他仍仿照长洲先例，于康熙十七年（1678）闰三月向康熙帝疏请：似应即委青浦县知县刘廷谏履亩丈量，以期彻底清楚。

而此时的刘廷谏，因接手催征前任遗留的民欠钱粮，未能按期全部追缴，被按违限题参，将受降调处分。慕天颜此建议，也不排除为刘廷谏争取一个戴过立功的机会。

但慕天颜提出的清丈人选在户部议处时被驳回："所请委官丈量之处，无庸另议。"为此，慕天颜于当年七月再次上疏，先说明青浦田粮混乱的复杂情况：今青浦田地，系属额内荒熟混淆，科则轻重失均，有人将不纳粮的田产苦盖于他人名下，让奸户坐享其成利，甚至将无田之赋悬宕于图中甲内，里民实难以包赔，故积逋十多万石。这次如不选用得力人员彻底清查，履亩丈勘，更定斗则，则弊混难以清除，逋欠将越来越多。随后，再次提出委任刘廷谏清丈的必要性：今新任知县下车伊始，岂能熟悉地方利弊？而刘廷谏在任日久，土俗民情皆所熟谙，其虽系去任之官，若特奉俞旨，专理清丈，则豪强积猾谁敢阻挠？如蒙皇上允准，其必锐志报称，弊无不革、利无不兴。

不料如此理由充分的人选建议，仍然在部议时被再次驳回："刘廷谏已经降调，不便留任，应选正印（地方主官）、府佐、现任贤能官员丈勘。"接到消息后，慕天颜继续坚持己见，于当年十二月第三次上疏陈情：该县新任知县，钱粮刑名应接不暇。松江府的佐贰等官实无闲员，至于他府佐官，更不能熟谙地方利弊。而刘廷谏廉谨自持，惠爱兼至，久任青浦，民情熟悉。近日奉议降调，系照例参处，臣闻其离任之日，小民攀泣哀号，不忍舍之。若仍留其专理清丈，自必驾轻就熟，可望弊革利兴。且民心爱戴，亦当踊跃勘报。臣从国计民生起见，恐有才弃置，原期本官代民清此积弊，非比破格留任者也。

这份言辞恳切的奏疏，在康熙帝交部议处时终获通过："准留该县降调知县刘廷谏专理，定限一年半完报。"

随后，慕天颜严格要求司府各官员并刘廷谏务须精勤清丈，归正田粮，并多次过问督促。刘廷谏从康熙十八年（1679）十月初三日起丈，沿乡履亩，躬亲确丈。历经两年的清丈，取得可观的效果：该县实有原额田地七千七百七十三顷六十四亩，今丈共有田地七千九百六顷六十亩，计丈增田地一百三十一顷九十五亩。这次，刘廷谏全部按现丈田地的熟荒程度，合理调整和变更了各田的征粮标准，真可谓"正荒熟以豁赔累，清隐缩以绝弊源"。又因该县旧鱼鳞册残缺失次，且丘段又多更改，慕天颜令刘廷谏分晰绘造细册一套，由县盖印，上加司府印信，交该县衙门存档，以垂永久章程，使田赋定而积弊清，阖邑百姓，安心田亩，以输国课。

虽然清丈卓有成效，但按户部一年半的要求，以及后来延展三个月的期限，再扣除期间的闰月，计违限五个月十八日。慕天颜赏罚分明，在依例参处刘廷谏造册迟延之咎的同时，也向康熙帝和吏部说明其"精勤任事，成劳难泯"，望部臣能格外给予宽免处分。

从此，各州县均仿长洲、青浦办法，积极清丈田地，实行均田均役，不仅使贫苦百姓的负担大为减轻，更重要的是为康熙五十一年（1712）实施的"摊丁入亩"政策探索了正确的路子、奠定了坚实的基础，在中国赋税制度重大改革中也具有十分重要的作用。长洲籍状元、康熙侍讲韩菼这样评价慕天颜的功绩："役法久坏，自公均役以便民，事简费轻，减往时十之九（另一版本作'十之五'）。"

明代张居正执政期间，也曾有过清田之举，虽然初衷也是为国计民生计，但因奉行不善，时人有诗嘲讽道："量尽山田与水田，只留沧海与青天。如今那得闲洲渚，寄语沙鸥莫浪眠。"而慕天颜的清田之举，却受到江南百姓的普遍赞誉，正如蔡方炳在《长邑清田纪事》中所称："今兴旷世未行之役，而小民感心，豪猾屏息，伊谁之功欤？《语》云：'非常之功，必待非常之人。'苟非其人，可轻言丈量哉？"

9. 永除荒坍

慕天颜解决老大难的积弊，有不依不饶的决心和韧劲。

太仓等十州县荒坍田地的赋额问题，慕天颜自康熙十三年（1674）正月觐见面奏后，眼看有了解决的转机，但又因"三藩之乱"而被悬置了好几年。

康熙十八年（1679）七月二十八日巳时，京师一带突发严重地震，康熙帝认为这是上天的非常"谴告"，故深切悚惕，在检讨"朕躬不德，敷治未均"的同时，要求部院三品以上官员及各地督抚等，就当前"应行应革事宜"，明白条奏，直言无隐。

这给慕天颜解决一些多年积累的棘手问题提供了一个大胆建言的机会。八月十九日，他先是上了一道《地震奉谕自陈》的奏疏，就自己任巡抚以来的所作所为反躬自省、"洗涤肺肠"，痛陈主政之失：民生艰难一罪也，坍荒未除二罪也，吏治不严三罪也，案有冤情四罪也，苛虐匠夫五罪也，教化未行六罪也，盗源未靖七罪也。有此七宗罪，再加之年迈力衰、才识威德不济，整日"鳃鳃戚戚"，只知道请蠲请赈，"何敢腼颜居位"？所以恳请皇帝"立赐罢斥，别简贤能"。

这种律己唯严、自我剖析的品格十分坦诚。

九天后,他一天连上"安民八疏",其中第一疏就是《请豁坍荒田地钱粮》。对于慕天颜多次坚持的吁请豁免,康熙帝在交由部议时终于有了松动的迹象:令该巡抚丈勘后确议。

为了以严格的尺度真正丈勘准确,经得起钦差部臣的检查,赢得康熙帝的支持,慕天颜创立了"丈勘三图"制度,令各有关州县切实遵照执行:一是版荒图,只有阡陌连绵,遍布榛芜砂砾、难以开垦的成片荒地,方可绘入版荒图。如果某一圩①一家仅荒数亩者,不准绘入,令民开垦。这样,惰农弃业、抛荒于熟地之内者,其弊于是乎一清。二是坍荒图,位于江湖海畔,原田已被冲沉水底无可耕种的,方可绘入坍荒图。但这些水毁面积,因无法丈量,可将整圩原先记载面积减去现存面积后确定,记录在案。这样,谎报面积、侥幸混免者,其弊于是乎一清。三是公占图,真正将民田圈占为墩台营房、马路等公共用地的,方可绘入公占图。逐个查实时,一定要详细确考其建自哪支军队、始自何年何月,方准入册。这样,本系官地而被谎称民地者,其弊于是乎一清。

三项制度确定后,因长洲县刚刚完成田地清丈工作,荒坍情况已完全掌握,慕天颜即向荒坍问题最为严重的太仓、常熟、昆山、嘉定、华亭、娄县、上海、青浦、宜兴九州县发布文告,要求他们先令各农户与圩甲、里书,交叉丈勘,出具保证字据,签字画押后,再呈官府,以据此亲勘复丈。如此一来,以前胥吏弄虚作假,官员趁机扰民的弊端,也于是乎一清。

经农户及里甲交叉丈勘、各州县派专人亲勘复丈两个环节,初步统计,九州县实有各类荒坍田地三千顷左右,其中摺荒田地最多,水毁田地次之,公占田地最少。但是,对朝廷而言,只要是上奏有关国计民生的大事，只取信于巡抚的亲自调查。慕天颜也打算以此立成规、计久远，绝不能在去弊之中，再生一弊。

在各州县全部完成复戡任务后，康熙二十年（1681）二月底，慕天颜轻舸简从，亲临各邑，按册逐细察勘。在宜兴县勘查版荒田地时，其张公洞等处绵亘几百余顷，俱系近山远水，满目荆榛，难施耒耜。里民们围着他纷纷诉苦，称这些荒田系明末被山贼占据，以致农民逃窜，田地抛荒，但赋额却被摊派给周边农户，赔累至今。在常、太、嘉、昆、华、娄、上、青各州县版荒田地，一个地方，动辄数百亩或数十亩阡陌相连，一望荒凉，人烟俱绝。高处水源不到，竟成石田；低处砂砾不毛，全无围岸。慕天颜也很惊奇：苏、松寸土尺壤，皆为种粮之地，为何能如此废弃？他每到各处，都向当地耆老询问原因，据称：或系地土硗瘠，或因灾年失收，原民户难以维持生计，出外逃荒，遂弃此田；而这些弃田的赋额仍在当地，官府只能责令里甲之人包赔；而里甲人户因包赔不起，又不得不逃亡，遂致荒芜日甚。他们还说：现在我们即使想开垦，怎奈锄犁未施而催科先至，只能望荒田而兴叹。这些荒田，如不豁除历年包赔的钱粮，要想有人开垦承佃，断无可能。况且沟渠不通，何以灌溉？慕天颜闻言，只能宣布皇仁，多方晓谕，鼓励大家开荒种地，力请朝廷予以蠲免，百姓们感泣称是，但他心里很不是滋味。

随后，慕天颜又到常、嘉、华、娄、上、青各州县，勘查坍没田地。这些地方，都因靠近海洋大江与滨临黄浦以及淀泖诸湖，被风涛冲击，日削月损，高处略有田形，岸边微露痕迹，而低处早已坍没无形，竟成巨浸。给慕天颜当勘查向导的一名当地人，想起已沉入水底的故园旧田，竟面向洪波而饮泣。但慕天颜并不敢即刻信以为真。在上海县勘查被黄浦江冲毁的坍没田地时，他叫来几名年长者询问，据称:"以前的江面,只有一里宽,即使最宽处,也不过一里以外。而现在已有二三里、四五里不等。而比以往宽阔的水面,正是现在坍没的熟田。"随后,慕天颜又单骑巡历该县城东门外小教场查看,发现这里距黄浦江只有数步,而教场的照壁正好立在水边。他想:此教场屋宇,当年必无临江建造之理,多年坍塌,必系实情。随后,他又查阅该县旧志,果然按以往的记载,黄浦江现已宽广了好几倍,这是又一坍没之明验。其他如临江临海,则惊涛澎湃,冲削自所难免。又如太仓州的刘河旧城,现已半坍入海。但是,各州县的坍没之田,因为已经无形可丈,慕天颜担心基层有以少报多之弊,又饬令各州县按"三图"规定的原则,将本区本圩现存田亩通盘丈量,算出现在真正坍缺之数,方准造报。至于各州县公占田地,经勘查,确系烽火台、马路、营房等项,实为公家圈占,并无丝毫捏冒。

到三月初九日,慕天颜勘荒完毕,回到苏州官署。经这次实地勘查,他已心中有数,随即令各州县将勘过的实有坍荒、版荒和公占田地,造册送巡抚衙门,命布政使司衙门再次进行复核。到六月中旬,才将九州县荒坍勘实数据统计出来,共二千三百五十六顷五十三亩。为此,他再次上疏,"亟赐蠲豁,永除积累",并对蠲粮之后的开荒、开渠和招佃事宜进行谋划和安排,不令荒田坐视久废。

在勘查荒坍田地的过程中,慕天颜还受理了上海县的一件历史遗留问题。原来,该县尚有疏浚吴淞江江身及修筑马路等公占田地一十三顷七十七亩,据该县报称:"此项田亩,系明代起征入额,到顺治四年又增加了芦课(芦田税)。以后开江坍没,只蠲免了芦课,但未蠲正赋。"所以,该县吁请一并蠲免。但经调查,究竟是否一田两赋,当日因何缘故未予蠲除,缺乏足够的依据。慕天颜在向康熙帝汇报的同时,继续严行确察。

不久，江南十州县（包括长洲）的荒坍田地近三千顷，赋额近十万石，得准部议：于十七年起，将钱粮尽行蠲免，奉旨允行，永为遵守。

江南百姓听闻圣旨，欢声雷动，无不额手称庆。久为官民重累的荒坍问题，终于得到了圆满解决。

注释：

①圩：指南方低洼地区防水护田的堤。这里指由堤围起来的一个相对独立的大的田块。

10. 怜弱恤寡

在当时的封疆大吏中，慕天颜称得上最敢言者。时任翰林院侍讲学士韩菼称赞他："凡督抚重臣所不敢请者，公必力言之；或言之而格不行者，公常独奉中旨①报可。以行于中外，皆蒙其便者，比比也。"这应该是位居中枢者所了解的真实内情。

在慕天颜报请康熙帝"永著为例"的众多事件中，就有停征纤夫这件被韩菼称为"率土之滨，式狂以喜"的事。

早在慕天颜任钱塘知县时，由于东南用兵，官军往来，都需征用大量纤夫，百姓苦不堪言。他当时就以敏锐的眼光，对差船制度进行了改革，曾在浙江全省推广施行，官民无不称便。

到"三藩之乱"爆发后，江南及沿海一带再次成为大军征战或过境的重灾区，地方官府为支应运送船只和纤夫费尽周章。每遇这等差事，军队只是要求地方做好接应准备，但不能给个准确时日。一次大差，动辄需纤夫七八千以至上万人，除为数不多的驿站额夫必须应差外，绝大部分都得从民间征用。穷苦百姓，只要风闻兵马即将经临，声势杂沓，一个个闭户藏身，谁愿服此苦役？地方官不得已，只能按里均派，由里长带领，统一报到，每人只发银一钱（赈灾时发给大口每日一至二钱）。即使路程最长的，也最多每人发银三钱。但几千人骤然聚集到一起，容易涣散，势必要先期拘集到某一公所或破庙荒寺，门上锁钥，严加看管，以便兵临立应。这样长时间候差，有的长达半月之久，官府发给的一钱银子不够糊口，里长们只能设法用私钱赔补津贴。纤夫们忍饥耐寒，跟坐牢的犯人没有两样；而里长们赔钱不迭，又无法摆脱这被强迫经手的差事。在这种情况下，用夫愈多，征用愈难，民困愈重。这就是大军未到的纤夫候差之苦。

好不容易等到大军到来，即按船分派纤夫，也不登记某船所载官兵的姓名。开行之后，为了赶路，悍兵和刁恶船户对纤夫沿途鞭笞，还往往勒索酒食之钱，如得不到，则搜剥衣帽、掠夺裹粮，有冻饿致死者，更有鞭笞致死者。面对这种恶劣行径，慕天颜曾派遣专人，举着督押的牌子，巡行各船，以查禁大兵凌虐纤夫。但兵船一经开行，即衔尾前进，首尾连绵十多里，一二名差员岂能遍查？及大军过毕，如果发生纤夫死亡事件，只知道死者是何处人氏，但不知哪些是冻饿致死的，哪些鞭笞致死的，也无法追究究竟是哪条船哪些兵的恶行和责任。这就是大军行进途中的纤夫当差之苦。

从以上情况可以看到，多年征用纤夫服役，真是江南及大运河一带穷苦百姓的一部血泪史。

即便如此，到康熙十八年（1679），户部发文："向来每夫雇价三钱者，均改为一钱。"这对征用纤夫一事，更是雪上加霜。针对户部出台的新政策，慕天颜借京师地震遵谕陈言时，于其"安民八疏"中，专门就改革纤夫供应制度大胆建言。他认为：为什么同样的船只，民间载货，不用纤夫，能照样通行？而运送大军，就非得纤夫不可？根本原因就是民间载货，船主雇足了水手；而运送大军，没有水手或水手很少。原来，民间船只的原有水手，一听船只被官府征调，即各自奔逃，只留下船主一人；船主即使想雇用水手，但因官方所给的水脚费比民间要少，也无法雇觅。

为此，慕天颜提出了既不误军机，又兼恤民力的"两全建议"：除个别十万火急的官兵运送，仍供应纤夫外，其他如凯旋回京及各

民国时期的三峡纤夫

处调遣归营等运送任务，先期行文到地方官府，每经过换船地方，该地即按各船大小，将原来例该纤夫若干名之数，每名一钱，按数折算成银钱，付给各船主。这样，一钱之银，对纤夫而言，守候往返、盘缠多日，糊口也不足；但对船主来说，以船为家，添得此数，资日用而有余。尤其是船主因每站都会得到折算纤夫费的银两，自必雇足本船水手，驾舟摇橹，各司其职，自然不会迟误军行，船主、水手也都乐于接受。

康熙帝接到慕天颜的这条奏疏后，命廷臣集议，皆称高见甚是。遂传圣旨，定为永例，在全国直隶及各省一体通行。

慕天颜的这一建议，不在一时，而在久远；不独惠施一方，更是泽被天下。从此，大军沿水路过境荆湘赣广闽浙，以至山东山西河

南，连舳接舻，相望不绝，而沿途百姓或浑然不知，或扶老携幼前去观望，再也没有人强迫他们拉纤了。即使外省百姓，也都在传颂着慕天颜的这道奏章，甚至感激涕零地说："慕公活我。"

在慕天颜的"安民八疏"中，还有一道关于解救被掳掠难民妇孺的奏章。这缘于他耳闻目睹了这些可怜人太多的苦难，再也不忍心让她们像牛马一样任人蹂躏。

原来，八旗大军在平定三藩叛军时，每打一次胜仗、攻下一座城池，除了俘虏真正的叛军官兵外，还不问青红皂白，把好多妇女儿童当作逆贼家属、把好多无辜百姓当作附逆贼人，掳掠到旗营，甚至凯旋时还押解到省城、京城等驻地，当作战利品出售。这种将民间人口"掠良为奴"的恶劣行径，对饱受战乱之苦的百姓而言，无异于才逃虎穴又入狼窝。

这些被掠妇孺的亲属，苦苦打问，一路跋涉，好不容易找到军营，且已认出其母或妻子儿女在何旗何营，但咫尺千里，骨肉难聚，何等痛彻心扉。按理说，救亲人出水火，拿再多的赎金，也心甘情愿。但这些亲属本身也是难民，家遭兵火，孑身远途，身无长物，情急之下，只能跪求当地的好义之人，募化钱财，以凑赎金。在省城江宁，慕天颜曾亲见这类人间惨剧，于心不忍，就与总督阿席熙、安徽巡抚徐国相商议，带领各司道等官员以及热心慈善的贤绅士商慷慨解囊，筹集了一大笔银两，共赎出江西、浙江等处难民妇孺几百口人，让他们回家团聚。赎人时，骄悍的八旗军官自恃功高，全然不把地方大员放在眼里，不给重价，断难赎出。这件事，都有姓名、银数记录在案，也给慕天颜留下了挥之不去的印象。

他想到，如果不从政策上予以根本解决，仅靠官员和社会贤达的爱心是难以保障的。慕天颜的这一想法，也是当时许多官员所关注的焦点。康熙十八年（1679）七八月间，慕天颜先后获悉了两条信息，越发坚定了他解救难民妇孺的决心。

一条是抄送各督抚关于议覆福建总督（时福建与浙江各设总督）请求归还被官军掳掠的永定县（今龙岩市永定区）难民妇孺的兵部咨文，兵部批复：除所拿逆贼家口仍应存留军营外，其他果系被逆贼所胁迫的难民妇孺，按册清查，即行查出，递送福建总督，归家团聚。该批复的意思，就是至今留在八旗兵营的难民妇孺，尚需先查明是否逆贼家属后，再定可否赎出。从这看似冠冕堂皇的规定中，慕天颜发现了巨大的漏洞：即所谓清查，是军队自己进行清查，只要是旗营不愿交出的人，一定会被认定为逆贼家口。想当年逆贼大军到境，小民哪有力量抗拒？无处逃躲，就不得不做逆贼领地的逆民。到清军攻破城池、光复旧地，所俘获原被逆贼拘管的难民，这些人不见得真的就是替逆贼卖命、抗拒官军，但官军并不愿深究，被全部当作附逆之人或逆贼家属，遂致玉石俱焚。所谓"秀才遇到兵，有理说不清"，谁敢辩驳？谁又能辩驳？

另一条是慕天颜阅邸抄^②时，看到朝廷在商议某科臣关于解决难民妇孺问题条奏的批示："若有良民男妇子女，身陷贼营，被官兵掳回京者，或在行兵处所，其亲属认识，情愿取赎者，许其酌量给价取赎。"这从政策上已经明确可以出资赎人，但问题是赎金的标准如何？如不规定一个统一的标准，旗营漫天要价，百姓无力承担，则此政策也终属一纸空文。

为此，慕天颜于当年九月借地震"遵谕陈言"的机会，上疏为难民妇孺请命。针对所谓"按册清查"，他认为至今被扣留在旗营的难民妇孺，如果是军队途经某乡村被掳掠者，则必是良民无疑；即使在官军破城后，从逆贼守城人群中被掳掠者，只要有丈夫、父兄出头露面，告哀求还，且其户籍有据可查，也一定不是逆贼家口。所以，应取消清查环节（这其实就是旗营的自由裁量权），堵塞以清查为名制造借口不肯放人的漏洞。他请求康熙帝，将当前所有被扣留的难民妇孺，只要有亲属认领，不必清查，全部听其收赎归聚。

同时，慕天颜还向康熙帝反映了难民寻亲的悲惨境遇。他说：这些远路而来的难民亲属，穷困至极，即使沿门乞讨，募化求助，而正值灾荒之年，乐善者也力不从心。特别是那些穷苦老实的难民，凑不够赎金，只能常年守候在旗营门外，挨饿受冻，有些人甚至没等到赎出亲人的那一天，自己已经成了他乡之鬼，还有谁能再问起其母妻子女呢？为此，慕天颜针对旗营狮子大张口的高额赎金，提出统一标准的建议：“酌定每妇女不论妍媸给价三十两，每男子及幼女给价二十两。恭请天语申饬，则该管官凛遵，而受价者不敢争较矣。”赎价一经确定，则一手交钱，一手放人，旗营再也没有刁难难民的借口了。

在慕天颜上疏之前，虽然也有一些官员如新补广西道御史蒋伊、左都御史宋德宜等人都曾上疏对这种现象提出批评（这两人此后都曾撰文称赞过慕天颜的江南政绩），但也有兵部右侍郎、满族官员温代（系暗访江南豆草价格，为慕天颜因豆草奏销案得罪埋下祸根者）为清军掳掠人口辩护，他振振有词地称：“吴三桂贼兵未到，而江西等省人民反叛于建昌、饶州等处，抗敌满洲官兵。击败之后，俘其子女，此可谓之良民子女乎？满洲官兵捐躯杀贼，将所俘子女变卖取值，以疗治疮瘕者，亦有置办马匹衣服等物者，今欲径行释放及减价取赎，其可行乎？”在这场争论中，康熙帝是以不过问的方式表示默许甚至纵容。直到康熙十八年七月二十八日京师发生强烈震灾，才引发统治者寻求弭灾之道以格天心的反思，向内外三品以上臣工求言。

在这种情况下，慕天颜冒着冲撞满洲部臣、兵部和各将帅利益的风险，提出的"不必清查"和"议定赎金"两条建议，不仅是对弱势群体特别是妇女儿童的关爱和体恤，更是解决战争遗留问题、缓和军民关系的一剂良方。

注释：

①中旨：古代官府文书名称。凡颁降御笔或圣旨，不经中枢机构而直接交付有关官府执行，称中旨。

②邸抄：又称邸钞、邸报。是古代官府发行的报章，用于通报朝政文书和政治情报。

11. 议税停捐

康熙十七年（1678）前半年，慕天颜收到户部咨文，要求直隶及各省将一应食物、货物，提高征税起点后，报部审核。而此时，正是江南旱灾初现之际，眼看灾荒已越来越严重了。

对户部要求加税的动议，善于理财的慕天颜早已想到并实施过了。在他任布政使时，因军需紧急，藩库空虚，他不得已将江宁、苏州等五府所属的田房税银分别大、中、小县，酌议加增，从康熙十二年到十五年，共补征税银六万一千多两。到康熙十六年以后，每年税金比往年均超额一万四千多两。升任巡抚后，"三藩之乱"仍未平息，军需钱粮节节告急，他又令布政使将牙行、典当行以及牛驴猪羊杂税等项酌议加增，从康熙十六年开始，每年又增税金八千七百多两。在慕天颜看来，稍能增加的税额，已经搜括无遗，况大旱在即，岂能再次加税？

于是，他将江苏已先后两次加税的情况报告户部，并称已确无别项食货诸物可以再议。但户部的批复是：江南向称繁庶，与别省不同，其食物、货物岂无可以加税？应再行确查具题。户部的批复，当然代表了康熙帝的意见，敢不遵行？慕天颜遂与布政使丁思孔商议解决办法。丁思孔称：所有出入江苏境内八府州的商贾经营、水陆往来之食货等物，都在浒墅、淮安、扬州、龙江各关卡以及分司税局办税衙门的管控之内，无不关关严查，节节纳税，并无丝毫漏遗。至于地产的民间日用之货，也必先由榷司（市场贸易管理机构）抽过税银，方敢在市场公开交易。即使一些零星食物，也全部纳入牙税、杂税之内，确实搜括尽净，别无他法。

慕天颜也念及江南水旱频仍，兵马络绎，差繁赋重，困苦难堪，遂毅然在遵命与恤民之间作出了选择，他上疏康熙帝：江南之地，实无其他未税之食货堪以再议征输。至于这次上疏的结果如何？尚未查证，但慕天颜顶着巨大压力反映实际情况的这份情怀已足够可贵。

同样的事情，还发生在康熙二十年（1681）正月。当时，户部可能是受到贵州、四川两省新近恢复临街房屋征税的启发，向康熙帝提议：当前吴贼在贵州的势力已经平定，而扫荡其老巢云南只在指顾间，故所需粮饷更属浩繁，若不筹足，则兵饷实为不敷。臣等将钱粮易得、民不苦累之处，再四筹算，唯康熙十五年临街房屋收税之例，是可再施行一次。查当年临街平房每间收税二钱，楼房每间收税四钱。今酌量加增，临街平房每间收税三钱，楼房每间收税六钱，一次性征毕，即行取消。康熙帝阅后，以"依议"两字表示支持。同时，按户部分省分批征收的规定，江苏须在当年五月内征收完毕。

在部臣想来，对各地城乡临街营业用房征税，针对的是富户及商家，并不涉及贫苦人家，似乎很有道理。但身在地方、体察民情的慕天颜，深知民有贫富，力有不齐，如果不区别对待，势必会给穷苦百姓造成沉重负担。为此，他在即刻行文各司道府州县先期调查摸底的同时，上奏康熙帝，对这项政策提出质疑。

他认为，如果照搬户部政策一例征收，乡绅富户房屋鳞栉，庭院深邃，对其临街门店每间征银三钱诚为轻省；中等之家虽无广院深宅，但门面之内尚有二三进房屋不等，照例征收，亦属易纳；再如市廛镇集的店铺营业人家，虽不可能都有二进三进的房屋，但居于闹市街区，则经营贸易可以盈利，按间纳税，尚可应付。但是，那些住在街市之末、陋巷之中的穷人，只有一椽半舍的房屋，或有门面而无内室，或茕孑无依、靠苦力糊口，或肩挑担负、朝夕谋生，即使干点豆腐青菜的小买卖，也不过是赚几个小钱，勉强可以喝粥度日。若对这类人也照例征税，则把他们仅有的资本全部搜刮干净也不足以纳税。慕天颜还不由得向康熙帝发问："即使尽其所有而输于官，续命之膏何从措处？"如果不能按时缴纳，则官府迫于任务和时限，"必致严行追呼，加以敲朴，饥困累毙，在所不免。我皇上视民如伤，不使一人饥寒，宁忍此穷苦之民有此困累也？"

在质疑的同时，慕天颜也提出分类施策、因户征收的办法，即按临街房屋的地理位置、房主房屋的多少，分不同标准予以征收。如对居于集市的绅宦殷实之家，以及虽居于僻巷，但深宅大院的富户，全部按现行新标准如数征收；对连店铺带住房只有三四间者，按当年旧标准如数征收；对只有二间门面再无住房者，按当年旧标准征收一间；而对居于僻巷只一间屋，以及鳏寡孤独极贫之民，请予免征。

慕天颜的这一建议，是在了解下情，特别是在吸取康熙十五年征收临街房屋税时，"穷民零星尾欠竟不能完，皆系各官垫赔"的教训所得来的。尤其难能可贵的是，慕天颜还有推己及人的天下胸怀，他觉得本省如此，他省亦必同然。所以，他最后还不避"越职条议"之嫌，提醒康熙帝各省"似应一体分别征收"，可谓体国恤民，忠心耿耿。

清代初年，虽然大局已定，但世事总不太平。先是各地抗清复明此起彼伏，再是郑成功雄踞东南甚至一度攻占江宁，连年用兵，国库频频告急。最后到"三藩之乱"爆发后，各地钱粮实在征无可征，康熙帝遂"广开事例"，即开设捐纳各类文武官职及功名的非常规捐例（官府接收为"捐纳"，个人出资为"捐输"）。当年，慕天颜奉命造船济师，康熙帝就明确要求由督抚及僚属、绅民捐助承造，共费银近十万两。

民间捐输，是以官职和科第为诱饵，专等那些汲汲于仕途功名但又无缘于此道的富人们愿者上钩。而在职官员捐输，则是以加级、记录其考绩和品衔提升，来鼓励他们为国捐助，也同时在考验他们效忠的程度。捐纳之例一开，朝廷虽然可以筹集到一定的钱粮，但也无形中为其传统政治体制埋下了隐患。

仅就当时的官员捐输而言，首先有朝廷号召、官员不敢不捐之七项：即造船、弓箭、盔甲、火药、马匹、修城、赈济等。而当时的大小官员，因军需紧张已实行了裁薪，加之惩贪典律又极严，他们即使愿意急公输助，钱从何来？难道还要不远千里从老家损其素有之家业，来为国尽忠吗？当然，如果真正采取自愿，既无力捐输，也不妄希升迁、加级、记录，也可自全操守，但奈何这不敢不捐的七大项，都是十万火急的军工，都必须限时捐助完成，逾时则必严厉追究。作为高级官员，做官日久，尚有积蓄，只要数额不是非常之大，自然可以办到；但那些刚刚踏入仕途的小官，从何措办？捐助令下，他们势必取诸地方，求其一尘不染，就是一句空话。还有一种情况，就是督抚摊派到道府的任务，会随即被转摊到州县，而州县无可摊派，就在各处设立捐助点，还美其名曰"劝输乐输"，到头来还不是搜刮民脂民膏？

　　慕天颜平时翻阅邸抄，就看到各省都曾发生过类似借公私派被曝光的案例，他为之切齿痛恨，也曾对下属中的这类官员予以坚决参处。尤其是他一想到这些层层转嫁捐输任务的官员，更有可能以一派十，中饱私囊，将捐输当作压榨百姓的生财之道，就义愤难平。作为一省巡抚，他既是捐输的组织者，也是捐输的参与者，这样将官员捐输的弊端向康熙帝坦诚相告、和盘托出，很有可能会被当作江南最大的"不敢不捐"者或抵触捐输者，其风险可想而知。但是，他权衡之后，毅然不避嫌，上疏康熙帝，请求将官员捐输事例一应革除。

　　慕天颜的这道奏疏，是从官员捐输的表象，直击其深层次问题而言，这才是真正的胸怀大局、为国效忠。所以，一百多年后，时任江苏按察使的林则徐在评价前辈慕天颜治理江南的政绩时，曾将"停捐例"列为其八大功绩之一。可谓识者之论。

12. 造士荐才

　　康熙十年（1671）的一天，在慕天颜老家静宁州城的一个宴会厅里，高朋满座，知州王札正在宴请钱塘才子汪霦（字晁采，一作朝采），并请自己的幕宾、陇西名士王了望（号荷泽）作陪。别看汪霦仅仅是个年方而立的生员，但少负才名，颇有睥睨一世的意味。王知州向来敬重王了望的才学，曾向汪霦极力称赞，以委婉提醒他敬老尊贤，但汪霦殊不为意。酒酣耳热之际，座中宾客各出佳扇，请王了望和汪霦留下墨宝。汪霦正濡墨吮毫，苦思冥想，还未及抻纸，而王了望已振腕疾书，顷刻写就十数扇，尤其是所书诗词皆为当时情形，如早有腹稿，加之精美绝伦的草书龙飞凤舞，真可谓词翰双美。座中宾朋，皆为王了望敏捷而又高超的才华所叹服，汪霦看后也大惊：想不到西北苦寒之地，竟有此等谪仙似的人物！倾心佩服之余，遂与年逾花甲的王了望订交。随后，王了望还专门写了一首《送汪晟采归钱塘》的古风长诗，其中有云："越客乍入崆峒界，七圣欲迷山影怪。居然蓬岛三十年，神皋奥区眼底隘。我亦渔阳剑士流，出入秦关好几秋。"

45年后，即康熙五十五年（1716），又一位陇西名士吴之琠被静宁知州黄廷钰聘为州学教习。他有意为乡贤王了望立传，遂采访旧闻，将这则轶事写进了《王荷泽传》中，想必是出于静宁耆老口述的事实。

那么，本应是专攻举业的钱塘汪霦，何以不远千里来游历静宁？原来，促成此行的人正是刚从福建兴化知府升任江苏布政使的慕天颜。

早在慕天颜任钱塘知县时，就定期到县学为生员讲学，并主持每年二月的童生试。在某年的县试中，他发现有一份考卷鹤立鸡群，遂拔为第一。开封后，才知道出自十几岁少年汪霦的手笔。由此，汪霦不仅取得了廪生的资格，而且被邑人传为神童，这对少年人来说是极高的荣誉和莫大的鼓励。虽然汪霦此后的举业之路并非一路顺风，但他对座师慕天颜的知遇之恩却一直铭感在怀，即使在其调任外地后也仍然保持着较为密切的联系。当慕天颜于康熙九年（1670）升任江苏布政使后，按汪霦的原话是"余为诸生时，受知于宫师公（慕天颜），因得薄游其地，熟悉其山川风土，并与君之族长者游也"（《慕氏族谱》序）。这段话，虽然对起因的交代不甚明晰，但他到过静宁州的事实，恰与吴之琠的记载形成证据闭环。或许，是汪霦与此后乾隆年间的常州诗人黄景仁一样，"自嫌诗少幽燕气，故作冰天跃马行"，借游历大西北的机会拜访座师故里，或许是受慕天颜委托来静宁州迎接其家眷，也或许二者兼而有之。但汪霦自康熙十五年（1676）中进士后，他的仕途算得上较为畅达，曾历官编修、户部侍郎，最后任国家最高学府——国子监祭酒，并有《西泠唱和集》等传世。

汪霦算是慕天颜早期着意培养的一名优秀人才。

纵览有关慕天颜的现存资料，涉及文化教育的很少，这对于常年为征输、为救灾奔忙的慕天颜来说，也在情理之中。但是，作为从西北贫困地方读书入仕的人，他始终将教育当作一名循吏必须做好的德政，并为之倾注心血。康熙十七年（1678），朝廷为了迫使民间广为捐纳监生、生员而达到敛财目的，再次对各级学校生员定额进行大幅缩减。慕天颜对底层进学无望的读书人感同身受，苦无良策，终于在次年因地震遵谕陈言时，就不失时机地上疏康熙帝，对这一舍本逐末之举提出了异议。

清朝定鼎之初，府学及大县学校每年岁考定额（即录取为廪生的人数）都是四十五名，中小县学校二三十名不等。即便如此，在江南人文荟萃之地，尚有遗珠之憾。到顺治十五年（1658），府学及大县学校减额到十五名，中小县学校递减之，当时，读书人就已慨叹进学之路越来越窄了。不料到康熙十七年，再次将府学定额缩减到五名，州县大学校四名，中小县学校三名、二名，较之旧额，仅为十分之一。看到生员定额这样一减再减，慕天颜不由得想到早年在浙江各大州县看到童子试的盛况，学生多达二三千人，彬彬郁郁，堪称大观。再看眼前这些底层的读书人，怀珠抱璞，但因名额所限，屡试不售，即使想改行谋生，但既不能执耒耜而农，也不能操斧斤而工，尤其是那些绳枢瓮牖的贫民子弟，既无资本以经商，也无武力以从戎，只能皓首穷年，落魄无聊。这种情况，不只是阻碍了读书人的晋阶之路，

康熙时期汪霦撰《慕氏族谱》序言末页

更是影响了整个世风的倒退和下滑。试想，这样下去，中产之家的子弟儿童，父兄就不再教其安心读书，而是急功近利，早为营生，逐渐引起全社会将读书视为迂阔，任由聪颖子弟成为游惰之徒，国家人才从何而来？对此，有的朝臣还极力辩护，声称如果扩大定额，会招致学官舞弊。

慕天颜上疏时，不仅列举了将生员定额一减再减造成的社会恶果，而且对所谓增加名额会导致学官舞弊的谬论予以驳斥："不知学臣贤，虽多取，必尽公明；学臣不肖，虽少取，亦开幸弊，仍于取额之多寡无关也。"慕天颜急切盼望恢复顺治初年的儒童旧额，以励士气、振士风的建议，诚可谓"百年大计，教育为本"的治世良策。所以，这道奏疏，不仅从侧面印证了慕天颜对江南教育的重视和支持，而且也因后来"依议施行"而成为普天之下底层读书人的福音。

对一名地方主官而言，除了培养人才，荐拔人才同样体现了一名官员的眼界、胸襟和胆识。就像他本人当年受知于静宁州学正李友郭、乡试主考官孙廷铨一样，他也抱着"学以致用、为国选才"的初衷，选拔了一大批国之栋梁。

慕天颜自青年时期，就以经世济民为己任，不屑于辞赋诗歌小道。他认为做文章，必须有用于世，而归于昌明博大，且从一个人的文章可以观察其器量、预测其事业。正是本着这样的理念，他在主持或参与各类科举考试以及官员考核时，都能发现人才，举荐人才。早在顺治十七年（1660）钱塘知县任上，他被抽调为浙江乡试同考官，分校《春秋》考卷，就选拔了四名成绩优异的举人，后来皆声名显赫：钱钰，浙江长兴人，以举人而授官，任监察御史时，因弹劾山西巡抚穆尔赛不法事而有声于时，康熙二十六年（1687）任山东巡抚。如果没有慕天颜的慧眼识珠，钱钰就不会有举人这个不可或缺的入仕台阶，也就不可能有后来出任封疆大吏的荣耀。卢琦，浙江仁和（今杭州市）人，康熙六年（1667）进士，曾任内阁学士兼礼部侍郎。黄斐，浙江鄞县（今宁波市鄞州区）人，康熙九年进士，曾任都察院左副都御史。宋嗣京，浙江仁和（今杭州市）人，康熙六年会试时高居榜首，尤其以《春秋》考卷最为优秀，惜于殿试时名次稍后；曾任广东大埔知县、江南饶州（府治在今鄱阳县）知府，后任刑部郎中。在钱塘县、兴化府任主官时，于童生、生员考试选拔为第一名者，除了前文述及的汪霦，还有钱塘俞陈琛，康熙九年（1670）进士，选翰林院庶吉士，后任陕西提学道。

康熙十七年（1678），当平藩之战正处于关键时刻，康熙帝宣布设立博学鸿儒科，令各直省官员推荐当地著名鸿儒应考，以笼络隐居于民间的文士才子。慕天颜接旨后，一次就举荐了江南太仓州进士黄与坚，昆山县监生叶奕苞，上海县知县任辰旦，娄县举人钱芳标、董俞，青浦县举人田茂遇，长洲县监生金居敬，常熟县布衣邓林梓，徽州府贡生、赣榆县学教官汪楫共九人，称他们"皆称品行端洁，诗文弘丽，允推博赡之才，堪应搜罗大典"。为了增强说服力，从来不以诗文炫耀于人的慕天颜甚至还给康熙帝说："唯是臣本固陋庸材，少年虽攻铅椠，研究词章，苟非确见确闻，曷敢滥列奏荐？"这次考拔，各直省共推荐 143 人，考取 50 人，约占三分之一，而慕天颜所举荐的 9 人，考取 4 人，将近一半。且这 9 人，无论考取与否，皆堪称"博学鸿儒"。这批人中的黄与坚，经博学鸿儒科考试后被授翰林院编修，他诗画均工，诗列"娄东十子"之冠。

在江苏任职时，通过对州县官员的考察，慕天颜还举荐了至少三名贤能官员。如郑重，福建建安人，任靖江知县时，兴修水利，以资蓄泄，经慕天颜举荐入朝，官至刑部左侍郎，"检阅诸司案牍，多所矜释""居官三十年，精白如一，室无侍媵"，在任去世后，祀乡贤祠。再如任辰旦、林象祖两位知县：任辰旦，浙江萧山人，任上海知县六载，深得民众拥戴；在应博学鸿儒科未能考取后，慕天颜再次以贤能官员举荐。林象祖，福建晋江人，在常熟知县任上勤政爱民，政绩突出。虽然这二位"才猷素著，学行兼优"，但又皆因钱粮通赋未完，吏部以"与例不符"为由，否决了慕天颜举荐入朝的建议。为此，康熙帝还特就慕天颜举荐的这二位知县可否荐任，与朝臣进行讨论，《康熙起居注》载："上问大学士等曰：'尔等素知其人否？'李霨奏曰：'闻其人果贤。因江南财赋原多，所以向来升者甚少。'上曰：'其人既廉能，着准行取，后不为例。'（第 2 册，第 39 页）"此后，任辰旦官至大理寺丞，林象祖任内府科给事中，赠太常寺少卿。

慕天颜去世后，深受知遇的黄与坚曾应孝子之邀，撰写了《慕公神道碑铭》，并深情回顾了慕天颜对自己的恩光渥泽，他说自己身处乡野时，慕公就曾数次招致，但未曾一往拜谒；博学鸿儒科诏下时，慕公未与之闻问，就特别举荐，人们皆赞叹这才是真正的道义之交。同时，他对慕天颜举荐人才的功德作出这样的评价："生平负才识，能知人，所荐达率为国重臣，有闻于世。"诚哉斯言！

13. 陆令风波

在这里，还不得不提及被世人诬为慕天颜用人污点的陆陇其（时作"龙其"，后因避讳更名）降调案。陆陇其（1630—1692），字稼书，浙江平湖人，康熙九年（1670）进士，康熙十四年四月授嘉定知县，政简刑清，深受百姓爱戴。后任直隶灵寿知县、四川道监察御史等。因尊崇程朱理学，力黜阳明心学，且著述甚丰，被尊为"醇儒第一""传道重镇"。于乾隆元年（1736）追谥"清献"，加赠内阁学士兼礼部侍郎衔，从祀孔庙，备极尊崇。

陆陇其任嘉定知县时，朝廷因平藩战争而军饷孔急，江南又赋额异常繁重，时任布政使的慕天颜为此焦虑万分。昆山知县曾荣科、丹阳知县管承基、金坛知县李曙、嘉定知县陆陇其四人虽黾勉驱策，但征缴不力，拖了全省的后腿。次年七月慕天颜就任巡抚后，就向康熙帝奏疏，请求将这四名长于品行而短于才干的官员从繁剧之地调任简易县份。在提及陆陇其时，慕天颜是这样说的："嘉定县知县陆陇其（慕稿皆作'龙其'，下同），操守称绝一尘，才干实非四应，是又德有余而才不足者。嘉定之粮，更多于别县，安能以清静宜民之人，责其征输报最？"既高度肯定其德行，又实事求是地指出其不足，语气中还颇有推

陆陇其画像（选自《吴郡名贤图传赞》）

己及人的理解和宽容。对以上四人，慕天颜只是请求调换简缺，并非参劾降调。但在吏部商议时，因慕天颜首创的官员任职"以繁调简法"没有先例可循（正因没有先例，才显示出这项改革建议的可贵），遂强搬硬套，比照处理较严的"才力不及"例，对他们各降二级调用。

当朝廷降调令下后，其他三人都交代完毕，赴吏部报到候补，唯嘉定百姓对陆陇其的降调反响强烈，发生了罢市活动，甚至一些嘉定绅民还到巡抚衙门前请愿，呼号乞留。面对这样的舆情，慕天颜放低身段，尊重民意，于康熙十六年（1677）二月，再次上疏康熙帝，请

求恢复陆陇其原职，并诚恳解释道："臣前疏所谓陇其才难四应者，实不能四应于嘉定也。若授以稍简之百里（一县之域），则必励其素守，惠爱百姓，策效将来，尚期清华之选。伏念我皇上用循良治天下，首以清廉爱民为上。考本官虽因地方异常繁剧，钱粮旧欠难完，而清静宜民，臣于前疏中备陈睿听。"最后还恳求道："臣敢冒昧上请，伏乞皇上垂鉴陇其实系廉吏，特勅部议，准复原官补用，为天下廉吏劝。"慕天颜爱才惜才，为一个七品芝麻官不惜屡烦圣听，可谓胸襟开阔、仁至义尽。

慕天颜的"请复嘉定陆令原职"的请求，得到康熙帝的恩准，陆陇其得以继续留任。但时隔不久，陆陇其在审理本县的一起强盗杀人案时，因前后两次给刑部的报告相互矛盾，最终被刑部建议免职，这自然也怪不得巡抚慕天颜。

慕天颜与陆陇其的这段过节，本来是官员任用中十分正常的公事。这从慕天颜给康熙帝的两道奏疏中可以看到清晰的原委，光明正大，且对陆不无欣赏和揄扬之词。再看陆陇其的著作，虽然对这件事没有任何记载，但在其《三鱼堂日记》卷下，却引述了早在顺治九年（1652）就已罢官乡居的前翰林院检讨唐梦赉转述的一则闲话：

慕天颜之复起为湖南（应为湖北）巡抚也，哈哈驹子（满文音译，男童，指皇子侍读及侍卫）以其"江南德政歌轴"私相看，见皇上来，仓皇藏匿。皇上问是何物，故意支吾，再四迫之，若不得已而出焉。遂有是命。

关于慕天颜起复湖北巡抚的动议，是满汉大学士等遵旨会商提出，康熙帝在依议的同时，还显得有点儿勉强，反倒不像当年于廷推诸臣之外钦点为江宁巡抚的坚决。确凿的证据是《康熙起居注》：

> 康熙二十三年二月十九日乙卯，早，上御行幄，大学士以折本请旨。湖广巡抚王新命调补员缺，满汉大学士等遵旨会议，应以原任江南巡抚慕天颜补用。上曰："慕天颜着补授湖北巡抚。但此人前居官不甚佳，着拟诚饬旨意来看。"

由此看来，慕天颜之起复，并非出自康熙帝的动议。拿一个离开中枢 30 多年的山东乡绅的闲话说事，不知陆老夫子用意何在？事涉先贤，不好妄猜。

二百年后，陆陇其的一位浙江老乡、鄞县陈康祺，又不知从何处道听途说来了一则闲话，收录到其《郎潜纪闻》中，标题为《陆清献馈巡抚寿仪》，原文如下：

> 陆清献公令嘉定时，值巡抚慕天颜生辰，众皆献纳珍物，惟恐不丰。清献独于袖中出布一匹、履二双，曰："此非取诸民者，为公寿。"天颜笑却之，卒以微罪劾罢其任。

不可否认陈康祺的《郎潜纪闻》具有较高的史料价值。但这则既无出处，又无凭据的小说家言，却不胫而走。加之清末易宗夔《新世说》、民国徐珂《清稗类钞》继续抄袭成说，成了泼给慕天颜的又一盆污水。直到当代，还有人把这则闲话当作真实事件，给慕天颜人品政德作定性评价。如《清史人物传稿》（中华书局 1995 年 7 月第一版）如此严肃的著作，在《慕天颜》（上编第八卷）一文中，不加分析，就直接采信了《郎潜纪闻》的说法，并肯定地说："在这数年中，慕天颜也暴露出其人品、政德之不足。嘉定知县陆陇其以理学、清廉名闻一时，却因拒不行贿遭其参劾，以致引起嘉民罢市。"著史者都能将稗官野史当作评判历史人物的关键证据，遑论普通读者？

在此，笔者试就其中的是非曲直作一辨析：一是先看正史《清史稿·陆陇其传》中对这件事的记载："江宁巡抚慕天颜请行州县繁简更调法，因言嘉定政繁多逋赋，陇其操守称绝一尘，才干乃非肆应，宜调简县。疏下部议，坐才力不及降调。县民道为盗所杀而讼其仇，陇其获盗定谳。部议初报不言盗，坐讳盗夺官。"这段话对慕天颜建议"宜调简县"，而吏部"坐才力不及降调"说得十分清楚，黑白分明，更没有所谓的"弹劾参革"。二是在《清史稿·慕天颜传》中，专门提及慕陆过节，措辞也较为审慎："（慕天颜）在江南，兴水利，蠲积逋，而请免纤夫，甦一时之困，江南民尤颂之。独劾嘉定知县陆陇其，不协于舆论。"于舆论不协是实，但不见得是挟私报复；而"独劾"一词，却于事实无据。三是前文述及，陆陇其本人除了在日记中引述茶余饭后的一则"哈哈驹子"外，未有一字涉及慕天颜，可见所谓"降调""弹劾"之说并非出自当事人陆陇其笔下。四是该文称"值巡抚慕天颜生辰"，只能是指康熙十五年腊月初三，其时，慕天颜就任巡抚不及半年。但就在当月十九日，康熙帝已对吏部处理陆陇其等四名知县的意见上批复"依议"（见慕天颜奏疏引文）。试想，并非紧急军情的知县任用奏疏，要在腊月初三到十九日这半个月内，完成亲缮奏疏—驿递送京—提塘官（本省驻京办事处官员）收文—交通政司检查—交满汉房抄录票签—内阁大学士总核并同时移送吏部会商提出意见—呈康熙帝御批这一整套复杂的程序，绝无可能。最为合理的解释，应该是陆陇其到任后，因钱粮征缴不力，引起时任布政使慕天颜的不满，遂于康熙十五年七月升任巡抚后，提出了"以繁调简法"。五是退一步讲，即使陈康祺误将"布政使"写作"巡抚"，慕天颜何以一次性请求调整四人？难道这四人都是拒不行贿？况且作为布政使，本来就没有向皇上奏疏的资格，要调整知县，还非得报请巡抚上疏不可。六是慕天颜主政期间，并非"好好先生"，他对手下"或贪黩，或昏庸，或阘茸"的官员，弹劾参革毫不手软，有据可查的就有沈尚仁、闵子才、何龙春、叶燨、张溶、蔡芝生、王大年、李文敏、高瑚、吴愚公、王纪、高应德、林鼎复等，被慕天颜直斥"皆为民厉累累如许矣"，哪里有"清静宜民"这样褒扬的措辞和"以繁调简"这般温和的调整？七是陈康祺称慕天颜"以微罪劾罢其任"，这简直是对慕天颜天大的冤枉，查慕天颜给康熙帝关于陆陇其的两道奏疏《清史稿·陆陇其传》，皆是"以繁调简"，何来"劾罢其任"？不能把吏部比照"才力不及"例降二级调用的结果强按到慕天颜头上。八是陈康祺撰此文的"小说家言"的痕迹过于明显，其"于袖中出布一匹、履二双"，简直如同神话。试想，彼时一匹布长四丈、宽二尺二，再加两双布鞋，不知陆清献公究竟穿着怎样的宽袍大袖？竟然能像变戏法似的掏出这么多东西？

陈康祺此文，看似在为陆陇其的降调找一个貌似崇高的理由，但结果却是将陆清献公塑造成一个颇为滑稽的形象，这位"从祀孔庙"的道学先生如果泉下有知，大概也是不愿意接受的。

综上，笔者以为这则闲话捕风捉影，漏洞百出，不堪一驳。所以，我们读慕天颜关于调整四人的奏疏，反倒为他知人善任、量才使用的官员调配创举而深感钦佩。

14. 依律衡情

慕天颜任巡抚后，虽然不再直接审理案件，但各府上报拟为斩监候或绞监候的重大案件，须由其复勘，并亲提人犯，拟定意见，报刑部核拟。

据慕天颜次子慕琛回忆：每遇重刑犯，父亲必命官员保障其饮食，毋致缺乏。复勘重案时，只要不是罪大恶极、泯灭人性者，总是反复权衡于"依律"和"衡情"之间，尽量为其留一条生路；如若不得，则于房间踱来踱去，辗转思之，往往终夜不能成寐。当随从或孩子们问何以如此时，他总是说："我这是体谅皇上的仁慈和国家的恩典啊。"正因如此审慎，黄与坚也称："每会审，必摭例矜恤，无冤狱。"

康熙十六年（1677），慕天颜升任巡抚不久，即有陆川等五起久拖不决的强盗团伙疑狱引起了他的注意。原来，这五起案件，已由前巡抚玛祜分别于前几年审拟具题，但由于各案的其他伙盗俱已逃逸，未能缉捕归案，所以，朝廷三法司商议后批复：因各犯赃迹未明，俱议监候。俟缉获逃盗李胡子等审明，具题再议。

另一起发生在通州（今南通）的兵盗民家案件，也是如此。当时有周惠溥家被盗，现场勘查发现遗落一支战箭，上书"二队马丁顾彪"字样。随后，将狼山营八队步兵顾彪拘捕前来审问，但他坚不承认，称系贼人栽赃嫁祸。此案经前总督麻勒吉于康熙十一年具题，由兵部议处后批复：请勒该督将顾彪收押。俟拿获此案伙盗之日，审质明白具题，到日再议。

这些部议，皆依据《大清律》："强盗赃迹未明，招扳续缉，涉于疑似者，不妨再审。"但李胡子及行劫周惠溥家的盗贼，都在案发之后，早已高飞远窜，甚至死活难料。地方各官虽然严加缉查，但始终如大海捞针。而陆川、顾彪等长期监候，等待质证，其家属们有赴巡抚衙门申冤的，有向府县呈文转请上级机关的，但批示本省按察司

清末《点石斋画报》里的"秋录大典"

勘议，又只能以"奉旨监候，缉获逃犯再审"的说辞来搪塞，这样推来推去，人犯一关就是数年，其中岂无冤情？

这些盗案羁押犯人（其实是嫌疑人），甚至连死刑犯每年秋审辩冤的机会都没有。清代对死刑犯的处理，分为定案与秋审两个环节。犯人如果在定案时，被拟为斩监候或绞监候的死罪，就可等候进入秋审环节。秋审时，一般是对按察司拟定情真、缓决、可矜可疑三类再次进行甄别，前者行刑，后两者俱可不死。而江苏这些盗案，各犯情罪真伪不一，也不全是死罪，如果他们真有冤屈，一日不能拿获伙盗，则一日不能雪冤，长此以往，势必尽成狱底冤魂。

为此，当年十月，慕天颜从忙碌的江宁造船工地赶回暂别三月的巡抚衙门后，第一件事就是打算借秋审之机，将这类悬而未决的盗案人犯也一并甄别，尽快发落。于是他赶忙上疏，向康熙帝提出自己的疑问，他说：臣思秋决重刑犯，犹令臣等督抚会同布政使、按察使等官员，公同详审，将其中情可矜疑之犯，分别减恤，以全性命。而这类赃迹未明、质证无凭之疑案，岂宜反置沉狱、不再复勘、难以同邀秋审钦恤之仁？随后，他向康熙帝建议：准将陆川等此类案件，于秋审之期，照监候秋决各重犯一体审录甄别。如情罪真确者，仍行监候；如可矜可疑者，即予奏请减等发落。嗣后如再有此类监候缉逃待质疑狱，永著为例，使冤诬之犯不致淹毙囹圄。

　　慕天颜此举，不仅体现出他慈悲为怀的做人秉性及接近于如今"疑罪从无"的文明执法理念，而且尤其难能可贵的是他并非只为这几名疑犯考虑，而是着眼于建立一种处理此类案件的制度，以制度来保障疑犯权益，尽量减少冤假错案。

　　这次秋审，除了将这些盗案纳入其中，给予减等发落等不同处理外，重点是对那些已拟斩监候或绞监候重犯的复勘。其中对十七名侵粮娄赃官蠹，在复勘报部后，康熙帝对追赃未完的周长庚等十六名"从宽免死，追赃完日，照例减等发落"，对追赃已完的王琰"免死，照例减等发落"。

　　需要说明的是，因江南钱粮额重，逋赋难征，许多官员为了不影响考绩，往往左支右绌、东挪西补，把买豆腐的钱买了青菜，最后漏洞难以补上，就被定为侵挪（侵盗、挪移）之罪，籍没家产进行赔补，甚至判罪追赃。按《大清律》规定：凡官员"受赃十两"即构成犯罪，一律籍没家产；"枉法赃八十两，处绞"。面对如此严峻的法律，康熙帝之所以能网开一面，可见这些所谓的"侵粮娄赃官蠹"，并非都是真正的贪赃枉法，而是事出有因的侵盗和挪移。

这十七名犯人中，就有周长庚等十一人"各名下所侵钱粮，因奉有给发文凭（官府凭证）事例（成例，可以作为依据），一年限满不完"，也就是说他们都有当时可以侵挪的依据，只是在一年期限内未能弥补空亏而已。所以，对他们的追赃，经江苏藩、闽二司勘明其名下妻子人口财产，逐案造册具题后，户部批复是"免追侵赃"，可见情有可矜，或户部也有责任。

清代对官员犯罪的处置，仍然延续了以往对亲属的"连坐"。按例，死刑犯的妻、子、婢、仆都得"入官"，即由官府籍没为奴、随意安置。这十七人虽蒙恩免死，但还得或发配到偏远之地永世为奴，或流放到艰苦之地自谋生路。这样一来，丈夫流、配，而妻、子入官，则夫妻家人不能完聚。于是，慕天颜上疏：请求对这些人犯照例减等时，免其妻、子入官，与犯官一并发遣。

同时，慕天颜还对需要被追赃的人犯情况予以说明："今虽邀恩免死，皆系狱底穷囚，仅存皮骨，若再行追赃，敲扑徒施，终属无济。"并列举了一名娄赃蠹役王志的事例，称其"名下未完赃银十三两四钱五分、钱八百二十千五百四文，先经勘明，家产尽绝"。所以，慕天颜希望对其比照此前部议上述十一人的处理意见"竟免追赃"。

这种在遵循规则的基础上，以儒家伦常和人之常情来处理人犯的态度，表现出那个时代执法的一丝温情。

康熙十七年（1678）初，慕天颜还处理了苏、松等府属官役侵盗钱粮一案。先因各犯追赃未完，经报刑部审核批复，按其罪行将正犯及家口分别入官、流徒，并解往刑部，听候发落。

经统计各案内需解送人犯家口，共计六百六十余人，内有七十岁以上年老者如太仓人犯顾佳应妻毛氏等四人，年老且废疾者如常熟人犯沈继芳妻邹氏等一十二人，年十五岁以下不成丁者如太仓人犯钱勖之子钱大等一十八人，共计三十四人。当藩、阆二司将这个名单报告慕天颜后，他认为这些老疾稚孩原属正犯牵连，出于无辜，且家产尽绝，饥寒交迫，如果发解长途，必致淹毙沟壑，徒为无益。为了给这些可怜人一线生路，慕天颜就从法律条文和先前案例中寻找解救之方。他先是查阅流徙、入官新例，并没有明确规定。接着又查刑部现行条例，发现有一条："直隶各省军（充军）、流（流放）人犯，果有年老残疾及家无以次（其他）成丁者，该督抚即行查明取具该地方官印结（保证书），将人犯不必解部。具疏题明之日，照律收赎（赎罪金），免其发遣。"这就是说对待年老残疾及家无其他成丁的正犯，查确后，为避免其长途劳顿而致死，也有收取赎金，免其充军、流放的规定。既然对正犯都能如此宽待，那么被正犯所连坐的家属自然也能适用此条。再查以往经刑部核准的判例：太仓州原拟斩侵挪罪犯陆栋，在上年秋审时，朝廷法司以该犯年老，两目俱盲，情有可矜，最后依照"老疾律"，收取赎金而免于流放。此例更可说明，对侵挪正犯，犹准其缴纳赎金，则受到牵连的家属则更可推恩矜豁。

经慕天颜如此有理有据的上疏，康熙帝开恩，这三十四名老幼弱者终于以缴纳赎金而获释。这又是可以推而广之、永著为例的一宗善举。

在长期的司法实践中，慕天颜对那些因侵挪钱粮而犯罪的官员，从心理上是有很大区别的：对侵盗者，他恨之入骨，认为罪有应得；而对挪移者，他充满同情，认为情有可原。因为后者，大都是追缴钱粮的官役，其所挪移钱粮，并非侵欺入己，只是因为不照额款支解，导致原额空亏，而所需抵补之钱粮，天长日久，有些已经蠲免，无法征收，也就无法弥补原来的窟窿。但是，在实际操作中，由于司法的复杂性，往往导致挪移者受到的惩罚要比侵盗者还要重。

康熙十八年（1679），慕天颜读到刑部改定的新例："将赦前侵盗钱粮人犯，追赃不完者，本身、妻、子仍行入官、流徙。"但时隔未久，江西道监察御史何凤岐奏请康熙帝，对侵盗人犯陈上章法外施恩，康熙帝传"陈上章等俱免入官"的圣旨，并同时放释侵犯及家属一百二十余人。这是对侵盗人犯莫大的恩典！

像陈上章这样的侵盗人犯，能先蒙赦罪，后蒙豁免追赃，再蒙恩免入官、流徙，而比侵盗人犯罪情要轻得多的挪移人犯就从来没有遇到过这样的宽大之条。而且对待挪移犯人，如果追赔不完，则终年羁押，承追官因考成所关，桁杨桎梏，倍极其刑。追到数载之久，如正犯死亡，又接着追查其妻子、儿子，如果妻子、儿子也已死亡，则牵连亲族、同役之人，敲朴血比，辗转无休，但他们实在无余业抵偿，只见鸠形鹄面，刑无可施，法无可设，到头来只得一言勘产完结。

为此，慕天颜在遵谕陈言时，大胆上疏：既然侵盗人犯已豁赃释放，请求康熙帝扩施恻隐，准将赦前挪移人犯应追钱粮概从豁免，正犯及家属予以放释。

同时，精通刑律的慕天颜，还从朝廷近期通报的多个侵盗案例中，敏锐地发现对人犯妻、子或入官，或流徙的处置，出现了赦前轻而赦后重的巨大司法漏洞。在同一道奏疏上，慕天颜援引律条和案例，予以辨析，并"请皇上勅议酌量改正，庶祥刑弼教、垂法永遵，亦平允之一端也"。

康熙二十年（1681）五月，慕天颜还就强盗张天性等打劫一案，应否将从犯与主犯区别对待，向康熙帝和法司提出请示。看是请示，其实也是在"衡情"的基础上为胁从者争取宽免。原来，张天性等人打劫施又儒家时，主谋张天性打算将主家杀死灭口，但同伙沈淑静、孙子奇予以劝止，并烧开水给主家夫妇喝，以保暖身体。后罪犯被缉拿，县府审理时，对各罪犯皆按律判处斩立决。慕天颜阅读案卷后，认为两名从犯虽罪行不小，但尚存天良，遂以请示"应否从宽"的方式，听候法司定夺。《康熙起居注》就记载了皇上与朝臣讨论此案的经过，十分生动：

> 部议定例从无因劝止遂行宽免之条，应无容议，仍行立斩事。上曰："尔等云何？"勒德洪、明珠奏曰："此二人情有可原，故臣等拟票秋后处决。"上曰："强盗情罪，原以杀人为重，劫财为轻。若强盗劫财，而不曾伤人者，律文亦有分别。此案情事本属创见，径行宽免可乎？"勒德洪、明珠奏曰："圣恩宽免，亦无不可。"李震、冯溥奏曰："强盗劫财而不伤人者，竟行宽免，以后恐盗贼滋多矣。"学士希福奏曰："格外宽免，后不为例，似亦可行。"李光地奏曰："目今饥荒，所以穷民为盗者多。"张玉书奏曰："律无可道，而情有可原，格外宽免，总出自圣裁。"上曰："各犯俱着立斩。沈淑静、孙子奇着监候秋后处决。"

康熙帝的金口玉言，其实是给这两名从犯留下了一条生路，也给慕天颜衡情处置的请示予以支持。因为前文已述及，所谓"着监候秋后处决"，其实就是"斩监候"；而斩监候须经秋审环节，彼时审录甄别，如果被拟为缓决、可矜可疑两类，则可免死。

纵观慕天颜的司法实践，都是怀着一颗仁厚之心，本着儒家慎刑、重民命的观念，调剂情与法的矛盾，于必死之中求其可生。这些对现行法律和司法实践进行改良乃至改革的建议，在当时具有十分进步的意义。

但是，笃信佛教的慕天颜并未受报应轮回的禁锢，他在温和司法的同时，也表现出果断凌厉、铁面强悍的"法家"一面。如在惩治素行贪暴、被长洲百姓称为"苏老虎"的恶棍苏亨时，他亲命苏松常道道员严拿，解赴按察司审讯，并疏请革去其捐纳的知县衔，按款究拟，处以重典。对为害一方、百姓敢怒不敢言的市井恶霸，他严惩数人，有的还被处以极刑，人皆称快。

15. 豆草悬案

关于慕天颜康熙二十一年（1682）正月从江宁巡抚任上突然落职这段公案的缘由，各种版本都有涉及，但或是语焉不详、不明究竟，或是简单抄录康熙帝所谓"未闻廉名"与朝廷所谓"豆草奏销案诿罪他人"的论调，让备受江南百姓爱戴的一代名臣廉吏蒙受不白之冤以至于今。

要解开这个历史谜团，须从康熙十五年（1676）年以前说起。

"三藩之乱"爆发后，慕天颜正在江苏布政使任上。康熙十三年（1674），清廷兴军讨伐，征调四出，江南驻防各营及经临兵马，俱需豆草（饲喂军马的豌豆和饲草）。一时间，各省同时采买，豆草价格猛涨，豆每石达一两以上，草每束一分以上（当时白银一两等于十六钱，一钱等于十分）。到康熙十四年，豆草价格虽略有下降，但豆每石尚在九钱以上，草每束亦须一分一二厘不等。王师云集之际，也正是商贾绝迹之时，粮料市值腾涌，经办豆草的司府各官，倘或买备稍迟，按法当身膏斧钺，遂不得不想方设法多方采办。

而豆草两项，皆非江苏出产，须在外省购买、长途运输。其间辛苦周折，非亲历者实难了解。

先说料豆。江南皆系水乡泽国，地不产豆，主产区在山东、河南二省。河南至江南全是陆路，运输艰难。而山东虽然水路可通，运输较易，但必须经由运河，过淮安、扬州诸关，由闸出江，以达江南。其间雇船装载、关卡征税、候风阻浅等，其运输成本往往倍于产地之购价。而本省临近鲁、豫的江北地区，虽然也有零星产出，但相距江宁、京口、松江、崇明驻军用豆之地，路程一千多里不等，与鲁、豫二省的运输费相差无几。同时，料豆买来，仓贮候放期间，会增加称量、挑运、铺垫、席木等费用；而用市斗买进、用仓斗放出，升斗大小以及筛扬浪费、潮湿霉烂种种，亏折耗费，势所不免。所以这两年的江南豆价，都到每石一两银左右了。

再说草束。江南苏、松各府民间俱用稻草为柴薪，又无秫茎可供喂马，即使零星购买，也价值不贱。而大军所需，动盈千万，当地无论贵贱也难以办足，必四方购觅。其在产地，本不值钱，但体质蓬松，运输费用远高于其他物品，所以一经长途，其价又必翻倍增长。加之舟车盘运，堆垛候用，一经风雨，浥烂亏折，尤难胜计。所以这两年的江南草价，都到一分二三厘不等了。

为了节省贮仓、盘运、筛扬、运输损耗以及大量的人工费用，经办此事的布政使慕天颜就与巡抚玛祜商量，将供给驻防将军、提督与总兵各营的豆草，按时价折算为豆每石九钱、草每束一分的银两，让军营自买。经与各驻军首领协商，皆应允。这样操作起来，地方降低了费用，而军营按需购买，不仅节省了转运等耗费，而且人工更可以不计，可谓兵民两便。

按清代的财政管理制度，各州县每年要将钱粮征收的实数奏闻户部，以便掌握其任务落实情况，对完成部分予以注销，对欠缴部分继续催缴，谓之"奏销"。军需豆草数量巨大，自然也是奏销的内容之一。当玛祜将这两年的江苏豆草账目报告户部后，部臣认为价格浮冒，要求核减。未料不久，玛祜就于康熙十五年（1676）因忧劳而卒于任上。

当年七月，由布政使升任巡抚的慕天颜，就成了江南豆草奏销的第一责任人。他多次催促各将军、提督以及布政使丁思孔对豆草供给办法和价格提出可行意见，各方面皆认为折价给兵自买最为得宜；至于折算价格，前巡抚玛祜所定的标准有亏无溢，如果再加核减，恐致累兵，建议慕天颜按照前议价格向户部请示。

也就在这月，康熙帝命工部郎中温代（后任兵部侍郎，亦即为旗兵掠良为奴的辩护者）到江南一带暗访豆草价格，以掌握各地奏销的虚实。温代先是到达安徽桐城、舒城、庐州三地，发现豆价每石只三钱五分，草价每束三厘三毫，较江苏原议折价的确悬殊。但仅隔一月，温代赴长沙时，再次路过庐州、舒城、桐城，发现该地豆价又涨到七钱，较一月前翻了一番。而在温代暗访的七月之前，下江之江宁、苏州、京口豆价仍在八钱以上，上江安庆等处亦七八钱不等；到八九月间，各产地秋收颇稔，贩运南下之商贾连樯辐辏，顺江而下，江苏豆价每石降到六钱，草价八厘，这是几年来从未有过的低价；及到十月、十一月，豆价又涨至七钱，草价涨至九厘。但这些地方，温代从未经临，自然也毫不知情。

当温代将暗访结果报告朝廷后，户部即以此为依据，再次函告慕天颜应参照安徽三州县的价格核减。慕天颜屡报屡驳，万不得已，遂又征询各将军、提督意见，这些军头们一看若继续核减，势必导致所折银两不敷粮草，干脆提出由地方按标准供给豆草实物，不再接受折价自买。

实物供给，无疑大大加重了地方负担。慕天颜为不误军需，于康熙十五年以后，在继续核减的基础上，只好先千方百计保证军需供给，然后继续申辩，以期解决。

为了求证温代的说法，他函询安徽巡抚靳辅（后任河道总督，与起复漕运总督的慕天颜分别系河工争讼案的两派，两败俱伤）有关当地豆草的价格，靳辅答复："庐州、舒城、桐城一带，本非商贩流通之地，六七月间适遇收成之时，乡农所得粮食，急欲出售，卖多买少，所以价格顿跌。然出产毕竟有限，到八月间有代理副都统（八旗军次官）多诺因征讨吴三桂驻扎庐州，军马需豆万余石，庐州豆价一时贵至八钱三分，草亦贵至一分之外。"靳辅告知的市价，已比温代第二次过庐州又高了。

仅安徽三地豆草价格，三个时期，三个价格，让身在江苏的慕天颜怎么按温代所访一隅一时之价，作为历年采办的标准来核减呢？果若核减，则必令经管各官员按年追赔，动辄万两银钱，即使丧身亡家，终究无补于实济。尤其是以后的豆草供应，若责令司饷官员一定得照此标准采买，则商贾挟资远贩，以博蝇头之利，谁肯亏本贱售？若强抑短价，商贩必将闻风裹足，坐误军需。若承办官员照时价购买，以济军需，而事后报销时，被驳减盈千累万之金钱，何能挖肉垫赔？若欲照此价折银，给兵自买，则穷兵月饷有限，岂能枵腹而饲马？若想责之里民办纳，则江南百姓赋繁役重，已苦累难支，又何堪额外派扰？

向来举重若轻的慕天颜为此愁肠百结，无可奈何，不得不将此累兵病民、贻误军国之事奏闻康熙帝。他在备陈来龙去脉的同时，提出如果由地方采办供给，则一应盘运、仓廒、霉腐等亏折势不能减，则价值必贵；若折银给兵自买，则无此项亏折，比之采办，可以少省，但各将军皆以折银过亏，兵丁难办，仍愿供给实物。面临两难境地，慕天颜基于大量的市场分析和算账对比，快刀斩乱麻，提出为朝廷节省，断断宜折价付银，拟定豆价每石七钱，草价每束九厘。这已比玛祜原议的九钱、一分，核减不少。在此基础上，慕天颜还突出执行的灵活性和操作性，即"倘时值稍贵，亦不议增；稍平，亦不议减。通融在内，不致盈缩悬殊。若遇大贵大贱之年，再议变通"。尤其难能可贵的是，他所提建议并非"一刀切"，而是因地制宜、分类施策，对特殊地方给予特殊政策，即对处万山之中的徽州驻军，因商贾不通，本地既无出产，兵丁又难远购，建议由地方直接供给实物；其他各地军营，皆照数折价，给兵自买。而这其中，又因驻防江宁、京口旗兵认为所议豆七钱、草九厘的价格过低，满洲兵丁又难出城远买，建议准其实物、折价各一半，实物由江宁、苏州二府供给。

为了引起康熙帝的重视，慕天颜特意以上述意见征询于两江总督阿席熙、安徽巡抚靳辅、平寇将军华善、镇海将军王之鼎、江宁提督杨捷、崇明提督刘兆麒等军地首脑，他们深表赞同，遂于康熙十六年（1677）三月二十一日联名上疏。

这道看似有理有据且有成熟建议的奏疏，在康熙帝批转户部商议时，户部仍然坚持让江苏对照温代所查"豆价每石止三钱五分，草价每束止三厘三毫"的标准核减。话说到这个份上，已经毫无道理可讲。没有退路的慕天颜，不得不坚持原议，再次向康熙帝据理力争，遂联名上次诸军地首脑于同年十二月初八日题疏："前议豆价七钱、草价九厘，原于万难核减之中，已经过为刻减。若少可再行节省，当此军需匮乏之际，目击时艰，敢不竭意图维，以裕国计？又何敢再烦部臣驳减，然后核实具题，以蹈虚妄之罪？"

但是，这个并不复杂的豆草奏销案直到康熙十七年（1678）底，仍然悬而未决。慕天颜仔细检点，从康熙十三年至十六年，江苏采买发给驻地旗营与过往官兵的豆草未销账目，经前后两任巡抚暨两江总督、安徽巡抚屡题屡驳，已不下数十件，原因只有一条：即请销之数与温代访报之价不符。显而易见的是，温代暗访只在安徽的一隅一时，而货物时价即二三百里内外，一两月前后，也有不同，何况千里之外、二三年前后的江苏？尤其让人想不通的是，既然将温代访报之价作为一成不变的标准，则江南各省应该远近一体、前后一致，为何与下江苏州、松江接壤之浙江杭州，以及与上江安徽庐州接壤之江西，当年同一报价可以允销，而独驳江苏为浮冒呢？这正说明户部也不是不知道各地断断不能划一的道理，但为什么就不能和江苏讲道理呢？

慕天颜强压着心中的怒火，于该年十二月初九日再次上疏，向康熙帝申辩：户部虽明知时价贵贱不等，但坚执温代一隅一时的访价不放。如按其标准再行核减，必将四年所欠之数责令经办官员赔补，即使粉身碎骨，也万难办到；如追查售卖商人，则行无定踪、名无可纪；如追查原领官兵，则调遣四出，无从远问，即有原地驻防者，豆草久已果腹、穷丁岂堪苛求？势必以纸上虚言塞责。及至追无可追，仍请豁免，终究于军饷无益，此欺君之事，臣义不敢出此。

随后，慕天颜大胆写道：

臣辗转踌躇，与其贻误于将来，莫若请恩于今日。臣将有据而可信者数端，仰恳皇上特赐敕议。如部臣温代先后两经舒、桐地方，即在两三月间，而前访之价甚贱，及后随又顿昂，此部臣温代现在可问也！苏、松密迩浙江，为程仅三百里，舒、桐距苏、松二千里，近者价必相仿，远者价必悬殊；即安徽亦近江右，今浙江、江西历年已销之案可查也！商货必从市牙发卖，草束必藉村农搬运，价之轻重，牙户乡愚一经博访，直吐如绘，臣与地方官安得人人嘱制之？此小民之万口可信也！各该年豆草给与营伍仓廒，出入之亏耗，远近买运之艰难，昭昭耳目，则本色（实物）时价为将弁兵丁之所熟知，此又在营之弁兵可询也！江南孔道往来，使节甚多，先后奉差满汉官员宁无一二留心民事者？某地之出产何若，某年之物情何等，必所周知；而且江南人之立朝为大臣、为言官者亦多，此又在廷之诸臣可咨也！

皇上遣官密访，惟独江南江宁、镇江、苏、松、徽、池驻兵之处，则未蒙访报。臣今敢请皇上特勒廷臣会议，将臣等报销节年各案原题疏册，与浙江、江西相联上下江地面、道里远近、报销银数多寡，严加磨对，博询旁诹。如果臣言无欺，即赐睿裁，允销结案。倘臣扶同罔上，臣甘治罪而追赔于各官，亦复何辞？

此疏畅达简明，步步为营，一气呵成，理直气壮，充分体现出慕天颜长于辩论的才能，但作为给皇上的奏疏却颇含任情使性的语气。

这道奏疏，果然受到康熙帝的重视，遂勒下廷臣议覆："这案屡经该督抚具题，年久未结，今将四年内用过米豆、草束价值，一概议定扣除（即削去所谓'浮冒'，责令追赔），恐致贻累小民。着再详议具奏。"或许，慕天颜坚执前议、屡驳屡请的行为已惹恼了部臣，议覆仍未允销。也或许，这类直言无隐的奏疏，令年轻气盛的康熙帝心中不悦，自此留下慕天颜"素行乖戾"的印象（《康熙起居注》康熙二十七年五月初二日癸酉），也为其此后的落职埋下了隐患。

16. 得罪去官

到康熙十八年（1679）八月因京师地震，康熙帝反省求言时，江南豆草案仍然未予允销。

慕天颜在遵谕陈言的奏疏中仍然为江苏各未结之案中，户部要求追赔的官员呼冤请命："已经遵部议追者，实有冤枉于其中。""此等各案之坐赔，均属冤苦，未敢一一琐陈。皆因部驳严切，故尔司府遵行及追之累年不完，惟有循例将承追官参处及请原籍勘结而已。""臣敢请天恩敕议：已定追案，速赐勘产完结；未定驳案，速赐查对清销。"

但是，此时对江南豆草奏销案的处理，想必已不是户部的主意，而成了康熙帝的定见。遵谕陈言不久，户部对江苏历年采办军需未销部分，不仅不再像以前屡次提出的要求核减价格，而且对慕天颜所提"与浙价相仿而报销不一"作出罔顾事实、毫无道理的回应："浙省采买价值，照查来价值（即温代暗访价格）开销；江南省价值，比查来价值加倍添定。"并直接要求江苏"照定价追扣"，即按户部核定标准对经办官员实行追赔。

自此，慕天颜不得不"自应祗遵"，但同时仍在力图挽回。康熙十九年（1680）闰八月二十四日，他再上一疏，先是对户部的批示提出质问：

　　温部司所访之价，论其地则在舒、桐，距苏、松、镇、江千有余里；论其时则在十五年七月，距十三四年已逾两载，岂有远过千余里，历经二三年，可以一体而论？若浙省与苏、松切近，相去二三日之程，岂近者不可比，而远者反可比乎？况浙省节年报销价值，亦分大兵进闽之先、进闽之后，是在先者价贵，在后者价贱，处处同然。何独臣属不分先后，概议减追？此万难赔补之情，智愚共见，毫无饰说，臣所以敢于屡渎宸聪也。

随后，向康熙帝报告遵户部之命追赔经办官员的情况，称"迄今无力补偿者，尚尔悬项累累"。并特别提到两名官员——扬州知府高得贵、苏州知府高晫等，已命赴黄泉，势必勘产完结而籍没其家产人口，恐不足追赔之百分之一。又如扬州府同知孙汝谋，本一小吏，经办数量居各官最多，算下来要赔银几万两，即使敲骨吸髓，断难追补。其余现任一二官员，皆属困穷，旧的赔款尚无措处，新的赔款又从何出？如此情形，要追赔，是有其名而无其实；要参处承追之官，亦属无益。假如摊累于民，更是严重的犯法行为。

最后，他恳切地写道：

> 倘可减而不减，臣岂不惜国帑而甘冒混渎之愆？倘可追而不追，臣岂姑息属员而自蹈欺蒙之咎？
>
> 臣晓夜筹维，不得不仰恳宸恩，仍赐鉴销。伏望皇上俯察浙价，大兵进闽之先原系腾贵，苏、松、镇、江密迩浙省，料价相仿。特允勒部将康熙十三、十四年各营米豆草束报销，已减实数照册销算，庶积案得以清结。如臣一字涉欺访出，臣甘重谴。

在此疏中，慕天颜冒着巨大的风险、顶着沉重压力，对包括高得贵等在内的赔累官员给予了深深的同情和理解，并不惜以发誓来博得康熙帝的支持。但是，户部或者更准确地说是康熙帝主意已定，慕天颜已无力回天，只得忍痛追赔。

就在追缴高得贵赔银时，慕天颜竟惹火烧身。原来，高德贵任扬州知府期间，因亏库银数万两，被弹劾罢官，不久去世。但人虽死，账还在，按例应籍没其家产，以抵顶其名下的豆草销价。而此前，在地方供给驻军豆草时，京口驻军参领马崇骏、防守御高腾龙二人借机勒索地方官员、贪婪银两，总督阿席熙参劾马崇骏，慕天颜参劾高腾龙，最后阿、慕二人联名参劾马、高二人。这两件看似并不相干的事情，很快就交织到一起，成为一桩震动朝野的大案。

这其中的链接人物就是高得贵的族人高腾龙。康熙二十年八月，他眼见赃迹即将败露，遂与马崇骏串通一气，趁慕天颜因豆草案焦头烂额之际，采取倒打一耙的办法，先联名向驻军将领杨凤翔控告慕天颜豆草奏销浮冒，被杨凤翔驳回；他们见在江南讦告无望，遂赴京叩阍（即民间所谓"告御状"）。

《康熙起居注》对这宗案件的处理经过有较为详细的记载，兹录如下（为方便阅读，个别生僻处依原意略改）：

> 康熙二十年八月十七日丁酉，为京口驻防参领马崇骏等叩阍首告慕天颜康熙十三、十四年豆草价值浮冒侵欺事。户部议称：慕天颜等此前已经参劾马崇骏等，若马崇骏所告在慕天颜参劾前，且情况属实，令派审事郎中图尔审理慕天颜具拟；若情况不实，则将马崇骏等以反坐惩处（即把被诬告的罪名所应得的刑罚加诸诬告者）。皇上问："此事尔等是何看法？"大学士李霨奏道："慕天颜先经参过马崇骏等是实，但现在马崇骏叩阍诉状称，他们已先在将军杨凤翔等处讦告。"大学士冯溥奏道："慕天颜等联名参劾马崇骏之事，已令慕天颜参与会审。现在因马崇骏等出面告发慕天颜，就将慕天颜一并议处，似于理不合。此明显系马崇骏反噬一口。"皇上说："马崇骏等不是巡抚所属之官。此事应依户部所议。"

户部意见，是先查清慕、马究竟谁告状在先，再查清事实，若慕天颜有罪，则由朝廷派员继续审理；若马崇骏有罪，则直接以诬告罪反坐处罚。但当时，大学士冯溥就已初步断定是马崇骏反噬诬告。

康熙二十年十一月初八日丁巳，为慕天颜、李本晟（浙江巡抚）因请延展漕运期限，以致回空船只因冰冻所阻，部议各降四级调用（降级后调整候用）事。皇上说："慕天颜、李本晟着降四级留任（降级仍任原职）。此二人理应严处，先按此惩警。"

此事虽与豆草案无关，但回空船只冻阻之事让康熙帝对慕天颜成见更深。而漕粮征缴不易，加之天气谁能掌控？客观原因须由官员受过。虽然康熙帝将"降四级调用"改为"降四级留任"，但已成为下一步加重对慕天颜处罚的一个砝码。

康熙二十年十二月初九日戊子，经吏、兵二部会同三法司公议：马崇骏贪银一千七百余两，高腾龙贪银二千一百余两，拟绞监候，秋后处决。将军杨凤翔、副都统张元勋不行题参马、高劣员，议削去加一级，仍降二级调用。巡抚慕天颜不遵部文，将豆草折银给兵，又附合总督参劾马崇骏等，议降三级调用。总督阿席熙徇慕天颜情面参劾高腾龙，议削去加二级留任。皇上说："慕天颜办事虽长，罪过甚多，居官亦不甚好，屡次饬谕，并不悔改。尔等以为如何？"大学士明珠奏道："慕天颜办事最优，总候圣上裁断。"皇上沉思良久道："着依议。"

马崇骏、高腾龙果然是"恶人告状"，可见阿席熙、慕天颜参劾无误。而对慕天颜处罚的罪名，十分牵强，其"不遵部文，将豆草折银给兵"，除了兵民两便外，也是与各驻军商议的结果，且未误军需，何罪之有？关键还是"不遵部文"，挑战了户部乃至康熙帝的权威；其"附合总督参劾马崇骏"，参劾贪官，同仇共愤，只要所参属实，即使附合，又何罪之有？尤其是康熙帝所谓慕天颜"罪过甚多"之类的话，大概就是上次回空船只冻阻之类。真是欲加之罪，何患无辞。不过，对慕天颜议降三级调用的处理意见，康熙帝和明珠皆有惜才之意，江南繁剧，选可堪大任者不易，故康熙帝在沉思良久后，方下决心同意。

康熙二十年十二月十一日庚寅，又为议处将军杨凤翔、慕天颜等事。皇上说："这所奏之事，朕俱已细览。杨凤翔等久在军旅，镇守封疆，尚有裨益，应带所降之级留任。慕天颜虽有才干，居官并无善状，地震时，言官曾经纠参。朕欲令其改过图效，故尔留任。自后并未更改，今又交接朝中官员，观其恳求总督阿席熙题参，有失大吏之体，应革其职。"大学士明珠奏道："阿席熙似应一并议处。"皇上说："阿席熙尚觉不甚满意，亦着一并严议。尔等即可商议。"李震奏道："皇上所处甚当。"冯溥奏道："慕天颜有办事之才，苏、松事务繁剧，非有才能者不可，若使他人代替，必烦圣虑。"皇上说："此等人不可不惩。尔等确议再奏。余着依议。"

从这段话，可以看到康熙帝对慕天颜所谓的罪过，又从上次"不遵部文"与"附合总督参劾马崇骏"两条，变为"恳求总督阿席熙题参（马崇骏）"与"今又交接朝中官员"。关于参劾马崇骏，督抚联名题参，应属正常；关键是"交接朝中官员"犯了康熙帝的忌讳。

而慕天颜当时在朝廷接交的官员，除了大学士明珠对其有知遇之恩外，主要是自己的同科进士、苏州府长洲人宋德宜，因同年之谊和在其家乡任职，二人就吴地治理多有交流。且宋德宜从翰林院庶吉士做起，先后任国子监祭酒，左都御史，户部、兵部、吏部尚书，康熙二十三年（1684），拜文华殿大学士，其人严毅木讷，居官廉谨，是朝野公认的正人君子。与这样的名臣廉吏交往，于公于私，似无不妥。但对肩负重任的慕天颜革职（亦即降三级调用），大学士冯溥表现出应有的担忧，这从一个侧面反映出朝中重臣对其才干的钦佩和对其政绩的肯定。

康熙二十年十二月十二日辛卯，又为议处将军杨凤翔、慕天颜等事。皇上问："尔等所议若何？"明珠奏道："慕天颜，皇上知之甚明，自应革职。总督阿席熙身为地方大臣，听慕天颜之言，徇情具奏，殊属不合，应严加议处。应作何处分，惟皇上睿裁。"皇上说："汉大学士之意见俱相同否？"明珠奏道："臣等之意见俱同，惟冯溥之意见不同。"冯溥奏道："此案内有死刑犯马、高二人，今遇恩诏，俱得免死，而只将总督阿席熙、巡抚慕天颜从重处罚，恐于法稍有不平。"皇上说："此言不无道理。但慕天颜居心不端，不可仍留原任，着降三级调用。阿席熙亦着降三级调用，不准抵销。"

对罪行昭彰的马崇骏、高腾龙二人，不知何因已奉恩诏赦免死刑。而对参劾马、高且反遭马、高诬告的督抚阿席熙、慕天颜却从重处罚，显失公平。大学士冯溥指出后，连康熙帝也认为"不无道理"，但这条在历代任何法律中也找不到的"居心不端"罪，经康熙帝的金口玉言说出，就成了终审判决。

在这次廷议一月后，即康熙二十一年（1682）正月初，朝野上下尚在封印过年的假期，慕天颜接到了"着降三级调用"的圣旨。此时，58岁的慕天颜已须发尽白，领旨谢恩后，他回想自己入仕27年来的所作所为，无端的冤屈与未竟的心愿一同涌上心头，五味杂陈，情绪落寞。

苏东坡《留侯论》有云："天下有大勇者，骤然临之而不惊，无故加之而不怒；此其所挟持者甚大，而其志甚远也。"慕天颜很快就平复了自己的心情，以佛家所谓"平常心"来对待突然的变故。正月十三日，他一边让人打点行囊，一边最后一次坐在巡抚衙门的大堂里，就吴淞、刘河、白茆、孟渎四条河流治理之后的修理维护，江南荒坍田地开垦征缴事宜以及久拖不决的苏松浮粮问题，同日连上三疏，皆事关国计民生，知无不言，掬诚上疏，体现出一名能臣干吏的过人之节。

尤其是其中的《请减苏松田地浮粮》，是重翻自己康熙十三年（1674）正月入觐陈言时，向康熙帝面陈苏、松浮粮积弊而至今未果的旧账。他八年前上疏时，是正月十五日。而此时旧话重提，是八年后的正月十三，再差两天也是元宵节了。慕天颜在疏中感喟道："去位之臣，安敢复言民事？但念人臣去国，义不忘君。臣受恩深重，睹兹久困民生，今正苏息养元之日，臣故不避斧钺，再渎天听。臣非市恩于谢职之日，实为宽恤此民正所以报君也。"其心拳拳，其情眷眷，三百多年后，读之仍令人万分感佩。

同时，慕天颜还另外写了一道为自己辩冤的奏疏，一同上达天听。

康熙帝读了这几道奏疏，有何反应？请看《康熙起居注》的记载：

康熙二十一年二月初五日癸未，为原任巡抚慕天颜交代职务事。皇上说："朕观慕天颜疏内自诩清廉，又多陈效力之处。其办事练达，具有才干，朕岂不知？但自任巡抚以来，并未清廉。所奏疏内自诩清廉，殊属不合！着将此意票发。"

这则记录，可与《清史稿·慕天颜传》的记载相印证："天颜将去官，疏列成劳，且言'夙夜冰兢精白，不意遭诬讦，蒙鉴宥不加严谴'。上以天颜未闻有廉名，乃自言'冰兢精白'，非是，命严饬。"封疆大吏，实心任事，严查之下，未有贪占事实，非廉而何？难道要让官员都以作秀的方式将清廉的名声传到皇上的耳朵里，才是真正的清廉？

康熙二十一年二月初八日丙戌，又慕天颜题请苏松浮粮应酌量裁减事。皇上说："慕天颜在任时，合以应行诸事及有益民生者具疏陈奏。今既解任，乃沽名市恩，大亏官守。着将此意票出切责之。"

慕天颜奏疏中已表白无遗，其"去任三疏"，并非市恩于百姓，而"实为宽恤此民正所以报君也"。况奏疏专呈皇上，并非流布于民间，何来"市恩"之说？素以开明著称的康熙大帝玄烨，大概从来没有想过自己这样颠顸无理，也曾是"有亏帝德"了。

慕天颜被革职一月后，其次子慕琛赴京参加会试，中二甲第二十五名进士。喜报传到慕天颜在苏州的府邸，给刚刚接受康熙帝"切责"的慕天颜以莫大的慰藉。自此，他深居简出，每日焚香礼佛，温习少年时代在故乡西岩寺读过的佛教经典，享受一生中难得的闲暇时光，倒也怡然自得。

是非自有曲直，公道自在人心。慕天颜在江南任布政使、巡抚共历十二年，胸怀大济苍生宏愿，一展经邦济世之才，其道德文章、甘棠遗爱，镌刻于史册，传诵于口碑。

就在慕天颜落职寓居苏州的第二年春，当时已告老还乡的昆山进士、前御史盛符升"目睹先生之行事"，将数年来"实江南大利大害之所系"的兴革大事荟萃成编，辑为《兴革事宜略》四卷，在苏州付梓刊行，"留之七郡，为不朽之功；垂之百世，为不刊之典"。该书包括当地"诸士大夫"所撰《浚河始末》《赈恤旱荒纪略》《苏松浮粮考》等纪实类文章18篇，以及慕天颜等官员在谋划和实施这些德政善举时的各类奏疏、公文，其中慕天颜有24道，在全书篇幅最多、分量最重。所以，盛符升在《兴革事宜略》序言中专写慕天颜一人：

自康熙九年冬，陇干慕先生来为方伯（布政使别称）。十三年有《辑瑞陈言》八疏，为世所传诵。寻膺简命，晋开府（任巡抚），凡地方利害，知无不言，言无不行，行无不效。如请疏请浚、议筑议挑，江河之工，次第毕举，视文襄（明代周忱）之立表开江，其地加辟、其功加广矣；如请蠲请赈、请减请缓，以至给米给钱、给糜给豆，视文襄之定减额以清逋、拨余米以备赈，为时尤迫、为事尤难矣；如建营房而圈占以免，雇水手而牵挽以息，小民之居者、行者，无不去危即安，又不可与文襄无事之时同日而语矣。此皆出于皇心之仁爱，轸念民艰，故凡有请命，辄蒙报可；而亦先生一念之精诚，百虑之敬慎，足以仰致其用圭之告也。

由此观之，《兴革事宜略》应该是江南士人们给慕天颜树起的一座德政丰碑。尤其意味深长的是，此书刊行于慕天颜落职之后，这不仅从民意上反映出江南民间对他的崇敬和爱戴，而且也从道义上体现出士人群体对他的声援和慰藉。令人感动的，还有盛符升这位年长慕天颜九岁的68岁老人，在序末落款犹自称"鹿城旧治晚生"，这种谦恭的姿态，除了表明两人科第先后的礼数外，更多的则是对慕天颜发自内心的推崇。

除了盛符升等江南诸士大夫的公论外，关于慕天颜的江南政绩，在此后由其本人手订的著作序言以及民间记载中也可窥见一二。笔者以为比较有代表性的是以下五人。

一是时任太子太傅、文华殿大学士兼吏部尚书宋德宜。他虽然与慕天颜私交甚好，但此时已位极人臣，官德人品，为世所重，加之家在江南，上观其施政方略，下采其民间声誉，应该是掌握得最全面，也最真实的。其谓：

> 静宁慕公，射策甲科，起家县令，洊历郡守，余同籍（即同科）中之铮铮皎皎者也。声绩懋著，简在帝心，特擢江苏藩司，旋膺节钺，前后莅吴，十有二载。当是时，水旱频仍则民困，钱粮挪缺则官困；逆焰鸱张，江楚闽粤，在在多垒，军兴之际，供亿浩繁，而征发期会之迫促，则官民交困。公殚精竭虑，头须尽白，蠲旧逋、豁坍荒、浚水利、苏邮弊，焚香视草，斋沐入告，

奏疏累千万言，可以勒金石，可以传万禩，海内咸争诵之。

——康熙版《慕中丞疏稿》序摘录

二是时任户部尚书余国柱。慕天颜落职后，他接任江宁巡抚之职。赴任前，曾对向来难治的江苏颇为忧虑，但到任后，却发现慕天颜已将积弊整治一清，为其施政奠定了十分良好的基础。他由衷感叹道："所以然者，岂不以前之为之者得其人哉！嗟乎，人知前人之劳矣，而不知其实予后人以逸。后人常享前人之劳矣，而或未必念前人之劳。"并谓：

关中鹤鸣慕公，身当重任，早夜筹画，心力况瘁，饷兵而兵饱腾，恤民而民趋役，刁斗不惊，闾阎起色，而三吴安于覆盂。………三吴水旱叠见，蓄泄无资，累疏请浚娄河、吴淞、孟河、白茆诸处。坍荒之在州县者，小民卖田庐、鬻妻子，不足赔办，公则亲行勘豁。王端毅（王恕）、周文襄（周忱）、海忠介（海瑞）之事，一身兼之。

——康熙版《慕中丞疏稿》序摘录

三是著名诗人、戏曲家、苏州府长洲人尤侗。这位曾被顺治帝赞为"真才子"、康熙帝誉为"老名士"的吴门前辈，亲眼见证、亲身感受了慕天颜造福江南的惠政。他的话，代表了江南乡绅名士的舆论。其谓：

公抚江南，为国施仁，为民祈福，善政彰彰，更仆难数。而予独举其大者，其勤劳在朝廷，而谋猷在疆场若此，以见公之一人，不惟为江南福星，而天下之所仰望以为长城者也。

——《公贺慕大中丞寿序》摘录

四是松江府华亭县热心地方公益的生员曹家驹。以其身份和地位，可能与慕天颜无从交往，但他深为慕天颜以实心行实政、大力推行均田均役的举措而感动。他的言论，代表了绝大多数平民百姓的心声。其谓：

> 慕公一疏，寝贪夫溪壑之源，束才士蹶张之气，意良深矣，余因是而重有感也。……李侯（最早推行均田均役的娄县知县李复兴）建树虽奇，设不遇慕公，彼墨吏肆志而图逞翻局，又何能泽被邻邑，俾吾华承麻袭庆于无穷哉！信乎慕公保护良法，再造东南，他年并文襄俎豆千秋可也。

——《华亭县均田均役碑》摘录

五是慕天颜落职江宁巡抚141年后，到苏州任江苏按察使的林则徐。他曾自称与慕天颜的缘分是：慕公抚吴之前，曾在闽任职；我本闽人，备官来吴，又是慕公巡抚之地。同时，他还从苏州人至今将数易其主的慕氏故居称作"慕园"，深感"公之化入于吴民者深"。他的评价，代表了慕天颜在后世官方和民间的影响力。其谓：

> 康熙朝，静宁慕中丞先后巡抚吴、黔，封事凡数十上，而其功德之及民者，在吴尤大。条举其要曰：治淮黄也，疏水利也，请蠲贷也，减浮粮也，除荒坍也，宽涸田也，均田役也，停捐例也，其文具疏稿中。公之在吴，自开藩以至去任，十有四年（应

为十二年）。吴之人感公之德，百数十年弗衰。

——道光版《慕中丞疏稿》序摘录

尾声

康熙二十三年（1684）二月，正是江南万物复苏的时节，在苏州家中赋闲两年多的慕天颜，突然接到圣旨：着慕天颜补授湖广巡抚，即刻上任。

领旨后，已届花甲之龄的慕天颜束装登舟，顺江而上，赴武昌就职。

两年前，他因江南豆草奏销案得罪去官，尽管其中的原因错综复杂，但也为他这次洁己率属、整顿吏治敲响了警钟。因湖北自"三藩之乱"起，连年用兵，办理一切军需所动协饷、民赋钱粮，为数浩繁。履任之始，慕天颜深恐所属各官此前借备办军需之名，擅将钱粮混挪亏缺，故严令布政使司在全省范围内彻底清查。

这不查则已，一查竟发现了许多重大问题。如荆州知府许廷试擅自动用协饷和侵隐冒开共计11万多两。这些款项，既无准销之部文，又无支给之实据，是他在江南也从来未闻未见的虚捏混冒之事。还发现江陵县将上年起运民赋三万八千多两银，拨留上级荆州府库，以作驻军兵饷。但江陵县在解运四千二百多两后，再未支出。屡经催督，两次借口不一，最后竟还出现荆州府和江陵县各以修建千余间营房为辞的"一费两支"怪事。同时，慕天颜还接到江陵等县绅民关于官方在修建营房时营私舞弊的控告。对这些案件，他除责令布政使速行严追补项外，还会同湖广总督徐国相参劾责任官员，请旨严行议处，以儆虚冒。

在慕天颜就任湖北巡抚前夕，该省专管一省政令与财赋的属官布政使也正在履行交接手续。其时，因原布政使徐惺在任职六年间，所交账册种种蒙混，原任巡抚就上疏题参，户部要求急速严查明白。于是，慕天颜借全省清查之机，让新任布政使彻底清查，果然不仅以前参劾的各项侵冒皆已坐实，而且续经查出一些有收无存等款银两。因钱粮重大，款项纷繁，慕天颜令新、旧两任布政使当面对质，务得支销实据、侵挪确情。随后，新任布政使就清查出徐惺及其他多名官员虚悬钱粮细目予以汇报，仅徐惺虚悬银一百四十九万多两、豆一千六百五十九石，且列出各具体分项，数目惊人，令慕天颜为之骇异。

这天，正当慕天颜伏案复核时，徐惺给他呈上了"开欠请抵"的报告，即开列"白条子"以抵顶其虚悬钱粮数目，减轻责任。慕天颜为慎重起见，随即发给布政使司核查，结果大都因人员调动或回籍，无人质讯，且皆系交盘原册未载，茫无确据可考。为此，慕天颜明确表态："司库出纳钱粮，苟非正支正放、报销有案可凭，即属侵欺挪混。"他虽然痛心疾首，但也"不得不向经手之徐惺是问，按法严追"。

其间，慕天颜还亲自审理了被两江总督徐国相参劾、刑部奏请康熙帝令其"逐一亲身详确审讯，明白具题"的武昌府同知亢从时、兴国州知州张辉祖、广济县知县陈肇祉等人的贪腐案。审理结束后，慕天颜向康熙帝题写了一份翔实完善的审理报告，其中有许多清代案件审理的细节，当是研究当时司法制度的第一手资料。

慕天颜任职江苏时，对属下多待之以宽。而任职湖北后，看到如此令人"不胜骇异"的浮冒问题，又施之以铁腕，使湖北官场之风大为转变。正如时任户部尚书余国柱评价慕天颜那样："人谓公之治，地殊政异。然其公忠以体国，廉惠以养民，明允笃诚，不欺鬼神，不忘君父，固始终若一，措之天下如是也。"

在湖北大力整顿吏治的同时，慕天颜还对此前百姓所不便者一一革除之，所盼望者一一施行之，民多感激。

同年九月，正在湖北励精图治的慕天颜再次接到调任的圣旨：着湖北巡抚慕天颜补任贵州巡抚。

消息传出后，市民不舍，罢市三日请留，甚至将石头垒在当道，以阻止慕天颜离开武昌。百姓拥戴如此！

为何会有这次转任贵州之事？因为云贵地区是吴三桂的老巢，叛乱方平，亟须发展生产，恢复社会秩序，在贵州巡抚空缺后，康熙帝即选派经验丰富、谋事老练的慕天颜担当此任。

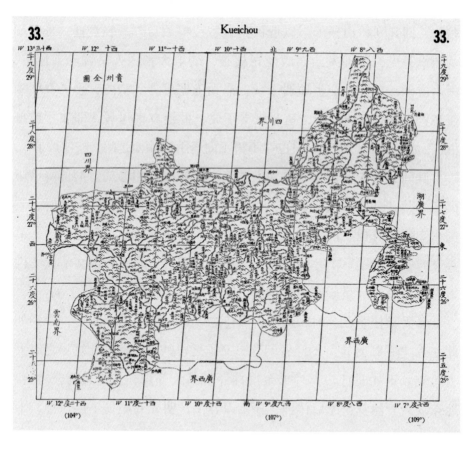

康熙六十年《皇舆全览图》之贵州全图

初到贵州，他就接手处理前任巡抚关于贵州、湖南（当时湖南巡抚称偏沅巡抚）两省解饷账务的一系列遗留问题。原来，几年前云贵战乱时，贵州的部分军饷由湖南供给。这些收支账务在报部销算时，或因给官兵多支钱粮，两省账目不符，或因不通舟楫、挽运难前，湖南折银让贵州代买代支，而被户部核为浮冒等。这些久拖不决的悬案，在慕天颜与曾经的部下、今偏沅巡抚丁思孔的友好协商和共同努力下，都得到妥善解决。

在贵州，慕天颜的主要政绩有以下几项。

一是清丈民屯田亩。贵州因多山地，田亩依涧傍山，不成丘段。再加之云贵地区多年战乱，"由单（赋税定额的凭证）与丈册数目不符，实征有新荒古荒之异"，田亩和赋税管理十分混乱。慕天颜奉旨后，责令地方各官以及都司各卫所弁员单骑简从、自裹行粮，公同地方里甲、头人，甄别熟田、新垦及荒地，核实登记，发现并改正了民田、屯田的许多遗留的问题，核实了田亩面积、赋税科则和征差人数。从此，按实征收，隐漏清而国赋增加，真荒除而民累得恤。

二是勘绘贵州地图。康熙二十二年（1683）收复台湾后，清廷就开始了大规模全国范围的地图实地测绘工作，前后达三十多年，这在中国乃至整个亚洲都是意义重大的创举。慕天颜领旨后，即批示布政使柯鼎协同平越府知府白邦杰、定番州知州王绪祖，敬慎详勘绘图。图稿呈上后，慕天颜就其勘绘图稿中的城池方向、河道源流、道里远近等不清晰之处一一指示，要求进一步确勘。数易其稿后，进呈御览，为贵州留下了弥足珍贵的文献。

三是请免捐赔马匹。贵州道路崎岖，百倍于他处，官兵、军饷及物资运送多靠驿站马匹支应。而马匹长驱，远历数省，业已疲瘦，到贵州再涉险岭，加之水土不同，冷热失时，其中倒毙，势所难免。但康熙十九年、二十年间，贵州因运送官军、镇远卫（今镇远县）与偏桥卫（今施秉县）改归黔属前、送军马匹途经黔境三种情况，前后共倒毙马匹九百八十二匹，俱令贵州地方官员捐赔，补给驿站。虽然前巡抚也曾上"剁骨难填"的奏疏，但始终未能宽免。于是，康熙二十三年各官赔补二百匹，二十四年先由布政司垫买二百匹，但各官无钱补交，"咸以粉身莫措为辞"。为此，慕天颜特上《请免各案捐赔马匹》疏，援引云南赔马被康熙帝特恩豁免的先例，请求能对剩下的五百八十二匹予以豁免。其奏疏中"既责成其为廉吏，安得余财以充赔补之需"等语，仍然保持了其任江宁巡抚时直言其事、多有反问的行文特色。真可谓"江山易改，秉性难移"。康熙帝阅后，传旨："贵州地方狭小，又连年供应兵马，已属艰苦。这马匹免其赔补。"

四是争取廪生额设廪米。自明代开始，廪生享受国家廪米补助及灯油银、膳夫柴薪等补贴，其中廪米每人岁支一十二石，已成定例。但清代初期尤其是"三藩之乱"时，为保障军饷供给，廪生们的各项补助无法兑现，且各地标准不一。为此，慕天颜借户部"准支（廪米）三分之一"的批示，在维持各府、卫原有灯油、馔银等旧额多寡不一的基础上，对每名廪生每年准给廪米四石，让"苦志寒窗之士，膏火有资"。

五是规范食盐行销。食盐专卖，自古已然。清代遵循明代《盐法考》定例：贵州各处如贵阳等府、卫例食川盐，镇远等处例食淮盐，普安等处例食滇盐。但由于战乱及价格原因，在执行过程中已有较大变化。就拿应食滇盐的普安等地来说，早已改为川盐。为此，康熙二十五年（1686），户部要求严格遵照《盐法考》规定，令普安等地仍用滇盐。在执行不到一年后，慕天颜将滇盐价格太贵的情况报告户部，户部也认为"价值太昂，恐致累民"。随后，慕天颜再次与云南、四川巡抚联系，让他们进一步核减价格，供贵州方面酌定。最后，在滇盐每百斤四两三钱、川盐每百斤三两到四两，慕天颜自然选择了"仍食川盐，以从民便"，且定为永例。

六是提前支给协饷。像贵州这样的贫困省份，本省应征钱粮，仅供地方运转，而驻军兵饷，则全靠外省协饷接济。本来按定例须"按月给发"的兵饷，因外省一年只解送两次，加之往往逾期不到，士兵"无不典鬻衣装，多方揭借。及至半年，领饷到手，偿利赎当，焉能敷用"。为此，慕天颜于康熙二十四年（1685）十月上疏，提出"将每年春季饷银，预拨于上年之秋冬"，此预拨饷银，原属额内应给之数，不过早拨于数月之前，况只须先行预拨一次，嗣后依次类推，照旧拨解，则可按月支放，安定军心。这本是一件容易操作、十分可行的改革举措，却被部臣以"定例遵行已久"为由而粗暴否决。康熙二十六年三月，朝廷已通过对慕天颜升任漕运总督的任命，但预拨协饷的建议仍未落实。离任之际，他于次月二十八日仍然抓住户部本年预拨二十七年春季之饷的事例（即户部亦未遵行定例），再次上疏，据理力争，请求永为定制。

七是建议调整行政区划。慕天颜因"在黔二载，与司道各官久经揆度地势情形"，对于酌改旧制，已成竹在胸，故不以离任而因循姑置，除了就协饷问题上疏外，还就省内州县的归并、官员的裁撤、事务的兼摄，以及对本省与邻省湖南区划调整这些重大问题分别上疏，提出可行建议。如威宁、大定（今大方县一带）二府，皆未设州县，一府足可统辖，考虑到威宁地处苗彝地区，且紧逼滇蜀两省，可将大定府改为大定州，裁去知府、通判、经历、教授、司狱五员，设知州、吏目、学正三员，与此前改府为州的平远（今织金县）、黔西一同划归威宁府管辖。这样，不今省官省费，而且使威宁有属邑统辖，可成府治。并对贵西道仍驻扎大定，居中调度，由清军粮驿道兼理分守贵东八府地方捕务事宜提出建议。这些建议对当时和后世区划产生了重大影响。另外，自明代形成的黔湘边界雏形，虽然犬牙交错，造成许多不便，但最高统治者有两省之间、军地之间相互牵制的安全考虑。在"三藩之乱"平定后，对边界局部地方进行调整，应该以"图正而呼应灵，上下联属而无壅闭掣肘"为原则。尽管慕天颜的这个建议当时并未得到批准和实施，但40年后的云贵总督鄂尔泰同样发现湘黔交界非常不利于管理的问题，这才于雍正五年（1727）题请将湖南的平溪县、天柱县划入贵州。这一调整，虽然没有慕天颜设想的幅度之大，但也验证了其当年的先见之明。

交代完贵州巡抚事务后，慕天颜于五月初遵旨"驰驿赴任"，一路乘鞍马自贵州入湖南，再换舟顺江而下，经大运河赶往位于淮安府的漕运总督衙门上任。三吴大地，江北江南，这是他再也熟悉不过的第二故乡了。

清代除了按地域划分的直隶总督、两江总督、陕甘总督等九大总

位于淮安的漕运总督衙门旧址

督外，还有以事务划分的漕运总督、河道总督两大总督，共有总督十一位。慕天颜当时的全衔是"总督淮扬等处地方提督漕运海防军务兼理粮饷、兵部右侍郎兼都察院右副都御史"，不仅管理着纵跨数省长达三千多里运河的漕粮物资运输重任，并且还管理淮安、扬州等地的行政事务。

自元代经济重心与政治、军事重心南北分离后，漕运始终是维系历代中央政权不可或缺的、最重要的物质基础，也是康熙帝"夙夜廑念"的三大事之一，足可见漕运在国家运转中举足轻重的作用。

慕天颜到任后，就接到当年五月初三日颁行的恩诏，其中有云："直省地方，有现行事例不便于民者，各该督抚详察开列具题。该部确议，酌量更正。"皇上有求言之意，臣工有革弊之心。慕天颜在漕言漕，遂将百姓因漕粮品种不合标准而难以上缴的问题写成奏疏，报告康熙帝，以便尽快解决这一迫在眉睫的难题。

本来，水稻以白色为贵重，以红色为劣等。淮安、扬州、凤阳所属各州县，因地土瘠薄，民间多种红稻，一直以来，官府即准许将其红米作为漕粮征收，本是便民之举。但到目前，这些地方经叠灾之后，产米甚少，也有改种白稻与杂粮的。如果再按以往惯例责令百姓必须以纯红稻米上缴，必导致百姓购籴于邻郡，路途遥远，搬运维艰，不仅给百姓增加了费用，而且还很有可能延误漕限。所以，各州县纷纷请求能将漕米红白兼收。为慎重起见，慕天颜还特意查阅了以往的资料，发现自己经办的康熙十七年（1678）淮北各州县蒙康熙帝允许红白兼收的先例，于是请对淮南各州县一例开恩，并永著为例。

时隔三月，慕天颜再次对修造漕运船只的"应行应革事例"提出合理化建议。按漕运旧例：是将漕船每年加造十分之一，十年全部轮换一遍，如此递增递补，以济新运。但自"三藩之乱"后，因各地兵饷紧张，部令减造，或压缩建造成本，导致年满而不能维修之船越来越多，即使新造船只也因工费太低，质量较差，由此还引发了洒带超载、漂患豁免、穷丁赔补、账务烦冗等一系列问题。为此，慕天颜特上一疏，提出恢复每年加造十分之一的旧例、增加新造船只价格、销结从前追补之案、简化修造费用申报程序的建议。这些建议，都是带有普遍性、长期性的问题，故希望用制度的形式固定下来，"永定章程，俾示世守"。

长江两岸的京口与瓜洲，是长江与大运河十字交汇的黄金水道，也是漕粮运输的关键枢纽。而瓜洲波涛尤险，安危难测，曾多次发生过漕船遭风覆没的重大事故。为防患于未然，他向康熙帝提出了预防性安全保障建议：一是勒令驻扎镇江的江镇道官在漕运期间，牵头负责漕船安全渡江和严禁勒索运丁事宜，勒令驻扎瓜洲、"例无催漕之责"的京口左路总兵承担漕船安全渡江职责。二是仿照民间渡生船，由自己与苏、浙二粮道捐造官船十只，由官府雇觅水手百名，"分泊两岸，漕船遇风，南北并出互救"。这些船，漕运结束后，听其载渡商民，自行觅食。这等于在黄金水道上，增设了一条水上公交线路和巡路安全员。慕天颜上疏后，部议又是以"未有先例"而不准。但康熙帝在审阅部议结果时，对慕天颜的建议予以明确支持，他批道："朕南巡时，见京口、瓜洲往来人众。备船过渡，有益于民。其如所请行。"由此可知，慕天颜曾经有多少创造性的改革良策，因无先例，未能准行。

体恤民困，请蠲请缓，曾是慕天颜任江宁巡抚时的主要政绩之一。而在漕运总督任上为江南等地百姓历年所欠未完的漕项（民户应纳漕粮正税外所征各项附加杂税的总称）请求豁免，也属于他"在漕言漕"的分内之事。康熙二十七年（1688）二月，他就部议确定

"不在豁免之内"的漕项，再次上疏，对康熙十三年（1674）以来漕项积欠的原因，以及地丁、漕项不分而形成的不公等情况进行了分析，并对尾欠者"非死绝逃亡之户，即灾荒穷窭之人"的底层实情予以说明，请求康熙帝将"康熙十三年至十七年带征漕项银两、米麦，尽赐蠲免"，为民鼓呼请命，真有不依不饶的决心和韧劲。此疏的结果，在《清史稿·慕天颜传》中也有印证："天颜疏陈江南、江西累年未完漕项银米请恩赏，上命尽免康熙十七年以前积逋。"

到康熙二十七年十月，65 岁的慕天颜终因治理运河方案与河道总督靳辅意见不合，引发了一场比江南豆草奏销案更为激烈和严重的"河工争讼案"。当时的争议双方，慕天颜一派有时任两江总督的董讷，此前参与治河的直隶巡抚于成龙（小于成龙）、工部左侍郎孙在丰（慕天颜亲家）等人，靳辅一派有户部尚书佛伦、工部尚书熊一潇等人。慕派认为下河（扬州、淮安所属运河东濒海诸州县）地势卑下，多年频遭水患，力主疏浚，并修筑高家堰；靳派认为从翟家坝到高家堰宜筑重堤，束堤堰溢出之水北出清口，汇入黄河，谓下河疏浚无益。最后发展到两派在御前辩论，以致人身攻击，不料触发帝怒，指责两派怀挟私意，互相陷害，将靳辅、熊一潇革职；将于成龙削去宫保衔，从宽免降二级调用；将董讷、孙在丰从宽免革职，降五级，仍以翰林官用。对慕天颜初拟"杖一百，徒三年，不准折赎"，已下狱，随后又传旨："慕天颜前造船有效力之处，从宽免罪。"

这场"河工争讼案"的内情十分复杂，其中代表人物慕天颜、靳辅以前曾多次合作共事，相互支持，都是担当大任、泽被生民的有功之臣，他们固执己见、互不相让的争论，起初都是基于治河的技术层面，各有道理，但愈辩愈雄、愈演愈烈，最后被康熙帝上升为政治问题而两败俱伤。

一代能吏名臣如巨星陨落一般，从此消失在康熙时代的天幕上。

静宁州有句老话："兔子沿山跑，终究归老窝。"被革职后的慕天颜，已是花甲老翁，他知道此生再也没有报效国家的机会了。于是，携家带口，自苏州回归西北老家静宁州，想着将这把老骨头埋在祖父母和父母的脚下，以实现"首丘之思"的最后一个愿望。

到次年，因陕甘大饥，加之旧疾复发，又不得不携家复回苏州吴县就医并终老于斯。这一去，算是与父母之邦及祖宗墓庐作最后的告别！

康熙三十五年（1696）四月十五日，慕天颜在苏州吴县寓第病逝，享年73岁。其诸子本欲归葬故里静宁州，实现老人家的遗愿，但吴中父老感念旧恩，环泣赴上官乞留葬吴土。经官府同意后，遂于次年十一月葬于苏州西郊、太湖之滨穹窿山之麓。

清代《大吴盛壤图说》中的穹窿山

康熙四十七年（1708），已经 55 岁的康熙帝回想起当年对慕天颜、靳辅这几位老臣的苛责，是否觉得有失仁君的宽厚？后来，在江苏或甘肃学政的提请下，朝廷准赐慕天颜以迟到的遗奠之荣——这位晚年落寞、身后未谥的前总漕同年入祀苏州名宦祠、静宁州乡贤祠。

在慕天颜逝世 128 年后的道光四年（1824），其已定居苏州的曾孙慕鉴补刻再版曾祖父生前手订刊印的奏疏集《慕中丞疏稿》，邀请时任江苏巡抚韩文绮、江苏布政使诚端、江苏按察使林则徐、长洲知县俞德渊作序。慕天颜关于江南治理的施政方略，给这些来官吴地的后辈们以有益的启迪。后来在中国近代史上享有崇高地位的林文忠公在序言中感慨道：

于戏！诚安得如公之才而施之今日，顾成法具在，遵而行之，亦庶可以鲜咎也！

林文忠公，可谓乡贤慕天颜的隔代知音。

二〇二四年四月中旬于平凉务本堂

【参考资料】

1. 李世恩、李安乐辑校《慕天颜集》(2024 年商务印书馆)

2.《绥德直隶州志》(乾隆四十九年刻版)

3.《钱塘县志》(康熙五十七年刻本)

4.《南宁府志》(乾隆八年刻本)

5.《兴化府莆田县志》(康熙四十四年刻版)

6.《莆田市志》(方志出版社 2001 年版)

7. 郑小悠著《人命关天：清代刑部的政务与官员》(上海人民出版社 2022 年版)

8. 清·吴之斑《襄武人物志》(网络资料)

9.《康熙起居注》(中华书局 1984 年版)

【作者简介】

李世恩，甘肃静宁人，曾先后从事教育、新闻、政务文秘和文艺工作，现供职于平凉市政协。大型纪录片《西北望崆峒》总撰稿之一，著有散文集《芳邻》（1996 年兰州大学出版社）、文史随笔《尺墨寸丹》(2021 年商务印书馆)、文艺评论《松茂柏悦》（2022 年吉林人民出版社），编辑《李庆芬诗文集》（1999 年三秦出版社）、"人文平凉丛书"之《春秋逸谭》《陇头鸿踪》（2018 年人民文学出版社）、《甘肃金石录·平凉卷》（副主编，2024 年敦煌文艺出版社），辑校《慕天颜集》（与李安乐合作，2024 年商务印书馆）等。

慕天颜形象研究

□ 李安乐

由于慕天颜是特定的历史人物，在历史上具有自身形象的存在与构建，因而形成了对慕天颜形象研究的课题。

一、形象研究

形象学源于法国，最早是关于对"异国""异乡"的研究。将文学置于人类学、社会学的研究视野，来研究其超文本的意义。"异国形象属于对一种文化或一个社会的想象，它在各方面都超出了文学本来意义上的范畴，而成为人类学或史学的研究对象。"形象早已超出了文学的范畴，向其他学科延伸。正是有这样多学科交叉研究的难度，也使得形象研究快速发展，并在中国学界被引入艺术、史学的研究领域。而形象研究的跨学科性不仅是形象学研究的困难之处，也成了形象学研究的迷人所在。

形象研究是形象学中的重要支点，研究的是形象的存在、表述和塑造。其主要研究的是形象"怎样被制作出来""又是怎样生存"，对形象的主体有多维度深度的认识意义，也对形象的塑造者——"他者"及其塑造机制有一定认知。

探讨形象，通过对形象的梳理与解读，来理解形象的存在。

二、慕天颜形象的构成

慕天颜的形象，是由自身的图像、文本、文献及他者的研究等共同构成的，既有慕天颜自身的展现（行为、言论等），也有由他者及后世塑造的展现（如画像及文献）。自身和他者，这两个方面往往会交织在一起，在互动中构成形象的景观。

1. 自身的展现

自身的展现，体现了形象存在的基础，没有慕天颜本身，就没有其他关于他形象的一切。而慕天颜形象的自身展开由于其自身的独特性，也必然是多元而多彩的。

构成慕天颜形象自身方面的有其自身的行为（政治的、文化的、宗教的等）和言论（各种的政论、奏议、文辞等）以及自身的遗迹（书法、诗词文章、序记墓志铭、故居、遗物等）。

（1）自身的行为

自身的行为，是慕天颜形象的首要部分之一。作为政治历史人物的慕天颜，其自身的行为在自我塑造着其形象。慕天颜宦游三十多年，在顺治、康熙两朝，经历了清初国家的恢复到康熙朝的大发展。慕天颜在政治上的作为，是以一方主政者的身份治理地方，发展地方经济。同时，慕天颜也支持地方文化事业，推动地方文教的发展。他为地方志书和地方文献热心作序，为地方文化传扬。如顺治十六年

（1659），作《〈西溪梵隐志〉序》；顺治十七年（1660），作《武林西溪千金池护生三庵记》一文；康熙元年（1662），作《凤凰山圣果寺志》序；康熙八年（1669），作《云溪语录》序；康熙十四年（1675），作《〈礼记说义纂订〉序》。同时，又积极进行儒教文化的活动，修建、修复文庙及历代大儒祠堂，为儒生争取更好的学习环境等。如在康熙九年（1670），他重修苏州胡文昭公（北宋理学先驱、思想家和教育家胡瑗）祠（今胡园），重振当地儒学信仰。在任贵州巡抚期间，为贵州学子申请改善待遇，申请辖地归属，使考生能够就近参加科举考试。康熙十年（1671），与知府钟麟在常州兴建延陵书院。

在能够归置百姓信仰，有利于社会治理的宗教方面，慕天颜也是积极参与到各种互动中，修建、修复庙宇寺观，撰写经书序文等。如在康熙八年（1669），为沈大匡所撰《太上感应篇颂》作序；康熙十二年（1673），50 岁的慕天颜重建苏州圆妙观弥罗阁；康熙十四年（1675），重修苏州灵岩禅寺大殿。同年，首倡重建苏州元妙观弥罗宝阁。

对于地方公共设施的建设，也是不遗余力地支持。在康熙九年（1670），重修兴化府城门楼、古谯楼。康熙十年，重修官驿皇华亭。康熙十二年，慕天颜与巡抚玛祜、知府宁云鹏各捐俸重建苏州宝带桥。康熙十五年（1676），修建苏州米鹤楼。

（2）言论思想

言论思想，主要呈现于慕天颜处理各类行政事务的政论、奏议等。《静宁州志》中有一段慕天颜的言论："夫子一生，止是时习。时习者，时时小心翼翼也，即至诚之无息也，天行之健也，从心不踰矩，即时习之极功也。人于起居动作时，一念不存而怠生，即非时习也。"这段话表明其作为儒家修身的人生理想和成仁之路。关于慕天颜修身的个人品行，在小时候即已展露出良好的苗头。（民国）《静宁县新志》中记载："（慕天颜）生有异征。五岁受书，能过目成诵。遇岁大旱，家有谷数千石，露积累累。请于父曰：此胡为者，盍及今以赈饥民耶！父异其言，即出粟以赈，全活甚众（慕天颜子慕琛《显考鹤鸣府君行状》称此事人物系祖孙而非父子）。"从少年慕天颜超出年龄范围的言论表现中，可以看出其聪慧、悲悯而富有社会担当的形象。至慕天颜第一次被罢官，上疏辩罪："夙夜冰兢精白，不意遭诬讦，蒙鉴宥不加严遣。""冰兢精白"是慕天颜对自己涉足政坛以来的一个自我认定，其成为自我的形象语词。

而更能反映慕天颜政治思想的奏疏，汇集于《慕天颜集》一书中，包括《辑瑞陈言》一卷、《抚吴封事》八卷、《抚楚封事》一卷、《抚黔封事》一卷、《督漕封事》一卷、《兴革事宜略》四卷，集中展现了其作为政治人物的形象。

最早的《辑瑞陈言》，是任江苏布政使时的奏疏，共 9 道。有涉及民生方面的治河、征粮、减赋、均役，有涉及行政方面的官员调配，有涉及刑狱方面的恤给囚粮，有涉及军事方面的闽海设防。

《抚吴封事》八卷，是任江苏巡抚时的奏疏，共 136 道。内容最为庞杂，涉及日常治理的方方面面。如钱粮方面的蠲减缓征、人才方面的任命举荐、刑名方面的审讯衡情、治理方面的均田均役、民生方面的救荒赈灾。

《抚楚封事》一卷，是任湖北巡抚时的奏疏，共 9 道。主要涉及钱粮方面的账务核查，官员方面的侵挪题参，民生方面的体恤民情。

康熙版《撫吳封事》卷一目录

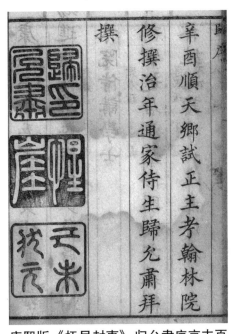

辛酉順天鄉試正主考翰林院

修撰治年通家侍生歸允肅拜

撰

康熙版《撫吳封事》归允肃序言末页

撫吳封事

總理糧儲提督軍務巡撫江寧等處地方都察院右副都御史臣蘇天顏謹

奏爲恭謝

天恩事稿臣一介鄙儒從縣令起家歷壄與化如府甫擢
荊楚道員隨以福建督臣劉兆麒其疏

題留蒙

恩綸奏改授分守與泉道副使旋奉

恩惟念江南錢糧繁多不以臣爲譾劣特壓江蘇布政破

格超遷授

命以來夙夜祗畏勉圖報稱其如淮揚一帶連年水患……

康熙版《撫吳封事》卷一首页

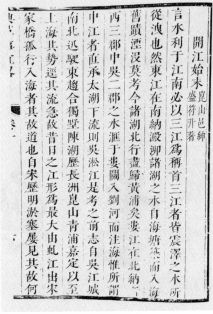

開江始末　崑山邑紳盛符升著

言水利于江南必以三江爲稱首三江者皆震澤之水所
從洩也然東江在南納澱泖諸湖之水自海塘築而入海
舊蹟湮沒莫考今諸湖北行盡歸黃浦突婁江在北納……
西三郡中吳二郡之水滙于斐關入劉河而注海惟所謂
中江者直承太湖下流則吳淞江是考之前志自吳江城
南北迤騁東趙合獨堅陳湖歷長洲崑山青浦以至
上海其勢迤其流急故昔日之江形爲最大曲入……
家橋孤行入海者其故道也自宋歷明淤塞屢見其故何

《兴革事宜略》中的《开江始末》首页

《抚黔封事》一卷，是任贵州巡抚时的奏疏，共19道。有钱粮方面的粮饷支解，社会方面的殉难抚恤，管理方面的地图测绘，民生方面的食盐便民，文教方面的学子待遇等。

《督漕封事》一卷，是任漕运总督时的奏疏，共4道。有漕米红白兼收、漕船定例修造、保障船粮过江、请蠲旧欠漕项等。

《兴革事宜略》四卷，既收录江南士绅记载慕天颜等官员兴利革弊政绩的纪实类文章18篇，也收录以慕天颜为主的江南官员的公文、奏疏等共33篇，慕天颜以24篇居首（其中11篇已见《辑瑞陈言》及各封事），所述内容与《抚吴封事》类似。该书于康熙二十二年（1683），由江苏昆山人盛符升辑录并付梓。

慕天颜不同时期的190道奏疏（含公文），将其政治言论以文字的形式表达出来，体现了慕天颜的施政理念、治理举措和效果。

（3）自身的遗迹

慕天颜自身的遗迹，包括其创作的书法作品、文学作品（诗词文章、墓志铭等）以及其遗物、故居等。

慕天颜的书法，目前能见到的有4幅。

慕天颜书法作品

慕天颜神位牌（静宁威戎慕氏家藏）

文学作品共19篇，诗词2首，序跋9篇，碑记2篇，文章4篇，信札1篇，其他2篇。（详见《慕天颜集》）

遗物方面，今其静宁族人保存有康熙版《抚吴封事》七卷（原八卷，一卷遗失）、《抚楚、黔封事》各一卷、《督漕封事》一卷。另有慕天颜的神位牌、慕琛《显考鹤鸣府君行状》（刻本）、黄与坚《慕公神道碑铭》（刻本）及慕琛等纂修的《慕氏族谱》（抄本）。据传有其他如花瓶、字画等物件，由外地族人保存，今不详。

慕天颜故居，其家乡静宁州无存，仅有史志中的"慕家祠堂"及关于慕天颜从南方请来供奉的金丝楠木佛像的传说。在苏州，存有慕天颜寓居时购置的"慕家花园"。另有康熙四十七年（1708），江南士绅为祭祀慕天颜，专门在苏州山塘井亭街所建的慕公祠（清·冯桂芬《（同治）苏州府志》，卷三十七·坛庙祠宇二），今不详。

2. 他者及后世塑造的展现

在慕天颜生前，他者的塑造中，有叶方蔼、李渔、法若真、毛奇龄、丘象随、尤侗、孙蕙等人写慕天颜的文章、诗词、书信等（详见《慕天颜集》）。此外，还有《康熙清实录》《康熙起居注》中康熙帝及其他臣僚的廷议

慕琛《显考鹤鸣府君行状》首页
（康熙刻本，静宁威戎慕氏家藏）

评价，以及其下属知县陆陇其及门人的负面评价等。

后世塑造的展现，有一种对当时历史沉淀后的思考，如曹家驹《华亭县均田均役碑》、韩炎《巡抚慕公免役碑》，对慕天颜当时政治举措的较高评价。有黄与坚《慕公神道碑铭》、汪霦《慕氏族谱》序，特别是《慕公神道碑铭》对慕天颜一生进行总结和评价，形成他者视域中最完整的慕天颜形象。而道光四年韩文绮、诚端、林则徐、俞德渊4篇《〈慕中丞疏稿〉序》，以后学景仰前贤历史功绩的角度进行了慕天颜形象的塑造。另有慕天颜曾孙慕鉴《〈慕中丞疏稿〉跋》，则以后代的角度，对先祖进行简评。

三、慕天颜形象的塑造

1. 陆陇其及其门人对慕天颜形象的塑造

（1）"不公"形象

在慕天颜与陆陇其的一桩公案中，涉及慕天颜形象的塑造。康熙十六年（1677），在考核地方官吏时，因"军兴征饷"是第一要紧之事，嘉定知县陆陇其征输不力，引发作为上级慕天颜的不满，上疏称其"操守称绝一尘，才干实非四应，是又德有余而才不足者"，请求将其调到较简的小县任知县，但吏部却因无"以繁调简"的先例，干脆比照"才力不及"之例，将其降二级调用。同时以同样原因降调的官员，还有昆山县知县曾荣科、丹阳县知县管承基、金坛县知县李瞵（详见本书《再造江南》之"陆令风波"）。

康熙十八年（1679），康熙寻访清廉官吏，刑部尚书、左都御史魏象枢再次推荐陆陇其，同时上疏弹劾慕天颜"举劾不公"。因而在此事件中形成了"不公"的形象。

（2）"不廉"形象

关于陆陇其在慕天颜生日时送薄礼而被贬，并未见诸正式的文献，陆陇其文集中也未有记载。此事多半系陆陇其门人杜撰而后人不断加工的文学作品。晚清陈康祺在其《郎潜纪闻》中这样描述："陆清献公令嘉定时，值巡抚慕天颜生辰。众皆献纳珍物，唯恐不丰。清献独于袖中出布一疋、履二双，曰：此非取诸民者，为公寿。天颜笑却之。卒以微罪，劾罢其任。"而更晚的钱林，进一步文学化寿宴当时的情况："陇其日饭脱粟，妻自纺绩，所用清约，一切并皆除，省民情，既洽声，实俱美。尝谒巡抚慕天颜，众方致珍物为寿。陇其于袖中出布一疋、履二只，曰：此非取诸民者，为公寿。献之。天颜笑曰：吾知公意厚然。陇其性倔强，忤天颜意。天颜内衔之，坐微罪劾罢其任。"在陆陇其这里，将其贬官的原因归结于慕天颜未获其"致珍物为寿"而打击报复。这里抛开慕天颜历练官场的人情世故不谈，单看慕天颜与陆陇其治理理念及个人性情的巨大差异，就可知"不足与谋"：从治理理念来说，慕天颜重实干，具有超强的执行力，对上级下达的任务不打折扣，这从慕天颜超额完成造战舰的特大重任而获嘉奖中可以看出。军兴非常之时，国家财力紧张，平定"三藩之乱"是康熙帝必须完成的事情，需要江南赋税的大力支持。而陆陇其正如慕天颜所说的是"清静宜民之人"，政策执行不力，比如在征收间架税时，仅限于集市，而未在广大乡村实行，百姓自然欢迎，但考核只能靠后。两人思维方式和出发点不同，直接决定着官员的政治命运。因而从这一点上来看，慕天颜对陆陇其的"以繁调简"处理（降调使用的吏部的意见）并非公报私仇。

而在陆陇其《三鱼堂日记》中，还有借唐梦赉转述的一则闲话，对慕天颜进行的嘲讽（详见本书《再造江南》之"陆令降复"）。到后世，在慕天颜和陆陇其身后事的不同际遇中（陆陇其被奉为帝王师，死后封谥号；慕天颜被夺职下狱，死后无封赐谥号），慕天颜的形象无疑被过分夸大地污名化了。

2. 康熙帝对慕天颜形象的认知与异变

在《康熙清实录》《康熙起居注》中，记载了康熙帝在廷议中对慕天颜形象的认知与异变。

（1）"实心任事"的形象

在康熙帝的心目中，早期的慕天颜是颇具才干、办事认真的形象。康熙十五年，降旨："苏、松等处钱粮浩繁，向来挪垫混淆，慕天颜任布政使后，实心任事，竭力清厘，有裨国计。"

康熙十六年十一月初六日："据奏造办鸟船需用火药二十万觔，又捐资制造各项火器，具见实心任事，急公深为可嘉。"康熙十七年（1678）三月二十四日："慕天颜自简任巡抚以来，实心任事，勤劳茂著，深为可嘉，着从优加太子少师、兵部尚书，仍兼都察院右副都御史，授为从一品，照旧管事。"

（2）"不诚实""素行乖张"的形象

到康熙十八年（1679），康熙帝心目中的慕天颜良好形象逐渐暗淡。这主要是，先被吏科衙门掌印给事中参劾"诳奏"，该年十月四日，传旨："慕天颜将被灾地方捏报丰稔，旋又报灾，诳奏不合，应降四级调用。慕天颜降四级留任。"（《康熙清实录》卷之八十五）随后，又被魏象枢参奏为"举劾不公"。两方面加到一起，加深了康熙帝对慕天颜"不诚实"的印象。

同年十一月十二日，因有科员公参慕天颜，部议应降四级留任事。康熙帝曰："尔等可拟旨申饬，言其才干优长，简任巡抚，悉心料理，有裨地方。但未见操守清廉，嗣后着痛改前愆，洁己率属，兴吏治，安民生，以副朕委任之意。"（《康熙起居注》，下同）

康熙二十年十二月初九日，在京口参领马崇俊贪婪银题参案中，康熙帝曰："慕天颜办事虽长，愆咎甚多，居官亦不甚好，屡次饬谕，并不悛改。"

同年二月初五日，廷议慕天颜卸任巡抚，交代职务事，康熙帝曰："朕观慕天颜疏内自诩清廉，又多陈效力之处。其办事练达，具有才干，朕岂不知？但自任巡抚以来，并未清廉，所奏疏内自诩清廉，殊属不合。"三天后，针对慕天颜卸任时疏请核减苏松浮粮事，康熙帝曰："慕天颜在任时，合以应行诸事及有益民生者具疏陈奏。今既解任，乃沽名市恩，大亏官守。"

康熙二十三年五月二十三日，慕天颜以补授贵州巡抚上疏谢恩，康熙帝曰："慕天颜素行乖张，宜降旨严饬。"

康熙二十六年三月二十日，廷议总漕人选，明珠等奏曰："马世济系九卿拣选，慕天颜有才。"王熙奏曰："慕天颜才具果优。"上顾宋德宜问曰："慕天颜为江苏巡抚时何如？"宋德宜奏曰："慕天颜为江苏巡抚甚好，百姓至今感之。"上曰："伊在苏州开河一事实有裨益。"余国柱奏曰："慕天颜为湖广巡抚居官亦优。"上曰："慕天颜不得不为好官耳。"

（3）"朋比结党"的形象

康熙二十三年二月十七日，廷议贵州巡抚人选，康熙帝曰："原任江苏巡抚慕天颜人才颇优，亦堪任事。在江南地方未尝有害于民，但以结交在京大臣官员，欲使惩创，故尔降级罢任。诚能变改，尚可有裨地方。"

到康熙二十七年，慕天颜在康熙帝心目中的形象彻底黑化。三月十二日，廷议。康熙帝曰："董讷、慕天颜、孙在丰等身为大臣，凡有所见，即当题明。伊等于事前并不题参，乃于别人参奏之后，始行具陈。且今日之言如此，明日又复如彼，全无定见，可谓大臣乎？此真妇人不如，岂不愧死！"三月二十四日，在廷议对慕天颜等大臣处置意见时，"上谕大学士等曰：凡为臣者怀挟私意、互相陷害，自古有之。不但汉官蹈此习俗，虽满洲亦然……慕天颜居官不善，俱着革职。"五月初二日，康熙帝就慕天颜的惩处曰："慕天颜居官不善、素行乖戾，仍着羁禁，俟看河大臣回时定夺。"十月二日，刑部等衙门会议原任漕运总督慕天颜阻挠河工，应杖一百、徒三年、不准折赎，康熙帝曰："慕天颜从前造船有效力之处，亦从宽免罪。"

3. 同僚及后来者对慕天颜的塑造

（1）康熙朝

明末清初文学家、戏剧家李渔在评价慕天颜奏疏时称："直诚剀切，当与海疏并传。然先生居官之廉，任事之勇，抚民之慈，表率属僚之严且介，无一不肖海公，非止疏河一事而已也。真千古上下之一人哉！"明末清初诗人、戏曲家尤侗："若夫地界殷繁，时遭扰攘，以一人之身，上应朝廷之缓急，下系疆场之安危，非具大过之才，恶能建非常之功乎？则我大中丞慕公当之矣。"顺治己亥科探花、侍讲学士叶方蔼："共推雅操南金并，真仰高名北斗齐。"顺治丙戌进士、翰林院庶吉士法若真："卜重关中使，才兼宰相官。"

康熙时期光禄大夫、太子太傅、文华殿大学士兼吏部尚书宋德宜："公之奏疏，无一非国计民生之要。沐膏泽者，岂惟三吴黔楚而已耶？"康熙时期资政大夫、户部尚书余国柱："公之丰功厚德，非徒托诸空言，而见诸实事。请而后行，所谓善则归君之意，尤恺切详明，有古大臣之风。"康熙己未科状元、詹事府少詹事兼翰林院侍讲学士归允肃："大中丞陇西慕公，以玉铉大斗之姿，锺崆峒华岳之秀，历官所至，有能声蕃宣于吴，有利必兴，有害必去，休养生息，唯恐或遗。"

康熙癸丑科状元、日讲起居注官、左春坊左赞善韩菼："盖公之规画，不于其一时，必其可久；不独惠一方，必及天下。"康熙甲辰科进士、礼部主事、监察御史盛符升："自康熙九年冬，陇干慕先生来为方伯。十三年有《辑瑞陈言》八疏，为世所传诵。寻膺简命，晋开府，凡地方利害，知无不言，言无不行，行无不效。"康熙己未博学鸿科进士、学者蔡方炳："是举也，起百年之废坠，定万世之章程，剔豪蠹

康熙名臣宋德宜画像

积岁之欺蒙，豁兆姓无穷之赔累，造福一方，泽流千祀。"

康熙时期中书舍人、江南名士蒋之逵："此抚部院慕公《旧欠无征》一疏，血泪淋漓，观者无不感入心脾也。"康熙己未博学鸿儒科进士、学者、文学家毛奇龄："半壁恢雄建，长城仗钜才。"

尤其是黄与坚《慕公神道碑铭》、汪霦《慕氏族谱》序，通过对慕天颜事迹的回顾，都对慕天颜形象进行了正面的塑造。

（2）道光朝

道光四年韩文绮、诚端、林则徐、俞德渊分别撰写的《〈慕中丞疏稿〉序》，以后学景仰前贤历史功绩的角度进行了慕天颜形象的塑造。

林则徐《慕中丞疏稿》序墨迹（浙江图书馆藏）

尤其是清代著名政治家、文学家林则徐对慕天颜极为推崇。慕天颜曾孙慕鉴《〈慕中丞疏稿〉跋》，则以后代的角度对先祖进行简评。

4. 地方官绅士民口碑及志书的塑造

（1）《清史稿》中廉明、勤敏、爱民形象

《清史稿》慕天颜传："慕天颜任江苏布政使，丧母理应守制。总督麻勒吉、巡抚玛祐上疏：'天颜廉明勤敏，清积年逋赋，厘剔挪移，事未竟，请令在官守制。'……天颜历官有惠绩，尝疏请有司亏帑虽逾限，于发遣前清偿，仍贳其罪；狱囚因逸犯株连，待质已三年者，于秋审时开释；狱囚无亲属馈食，月给米三斗。皆恤下之政。在江南，兴水利，蠲积逋，而请免纤夫，甦一时之困，江南民尤颂之。独劾嘉定知县陆陇其，不协于舆论。"

（2）《江南通志》中的恤民形象

《江南通志》慕天颜传："天颜在藩司时，值水旱相仍，赈贷缓征，开浚吴淞、刘河。寻入觐，凡七上疏，减赋、除荒、治黄淮、宽涸田、调用守令、均田役。最其大者，抚吴复条上八疏，又疏请蠲被灾田赋，请开浚白茆、孟河，并建闸蓄泄，为东南之利。"

（3）《吴郡名贤图传赞》中利民惠民形象

《吴郡名贤图传赞》卷十七："康熙九年，由福建副使擢江苏布政使。时吴中水旱相仍，公益请蠲货缓征，疏浚吴淞刘河寓赈于工。寻入觐，凡七上疏曰：灭浮粮、除荒坍、治淮黄、宽涸田、调守令、均田役、给囚粮。十八年旱蝗，赈恤甚。至开浚白茆孟河建闸蓄泄为

东南之利。二十一年，坐他事降调去。赞曰：蠲粮浚河，嘉谟入告；利溥东南，民歌熙皞。"此书的传赞由娄东张应麟汇纂。

（4）《重修扬州府志》中仁心善政形象

《重修扬州府志》（雍正版）慕天颜传："慕天颜，字鹤鸣，陕西人。进士。康熙十三年任江苏布政使，值扬属河堤大决，田庐漂没，灾民皆露栖堤上，无食无衣。天颜亲历抚恤，发币治席蓬，按口给粟遍赈。仍具疏请以水退涸出田亩，三年后始征税粮，并为区画牛种，招徕复业俱得。其奏牍剖切委婉，读者感泣。后迁江苏巡抚，晋漕运总督。仁心善政，至今传颂不衰。"

5. 静宁故籍对慕天颜形象的认知

静宁重要的三部志书：康乾时期的两部《静宁州志》（乾隆版中关于慕天颜的内容因循康熙版，不再赘述）、民国时期的《静宁新县志》对其形象进行了塑造。其中的慕天颜传，就非常生动地塑造了家乡人心目中的慕天颜形象。

（1）《静宁州志》中能干、勤勉、精悍、有担当的形象

在康熙年编修的《静宁州志》中，静宁知州黄廷钰塑造了一个堪为地方官绅、士子学习表率的形象："开府之后，殚精竭虑，斋沐入告，累千万言，悉此志也。"在慕天颜治理吴地的十二年中，当其离去之时，"司帑报贮银一百三十万，较授事时，百倍过之"，因此被康熙帝褒奖为"天下藩司，当以此为法"。这种成功，得益于慕天颜治理地方的执政举措，不是一味地涸泽于民，而是养生于民，所谓"天颜非别有取盈之术，民力既舒，正供斯易"。屡次宽限蠲免，"请宽九

年逋赋之并征，岁蠲银五六十万有奇"，因此在康熙帝后来的印象中，就有慕天颜市恩于民的嫌疑。

对于慕天颜的为人及性情，《静宁州志》评："天颜颇奉二氏教，然遇事敢言，担当有为，精悍之气，见于眉宇。在家庭，虽盛暑必衣冠危坐，项背挺直，略无倦容。车舆出入，目不左右顾。子弟僮仆，亦不敢脱帽、短襦相见。"在这里，塑造了慕天颜一丝不苟、严于律己律人，遵守儒家法度的大家长的形象。

（2）《静宁县新志》中的乡贤形象

《静宁县新志》（民国）中，描述了慕天颜聪慧的形象："年十五补州诸生，以地僻，鲜师友，请习之功，诣州西岩寺藏经之处，遍行翻阅，不年而竟归。读论语首章，目不转睫，澄心默坐，更不览他书，遂恍然有得，自是为文章确有根蒂。年二十三岁，举顺治丙戌乡试。乙未，成进士。"此处表明，慕天颜科考之路较为顺利，其业于儒而精于佛，并在参悟佛教精义后，能"恍然有得，自是为文章确有根蒂"，得以登堂入室。这也更好地解释了其每到一地施行的减轻百姓负担的悯民举措。

在任浙江钱塘县令时，因地方"以省会要区，赋繁役重，往时奸弊丛生，又当闽海用兵，军需旁午"，慕天颜大刀阔斧，"务厘积弊，重苏民困"，遂使"供亿亦不致匮乏"。慕天颜优秀的才能得到上司的认可，"全省刑狱难决者，悉委之"，使百姓冤屈"无不尽情平反"。慕天颜不偏徇、不苟求。升任福建兴化府知府，因受命清理全省军需侵挪大案，显露头角。而台湾向化之始，得于慕天颜招抚之始。"图其舟船往来远近之程，山川阨塞险易之处，陈台湾可取状，台湾卒隶版图"，慕天颜做事沉稳，有远见，早为筹划武力收复事宜。

在吴地之时，因"苏省承明末之乱，财赋混淆、包赔挪垫、官民交困，江河横决、水势滔天，民无奠安之所，吏有贪墨之蠹"。在此困境中，慕天颜"首革重戥，次禁秤收。创立均田法，依田供役，而役均矣""厘别贪暴、蠲除烦苛"，由此"种种善政，难以枚举"。

《静宁县新志》中对慕天颜形象，进行了较为全面的认知，形成了有关慕天颜形象最基础的描绘。

四、慕天颜形象的四个阶段

经由慕天颜形象中各个方面的塑造，可以看出其不同的形象阶段，有以慕天颜为主体的形象阶段，也有以慕天颜之外的他者视界的形象阶段。

1. 自身视界中的慕天颜形象的历史阶段

（1）聪慧仗义而悲天悯人的少年慕天颜形象

通过静宁州志、县志中的形象描述，为我们展示了慕天颜少年时期就异于他人的形象特点。既聪慧又有仁爱之心，这从劝祖父放粮赈灾一事中可以看出，体现了其发自天性的仁爱和悲悯情怀。不单以个人和家族利益为主，而注重广大民众的利益，急公好义，仁而爱人，这也为其后执政中不断请求豁免缓征赋税的行为奠定了基调。

（2）锐意进取和精明强干的青年慕天颜形象

业儒崇佛的慕天颜，一进入仕途，就得心应手，游刃有余，在作为正使招抚台湾郑氏军事集团的事件中，展露出其睿智的政治才能。特别是在出访前就被明珠所看中，从地方官员中脱颖而出。这与他在地方的作为有关，精明强干的作风及官声早已流播在外。在孙蕙《上布政使慕公书札五通》中，他希望借助慕天颜与其族人同年的关系，能施以援手，但为慕天颜拒绝。

在平定"三藩之乱"中，慕天颜竭尽全力为战争提供了必要而及时的后勤战略物资供给。其对征收赋税不力者陆陇其的处理，即是从当时的战略大局出发而做出的选择，从中可以看出他是一位追求经世致用的务实的政治家而非务虚的文士官员。明白当下的轻重缓急，筹集军饷才是最重要的。其建造平叛战舰，条理清晰，安排合理，做法雷厉风行，按时完成任务，深得康熙帝的嘉奖。

（3）"二起二落"仕途坎坷的慕天颜形象

慕天颜从政以来，历经宦海中的"二起二落"，其仕途不可谓不坎坷，最后以削职下狱而黯然落幕，结束了其官场的生命。慕天颜从知县一路做到江苏布政使，后在康熙二十年（1681）因某案牵连被罢官，这是其第一次落职。

但因其杰出的才干在康熙帝心目中留下了深刻的印象，而且地方治理也正需要这样的人才，需要猛药，来进行开拓性的创举。故而在康熙二十三年（1684），慕天颜起复任湖北巡抚，后又转任贵州巡抚，治理"三藩之乱"后的重灾区。不久，又一路高升，出任漕运总督，成为封疆大吏。后因卷入权力斗争的旋涡中，被削职下狱，最终不再为官。这是慕天颜的第二次落职。

慕天颜的两次起落，一方面显示了封建时代官僚在瞬息万变的官场难以有不倒翁的势态，另一方面也显示了其在宦海中多年的历练和修为。从另一个层面也显示了其作为实干家较为单一的一面，不善于左右逢源、揣摩圣意，依据政治环境顺势而为。其政治立场和出发点是儒家的政治理想的实践，其中有着孟子特别浓厚的民本思想，民贵君轻在慕天颜的政治实践中体现得非常充分。这在皇权达到顶峰的清代，为最高统治者所不喜，甚至不容，是完全可以理解的。与在河工案中一同被降、革的其他同僚相比，可以清晰地看出，所谓的结党一伙孙在丰、于成龙等，在数年后均被康熙帝起复，只有慕氏父子被彻底打压，再未获得信任与任用。这固然与康熙帝认为慕天颜市恩于民、不实诚（即对皇帝不忠诚，康熙帝基于多种原因形成的判断）及结党营私的强烈反感有关，但更为重要的是慕天颜自身的性格使然。他不是善于媚上的一类人，是坚定的孟子思想的践行者。因此在没有得力靠山支持的情况下，再也没有起复翻身。

在慕天颜的二起二落中，其自身塑造出自我形象的另一面：坚韧、实干、不媚上，贵民轻君的传统的孟子派的亲民的儒家官员的形象。

2. 他者视野中慕天颜形象的历史阶段

（1）任官初期：精明能干与贪腐不公

慕天颜从知县到知府，在地方上勤政爱民，办了许多实事，在早期官员考评中，被认为是精明强干的干练之吏，这是当时对慕天颜的整体性形象的认知和评价。

明珠筹划招抚台湾人选事宜，而因慕天颜的才干被选中，这使其才干得以被赏识。在招抚台湾中的出色表现，深得官场的一致好评。后在平定"三藩之乱"中竭力打造战舰，按时完成艰巨任务，因此加分不少。

但在初期因与陆陇其在治理理念上的不同，慕天颜与陆陇其产生冲突，使其在陆陇其等儒学色彩浓厚的一派看来有"举劾不公"和"贪婪"的成分。因而在较小的范围内被蒙上这一负面的形象。这也为后来康熙帝对其"不实诚"的印象埋下了伏笔。

（2）"不实诚"和市恩于民的形象时期

关于慕天颜形象，在康熙《起居注》《清实录》中有较多记载，体现了慕天颜在他者视界中的形象。在多次涉及慕天颜的御前会议中，都有对慕天颜形象的塑造（见前文）。在数次的关于慕天颜的廷议中，君臣之间的对话表明了康熙帝对慕天颜形象的步步引导和塑造，并逐步改变了群臣对慕天颜的印象，促使群臣的转变。

但就事实而言，大臣对慕天颜的才干还是非常认可与看重的。如康熙十八年（1679），康熙帝责备臣工常"言其才干"；康熙二十年，明珠称"慕天颜最优"。及至康熙二十六年，明珠言"慕天颜有才"，宋德宜称"慕天颜甚好，而百姓至今感之"。而同僚余国柱也称慕天颜"居官亦优"，明珠更是肯定"众所闻见，自然无误"。

这样形成了对慕天颜形象的三种声音：康熙帝的不满、群臣的赞许、百姓的感念，这三种声音就一直交织在一起。不过，在皇权威严的时代，帝王的声音在一时会盖过其他的声音，而且后世的历代帝王一般很少会翻案。

（3）"失德"及陨落的慕天颜形象时期

康熙二十六年（1687），慕天颜在康熙帝心中早已有了才德不符的形象塑造。在品定慕天颜时，康熙帝还特意说："凡为臣子，必须才德兼备，若有才无德，不如有德无才也。"这段讨论才德问题的言论，可以看作康熙帝对慕天颜的"敲打"和对其形象的评价。康熙帝这里的"德"侧重于对帝王无限绝对忠诚的德行、品德，而并非儒家的"德"。

至康熙二十七年的河漕之争中，慕天颜早已为康熙帝所不耐烦，并在其主导下被彻底拿下，以政治失败者的悲剧形象而呈现。作为失势的封疆大吏，慕天颜由此在康熙朝野的形象被刻意抹黑和抹杀，更由于以陆陇其及其门人为代表的文人型官僚的得势而又被刻意地污名化，形成与陆陇其清廉的对照。

慕天颜的形象至此进入至暗时期。

（4）后世对慕天颜形象重新认识的阶段

在慕天颜客死苏州之后，当地百姓请求地方官，要将慕天颜葬于本地。这源自慕天颜在治理吴地时的成功，百姓思念其历史功绩和恩情。其后又修建了专门奉祀慕天颜的慕公祠，以此表达民间对慕天颜形象的立场，并重塑其形象。表达了地方士绅民众对慕天颜形象正面的积极的肯定，这与官方的黑化形成了互动。

慕天颜形象俨然成为吴地地方的守护神，联系慕天颜治理吴地时的种种善民、惠民、悯民举措及受到皇帝指责的市恩于民，其走进了民众的心里，在当地的形象，显然是既正面又高大的。

一百多年后的林则徐任职吴地，对慕天颜治理地方的历史功绩和历史成果深为赞叹，其许多设施、善政仍延续下来并发挥作用。因而林则徐对慕天颜极为推崇和景仰，欣然为慕天颜奏稿的重印作序。至此，慕天颜形象逐渐走向正面化。

慕天颜形象的黑化与皇权有莫大的关系，这也能看出慕天颜骨子里难以改变的民贵君轻的思想。其执政为民而不是为媚上，甚至不在乎自己的官帽乃至身家性命，这种品质与情怀是慕天颜最后的也是最重要的形象。

五、慕天颜形象遗留的几个问题

1. 慕天颜画像的问题

慕天颜作为康熙朝一品大员，声名显赫，历史上应该有其画像，特别是家族奉祀的画像，但并未见到此类。目前见诸于世的有两幅。

第一幅为道光九年顾沅撰的《吴郡名贤图传赞》卷十七，题为"慕中丞像"为线刻稿，由孔继尧绘。

《吴郡名贤图传赞》一书的总编是顾沅（1799—1851），字澧兰，号湘舟，又自号沧浪渔父，江苏苏州人，清代学者、藏书家。辑著有《赐砚堂丛书》《吴郡文编》《古圣贤像传略》《吴郡名贤图传赞》等。道光四年（1824）至九年（1829），顾沅结合王、钱、张诸人辑存的吴中以往先哲像，又请娄东张继堂、平江贝简香、吴县毛叔美、长洲彭朗峰、长洲严阆仙等人广为搜罗采辑，编著《吴郡名贤图传赞》，共收录570人。各名贤传略由娄东张应麟汇纂。后陶澍以此画稿为蓝本，将570人悉数刻石苏州沧浪亭五百名贤祠中。第一次于道光八年（1827）刻570人，画像来自顾沅所辑的吴中名贤画像，由孔继尧临绘、沈石钰勾摹刻石。第二次于道光中期刻12人，至咸丰六年（1856）增至590人。第三次于同治年间修复补刻152人，共598人。梁章钜赞："奉是像合而祠之，嘉生之志。"

画像的作者孔继尧，字砚香，号莲乡，江苏昆山人，擅长山水、花鸟，尤精于人物，绘有吴郡名贤图册、圣庙祀典图考。顾沅说："画像系玉峰孔君继尧一人手笔。凡正像小影悉照原本临摹，其冠服间有不合古制者，悉考时代正之。"孔继尧摹制的诸名贤画像，其来源或旧时古册，或后裔家藏，或祠宇塑像，顾沅说："皆确有所考证，不敢臆见妄作。"

勾摹刻石的工匠沈石钰，相关资料不多。清人石韫玉说："画像者孔君继尧，临抚入石者沈石钰。"他勾摹刻石了这570位名贤，最大限度地复原了孔继尧的线稿作品。

第二幅见之于《吴中先贤谱》，为当代画家苏文于2012年绘制，收录苏州历代贤哲2300人。苏文（1982—），原名王虎官，号贫画中农，苏州市人，师从亚明、刘文西二位先生，亚明为其易名苏文，意为"苏州的文人"。

道光时期的慕天颜画像
（《吴郡名贤图传赞》）

慕天颜画像
（当代）

2. 对慕天颜供奉的问题

慕氏祠堂，民国《静宁县新志》载："慕天颜宅无考，传云通化街下寺庙即慕氏家祠。"

慕公祠，康熙四十七年（1708），吴中士绅在苏州山塘井亭街建慕公祠（今不详）专门祭祀慕天颜。

【参考资料】

1. 《静宁州志·卷七》（乾隆年刻本）

2. 《清史稿·列传六十五》（中华书局 2020 年版）

3. （清）陈康祺《郎潜纪闻·卷三》（光绪年刻本）

4. （清）钱林《文献征存录·卷一》（咸丰八年有嘉树轩刻本）

5. （清）陆陇其著，杨春俏校《三鱼堂日记》（中华书局 2016 年版）

6. 《圣祖仁皇帝实录》（中华书局 1984 年版）

7. 《康熙起居注·第 1 册》（中华书局 1984 年版）

8. （民国）受庆龙《静宁县新志·卷十二》（民国三十二年稿抄本）

9. 李世恩、李安乐辑注《慕天颜集》（商务印书馆 2024 年版）

【作者简介】

李安乐，1980 年生，甘肃静宁人。中华美学学会会员、中国美术家协会会员、中国文艺评论家协会会员。甘肃省优秀青年文化人才（中共甘肃省委宣传部，2020 年入选）。著有《观看与视觉：艺术批评的洞见》、《慕天颜集》（与李世恩合编，即将出版）、《全静诗》（未出版）、《清代道同间江南协营署信稿抄本校释》（未出版）。

慕天颜政治文化交际研究

□ 李安乐

一、官场中的官员交际

官场之中，官员间常常进行各种互动与交际，来融入、维系和扩大他们的圈子。

在清代官场中，一个官员的交际活动，有许多既定的约定俗成的规则，也有许多潜在的不成文的规矩。例如官员在升任时，都要一一登门拜会各级上司及同僚，并在家接受下属的拜见。而当下属升任、受奖赏时，上司也会到下属府署处道贺。此外，各官员定期或不定期要到上级衙署站堂，进行工作业务的汇报及请示；而作为上级的督抚等，也要定期或不定期地接待下属官员的拜会。在涉及官员及家人的生日、丧葬、婚嫁等事务中，作为主体的官员既要接受上司官员、同僚和下级的随礼，也要接受其他礼物的馈赠。在各种活动中，礼物的馈赠算不上贿赂，也是当时官场不成文的规则。不过礼物的规格、档次则有一定的规矩。送礼要符合自己的身份和地位，不能太少，少了则被上司、同僚看不起，特别是上司，往往决定下属的考评升迁等，如果引起上司的不满，会使仕途受影响；送礼太多，则会破坏规矩，引起其他同僚不满，有谄媚的风评，导致其在圈子中被孤立。

官员间交际的层面非常之多，有各种礼仪的、利益的互动。这在清代的《杜凤治日记》中比比皆是，有着非常详尽的描述。

二、慕天颜交际活动的方式

1. 书信

在古代，书信往来是最重要的交往方式。在官场中，各级官员间的交往与关系也往往靠书信来维系。许多官员，无论品级大小，都要进行此种同僚、上下级间的交往与互动。由此，他们留下来许多信札及信稿底本。

慕天颜作为官场中人，在长达几十年的宦海中，写下了数量可观的书信。可惜，由于种种原因，我们仅见到慕天颜极少的书信。但也能够从别人写给慕天颜的一些信稿中，窥见慕天颜的书信交往。

慕天颜任钱塘知县期间撰写的《迎监台启》信札中，他出于官场的现实，以华丽的骈体文，对监察御史某人多有奉承，"隆时间气，盖代儒宗，飞昴宿以流晖，挺恒丘而悚望。"从文章到声名，"高名推英衮之班，令绩仁台垣之席"。这种文风，显示出清代官场的虚饰，这也是当时文人、官场书札往来的流弊之一，慕天颜自然不能免俗。

在慕天颜任钱塘知县三年后的顺治十六年（1659），有丘象随写给慕天颜的《与慕鹤鸣大令书》。丘象随（1631—1701），字季贞，号西轩，江苏山阳人，祖籍湖广宜城。清顺治十一年（1654）拔贡生。康熙十八年（1679），召试博学鸿儒科，授翰林院检讨，官至洗马。著有《西轩诗集》《西山纪年集》《淮安诗城》等。但未能见到慕天颜的回信。

此外，在《孙蕙诗文集》中，存有写给慕天颜的书信六封。当时，慕天颜初任江苏布政使，而孙蕙任扬州府宝应县知县。孙蕙（1632—1686），字树百，号泰岩，又号笠山，山东淄川人。顺治十八年（1661）进士。康熙八年（1669），任宝应县知县，循卓有声，《清史稿》有传。工于文，尤喜作诗，著有《笠山诗选》《历代循良录》等。孙蕙与慕天颜颇有渊源。据《孙蕙诗文集》载，孙蕙同宗长辈孙宗元，系顺治十二年乙未科进士，与慕天颜同榜。基于这样的一层关系，孙蕙在获知慕天颜到任江苏后，即写信问好。《初二日贺布政司慕》中有："济世雄才，匡时上哲。清风南度，散为百六掾芳尘；紫气西来，洒作十四城膏雨。重句宣于元老，草木瞻天；委锁钥于词臣，弦歌满地。"官场吹嘘套话连连。后面还有一系列的书信《上藩司慕小启（同十月初二）》《拟请拨补驿站》《二月廿四日上布政司》《十七日上慕藩司》《四月廿六日上藩司》，在信中提出适当照顾自己："叩乞老大人夫子曲鉴苦衷，婉加爱护，速取扬州府结，俾卑职早出难海，则高天厚地之恩，衔结当不可名言矣。"可惜也未见到慕天颜的回信。当时，慕天颜初到江南官场，自顾不暇，并没有给予孙蕙实质性的帮助。

从这些书信的交往中，可以看出，所涉内容较为广泛，从中可以看出官场中上级与下级，同僚之间等以书信为主体的交往。

2. 祝寿

祝寿，无论在民间还是官场，都是一项很重要的活动。慕天颜任吏部观政时撰写的《题邑侯刘大人〈遣兴册〉后》，即是在时任静宁知州刘瑞收藏的、其河南汝阳县任上人们为自己贺寿的《遣兴册》后所撰的一篇文章。乾隆《静宁州志》载："刘瑞，字玉衡，辽东广宁（今北镇市）人。应选举，策议合式，授汝阳令。擢知本州，廉直刚果，心迹坦白，每以一二言决讼，人心折服。会地震，城堞悉平，鸠工调役，克期告竣。亢旱，竭虔步祷，辄应时大雨。宁夏兵发四川，家口随行，瑞阴贿统领官，设牛酒粮饷，犒赏得法，秋毫无事。升怀庆府（今河南省焦作、济源和新乡一带）去。"从这本册页，可以看到刘瑞任汝阳知县时，就有邑中士绅为其贺寿的事情。后刘瑞任静宁知州，特请当地新科进士、回乡省亲的吏部观政慕天颜题跋。作为地方官，刘瑞曾示教《中兴颂》，并在与慕天颜的交游中，使慕天颜感觉其"颇称雅善"。在这样的一种交往情境下，慕天颜的跋文自然就延续了汝阳士绅寿序的文风，称颂其治理静宁州的德政：捐俸修建顺治十一年（1654）因大地震震塌的城垣垛楼，以及"诸如修学宫鼓士气，清衙蠹革耗羡，举小民觞豆衽席、睚眦不平之事，无不周知而体恤焉"等。对刘瑞治理静宁州，慕天颜做出如此评价："知公今日之治静，则知昔日之治汝也。信不诬矣。今圣天子勤思贤良，简重股肱，用以宰割天下，济盐梅于台衡，舍公其谁耶？"此类文辞，多为当时场面说辞，但对于他们间的交往非常有益，也颇为受用。

康熙七年（1668）十二月初三日，时年四十六岁仍任兴化知府的慕天颜作《自寿兼寄勖诸子文》，发出了"苦日恒多，而乐日恒少；去日常多，而来日常少"的人生感慨。这天的慕天颜在客舍中"暂谢绝宾从"，与朋友瞿寿明"促膝斗室间，阖户御风，焚香隐几，默念余身世之所阅历"。瞿寿明（1629—？），名昌文，常熟人，明末清初南明政治人物瞿式耜之孙，学者瞿玄锡与闺秀诗人陈结璘之子。顺治五年（1648），赴广西桂林探望祖父瞿式耜，参加抗清。次年被南明永历帝授中书舍人，后授翰林院检讨。清顺治十年（1653），扶祖枢归葬虞山。他与钱澄之为师友，曾辑祖父《虞山集》付梓。在与瞿寿明的交谈中，慕天颜对"寿"有所感悟，提出"自谋寿者"的六个方面："廉""恕""谦""明""勤""俭"。并对诸子回顾自己半生，"为父者十年灯火，两榜科名，而举步不敢存一点刻薄、嗜一分货利、贪一时骄惰，驰驱王事，力瘁心枯，今日从心田上积得分毫，尔辈受用无尽。"朋友瞿寿明也做出了回应，感叹曰："夫廉，德之干也；恕，德之基也；谦，德之体也；明，德之化也；勤与俭，德之实也。六德备，而天下之善毕具矣。先生何术而臻此钦？"在这种与朋友推心置腹的密谈中，也是其较高层次的交际，显示了慕天颜的圈层。

尤侗《公贺慕大中丞寿序》，写作时间大致在康熙十六年十月下旬至慕天颜完成第一批船工腊月初三日的五十四岁生日前。尤侗（1618—1704），苏州府长洲（今苏州市）人，明末清初著名诗人、戏曲家，深受顺治、康熙两朝皇帝的赏识。顺治三年（1646）副榜贡生，之后参加会试屡试不第。顺治九年（1652）授永平

尤侗画像

（今河北卢龙）推官。康熙十八年（1679）举博学鸿儒，授翰林院检讨，参与修《明史》。著作浩繁，大都收入《西堂全集》和《西堂余集》中。这篇寿序，是尤侗被江南士绅公推，代表公众撰文的，文中表颂慕天颜的功绩："公抚江南，为国施仁，为民祈福，善政彰彰，更仆难数。"还进一步提出："不惟为江南福星，而天下之所仰望以为长城者也。""江南为四方之权衡，而公为江南之屏翰，非一朝一夕之图，实亿万斯年之计也。"在这个祝寿的交往中，增进了士绅群体与慕天颜互相间的好感和情谊，为进一步发展奠定了基础。

3. 作文

为老师、上级、同僚、下属、亲友及乡谊，因某一特定的事情而作文，也是古代官场极为常见的交往方式。通过作文，使他们之间的关系得以更加紧密。

在目前能见到的文献中。有慕天颜写的各种文章14篇。这些文章涉及交往的各个层面，有地方文化、宗教、儒教、乡邦等。

地方文化的作文在慕天颜的文集中占有一定的数量。顺治十六年（1659），慕天颜作《〈西溪梵隐志〉序》；顺治十七年（1660），作《武林西溪千金池护生三庵记》一文；康熙元年（1662）十月十六日，作《凤凰山圣果寺志》序；康熙二十三年（1684），作《〈湖广通志〉序》。宗教方面，也有2篇，这个与官员以宗教笼络民众有关，另外也与慕天颜自己笃信佛、道两教有很大的关系。康熙八年（1669），作《云溪语录》序；康熙八年（1669），为沈大匡所撰《太上感应篇颂》作序。

上司及朋友的互动，也依赖于文章的互动。康熙十七年（1678），在孙廷铨去世四年后，作为门人代表的慕天颜曾主持为其座师孙廷铨修订其生前手订选编的奏疏、佚文《泣亭删定文集》，最后依例作序，以《孙文定公集》刻印行世。通过序文来表明他们之间的亲密互动。孙廷铨（1613—1674），初名廷铉，字枚先，号泪亭，山东益都（今山东博山）人。明崇祯十三年（1640），庚辰科进士。清顺治元年（1644），降清，授天津推官。顺治三年（1646），充陕西乡试正考官。时慕天颜应考中举。历任兵、户、吏三部尚书，康熙帝拜其为内秘书院大学士。康熙十三年（1674），病卒，谥"文定"。著有《南征纪略》《颜山杂记》《汉史亿》《琴谱指法省文》等。在该序文末尾，有"关中门人慕天颜拜撰"，显示了慕天颜与孙廷铨的关系。该文回顾了自己拜见座师的情形，以及座师对自己的谆谆教诲，生动感人。其中"文定公文章雄海内""正人君子，仰如斗枓凛然，芒寒色正"等语，也不乏高调的赞颂。此篇序文，可以看作慕天颜与恩师的另一个空间的对话。慕天颜就任江宁巡抚，还应邀为明代著名诤臣杨继盛遗墨《梅花诗册》题五言诗二首。这种文字笔谈的方式也是其交际的重要形式之一。

乡邦方面有碑记和墓志铭，这种文体的写作是从地方走出去的官员对地方的一种反哺。慕天颜写有《重修崆峒山大顶金城宝殿碑记》《王太宜人墓志铭》。

在传统儒教方面，慕天颜也参与其中，以尽父母官之教化职责，如康熙十四年（1675），作《〈礼记说义纂订〉序》。

4. 送礼

送礼，在目前发现的有关慕天颜文献中尚未见到，这个比较隐秘，一般很少有记载。但这也是当时的流俗，官员之间以各种由头无不互相送礼。

在清代的日记、笔记中，随处可见到这样的记载。如清代《杜凤治日记》则多次提到官员间的送礼之事。可见送礼，在清代官场是极为常见的。

而陆陇其将为慕天颜祝寿未送大礼而送鞋子之事宣扬出来，与当时的规则不大相符，可以视为陆陇其为标榜其清高的一个较典型的例子。

三、慕天颜交际活动的圈子

作为仕途中人的慕天颜，其交际活动的圈子主要围绕着其任职的官场。当然其交际圈子由于参与类型不同，有以下几种：官场圈子、师生圈子、姻亲圈子、文化圈子。

1. 官场圈子

官场圈子是慕天颜的主要交际与活动的范畴。这个圈子有各类官员以不同的结构构成错综复杂的关系和网络。官场中更加讲究地位和尊卑，以权力来进行群分和区别，而每个官员则是圈子网络上的一个节点。

清代是一个皇权高度集权的朝代，满人和汉人围绕在以皇帝权力主导为核心的权力机制下而形成不同的圈子。圈子中由于地位、官职的不同，构成了上下级、同僚等之间的关系圈子，而在满人皇帝主导的格局中，存在着满人官员与汉人官员之间的互动。

慕天颜作为汉人，一入官场就介入满汉互动的圈子中。但由于其有鲜卑族的游牧民族的文化血统，使得其在汉人身份中增加了一点非汉人加分项，比汉人更加容易获得信任。慕天颜的官场圈子，由最初的吏部观政中的小京官圈子，到外放知县的地方官场圈子，这时的交往，无外乎县府中的各类官员。随着慕天颜升任知府，其关系交际扩大到省一级，他核心交往为府一级官员，向上为道、府及省级的督抚，下为县级的知县等。慕天颜升任布政使后，其权力扩大，可以觐见皇帝并奏疏，这时的圈子更加扩大。在省级与督抚可以较为平等地互动，向上可以与京官及最高权力的皇帝互动，向下可以与道、府、县的各个官场圈层互动。在任巡抚时，比布政使在权力体系中更提升了一步，圈子更大。至漕运总督时，作为封疆大吏，其圈层达到地方的顶层，与各地总督、巡抚等互动频繁，自身也成为圈子中的核心。

当慕天颜的职位达到一定程度时，也可以举荐、提拔一定的下级，这样慕天颜在一定程度上形成了自己的官场圈子。如在任江苏巡抚时，推荐地方州县贤能，其中有后来任刑部侍郎的郑重、大理丞的任辰旦、工科给事中的林象祖、翰林院编修的黄与坚以及福建布政使的汪楫等。每到一地，提拔举荐贤能，不断形成自己的官场资源和圈子，使自己在官场上更能得心应手地施展抱负。

2. 师门同年圈子

在古代官场中，由于科考的原因，形成了老师与学生的师门关系圈子和同年圈子。

师门圈子，在官场也比较普遍。特别是主持各类科举考试的考官，直接成为中榜学子追认的老师，而殿试考中者，则被称为"天子门生"。慕天颜历经各类科考，从地方州学、府学到乡试、殿试等，他和其他考生一样，也依例拜认主考官为恩师，并由此结成一种较为稳定的圈子。同年考中的学生有因科考的同年关系或同出师门而形成了各种同年的圈子，如秀才同年圈子、举人同年圈子、进士同年圈子。在这样的圈子中，他们因为各种因素的相近或相似而紧密联系，互相抱团，在之后的仕途中相互扶持和依仗。如慕天颜与孙蕙同宗长辈孙宗元为同榜进士，故而有孙蕙向慕天颜请求帮助之事，这是基于上辈的同年关系。

此外，慕天颜在官场的逐步成长中，也拥有了一定的师门资源。慕天颜曾参与浙江的乡试、岁试及季试，考生众多，当时的学子中有四人后来比较著名，如长兴人钱钰，后任山东巡抚、都御史；鄞县人黄斐，后任内阁学士兼礼部侍郎；仁和人卢琦，后任都察院左副都御史；仁和人宋嗣京，后任刑部郎中；钱塘人俞陈琛，后任陕西督学；钱塘人汪霦，后任国子监祭酒，并为慕琛编纂的《慕氏族谱》作序。

3. 姻亲圈子

联姻除了维系家族兴旺，也是官场中维系利益的一种重要手段。姻亲主要分为三种：一是母系亲属，又叫外亲；二是妻子的亲属，又叫妻亲；三是本宗女性出嫁家族所形成的亲属。身为官场中人的慕天颜，自然讲究门当户对，因而其姻亲多在社会中层以上。

慕天颜的妻亲。原配姚夫人，为庠生姚某之女，出自静宁明代进士姚爵家族。继室詹夫人，为提督江南苏松常镇中协副总兵詹慕山之女。

慕天颜的子孙辈的姻亲。其中子女辈的姻亲有，广东副将曹显吾之子、四川简州知州曹文斑，为慕天颜长女之婿；处士吕凤音之子、候选国子监典簿吕鑅，为次女之婿。乙未进士、江西提学道佥事黄太升之女黄氏，为慕天颜长子慕珏妻；浙江温州府知府侯朗生之女侯氏，为慕天颜次子慕琛妻；戊戌进士、直隶安州知州、平凉人胡大定之女胡氏，为慕天颜三子慕国璿妻；徐州知州李治之之女李氏，为慕天颜四子慕琙妻；正红旗都统王孝扬之女王氏，为慕天颜五子慕国珣

慕天颜撰、梁联馨书《胡太宜人墓志铭》（一）

妻。庚戌榜眼、内阁学士兼礼部侍郎孙在丰之女孙氏，为慕天颜七子慕国瑞妻；戊辰进士、翰林院庶吉士张弘蘧之女张氏，为慕天颜八子慕国瑛妻。孙辈的姻亲，有平凉府知府田惟竑之女田氏，为慕天颜孙慕乾生妻；丙辰进士、国子监祭酒汪霦之女汪氏，为慕天颜孙慕震生妻；棠邑县知县张履嘉之女张氏，为慕天颜孙慕恒生妻。庚戌探花、刑部尚书徐健庵之孙，乙丑进士、监察御史徐艺初之子徐德绵娶慕天颜孙女；乙未进士、吏科都给事中李书云之孙，己未进士、内府李科

慕天颜撰、梁联馨书《胡太宜人墓志铭》（二）

画之子李肇箕娶慕天颜孙女；昭武将军、江南全省提督杨元凯之孙，云南大理府知府杨远卿之子杨锜娶慕天颜孙女；四川简州知州曹殿章之子曹佑娶慕天颜孙女。

这些大多是慕天颜在政治场的同僚及其亲属，其中亲家孙在丰，为慕天颜任漕运总督时的治河大臣。这些姻亲，在家族及官场发挥着较大的作用，可以说"一荣俱荣，一损俱损"。

4. 文化圈子

慕天颜的进士出身及其在官场的地位，使其成为地方文化的重要核心，因而慕天颜与各地文化名流多有交往，特别是与江南地方的文化圈子的交流。

文化圈子分为文学圈子、宗教文化圈子等。在这些圈子中，慕天颜与他们产生不同程度的互动。慕天颜笃信佛教，每到一地，与当地宗教交往密切，助修寺观，如顺治十七年（1660）主持修建西溪护生庵，康熙十四年（1675）重修苏州灵岩禅寺大殿，倡建苏州元妙观弥罗宝阁等。又参与宗教文化互动，积极撰写寺观碑记等，如作《〈西溪梵隐志〉序》《武林西溪千金池护生三庵记》《〈凤凰山圣果寺志〉序》《〈太上感应篇颂〉序》《云溪语录》等，并与和尚李弘储（本名洪储，号退翁）关系密切，请其到苏州灵岩寺问道。

其中最主要的是文学圈子的互动。慕天颜与文学圈子交往密切，与当时的文人也多有互动。慕天颜与江南才子李渔的关系匪浅，李渔多有诗文题赠慕天颜（详见本书《慕天颜与江南名士》，此处从略）。李渔对慕天颜的溢美之辞，反映出两人互相赏识，视为知音知己，是对慕天颜治世经纬之才的认可。

同时代的叶方蔼与慕天颜也关系密切，在慕天颜主政地方时多有唱和。叶方蔼（？—1682），字子吉，号纫庵，江南昆山人。顺治十六年（1659）探花，历官翰林院编修、侍讲学士、侍读学士、礼部侍郎、刑部右侍郎。卒后赠礼部尚书，谥文敏。有《读书斋偶存稿》《叶文敏公集》《独赏集》。慕天颜抚台归来，叶方蔼写《赠慕鹤鸣方伯尝使海外受岛帅降》一诗，纪事颂功。

进士法若真与慕天颜交往密切，留诗三首：《得慕鹤鸣方伯二首》

《留别慕中丞鹤鸣》。法若真（1613—1691），字汉儒，号黄山，山东胶州人。顺治三年（1646）进士，改庶吉士。康熙元年（1662），任浙江按察使。康熙七年至九年（1668—1670），任安徽布政使。康熙十八年（1679），举博学鸿儒。工诗文，善书画，著有诗集《黄山诗留》、文集《黄山集》、自编年谱《黄山年略》等。

清代文学家毛奇龄有《慕中丞起湖北巡抚有赠》一诗。毛奇龄（1623—1716），原名甡，又名初晴，字大可，又字于一、齐于，号秋晴，又号初晴、晚晴等，浙江绍兴府萧山县人。康熙十八年（1679）举博学鸿儒，授翰林院检讨，参与修《明史》。以经学傲睨一世，阮元尝称其对乾嘉学术有开山之功。著述甚富，仅《四库全书》著录者就有 52 种。

状元韩菼，作《巡抚慕公免役碑》一文，记慕天颜治理吴地时的善政。韩菼（1637—1704），字元少，别号慕庐，长洲（今苏州）人。康熙十一年（1672），入国子监做监生。康熙十二年（1673），中状元，授翰林院修撰。历官日讲起居注官、右赞善、侍讲、侍读、礼部侍郎、吏部右侍郎，官至礼部尚书兼翰林院掌院学士。康熙帝曾特赐"笃志经学，润色鸿业"匾额，以示褒奖。

【参考资料】

1.（清）杜凤治著，邱捷整理《杜凤治日记》(广东人民出版社 2021 年版)

2.（清）王烜《静宁州志·卷七》(乾隆年刻本)

3. 李世恩、李安乐辑校《慕天颜集》(商务印书馆 2024 年版)

慕天颜与江南名士

□ 时下翁

顺治十二年（1655），三十二岁的慕天颜荣中进士后，自吏部观政、浙江钱塘知县起，开始了他的仕宦生涯，到康熙二十七年（1688）在漕运总督任上落职，共计三十三年。期间，其宦迹遍历浙江、广西、福建、江苏、湖北、贵州等南方六省。慕天颜在施政抚民的同时，拔擢俊秀，广交贤士，他的朋友圈里，都有哪些名流大腕？让我们一探究竟。

一、"一身二十四家"的李渔

李渔（1611—1680），字谪凡，号笠翁，浙江金华府兰溪县人，明末清初文学家、戏剧家、戏剧理论家、美学家……，是一位被研究者赞为"一身二十四家"的文化奇人。李渔自幼聪颖，世称"李十郎"，曾家设戏班，至各地演出，倾倒大江南北，远涉三晋秦陇，蜚声东亚日本，后人有"中国戏剧理论始祖""世界喜剧大师""东方莎士比亚"之誉。一生建树广泛，是休闲文化的倡导者、文化产业的先行者，被列入世界文化名人。

李渔著述丰富，著有《笠翁十种曲》（含《风筝误》）《无声戏》（又名《连城璧》）《十二楼》《闲情偶寄》《笠翁一家言》等五百多万字。还批阅《三国志》，改定《金瓶梅》，倡编《芥子园画谱》等，对普及中国文化、发展市井俗文化做出了巨大贡献。

李渔筑舍杭州，又曾寓居金陵，往来江浙苏皖之间，交游者除了文艺同

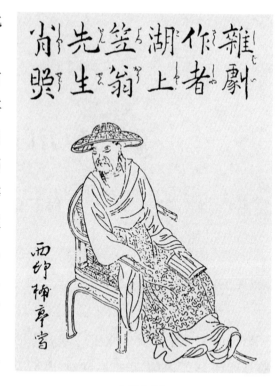

李渔画像

人，也有不少地方官员。许多达官贵人惊羡其艺术才华，以馈赏"打抽丰"的名义，给李渔以物质上的帮助。这其间，就有时任江苏布政使、江宁巡抚的慕天颜。

限于资料，慕抚台和李渔交往的细节我们尚不得而知，但从李渔的诗文遗著中，仍然可以窥见一些彼此高山流水的缘分。

慕氏"平生以文章经济为己任"，很少涉足绮文艳词，所著大多致世齐民之作。生性倜傥的李笠翁十分清楚慕天颜著述的分量，广泛搜罗，镌以警世。经查，李渔文集中收有慕天颜刑事判语、奏稿、日用文等篇什，林林总总，为今人研究慕天颜的理政思想，留下了难得的第一手资料。同时，李渔十分倾慕时任江宁巡抚的这位国之干臣，

通过诗词文赋予以赞颂。其七古《江左夷吾行，为慕鹤鸣方伯赋》：

四方脊脊民多遒，识者争来投三吴。

为问识者何所见？答云江左有夷吾。

慕公才优胆复烈，利器所经无错节。

曾作今时郭令公，单骑宣威靖遗孽。

遗孽虽然不果降，海氛数载为之戢。

圣主居恒睟南顾，南方不独敦财赋。

江海交冲理乱关，屏藩舍此谁当路。

当年特简若无心，谁料抢攘忽有今。

到处闾阎泣凤鹤，三吴赤子犹高吟。

此地胡为能若是，愚民尽曰偶然尔。

洞观古昔知源流，先声弭患皆如此。

公威不止靖一隅，遐迩苍生候起居。

但望天朝假节钺，小丑纷纷安足锄。

这是一首典型的七言古体。作者充分利用歌行体"步骤驰骋，疏而不滞"的行书般体式，讴歌了慕天颜之不凡作为。诗题将慕天颜与春秋时辅佐齐桓公锐意改革、成就霸业的贤相管仲并论，称其为"江左夷吾（管仲字夷吾）"，评价崇高，实至名归。诗从四方有识之士纷纷投奔慕抚台治下的三吴写起，首先回顾慕天颜代天宣命，招徕南郑遗孽的往事，选取唐代宗朝郭子仪单骑赴敌营，说服回纥退兵罢战的典故，给两次渡海、勇闯龙潭的慕天颜，给予"今时郭令公"的美誉。其次，李渔用简略之笔，通过对比，显示慕公的治绩——当其他地方社会不稳、黎民惊惧辣动之时，三吴百姓却悠哉游哉，高歌太平。最后，作为慕天颜的知己之交，李渔深知"公威不止靖一隅，遐迩苍生候起居"，希望朝廷赋予他更大权力，则扫荡小丑，弭祸靖乱，指日可待。

《笠翁文集·卷四》有一副给慕天颜的赠联：

天子门生第一人，自海外以至中原，白叟黄童，孰不称扬异绩；

圣朝特简无双士，由郡牧而登方岳，千秋百世，谁能步武芳踪？

【注】由太守骤迁方伯，前此出海外招抚。

联语堂皇大气，对仗工稳，著名水浒评论家王望如谓之"荣出非常，联亦称之"，可谓评价准确。

二、"真才子"尤侗

尤侗（1618—1704）字展成，号西堂老人、梅花道人等，苏州长洲人，明末清初著名诗人、戏曲家，曾被顺治称为"真才子"，康熙誉为"老名士"，"受知两朝，恩礼始终"。尤侗天才富赡，诗多新警之思，杂以谐谑，每一篇出，传诵遍人口，著述颇丰，有《西堂全集》传世。

尤侗名满江南，但与慕天颜交往事无所考。康熙《静宁州志·艺文》载有翰林院编修尤侗文章一篇，题名《公贺慕大中丞寿序》，望题便知，抚台慕公寿诞之期，由尤侗操觚，撰成这篇寿序以为致贺。我想，尤侗之所以能够被众人推为主笔，除了他的文坛盟主地位外，出入慕府，对慕公宦迹经历了如指掌，亦是重要因素。果然，深悉慕天颜"大过之才""美意良法"的尤老先生这篇寿序，写得铺张扬厉，迥异凡响。文中，尤侗以史证今论事，连用唐江东节度使韩滉发米百万斛以解朝廷燃眉之急，南宋四川总领王之望运粮支持吴家军，晋武帝大将王濬造楼船伐吴，东晋名将陶侃综理微密以及周初周公召公分陕而治、周中期召虎方叔仲山甫等历史掌故，在颂扬圣天子用人得当的同时，褒赞慕天颜"为江南之屏翰"、国家之柱石的重要地位，并以周宣王大臣尹吉甫送别申伯的《大雅·嵩高》诗为祝寿结尾，气壮嵩岳，峻极于天，不枉慕公之知遇也。

三、"娄东"翘楚黄与坚

先引入两个概念："娄东十子"和"博学鸿词"。

娄东十子。江苏太仓，位于娄水之东，故又称娄东。明末清初，这里出现一个推崇白居易、陆游等家，宗法明"后七子"，效法吴伟业"梅村体"的"娄东诗派"。诗派成员为太仓当时著名的十位诗人周肇、王揆、许旭、黄与坚、王撰、王昊、王抃、王曜升、顾湄、王摅，称"娄东十子"或"太仓十子"。顺治十七年（1660），顾湄出面刊刻《太仓十子诗选》，成为娄江派标志性的成果总结。

博学鸿词。又称"博学鸿儒"，

黄与坚画像

清朝制科取士方式之一。即于正常科举考试之外，增设制科取士，不限秀才举人资格，不论已仕未仕，凡是督抚推荐的，都可以到北京考试。试中后，即可任官。本文黄与坚就是由江宁巡抚慕天颜荐举，获得入京参加博学鸿儒科考试资格，从而再次起复，步入翰林院的。

黄与坚，字庭表，号忍庵，太仓人。经"娄东十子"鼻祖吴伟业手订，置黄与坚于《太仓十子诗选》首卷，可见其诗才卓异。《清史稿·文苑列传》说他"幼有奇慧，八岁，酷好唐人诗，录小本，怀袖中讽诵之。已而究心经术，遍读周、秦古书。性落落，与人交有终始……"这位顺治十六年（1659）进士，授推官，因官司牵连被罢官的文人，性格确实落落寡合得可以——落职后穷处海陬，慕天颜赏识其才修书招致，"不一往"；康熙十七年（1678），博学鸿儒科选拔诏下，也不去慕府寻求门路——真是清高得可以！但慕天颜出于道义，特别举荐。次年赴京城应试，名列二等，授翰林院编修，擢赞善，分修《明史》及《一统志》。慕天颜爱才惜才荐才的佳话，不胫而走，三吴士民，皆"叹异之"。

慕天颜去世后，其子慕琛具书给长房侄子慕乾生，嘱咐他向黄与坚求撰神道碑铭。与坚拊手而叹曰："呜呼！封疆大臣若公者，殆天所以悯吴民，使之久其所，得以起凋瘝而再生之，为国家扶根本佐治安者乎？"于是，这位"学本经史，诗文俱克名家，文章醇雅"的"十子"翘楚，据实直书，写下这篇"一无夸词"的《慕公神道碑铭》。

四、被"王魁"耽误的才子王摅

同样是"娄东十子"，同样受到伯乐慕天颜的举荐，所不同的是，一位最终接受荐引，春风二度；一位坚拒荐引，与翰林无缘。——前者是黄与坚，后者叫王摅。

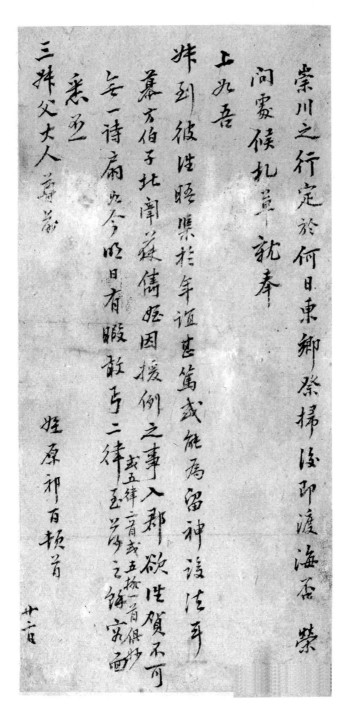

崇川之行定於何日東鄉祭掃後即渡海否茲

問霧候札章就奉

上九吾

胙到彼性賦稟於年誼甚篤或能為留神護法年

慕方伯子北闈獲雋照因援例之事入郡欲性賀不可

無一詩扇如今明日有暇敢与二律武五律皆音武五抹一首俱妙

呈玉兴诗之餘宗面

悉丕

三姝父大人尊前

姪原祁百頓首

廿三叔

王摯之子王原祁关于祝贺慕天颜之子北闱获隽信息的书札

-201-

王揆（1619—1696），字端士，一字芝廛，明神宗大学士王锡爵曾孙，清初娄东画坛领袖、"四王之首"王时敏次子。王揆幼承家学，耳濡目染，诗书画文，率成大气，跻身"娄东十子"之列。顺治十二年（1654）乙未科登进士第，与慕天颜同属三甲"同进士出身"，互称"年兄"。在古代，"年兄"是很"铁"的一层关系，意味着朋比结党，互相提携。之后，慕天颜由钱塘县令起家，当时已升任江宁巡抚，坐镇苏州。而王揆被授为推官，辞不出仕。康熙十七年（1678）选拔博学鸿儒诏下，慕天颜自然而然想到了这位多才多艺而青衫依旧的年兄，于是将其举荐给朝廷，再图发达。谁知，恃才傲物的王揆竟然拒绝了挚友的推荐，力辞不就！

问题出在哪里？号称"清末四大谴责小说"之一的《官场现形记》作者李伯元为我们揭开了答案。李伯元的随笔体著作《南亭笔记》里有这么一则故事：

顺治十二年的春闱考试，王揆已然考中，就在排定次第的那一天，主考官员本来拟定的状元郎就是王揆。但在唱名时，王揆名字中的"揆"与"魁"读音相同。顺治帝听后，随即开了一句玩笑："是负心王魁（宋明以来的戏剧人物，考中状元后抛弃糟糠之妻）吗？"就是因为皇帝的这句玩笑，状元郎的殊荣，与王揆擦肩而过，屈居三甲 53 名进士。

事情虽然有些不可思议，但也并非空穴来风。于是，自尊心受到极大伤害的王揆，无意仕途，推掉了"推官"的差事，暗发"毒誓"，从此再不替清廷当"奴才"，哪怕天王老子来请，统统拒之门外！

这就是王揆谢绝年兄慕天颜诚心提携的原因，一个傲骨天生的"另类"！

王揆绝意仕途，上天却给他一个好儿子：其子王原祁，官至户部侍郎，人称王司农。以画供奉内廷，用笔沉着，自称笔端有金刚杵。主绘《万寿盛典图》，为康熙帝祝寿。他的作品被国内外著名博物馆收藏，《高风甘雨图》2016 年拍卖会上以 1850 万元落槌成交。

五、"国立最高学府校长"汪霦

汪霦，字朝采，号东川，浙江钱塘人。康熙丙辰（1676）进士，授行人司行人。后应博学鸿儒考试，列一等第四名，授编修，纂修《明史》。擢国子监祭酒，参与编纂大型词藻典故辞典《佩文韵府》。早在钱塘县令任上，慕公就发现县学诸生汪霦禀赋不凡，可堪造就，于是催笋润花，着意培养，甚至让人带其去秦陇老家，开廓心胸视野，阅读大块文章。在静宁州，慕氏族长领着他"薄游其地"，留下深刻印象。汪霦不负恩师所望，先是考中进士，继而在博学鸿儒选拔中名列前茅，先授翰林编修，继擢国子监祭酒，集教育部长和国立大学校长职务于一身，"尽革大学陋规"，为培养治国高端人才，呕心沥血。

慕天颜殁后，次子慕琛为其撰写了概括一生行事的"行状"，以备撰写墓志或为史官提供立传的依据。依惯例，亡者名字要请有地位有名望的人士填写。那么，谁是"填讳"的最佳人选呢？大家不约而同地想到慕公的"门生"、现任国子监祭酒、古文大家汪霦。

于是，汪祭酒在慕琛所撰的《显考鹤鸣府君行状》中凡是涉及慕天颜尊讳的空白之处，填上慕公大名，并在文末郑重地署上"赐进士出身、朝议大夫、国子监祭酒、受业门生钱塘汪霦顿首拜填讳"一行文字，以一位国家教育权威人士的身份，"公证"了该行状的真实可信。

【作者简介】

时下翁，甘肃静宁一中退休教师。退休前，有语文教学论文在省级刊物发表。退休后，潜心地方史志发掘，有六卷集文史随笔《静宁文史大观》于 2019 年由敦煌文艺出版社出版。

慕天颜对地方影响的研究

□ 李安乐

一、慕天颜的历史功绩

慕天颜是清代早期历史中的特定人物，其身为封疆大吏，对历史的发展有一定的影响，因而在历史中，其善政作为成为了他的历史功绩。

《甘肃通志》（乾隆）中历数慕天颜的历史功绩，有宽征涸田、除荒坍田、减浮粮、永行均田均役、选用守令能员、恤给罪囚口粮、治河、江北红白兼收、严斛卒盘验之法与漕帮互挽等，涉及施政的方方面面，而这些措施之中除荒坍田、减浮粮最为要紧，直接关乎百姓的生计问题。

整体性评价，慕天颜的历史功绩，主要有以下三点。

第一，悯民善政的延续。善政，是为官者所实行的利国利民的措施，这在古代难能可贵。士子勤学苦修，期待有朝一日功成名就，大多数人当初怀有为国利民的政治理想。但在现实中，很多人的理想会逐渐泯灭，使他们变得贪婪而暴敛。所谓"三年清知府，十万雪花银"，是老百姓对他们恶政的评价。做善政难，而持续做下来更难，这在古代极为罕见。慕天颜每到一地，都会视察治地，兴修水利，体恤民生。其显著的一点是为民请求蠲免，悯民、养民、生民，使人民得到很好的生息，使地方经济逐渐获得恢复、发展和繁荣，而不是竭泽而渔祸害百姓。

第二，民本思想在清代典型代表的继承。民本思想是儒家代表人物孟子的思想。孟子提出了"民为贵，君为轻，社稷次之"的重要的民本思想，强调了百姓、君王、天下之间的次序问题，对专制王权进行了一定程度的限制。但是在传统社会，孟子的民本思想并未能够真正地实施，统治者对其贵民而轻君的思想抱有很大的敌视，特别是在专制制度达到历史顶峰的明清时期。慕天颜屡次请求灾后蠲免，最后康熙帝认为其是在市恩于民，主次颠倒。这种不顾皇帝感受的做法，体现出慕天颜浓重的民本思想，也反映出儒家理想与君主集权之间的矛盾，帝王想要的与儒家臣子想要的绝不相同，他们之间存在巨大的认知错位。

第三，"一门五进士"的成功教育。慕氏家族自慕天颜始，"一门五进士"，这在历史上也是比较少见的。慕天颜，顺治十二年（1655）中乙未科进士，列三甲第192名。慕天颜次子慕琛，康熙二十一年（1682），殿试二甲第25名进士。慕天颜孙、慕国瑞长子慕泰生，雍正九年（1731）进士；慕天颜孙、慕国瑛子慕豫生，乾隆四年（1739）进士。慕天颜曾孙、慕国瑞孙、慕晋生长子慕鳌，嘉庆元年（1796）进士。慕天颜家族这种层出不穷的进士，是慕氏自慕天颜祖父慕容三让、父慕忠到慕天颜，再到慕天颜子孙数代中的成功教育。优良的家风、优秀的家学、自幼严格的儒学教育，使慕天颜一族获得了如此巨大的成功。

二、对治理地方的影响

慕天颜每到地方，即兴利革弊，励精图治，兴建公共设施，复兴文化教育，积极改善民生和发展经济。及其离任之时，地方经济、文化教育等都得到极大的发展，百姓受惠良多。慕天颜对于地方的治理，产生了各个方面的影响。

1. 对当时影响的各个层面

（1）政策方面的影响

韩世琦《苏松浮粮疏》中云："当今财富之重，首称江南，而江南之中，苏、松为最。"从中可以看出，清朝当时的赋税重心在江南地区，压力在苏松地区，其财政税赋也是极大的，承担了很大一部分。而当时经济正在发展，朝廷平定"三藩之乱"，军兴之时，急需大量钱粮。因此，吴地赋税压力较大，百姓困苦不堪。慕天颜到任即勘察地方、发现问题，从政策方面提出制度性的措施。

第一，进行了清理包赔弊政，实行宽征减蠲的政策。吴地由于历年逃荒撂荒、农田被冲淹等原因，导致农田登记数量与实际不符。在赋税征收中，存在浮粮和包赔的弊端，使官府难以操作，百姓赋税不公。对此，慕天颜制定切实可行的政策，进行宽征涸田、清除荒坍、减除浮粮等，来解决征收赋税中的弊端。这个系列政策，既提高了行政效率，又减轻了百姓负担。其成为一种有利于地方的善政，被后任者延续下来，其影响深远，使后世百姓受惠颇多。

第二，统计田亩里甲，推行"永行均田均役"法。慕天颜提出：

"夫均田均役之法，统计该州县田地总额与里甲之数，将田地均分，每图若干顷亩编为定制，办粮当差，田地既均，则赋役自平。"这种做法使百姓拥有的田产和徭役相对等，按亩编甲，可以"不许豪户多田隐役，苦累小民"。这种抑制豪强地主、善待自耕农的做法，对于土地兼并、徭役赋税转嫁于自耕农有很大的限制作用，有利于缓解社会矛盾，促进小农经济的发展。

第三，实行人道主义举措，给罪囚提供足够的口粮。慕天颜从人道主义出发，善待囚犯，他指出，"监候重犯，虽法所当刑，然一日未决，尚留旦夕之命，仰体圣德好生，固不可以其罪重而听其绝食瘐毙也。况有钦案牵连，不得不加羁禁；亦有全招未结，尚须覆勘雪冤；或无亲属可依，必致断其狱食，此等尤堪矜悯。"因而"照例每囚一名每月给口粮三斗"，体现出慕天颜在司法实践过程中对待生命一视同仁的人道主义原则和悲悯情怀。这项制度，可以看作帝国时代晚期中闪现出的现代性的片羽吉光，显示了法治中对生命的尊重。

第四，江北红白兼收，惠利百姓。慕天颜认为，"漕粮上充太仓之储粟，惟以干、圆、洁、净为主，原不重在红色。"百姓根据产量种植，不重品种，而一味以红米征收，百姓则苦不堪言。大米是国家储备，唯求"干洁好米，依限输将，则毫无损于国储，而实有便于百姓"。红白米兼收，一方面方便了百姓，不累于外籴兑换。另一方面不论红米白米，只以干洁好米而论，免除中间征收兑换环节中的贪腐，一站式服务，高效廉洁，利国利民。

第五，严格执行公平的盘验制度。清代斗斛兑换的弊端极为严重，官斗与民斗不同容量，导致在征收环节中盘剥百姓，此外又用种种手段，百姓收成几进私人囊中。这种盘验之法，弊端重重，但鲜有人纠正。慕天颜看到问题所在，严厉盘验之法，从制度上使贪腐杜绝，从而减少百姓损失，深受百姓欢迎。

（2）民生工程的影响

地方政绩中，重要的还是搞好民生，而民生工程带有公益性质，则尤为重要。慕天颜重视民生，每到一地，极力搞好民生基础建设。在吴地兴修河堤，修建水闸，规整荒坍田地，修复水利设施，为地方经济的恢复、发展和繁荣创造了基础。在贵州，革除弊政，兴教育，改善教育软硬件，垦荒拓田，改善民生条件，使战后重归中央政权的贵州得到恢复。

（3）精神财富方面的影响

慕天颜属于开拓创新、实干型的能臣干吏，更由于其始终心怀天下苍生，以百姓利益为第一，因而不为官帽着想，不惜多次上疏为民请命，请求蠲免缓征，重新丈量田亩，登记实际田地，这些都是从百姓的利益出发，而不计较个人的得失和政治前途的举措。因此这些为百姓谋福利的善政良法，被康熙帝所憎恶，以"市恩于民"而论。在古代，所有恩典皆要出于皇帝，大臣市恩于民，显然是为帝王所不容的。虽然慕天颜在奏疏中屡次表明"万民以沐圣恩"，但他骨子里的民本思想，为帝王所厌弃。这也是慕天颜最终落职而未再起复的深层次原因。

其被康熙帝指责的所谓的"不实诚"，是指臣子对帝王的无限忠诚大打折扣。在民与君哪个更重要的选择中，慕天颜选择了民而非君。其浓厚的民本思想是慕天颜难能可贵的精神财富，也是其留给后世的精神财富。这一点值得后人学习，特别是为政者学习。

2. 影响后世的评价

慕天颜的影响既在当时，又在后世。后人并不以慕天颜在康熙朝的黯然落职而忘其德政，而是给予他公正的评价。

康熙朝的御前重臣、翰林院学士宋德宜，于康熙二十五年评价慕天颜道："公之奏疏，无一非国计民生之要，沐膏泽者，岂惟三吴黔楚而已耶？"户部尚书余国柱是慕天颜江宁巡抚的接任者，其评曰："公之丰功厚德，非徒托诸空言，而见诸实事。请而后行，所谓善则归君之意，尤剀切详明，有古大臣之风。立言也，一举而三善备焉。"翰林院修撰归允肃评慕天颜："及抚江南，请禁内外收纳之过重者，减官田耗米十余万石，奏免水灾秋粮数十万。公之地与端毅（明代名宦王恕）同，历官亦与之同，忠荩勤劳亦无不同，而功名将远迈之。"当时对慕天颜的评价就已经很高。

在经过康熙后期的压制之后，雍正道光间的后人对慕天颜的影响又有了新的评价。《重修扬州府志》为其立传，评价极高："其奏牍剀切委婉，读者感泣……仁心善政，至今传颂不衰。"仁心善政及其延续受益，是慕天颜对治理地方的影响。道光二年任江苏巡抚的韩文绮作《慕中丞疏稿序》，其中有"公亦抒其精诚，悉心竭力，凡有利于民者，兴之；有害于民者，除之。所以政锡化淳，迪心革面，甘雨祥风，人浃岁稔，瑞气充溢，迄今吴中士大夫下及黎民，靡弗感德焉"。江苏布政使诚端评曰："余惭谫劣，秉臬屏藩，两至于斯，为公旧治，心窃向往。"江苏按察使林则徐评曰："康熙朝，静宁慕中丞先后巡抚吴、黔，封事凡数十上，而其功德之及民者，在吴尤大。""吴之人感公之德，百数十年弗衰。""公之有德于吴民，而尸祝之至今勿替，固其宜也……诚安得如公之才而施之今日，顾成法具在，遵而行之，亦庶可以鲜咎也。"长洲知县俞德渊评曰："今去公百余年，吴民知与不知，罔弗称慕中丞者。非遗泽及人之远，能令人追思久而勿衰若是欤?""公晚年，以论奏河务，罢职家居，身后未邀易名之典（即赐谥），君子惜之。然公生平志事，彰彰在人耳目。"雍正道光间连篇累牍的好评，无不表明慕天颜影响的穿透力。

三、对静宁地方的影响

1. 对科考的影响

静宁慕天颜一族，其中进士 5 人、贡生 10 人、廪生 5 人、庠生 2 人、附生 1 人、举人 3 人，职官者 19 人，占清代家谱中所列慕氏人数的三分之一。

这一数据是震撼的，对静宁地方的科考产生了极大的震动。清代至道光朝，静宁共有进士 6 人，其中慕氏占了 5 人。明清两代进士共 15 位（包括已到外地的慕氏），慕氏占了 5 位。地方士子以慕氏为榜样，营造了非常好的科考氛围，对后世的士子和科考产生了深刻而又积极的影响。

2. 对文化的影响

慕天颜由举人而进士，由知县而至封疆大吏，为静宁乃至平凉明清以来地位最高的官吏。其行政素养过硬，而文化素养也是非凡，对地方文化产生了很大的影响。

据传慕氏祠堂供奉有慕天颜从南方带回来的楠木千手观音像。在（民国）《静宁县新志》中留下了慕氏祠堂这个名字和楠木观音像的文化记忆。慕天颜为平凉进士胡大定（其亲家）之母写过墓志铭，为平凉崆峒山重修大殿写过碑文。在对地方文化上的影响上，慕天颜所给予的影响不是纯文学的，而是大文化的，是民本民贵的为官之道的文化，是开创务实的实干文化。这些影响对静宁地方的后来者产生了深刻的影响。后来考中的进士及为官者，他们虽然没有慕天颜官位显赫，但都秉持了慕天颜遗留的民本民贵的为官之道和务实创新的实干文化遗产，在一地一时为官，无不尽自己的才能去为民众谋福利。

【参考资料】

1. 乾隆版《甘肃通志》(兰州大学出版社 2018 年版)

2.《皇朝经世文编》(道光刻本)

3. (民国)受庆龙《静宁县新志》,卷十二,民国三十二年稿抄本

4. 李世恩、李安乐辑校《慕天颜集》(商务印书馆 2024 年版)

慕氏"科第世家"的三举十贡五进士

□ 时下翁

　　静宁慕天颜先祖，当追溯到一千七百多年前晋武帝时代鲜卑族首领慕容廆。慕容一族游牧于今辽宁大凌河一带，慕容廆降服晋室，被授为都督，弃牧业农，任用汉族人才，仿照魏晋建立政治法律制度，势力渐次强大，被封辽东郡公。卒后被其孙、前燕开国皇帝慕容儁追谥为武宣皇帝，是为慕氏始祖。后由燕入邺，子姓散处北地，久寂无闻。洪武初有姓慕容者，仕于陕西之平凉，其一支徙入静宁。万历中，静宁慕容安的女儿嫁给宗室韩王朱亶𪩘为妃，崇祯末，平凉城陷，韩妃殉节，事载《静宁州志·烈女》。平凉博物馆藏铜鼎香炉，即为末代韩王母、韩王及其妃慕容氏共同为道观而献造。

　　自慕天颜父慕忠起，慕容氏始单称姓慕。州志人物志称慕忠"慈祥和厚，好善乐施，居家以孝友闻。其训子读书，尤得燕山遗意"，卒后从祀乡贤祠。正是由于他训导有方，使慕天颜23岁顺利中举，32岁成进士，并影响到儿孙后辈，涌现出五位进士、三位举人和十名贡生，成为名副其实的"科第世家"，闻名遐迩，陕甘宁青地区绝无仅有。

五进士是：

慕天颜，顺治十二年（乙未科）进士。

子慕琛，康熙廿一年（壬戌科）进士。

孙慕泰生，雍正八年（庚戌科）进士。

孙慕豫生，乾隆四年（己未科）进士。

曾孙慕鳌，嘉庆元年（丙辰科）进士。

三举人是：

子慕国璿，康熙十四年（乙卯）中举。

子慕国珣，康熙三十八年（己卯）中举。

孙慕震生，康熙五十三年（甲午）中举。

十贡生是：

天颜祖父慕容三让。

天颜从叔慕节。

天颜族昆仲慕龙颜。

子侄慕珏、慕国瑞、慕国璜、慕国㻛、慕国瑛、慕国琳。

孙慕乾生。

以上诸进士举人贡生，俱有出仕经历，慕天颜《清史稿》有传，科举仕宦事迹记载较详，且前人述之备矣；他人经搜寻网罗，则得零星记录。现就其中鲜有阐发者，公之于众。

先从进士天颜公讲起。

慕天颜，字拱极，一字鹤鸣（或号），这位接受了汉文化的鲜卑族后裔，慧根不浅，生有异征：五岁受书，能过目不忘。年十五为州学生时，独自一人裹粮赴城西西岩寺，杜门潜心钻研寺藏之《大藏经》，不一年而竟，归家后再展读《论语》等儒家经典，遂恍然大悟，自是为文章，确有根蒂，议论泉涌，行文清真峭拔，绝不类世之所为帖括者。这种另辟蹊径、由释入儒的学习方法，其根底缘由，至今无人破解。慕天颜既拥有其独创的收效甚巨的学习专利，那么，他甫而立之年便能探骊得珠，独步青云，也就顺理成章，势出必然了。

慕天颜从政，恪遵"以文章经济为己任"，"儒者之学，贵于有为，除大害，兴大利，学者分内最切事"的教条，兢兢业业，溥泽百姓。从踏入钱塘官衙的那一刻，到因治河争论落职的三十多年间，倾其所有，改善民生，拼其全力，为百姓鼓呼，一颗为民请命的初心，始终鲜活地跳动。一路走来，其身影穿梭在黄淮泛区浊水中，奔波在荒版坍江草丛里，出现在饥民鹄立的粥厂里，甚至在昏暗血腥的监牢里……不屑屑于诗赋曲辞小道，不炫炫于琴棋书画末技，留于后世的全是攸关民生、筹划建言的奏疏奏稿——《抚吴封事》《楚黔封事》《总漕封事》等，其中请宽免百姓租赋的"累千万言"之多。而抚吴期间请旨蠲免、缓征、复核、赈济灾民的款目，就有三十五六项！凭着一己之努力，天颜声誉日隆，官运亨通，历官浙闽吴楚黔，直至董理七省的漕运总督，同年同榜，无出其右。

经查，有清一代，赫赫有名的九位封疆大吏之一的甘籍人牛鉴，官至两江总督兼辖两淮漕盐，是道光和咸丰的"两朝帝师"，位尊权崇，朝野瞩目。然而这位从一品的牛鉴再"牛"，也牛不过正一品的光禄大夫、太子少师慕天颜。

第二位是慕天颜仲子慕琛。

慕琛字嘉玉，康熙二十一年（壬戌科）进士，殿试分等为二甲第 25 名，静宁所有明清进士，进入二甲者极少，慕琛能进入进士出身序列，且名次靠前，足见他才学出众，实力不凡。根据规矩，他"初授行人司行人"，当上一名正九品的小小京官，凡颁行诏敕、册封宗室、抚谕四方、征聘贤才，及赏赐、慰问、赈济、军务、祭祀，则遣其行人出使。经过一段时间的磨炼，"升礼科给事

康熙《壬戌科同年录》慕琛亲供单

中"。给事中是监察类官职，掌侍从、谏诤、补阙、拾遗、审核、封驳诏旨，驳正百司所上奏章，监察六部诸司，弹劾百官，与御史互为补充。给事中品级不高，也就七品而已，相当于现在的县处级干部。不过相对于送往迎来的"行人"而言，给事中被赋予一定实权，尤其监察弹劾礼部违纪官员，具有话语权。在此岗位上，我们的慕给事中，出于公心，不畏权势，尽到了一个言官应尽的职责。归纳起来，有如下三宗：

其一，在"官民分卷"的科举制度改革上，积极向朝廷建言，维护平民子弟被录取的权益，限制了"官二代"录取率过高的特权。

其二，不畏强权，敢于碰硬，参倒大盐商、云南布政使张霖，为

遏止特权阶层贪腐之风，尽到了自己应尽的监察、谏诤责任。

其三，康熙三十九年，慕琛就河工大事上书皇帝，请将治河不力、靡费国帑、造成严重后果之渎职官员追责议处。

应该说，人微言轻的慕琛，不是登高一呼的英雄，也少有惊天动地的壮举，他不过是踏踏实实、任劳任怨地履行了一个言官应尽的责任而已。尽管有些建议被采纳；有些被驳回，"着毋庸再议"；有些言论不合"朕意"，拂了皇帝的好心情……但，他该说仍说，当讲则讲，身家性命，系之于天！

——这就是慕琛，一位刚正不阿的本色七品言官。

第三位是慕天颜的嫡孙慕泰生。

泰生字汇士，雍正八年（庚戌科）三甲第147名进士，任湖北汉川县知县。有关慕泰生的资料，少之又少。乾隆《湖广通志》卷首，标示他曾参与《通志》的分校；同治《汉川县志·循良》则有极简传略："慕泰生，浙江仁和（今杭州，一说为陕西三原籍，当以前者为是）进士。雍正十年，治川两次，操守清明，人莫敢干以私，士民德之。"

一位普通知县，县志"循良"有传，且获"操守清明""士民德之"的盖棺论定，汇公地下有知，可以瞑目而无憾矣。

第四位也是慕天颜的孙子，慕豫生。

慕豫生，字崇士（一说"悦士"），籍贯待考（陕西《进士题名录》载其三原县人，中国历史档案馆《清朝官员履历档案》载其江苏吴县人，不知孰是？）。乾隆四年（己未科）三甲第44名进士，候选知县，不知因何原因，乾隆十五年才"掣得河南卫辉府汲县缺"。卫辉历史上水灾频仍，《河南通志》有关他的记述："（乾隆）十八年，汲县知县慕豫生领帑通修，料夫专于汲邑取办。十九年，汲县耆民具呈恳请仍照各县分修之例，以免偏累"。既然慕知县申请到用国库资金通修，将物料和民夫专办于本县，应该是抱着"肥水不流外人田"的初衷，但这份好心并未得到当地士民的理解支持，想必该工程实在是钱太少、活太苦了，以至于当地人提出了各县分段包修的建议。不过数年之后，慕豫生还是升为信阳知州，因"盘获楚省夥窃拒捕逸犯郑国玺等九人"，得到玄烨的诏奖："该州

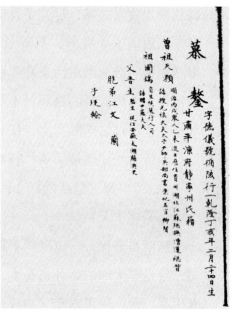

慕鳌科举考试亲供单

能实力缉捕，于地方公务，甚属留心。慕豫生著该部行文，调取来京引见。"乾隆三十五年，慕豫生荣升兰州知府，其后不知所终。

清代才子袁枚的笔记小说《子不语》里，有一则《王将军妾》的志怪小说，写慕生在客店偶遇前明王将军亡妾鬼魂，活灵活现，惊悚恐怖。事涉不经，置之毋论。

最后一名进士是慕公的曾孙慕鳌。

慕鳌字不详，嘉庆元年（丙辰科）二甲第9名进士。《清朝官员履历档案》有如下记载："慕鳌，江苏人，年四十四岁。由进士以主事用，签分兵部行走。嘉庆四年十月内题补主事，十一年三月内题补本部员外郎。十三年正月内奏补本部郎中。十五年京察保列一等记名，以道府兼用。十六年二月内用浙江督粮道。"看来，慕鳌的仕途还算是平顺的，十五年内，从临时性的兵部行走到六品的主事、从五

品的员外郎、正五品的郎中，最后外用为正四品的浙江督粮道道员，虽非青云直上，却也芝麻开花节节高，可喜可贺。有意思的是，慕鳌的履历折上，有两次被"引见"的记录，一次是嘉庆十六年二月，一次是嘉庆二十年十二月。首次引见得到颙琰"似可"的批语，二次批语比较明确："中才。"清代制度，将京察一等或考核优等官员由王公大臣引领觐见皇帝，以供皇帝参酌决定官员的升降任免，是为"引见"。通过引见和交谈，有利于皇帝发现人才，但同时未免主观随意，具有很大的局限性。幸好，"似可""中才"都还差强人意，慕鳌的顶戴花翎依旧光彩鲜亮。至于慕鳌在浙江督粮道任上有何作为，史书不载，只好付之阙如。

追寻慕氏先贤业绩，有一位绕不过去的实干家，他的名字叫慕国琠。

慕国琠，字泾玉，天颜子（据《慕氏家谱》）。慕国琠以贡监出仕，雍正元年调任南宁知府。八年，因故去职。旋经大学士鄂尔泰保荐，命往陕西委用，屯田效力，川陕总督刘于义檄委专管高台县三清湾开浚之职。肩负重任的慕国琠"自备口粮，不敢支领养廉，劳苦自甘，竭蹶从事"，终有所成，在河西屯田农垦史上写下流芳千古的一笔。

乾隆《甘州府志·艺文》中有一篇慕国琠的《开垦屯田记》，如实记载了他效力河西、开浚屯田的经过与成果。记文涉及屯田政策、地域考察、耕作节要、渠情记录以及初步成效等，其中大者，不外改土与修渠两项。

慕氏所至的三清湾屯区，地势平坦，但土壤多碱，是农作物生长的头号杀手。于是，改土治碱，便成为他艰苦探索的第一步。慕屯委深入民间，搜集整理，去芜存菁，总结出一套"农政全书"式的以改土为主的农作方案，诸如泡水、播种、浇水、收获等环节的注意事项，具有极强的科学性和可操作性，至今还是这些地区普遍遵行的农作日程。

河西为大陆性干旱气候，降雨稀少，农业用水主要依靠雪山消融灌溉，修渠理所当然地成为农业运作中的重中之重。国珙甘冒严寒酷暑，躬亲踏勘，总结出柳桩加土堡固堤法，固堤绿化兼美，令人赞叹。尤其是他抛却官架子，摸爬滚打，"风雨之中奔走不敢避，饥渴不敢辞"的踏实苦干，不就是一个无须扬鞭自奋蹄的"孺子牛"吗？

慕天颜与西岩寺

□ 王永强

　　静宁位于陇口要冲，素为陇上文华之地，自古及今，代不乏人，才俊辈出。这里不仅诞生了人文始祖伏羲，而且孕育了宋代著名军事家吴玠、吴璘、刘锜等彪炳史册的历史人物。顺治、康熙年间的慕天颜，在浙江、福建、江苏（包括今上海）、湖北、贵州等地为官多年，后官至漕运总督，统辖八省漕运事务。尤其是任江苏布政使、江宁巡抚的十二年间（因授光禄大夫，至正一品），在赈济灾荒、开江治水、蠲缓钱粮、体恤民力、军需供给等方面颇多建树，百姓交口称赞，康熙帝多次嘉奖，是一位赫赫有名的功臣，是静宁人民、平凉人民、甘肃人民的骄傲。

　　在静宁县城西面，纵贯着一条自北向南的山脉，它是陇山山脉的一条分支。在去城六七里的这座山上，有一个地方以寺著称，这寺叫西岩寺。西岩寺历史悠久，北魏时期就有僧人在此创建寺院，后世一直是静宁一带最大的佛寺道观。

　　一个人，叫慕天颜，是名人；一座寺，叫西岩寺，是名寺。翻阅厚重的历史散页，一个名人和一座名寺的交织，留下了一段熠熠闪光的佳话。

明熹宗朱由校在位的天启二年（1622），曾发生了许多大事。二月，后金与科尔沁结盟。二月三十日，京师滦州（今河北滦县）地震，震级六点二五级。三月，杭州兵变，拆钱塘门外更楼。五月，福宁兵变，诏增加盐税。六月，左副都御史杨涟劾魏忠贤二十四条罪，熹宗慰魏而斥杨涟。七月，广州民变，黄河徐州段决口，荷兰侵占澎湖。八月，民族英雄郑成功诞生。同年诞生的还有姚启圣、蒋超、范承谟、汪琬、阮旻锡、彭任、艾元徵、李柏、沈云英、徐倬、谢良琦等历史风云人物。

这一年的腊月初三，一个叫慕天颜的人，诞生在静宁州城阜民坊（即今新街）。

在慕天颜出生的前后十余年间，天灾人祸不断。明神宗万历十年（1582）四月，蚜蚧害稼，五、六月旱，大饥。明熹宗天启二年（1622）九月，地震，天空星陨如雨。明毅宗崇祯二年（1629）地震，死人甚多。崇祯三年（1630）大旱，大饥。崇祯五年（1632）四月，李自成农民军与官军曹文诏、杨嘉模部战于静宁，农民军失利。崇祯六年（1633），固原兵备陆梦龙遣姜永跃代理中军事，以兵营驻防静宁。崇祯七年（1634）四月，李自成、张献忠合兵数万攻占州城外关。八月，陆梦龙率游击贺奇勋等与李自成军激战于老虎沟。崇祯十年（1637），旱，飞蝗蔽天，所至秋禾立尽。崇祯十二年（1639），蝗、旱、民饥。崇祯十三年（1640），大饥，户口凋亡，饥民遍起，乐土里人张一谅集饥民千余，据界石铺，被知州陈景与防御千总马乾镇压。崇祯十四年（1641），旱、蝗成灾，人相食，饥民复起，知州陈景招抚。崇祯十六年（1643）十一月，李自成遣部将贺锦率马步军 24 万入静宁，州民拥知州陈景出城迎降。

综观上述，可见慕天颜自出生到青年的成长历程，是在大明王朝摇摇欲坠、穷途末路的覆灭中，一路踽踽而来。

据《静宁州志》记载，慕容直"有善行"，其子慕容三让性仁厚，好施济，还经常买来小兽和飞禽放生。遇严冬大雪，因担心鸟雀无处觅食，就遣家人到城墙上清扫一块空地，撒一袋粮食来饲喂鸟雀。由此可见他爱人利物之一端。受这样的家风熏陶，三让子慕忠也"慈祥和厚，好善乐施，居家以孝友闻。其训子读书，犹得燕山遗意"。

慕天颜系长孙长子，自幼聪颖，口齿伶俐，所以深得祖父的疼爱。崇祯三年（1630）大旱，加之上年地震之祸，民不聊生。青黄不接时，州城内外，遍地饥民，嗷嗷待哺。而慕家因多年积攒，储藏粮食数千石。

有一天，年仅六岁的慕天颜从外面回家，满街惨象让他小小的心灵十分难受，在爷爷慕容三让领他在院子中散步时，他突然指着自家的粮仓说："满街饥民都快饿死了，咱家留这么多粮食干啥呢？怎么不拿出来救人性命？"慕容三让一听，心中为之一震：自己平时买生放生，尽是小善，怎么没想到开仓赈饥，以行大善呢？想到这里，他在自愧的同时，深为孙子能有这等见识而欣慰，遂每日在家门口煮粥放食，救活了两三千人。远近百姓，都打心眼里感念慕容老爷一家人"放舍饭"的大恩大德。

发轫于隋唐的科举制度，到明朝始发扬光大。自洪武三年（1370）开科，实行扩招，当时的考试分为三级，第一级是院试，考试者统称为童生，考试范围是州县，考试合格的人常称呼为"秀才"，而考到一、二等的才能有资格去参加更高一级的考试，叫"录科"。

考上了秀才，从此就摆脱了平民的身份，大小也是个知识分子了，会有某些特权，比如可以免除一人的徭役，见到县令大人可以不下跪。再高一级的考试叫乡试，是省一级的统考，三年才有一次，在这一级别考试中过关的人就叫举人，举人是有资格做官的，有官缺了举人才能替补。举人之后才能参加会试，考生都是全国的精英，朝廷将在其中挑选三百人左右为"贡生"。贡生在会试以后，还要参加殿试，由皇帝亲自主持，另派读卷大臣协助，只考一场策问，殿试录取的称进士，中了进士就可以被派做官。进士是中国古代科举制度中，通过最后一级考试者，是科举功名的最高等级，民间又称考中进士者为"天子门生"。

所以，在慕天颜的那个年代，要达到能"念成书"的程度，真是举步维艰，没有一定的殷实家庭，一个聪慧的天资，一股勤奋的精神，只能在"求学"的漫漫征途中，中道而"崩殂"。

慕天颜的出生，可谓不逢其时，年年旱灾、蝗灾、震灾、兵灾……灾灾不断，人人饥寒交迫，生活水深火热。但是，慕天颜的出生，又可谓正逢其家，他生在州里屈指可数的大户人家，仓有粮，架有书，教有师，是"口含着金汤匙"来到世上的。

慕家最早的先祖是东胡人。这个古老的民族，据称是黄帝部族有熊氏的苗裔，因居匈奴（胡）以东而得名。秦汉之际，为匈奴所败，其中退居鲜卑山的一支以"鲜卑"为号。三国时，鲜卑首领莫护跋率族人迁至辽西，因助曹魏征讨辽东的公孙氏政权有功，被封为"率义王"。到莫护跋之子木延，又因参与曹魏征讨高句丽的战争，被赐以"大都督""左贤王"的称号。木延之子涉归，因功被封为鲜卑单于。涉归之子慕容廆，当政50年，期间适逢西晋八王之乱、永嘉之乱，他以修明政事、敬重贤人的姿态，招揽了大批汉族士大夫与中原流民，安居乐业，发展生产，从而奠定了慕容家族立国的基础。

而慕容廆，也正是慕容这个复姓家族的得姓始祖。从莫护跋算起，慕容家族经过五代人、近百年的奋斗，终于在东晋咸康三年（337），由慕容廆之子慕容皝建立起强大的国家政权——前燕，成为十六国时期举足轻重的政治军事势力。随后，还有后燕、西燕、南燕、北燕等四个慕容燕国政权，他们称雄北方近百年，风云人物层出不穷。北魏太延二年（436），随着北魏灭北燕，慕容政权正式退出历史舞台。在此后千百年的岁月中，泯然众人的慕容氏西迁南移，逐渐散居各地。

据康熙年间的国子监祭酒、钱塘人汪霦《慕氏家谱序》（今存静宁县威戎镇慕氏）称，静宁慕氏最早的祖先出于高辛氏（据说是黄帝的曾孙），世居塞外，秦汉以还，莫可纪述。到慕容廆以后，"当晋叶中衰，建义声于绝壤，上翼天子，下慑诸侯，于群雄中赫然振兴，受爵燕土。其后由燕入邺，散处北地，代有闻人。"明朝初年，因有一支慕容氏人到陕西平凉府做官，后将家安在平凉府静宁州城。"静宁之上世，潜德弗耀""谱牒散失，世次莫考"，也不知居于何处。

静宁慕氏先祖，有据可查者，首推明弘治（1488—1505）的贡选慕容易，以及其后人因女嫁平凉末代韩王（朱元璋第二十子朱松后裔）而荫封的慕容安。明代王室选妃，"惟朝廷遴选名家处子，柔嘉渊懿，作配宗藩"（明正统七年平凉《乐平王妃圹志》），由此可肯定慕容家族当是在平凉府都有一定影响的名门望族。

慕容妃（？—1643），名失考，大约在天启、崇祯间被平凉第十一代韩王朱亶塉选为妃。崇祯十六年（1643），李自成部将贺锦率马步军24万，由泾川攻占平凉，韩王出奔庆阳，慕容妃殉节（见康熙《静宁州志·烈女》）。今平凉市博物馆有国家一级文物铜鼎香炉，其铭文就记载了崇祯三年（1630）季春韩王朱亶塉与"太妃国母董氏""妃慕容氏"为崆峒山寺观献造的信息。因与王室的姻亲关系，慕容妃之父慕容安受封承德郎、兵马司指挥，兄慕容恭受封兵马司指挥。慕天颜高祖叫慕容逊，与慕容妃之父慕容安的辈历关系，据静宁学者时下翁撰文称"慕容妃的一个侄曾孙正是康熙名臣慕天颜"，则慕容安与慕容逊应是兄弟或堂兄弟。用静宁民间的称谓，慕天颜应该叫慕容妃为"姑太太"。

慕容逊系生员，后代甚蕃。慕容逊生二子：直、介。慕容直生三子：三友、三让、三畏。慕容三让生二子：忠、孝。慕忠生三子：天颜、近颜、霁颜。慕天颜这一支之所以兴旺发达，主要得益于其祖父慕容三让的言传身教和精心培植。

慕容三让，字敦礼，一字德周，虽出身读书仕宦世家，但在科举道路上很不顺畅。他自幼读书，直到长孙慕天颜七岁时，即崇祯四年（1631）才取得岁贡的资格（见民国《静宁县志》）。随后，一家三代同走科考路，到崇祯十六年（1643），至少已是花甲之年的慕容三让（据其长子慕忠生年推断），才艰难地迈上"入贡"的台阶（见康熙《静宁州志》）。三让子慕忠，是一个未曾出仕的读书人。到他这一代，其姓氏始去容从慕，改为单姓。

慕天颜共兄弟三人，两个弟弟分别是：慕近颜，曾任翰林院孔目；慕霁颜，曾任广东昌化县知县。他们这一辈，皆去外省为宦，其中慕天颜的子孙皆散居江南苏州一带。

现据甘肃镇原县慕氏后人、《慕容、慕、容氏宗谱》（甘肃文化出版社）主编慕喜安多年来逐村户查访，赴江苏省苏州市图书馆查阅史志及《静宁县志》，以及通过家谱、祖案等资料核实，对静宁县慕氏的分布作了调查，大部分分布在静宁县、庄浪县、金塔县、安西县，宁夏回族自治区泾源县、隆德县、西吉县和西夏区等县、区。共有 13 个乡镇、248 户、1226 人。其中宁夏回族自治区隆德县联财镇，静宁县甘沟等村未采集编写在内，对其他按各支脉分布记述，排出各支辈次世系表。

目前，静宁县城再无慕氏原居后裔，散居各乡镇的慕氏当是慕天颜旁系后代。主要分布在威戎镇北关村，界石铺镇慕堡子、西川村，红寺镇甘湾村、水泉湾村、红寺村下院，司桥乡司桥村，他们大都自称"慕总漕的后代"。

其中威戎镇北关村一支慕家，至今完整保存着一尊漕运总督慕天颜神牌，以及慕天颜的奏疏《抚吴封事》和《楚黔封事》康熙刻本、翰林院编修王焯撰写的《慕天颜神道碑铭》、国子监祭酒汪霦恭撰的《慕天颜行状》，其保存者为慕宏业的母亲张莲英。江南艺人雕刻精美的慕天颜神主牌位、康熙刻本、名家手抄族谱等珍贵文物，在"破四旧"运动中，被目不识丁的后代儿媳藏于夹墙当中，躲过无数次的浩劫，才得以重见今日。

今位于静宁县城站院巷内的清真寺，始建于明嘉靖十四年（1535），自清康熙五十一年（1712）以来，曾三次翻修扩建。目前整体布局依西向东，以礼拜大殿、邦克楼、牌坊为轴线，南北两侧配有厢房。其中礼拜大殿古建筑，平面呈"凸"字形，由歇山、悬山顶和两坡卷棚连接，建筑形式独特，是明代建筑的代表，现为国家级文物保护单位。据考证，站院巷清真寺礼拜大殿古建筑，正是静宁慕天颜家族"慕家祠堂"。

慕天颜自小聪慧过人，五岁能读文章，并且过目成诵。这样的"神童"，真是一块读书的好料。

明末静宁始有义塾，开展儒学教学，儒学乃中国文化之主脉，是为国人，不可不察。科举考试内容主要是八股文。八股文主要测试的内容是经义，《诗》《书》《礼》《易》《春秋》，五经里选择一定的题目来进行写作。题目和写作的方式都是有一定格式的。八股文中有四个段落，每个段落都要有排比句，有排比的段落，叫四比，后来又叫八股。

"学霸"慕天颜，5岁受书入学，15岁入静宁州学，为生员，23岁中举人，32岁中进士，列三甲第192名，33岁任浙江钱塘县知县，正式开启了人生的高光时期。

慕天颜在青少年时代，就历经了明清政权的更替，皇权制度的变革，必然会引起思想认知和社会意识的巨大颤动。在心灵的波震中，必将要寻找一块能够放置灵魂的栖地。

西岩为静宁古老名刹，"西岩积雪"为静宁州八景之一，明代静宁知州靳善在《西岩积雪》一诗中可窥其景致，诗云："西岩层叠势崔巍，雪后峰峦次第开。石蹬纵横银作界，僧房高下玉为台。"自此静宁州历代文人、官人、豪客皆有咏唱。康熙三十二年（1693），静宁州知州黄廷钰在《游西岩记》中载道："环静皆山，而西岩独高。未及岭有古刹，腊履登临，一览众山小矣……山故有槛泉五，可以引塘，可以种鱼，可以作亭……佛座数层，曲径回廊，多植竹树，人影出没，可以图画。"寺里有泉、塘、鱼、亭、廊、竹、松、柏……可见其气候、环境、风景极佳。

西岩寺亦是一座仙山，在明朝正统年间，明英宗朱祁镇执政期间，静宁州人杨仪读书寺中，偶遇一道人，其相貌奇特，神态迥异，道风仙骨，见其卷毡为笔，在西岩寺山门榜书"瀛洲"二字，便飘然而逝，堪为神奇。瀛洲是传说中神仙居住的仙山，与蓬莱、方丈并称为东海三神山。这位衣衫褴褛、连姓名乡籍也说不清的道人，从何处来，要到何处去，为什么要在山门上书写"瀛洲"二字，现在虽也无从考究了，但这或许是神授，或神祇的旨意吧。

慕天颜作为州城的读书人，自然也听说过当地人津津乐道的本朝乡贤杨仪与西岩游士的故事。据康熙《静宁州志》载：

> 西岩游士，不知何许人。明正统间，西岩寺重葺，有道士至，衣冠褴褛，面貌奇伟，丰神迥异。寺众相与揖，问姓名乡籍，若不知。少坐，取毡卷缚入垩土瓮，浸渍良久，双手振刷，大书"瀛洲"二字于门壁。纵横各一间，结构完密，得未曾有。时杨仪读书山寺，从旁窥之，道士顾谓曰："吾阅人多矣，未有骨秀如子者。既见吾书，子其可教。惜名根未断，奈何？"仪欲留山房，卒去。因送偕行数十里，会天晚，同坐古寺中，与言真草书法，复授以丹诀，诫勿泄。后仪果以工书知名。道士字经二百年，至崇祯末大变，寺宇焚毁，犹岿然独存，复十五载始毁。

杨仪，字中礼，是居于静宁州的平凉卫籍人，书法名一时，诗亦清新入格。明成化中以贡生任河南都指挥司（与布政使司、按察使司并称为行省"三司"）断事司断事（正六品），才能丕著。

虽说杨仪的官不算大，但以书法闻名一方，自然也是慕天颜敬仰的先贤。他当时就想：为什么不能像杨仪那样远离尘嚣、避开灾乱，到西岩寺去潜心读书呢？

在2013年7月，西泠拍卖古籍善本、写本写经专场中，拍品有"1676、1681年作，李赞元、慕天颜、秦松龄等十九家《题杨忠愍公梅花诗册》（八十六页）"，其中册页有慕天颜书"丙辰清明日读渭公冀老年翁所藏杨忠愍题赠……鸡鸣风雨后，开卷重咨嗟。关中慕天颜具学。"钤印：慕天颜（白）鹤鸣（朱）。这个册页估价35万元，每页书法精美绝伦，体现了清代官场文人书艺最高成就，慕天颜的行草诗页首屈一指。

后来，清朝静宁州阜民坊人赵为卿，书画冠绝一时。行草挺拔苍劲、古雅质朴；所画葡萄呼之欲出、活灵活现，是甘肃杰出的书法家之一。他也有登山的爱好，上了一回西岩寺，感慨："何时仙客重临此，再写'瀛洲'两字来"。下山后，干脆自称为"西岩居士"了。

齐白石的关门大弟子赵西岩，25岁考入北平艺术专科学校，师从长他61岁的齐白石先生，深得真谛。他的画皆"妙笔天成，炉火纯青"。他与张大千、黄胄等名家有交往，是第一个把白石画风带进陇原的人。

画家赵西岩以西岩寺取其名，可谓意味绵长。

明清时期的西岩寺，佛教文化底蕴十分深厚，在方圆二三百公里范围内鲜有其匹。寺内凌空建有木结构的复道，有存大量经卷的藏经洞。

西岩寺藏《大藏经》，是汉文佛教经典的总称。从北宋开始印刷，最早的版本是蜀版，它有1076部、5048卷之多。少年慕天颜是如何在一年之内，手不释卷、焚膏继晷读完的呢？

西岩寺的幽静和灵气，正是读书人的好去处。慕天颜早已满腹四书五经，在他青春年少最美年华，15岁的时候就去西岩寺，潜心闭关，苦读《大藏经》，在知识的架构上有了更大的阔拓，在智慧上有了更深的启迪和开悟。

《大藏经》系所有的佛经集大成者，包罗万象，涵盖所有的戒律，所有的古近高僧著作论述。内容包括经、律、论部分。"经"即"经典"的意思，是佛一生所说的言教的汇编，它是佛教教义的基本依据，上契诸佛之理，下契众生之机，有关佛陀教说的要义，都属于经部类。"律"是佛所制定的戒律仪制，能对治众生的恶，调伏众生的心性，有关释迦牟尼佛针对佛教教团的生活制定的规则，都属于律部类。"论"是对经、律等佛教经典中教义的解释或重要思想的阐述，它在佛教中一般被认为是菩萨或各派的论师所做。

明代的《大藏经》有近 6000 卷，少年天颜能够在短期内读完，如果没有超人的耐力、智力、定力、动力……常人一般是不会达到的。

"横立读书志，经史功夫深"，慕天颜在西岩寺读经开启智慧后，才学出众，文武兼备，平生以文章经济为己任。他的会试经义卷《而非邦业也者》，刊于清代《利试小题英雅》，相当于全国高考满分作文范文。

慕天颜因西岩寺和《大藏经》，心有佛缘，在江南的行政中，永葆民心，政绩累累。他购楠木千手观音一座，带回静宁，在老城隍庙以南，建普陀寺，奉楠木观音坐像，该处定名为普陀巷，位于成纪文化街正中南。在清末，普陀寺废后，楠木千手观音像移奉中街城隍庙，后焚毁于"文革"。近几年来，县城实施棚户区改造工程，一条历经三百余年、谧幽、舒缓、香火浓郁的普陀巷，改造成极具现代气息的居民楼院小区。虽然往日普陀巷荡然无存，但是普陀巷前身的烟火气韵，如今成为历史永久的记忆。

西岩寺因《大藏经》而渊博高深，西岩寺因慕天颜而名垂数百年。慕天颜是静宁历史上不折不扣的一名大才子，支撑了一方"弘文崇德"的思想高地。

静宁不愧为大州，是文人的故乡，文风浸润，明清间荣登进士榜者 14 名。慕天颜自走出静宁故土，开始宦海生涯，其"三举十贡五进士"的荣耀，在西北十分罕见。

西岩寺经历了明末战乱、同治兵燹和民国匪祸，几经劫难，近乎湮灭。

西岩寺，也是一座肉体和灵魂救赎的寺，自清代开始，每年的正月初一，就有"放食鸟雀"的护生仪式。

如今在西岩寺土崖偏处，犹可见大青砖、瓦当、瓦片、陶罐残身等古物，应为古寺遗存。康熙八年（1669）秋九月，静宁进士、楚鄂监军道兵巡使者王瓆书有《静宁州重修西岩寺募缘疏》。曰："陇干西岩寺者，未念其何年修，两增于明代。带拥长河，襟连翠岫，林壑廻环之胜，雄峙一隅；云霞缥缈之观，昔列八景。殿阁巍峨，廊庑鉅丽，贞珉勒之详矣。奈岁久物隳既飘摇以风雨更时移世换，屡涸敝于兵荒，遂令名刹委瓦砾之场，兰若塞荆榛之望，消歇至此。"

西岩寺现建有大雄宝殿、玉皇洞、菩萨殿及塑像 26 尊，存壁画 36 幅，收藏部分汉砖瓦、枯木化石等重要文物。这里风景依然宜人，有诗云："春则桃杏吐芬，夏则浓荫匝地，秋则层林尽染，冬则玉砌琼妆。"每年农历四月初八释祖圣诞期间，香客信士往来如织，梵音袅袅，香火旺盛。

甘南诗歌"三驾马车"之一、西部著名诗人桑子，甘肃静宁人，在 20 世纪 80 年代，因敬仰慕天颜西岩寺读经，遂在西岩寺闭关读书三个月，使心灵经受了一次历练，内心充满了对尘世的热爱与关怀，写出了《告诉亲人》《秋歌》《红缨》等代表作，诗作入选 1987—1988 年度《青年诗选》《1989 年全国诗歌报刊集萃》等选本，出版了《宋代文官集团研究》一书。桑子的诗歌感情细腻，文笔精炼，情感充沛，是中国诗坛少有的草原诗人。

近日，"西岩书画院"正在西岩寺筹建中，将来在静宁还要修建

"慕天颜故居""慕天颜纪念馆"。一代名臣慕天颜，你早该走出尘封的历史，在这个新时代，呼吸一下新鲜的空气，感受一下新风，倾听一下静宁48万乡亲的召唤。

慕天颜，你是静宁人精神的化身。

西岩寺，你永远挺立在静宁人的心中。

慕天颜与西岩寺，这段历史往事，是静宁一道永恒的丰碑。

【参考资料】

1.《静宁县志》(甘肃人民出版社,1993年第一版)

2.《静宁州志》(康熙年间)

3.《静宁县志》(民国年间)

4.《慕容、慕、容氏宗谱》(甘肃文化出版社,主编慕喜安)

5.《慕天颜传略》(未定稿),李世恩著

【作者简介】

王永强，笔名裸穗，生于1975年10月，现为静宁县政协副主席，民盟静宁县委员会主委，甘肃省作家协会会员，先后在《星星》《诗刊》《诗歌月刊》等刊物发表诗歌，作品入选《甘肃的诗》《平凉诗选》《静宁古今诗文集粹》等书籍。为新诗典诗人，首届成纪文艺奖二等奖获得者。

一路伯乐

——慕天颜的业师、座师与恩师

□ 时下翁

古之学者必有师。师之名号，各有不同。

一是受业师，简称业师，是指教育过自己、亲自指教讲读的老师。士子从幼年开始跟随受业师识字、读经、学作八股文、试帖诗直至参加童试、乡试乃至会试、殿试，无不受先师的深远影响，对士子尽早获取功名起着关键作用。

二是受知师，又叫座师。唐宋时，进士称主试官为座主。至明清，举人、进士亦称其本科主考官或总裁官为座主，或称师座。唐李肇《唐国史补》卷下："（进士）互相推敬谓之先辈；俱捷谓之同年；有司谓之座主。"

三是保举师。内阁重臣向朝廷推荐人才，以使其得到提拔任用。因其有举荐之恩，故被荐者以恩师称之。

一、业师李友郭

天颜生而卓荦，五岁受书，能过目不忘。年十五，补州诸生，进入州学学习。在这里，他遇到了影响自己一生的业师李友郭。《静宁州志·官师志》云："清儒学学正李友郭，字仲也，绥德人，由前副榜任。性敏悟，少与兄友梅侍御齐名，摄州篆，担当有为，士民咸戴。"州学正，正八品，为一州的教育行政管理者，同时一职多用，也是州儒学的实际教育教学人员。李学政对于"文章确有根蒂，议论泉涌，行文清真峭拔，绝不类世之所为帖括者"的少年慕天颜颇为欣赏，着意栽培，寄予厚望，师生之间，志趣相投，成为忘年之交。同时，李友郭担任学正期间，曾一度代理主持过全州事务，他"担当有为"的务实从政风格，自然给慕天颜的思想深处，留下深刻的烙印。慕公之子慕琛《显考鹤鸣府君行状》有云："府君之于李先生友郭，投分日久，终身师事之。"俗谚"一日为师，终身为父"，就是他们师生关系的极好写照。

二、座师孙廷铨

如果说李友郭是慕天颜人生路上的领行者的活，那么，"孙国老"孙廷铨则是他步入科举正途的关键人物。

孙廷铨，号沚亭，山东益都（今山东博山）人。明崇祯十三年（1640）庚辰科进士。入清后，历任兵、户、吏三部尚书，康熙帝拜其为内秘书院大学士，曾献计智擒鳌拜，为辅佐康熙亲政做出了特殊贡献。玄烨亲书"为帝者师""帝赉良弼"两幅匾额以赠，被称为"一代帝师"。此前的顺治三年（1646），时任吏部主事的孙廷铨受钦命担任丙戌陕西乡试的主考官。当分房阅卷官送上推荐的慕天颜的朱卷时，这位大总裁慧眼识珠，连连称好，红笔批"取"之下，又缀以极佳评语，使年仅23岁的慕才子一鸣惊人，荣登贤书第40名。

事葳之后，按照惯例新科举人要登门拜见座师大人，座主门生一见如故，言谈甚洽，遂订忘年之契。慕天颜荣中进士乃至出任布政使之后，或专程领教，或鱼雁往还，师生情谊，随岁月而弥笃。孙阁老时以"诸葛一生唯谨慎，吕端大事不糊涂"告诫门生，使慕天颜常怀临深履薄之惧，兢兢业业，勤恳国事。康熙十三年（1674）孙阁老病逝，谥"文定"。康熙十七年（1678），慕天颜将其生前手订奏疏佚文选编为《沚亭删定文集》，撰写序言，付梓行世。序文前半，是对文定公治绩、文章意义的颂扬；后半则是对先师的追思怀念，兹录之如下：

> ……予自丙戌（顺治三年）受知以后，谒公于邸第，双藤倚门，焚香读书，执手道故之下，谆谆以事业相期许，语予曰："古之君子，能谋王体而断国论者，未尝不原本于学。汉唐以降，腐儒佞子误军师、负君父，前车后辙，相望而不知戒，由其不学然也。……任天下事者，不可以不学。吾其衰矣，惟子勉之。"二十余年，服膺斯言，有志而未之逮。今余谬叨皇上不世之知，遗大投艰，才不副任，鳃鳃焉有临深履薄之恩。读公之遗文，丹心汗青，千秋彪炳。摩娑卷帙，烛影荧荧于帘几间，灵风肃然，如闻告语，曷禁涕泗之交颐也。不忍不援笔而为之序，因述生平知遇之详，公之爱人以德若此。

风檐展书读，古道照颜色。读到"读公之遗文，丹心汗青，千秋

慕天颜撰《孙文定公集》序书影

彪炳。摩娑卷帙，烛影荧荧于帘几间，灵风肃然，如闻告语，曷禁涕泗之交颐也"诸语，笔者景仰斗杓之情，油然而生。国老膺国之重寄，质明而出，夜分而入，日理万机而不忘提携后进，以家国事业相期许，如此高师，若非三世修来，岂能一遇？

三、恩师纳兰明珠

顺治十三年（1656），慕天颜以钱塘县令起家，十一年后，升任福建兴化知府，官阶从正七品上升至从四品。如果没有突出政绩的话，一个外放官员的宦途也就到此画上句号，再难有升迁机会了。孰知，就任兴化的第三年上，即康熙八年（1669），天降贵人，使慕天颜的命运发生了超乎寻常的变化，平步青云，日新又新，终于官居一品，位极人臣。

贵人谓谁？内阁权臣、大学士纳兰明珠。

明珠，字端范，满洲正黄旗人。在裁撤三藩、抵抗沙俄、收复台湾诸大政上，与帝相合，故得玄烨恩宠，授武英殿大学士，加太子太傅，晋太子太师，人以"明相"呼之。其为人，机警老练，善于识人，致有"万花筒"雅号。康熙八年（1669），年轻的康熙清除了权臣鳌拜，亲理朝政之后，遂将收复台湾提上议事日程，令时任都察院左都御史兼吏部兵部尚书明珠，偕同兵部侍郎蔡毓荣至福州，与福建军政长官会商，选派能臣，渡海招抚"台湾王"郑经。

明珠一行奉命至闽，地方官员迎谒道左，宾主寒暄之间，明珠见一中年官员相貌堂堂，谈吐不凡，询之，知是兴化知府慕天颜，乃与之立谈，征询闽海方略。慕天颜于是侃侃摅陈，海防军情，了如指掌；良法美意，切实可行。明珠遽起握手而叹："公真奇才也。是役也，非君无可使者。"于是这位钦差大臣奏请朝廷，加慕天颜以太常寺卿（正三品）衔，另选文武双全之都督佥事季佺为副使，赍诏入台，劝说郑经改弦易辙，早日回归祖国怀抱。

七月初，慕天颜一行捧皇帝诏书及明珠给郑经的信件，克服西人不服水土困难，漂洋过海，到达台湾安平镇王城。见到郑经，告以古今兴亡之迹，向背利害之由："公等如鱼游釜中耳！天朝法网宽大，特命予宣布德意，冀尔一返于正，不欲以烦兵戈者，重民命也。尔其图之，勿有后悔。"孰料郑经凭恃隔海天险，顽固坚持己见，遂致谈判破裂。嗣后移至大陆泉州再谈，亦无果而终。然而谈判期间，台岛军民，见到天朝使者立身如乔岳、吐词如洪钟的威仪，皆曰："此神人从天而降！"岛内人心向化思归，偷渡降顺者络绎不绝。慕天颜利用往返四次渡海机会，暗中绘制台澎地图，并建言明相，仿古来会哨制度，建寨设防，以为守固，而后徐图进取之计。条条规划，甚合明珠心意，自是愈加看重慕天颜。慕天颜亦知无不言，甚是相得。

慕天颜在台海会谈中的出色表现，引起了康熙的注意。来年，皇帝擢升慕天颜为江苏布政使，把振兴吴越、再造江南的重任托付给他。

宦海险恶，自古皆然。在慕天颜宦迹貌似辉煌的背后，隐藏着皇帝无端的指责和同僚攻讦的冷箭。清廷档案《康熙起居注》记载，每当慕天颜利民举措受到皇帝怀疑猜忌、误解不满之时，明珠总是利用近臣的身份，为之转圜，为之呵护。如康熙二十年（1681）十二月初九日玄烨大发无名之火："慕天颜办事虽长，愆咎甚多，居官亦不甚好，屡次饬谕，并不悛改。尔等云何？"大学士明珠奏曰："慕天颜办事最优，总候上裁。"上良久曰："着依议。"一场风波，侥幸平息。类似例子还有许多，假使当时慕天颜知之，还不惊出一身冷汗？而当遇到对慕天颜有利的契机，明相则极力附和，促其成功。康熙二十三年（1684）九月十四日在任用贵州巡抚人选上，玄烨征求在场枢臣意见："以慕天颜调补何如？"明珠不失时机奏曰："圣谕极是。以慕天颜调补最为允当。"上曰："慕天颜着调补贵州巡抚。"于是慕天颜得以顺利调补贵州巡抚，造福黔边。

史传，纳兰明珠在朝朋比结党，官箴有玷。愚以为，金无足赤，人无完人，他引荐慕天颜，完全是出于为国求贤的至诚，透明公正，不掺杂私心杂念，不出于政治投机。当他万花筒般的慧眼一旦认准了人才俊彦，则倾心相助，"扶上马，送一程"。一位有良知的政治家的胸怀远略和不改初衷的定力，表现得如此完美——"恩师"头衔，舍明珠其谁？

慕天颜招抚台湾

□ 李世恩

  台湾与大陆的渊源深厚而久远，其早期住民中大部分是从大陆直接或间接移居而来。三国时期，孙吴的《临海水土志》将夷洲（今台湾）作为临海郡的辖区予以载录，这是世界上对台湾最早的记述。隋大业六年（610），炀帝派大将陈稜率兵万余人征服台岛，从此台湾正式纳入中原王朝版图。南宋乾道七年（1171），孝宗派数千将士常驻台湾，并实行屯垦制度，这是中国历史上首次在台湾地区正式驻军。从此，台澎地区正式纳入中原王朝的实际版图及有效控制之下。

  但在明天启元年（1621），荷兰殖民者趁明军不备，以武力侵占台湾，开始其殖民统治。一直到顺治十八年（1661）三月，在东南沿海一带从事抗清复明活动的南明延平郡王郑成功，亲率两万五千大军，战船百艘，从金门出发，直取台湾。次年二月一日，荷兰总督揆一签字投降，郑成功终于收复了沦陷38年的台湾，也开启了明郑政权对台湾的统治。

  收复台湾的当年，台湾明郑政权与大陆清王朝都经历了一次权力更迭：郑成功猝然病逝，其子郑经继承父位；顺治皇帝病逝，八岁的玄烨成为清王朝入关后的第二代帝王。由于台湾明郑政权始终奉大明为正朔，这就与大陆的清王朝形成了隔海对峙的分治状态。所以，康熙帝登基之后，就把收复台湾作为自己奋斗的一个重要目标。

当时，因清廷内部权臣专政，康熙帝的权力尚不稳固，所以对于台湾问题虽时有军事冲突，但主要还是以招抚为主。自康熙元年（1662）至康熙六年（1667），清廷先后四次与郑经商讨招抚事宜，开出只要郑经削发登岸，就可厚爵加封的条件，但郑经几乎每次都以"拒绝削发，仿朝鲜例，仅纳贡而已"来回应。甚至到第四次谈判时，郑经还说出"台湾远在海外，非中国版图"这样罔顾事实、背叛乃父的话。

康熙八年（1669），少年天子玄烨智擒鳌拜，正式亲政。同年六月，即派翰林院学士、刑部尚书明珠与兵部侍郎蔡毓荣至福建，与当地军政长官会商招抚郑经的办法。

明珠，即纳兰明珠，是康熙朝的重臣，也是慕天颜仕途上的贵人。因明珠与蔡毓荣是钦差大臣，赴台招抚规格过高，只能遴选地方文武官员以朝廷特使的身份前往。明珠一行抵闽后，即会见总督、巡抚及有关僚属。当时，慕天颜等人正迎谒道旁，明珠下轿后与众官接谈，并特别询问地处前沿的泉州、兴化知府（从四品）对台海攻守有何良策。时任兴化知府的慕天颜，因对此素有观察和研究，故胸有成竹，侃侃而谈："自古善用兵者，言守则必兼言战，未有地势兵力不足以剿贼，可以堵御无遗谋也。而防边之计，必先守门户而后堂奥，固未有兵居内地、自撤藩篱，可以示威远而保疆域也。"明珠闻言大喜，再看这兴化知府英姿挺秀，应对机敏，兴奋地握手而叹道："公真奇才也！赴台招抚，非君无可使者。"

随后，经明珠奏请朝廷，以慕天颜为正使，并特加太常寺卿（正三品）衔，与都督佥事季佺等人捧康熙帝诏书及明珠给郑经的书信渡海赴台。

七月初的一天，慕天颜一行顺利抵达台湾安平镇王城（今台南市安平区），并会见了郑经。虽然郑经对大陆的招抚也表现出一种友好的姿态，但内心却十分抵触。当慕天颜要他接诏书时，他以自己"并非清廷臣下"为由拒绝。但将明珠的信当场拆阅，并表示："两岸息兵已有三四载，长此下去，各自相安，何必深求相逼？"慕天颜对其晓以古今兴亡之迹、向背利害之由，劝他认清时势、鉴机识变："朝廷之所以先后四次遣使招抚，只是感念贵藩不忘前明旧君，一腔忠诚。如今，前明覆亡，大清一统，贵藩若能顺应天下大势，幡然削发归顺，高爵厚禄，自当藩封，永为圣朝柱石。不然，岂寡楼船甲兵哉？"同时，还进一步规劝道："公等偏安一隅，正如鱼游釜中。朝廷不想动用武力者，只是担心战火一起，殃及百姓。劝君三思，勿有后悔。"郑经答道："台湾不在中国版图之内，本来无须烦先生大驾光临，我亦不敢对抗中朝也。"慕天颜义正词严地警告："普天之下，莫非王土。公等之祖先父兄，皆我中国之臣民，岂有中国臣民之子孙，而不隶我版籍？我天朝皇上，仁覆万方，不忍以中国臣民流于化外。故我今日之来，所以招我中国之臣民，非招海外之岛夷也。公等称非敢抗中朝，又谁复敢抗者？"一时，岛上官员及百姓复睹慕天颜等汉官威仪，观者如市，无不赞叹："此神人从天而降！"都从心底愿意归顺清廷，过太平光景。郑经思考再三，也心有所动。

但过了几天，因其内部意见不一，郑经故技重演，搬出了"仿朝鲜例"的老调，并派其刑官柯平、礼官叶亨带着郑经写给慕天颜的书信，继续谈判。

慕天颜读了郑经的信后，对其歪理邪说一一予以驳斥："贵藩主书内有'麟凤之姿，非藩笼所能囿'，人生天地间，惟昊天之子可云'不囿'，若贵藩主不囿于藩笼，是台湾尚非其寄托，敢谋大陆耶？又称'英雄之见，非游说所能惑'，此乃战国之时朝秦暮楚，非今日大一统之论也。兹我圣上，特颁恩诏，派我以三品京官衔命渡海，而以游说视之，正如古人所谓'拟人不于其伦'也。"

接着，对郑经信中所谓"通好之后"之类的话，进行辩驳："此语愈谬矣！若两者势均力敌，始可谓之通好。通好者，议和之实。今我朝廷以四海方国之尊，九夷八蛮，莫不来宾，而台湾乃海外一隅，欲匹夫行抗，强弱之势，毋论智愚，无人不知。今写于信中，只是纸上甲兵，夫复何益？总之，今日之事，不成，于朝廷无所损；成，则于贵藩主有所益。"

慕天颜理直气壮，义形于色，柯平、叶亨只有招架之势，并无还手之力。随后，慕天颜抛出这样一句颇具威慑力的话："贵藩这类有失体统之语，我钦差明、蔡诸大人因善体皇上之心，只是不深加过问，倘若一旦上闻天听，则大事决裂而不可挽回。大事不成，五省滨民，莫不归咎于贵藩主，上干天和，端在此也。"

柯平、叶亨因郑经主意已定，无法改变，双方难以达成一致。于是，双方商定，由台湾派柯平、叶亨，随慕天颜同去泉州，与明珠直接会谈。

回到泉州后，主客双方首先就会面的礼仪发生了争执。因为明珠和蔡毓荣两人是钦差大臣，代表皇上驾临，按例，虽爵至公卿，位至总督、巡抚、提都拜见，皆由侧门进入，偏坐。所以，慕天颜认为柯平、叶亨二位来使，自当遵循此例。但柯平、叶亨却认为自己并非清廷官员，"国有大小，使实一体"，应按两国使者会面的礼仪，平起平坐。为此，双方各执一词，互不相让。

这时，慕天颜想到了泉州文庙。因为文庙是供奉孔子的地方，而孔子又是清、郑双方共同尊崇的圣人。不同品阶的官员进入文庙，其礼仪是清承明制，钦差大臣与其他官员的待遇自然不同。当慕天颜提出在文庙会面的建议后，柯平、叶亨自知有尊卑之别，但也没有理由反对，只能同意。正式会面时，按照礼仪，钦差大臣明珠、蔡毓荣从正门款款而进，而柯平、叶亨就只能由侧门而入，就坐于大成殿偏座。一场眼看无法调和的礼仪之争巧妙化解，明珠对慕天颜既能坚持原则，又能灵活变通的才能愈加赏识。

在这次由明珠亲自参与的谈判中，台湾方面虽然表面声称"归顺全在一点真心，不在于剃发登岸"，但核心仍然是"愿照朝鲜例入贡"（康熙八年九月《敕谕明珠、蔡毓荣等》）。为此，在明珠紧急上疏康熙帝后，帝命再派慕天颜等同往台湾，向郑经宣布天朝奉天爱民、绥怀远人的诚意。于是，慕天颜、季佺文武二使者第二次渡海赴台，但郑经并未妥协。

虽然慕天颜这次奉旨招抚最终未能成功，但与前四次相比，不仅从心理上挫败了郑经集团的锐气，成为在清郑双方谈判影响最大、最接近成功的一次，而且也促成了数年之间海上亦相安无事的局面。"台湾之知向化，实自此始"（慕琛《显考鹤鸣府君行状》）。

在两次往返台湾途中，慕天颜还详细记录了所经过的岛屿扼塞险易之处、舟船往来远近之程，手绘地图，上奏朝廷，并对兵力部署和进兵方略提出可行性建议。此外，他还敏锐地发现迁界禁海政策对台海攻守战略的极端不利因素，特向明珠上书一封，提出补救建议。他指出，福建位于对台战略的前沿地带，其滨海地区如福州、兴化、漳州、泉州四府及福宁一州的险要之处，当以泉州之厦门为第一；而福宁之烽火门、福州之小埕、兴化之平海卫、漳州之铜山，皆最险之门户。若一味强调迁界禁海，将这些滨海岛屿当作边陲外岛尽弃而不顾，以致陆上守兵也不敢擅出一步，则沿海地区幅员辽阔，港湾丛歧，敌军于黑夜埋伏谁可得知，敌船于隔山潜泊从何可见？正因如此，即使严令迁界，但内地货物之外运，未必断绝；敌人船只之往来，无所忌惮。如此现状，可谓疏漏不小。所以，当务之急，应仿效古代的会哨制度（即军队在边境执勤时，相邻部队或分队之间加强军情交流和接合部的控制），在这一带建五寨之兵站，设五游之守军，作为常设兵力，牢牢把守，而后方可徐图进取之计。

明珠阅信后，连连称好，愈加认为慕天颜是难得的奇才。随后再次召见垂询，慕天颜知无不言，相谈甚洽。康熙九年（1670），当慕天颜升任江苏布政使后，昆山籍探花、翰林院编修叶方蔼还根据慕天颜当年招抚台湾的事迹，赋《赠慕鹤鸣方伯尝使海外受岛帅降》诗以记其盛，可见当时的影响之大。其诗云：

> 早闻儒术振关西，闽海还看靖鼓鼙。
> 岛上降王捧马足，道旁垂白卧车泥。
> 共推雅操南金并，真仰高名北斗齐。
> 今日属公分陕事，可教江左慰残黎。
> ——录自叶方蔼《叶文敏公集》（清代版本）

到康熙二十二年（1683）六月，康熙帝命福建水师提督施琅率大军两万多人由澎湖进军，一举收复台湾。这其中，也采纳了慕天颜当年的谋划和建议。

【参考资料】

1. 李世恩、李安乐辑校《慕天颜集》(商务印书馆 2024 年版)

2. 时下翁著《静宁文史大观》《康熙帝柔远海隅 慕天颜出使台湾》(敦煌文艺出版社 2019 年版)

3. 厦门大学台湾研究所等编《康熙统一台湾档案史料选辑》(福建人民出版社 1983 年版)

慕天颜年谱

□ 李安乐

明天启四年（1624）出生

十二月初三日，生于陕西平凉府静宁州城阜民坊（今甘肃省静宁县城新街）。

崇祯元年（1628）5 岁

受书入学。（按慕琛《行状》中的计算方法"年二十三，中顺治丙戌乡试"，是把出生的腊月算作一岁。现按此方法统一标准，其"五岁受书"，当在此年。）

崇祯十一年（1638）15 岁

入静宁州学，为生员。尝读书于静宁州西西岩寺。

清顺治三年（1646）23 岁

赴陕西西安参加丙戌乡试并中举。考后，谒主考官孙廷铨，结师生之谊。

顺治八年（1651）28 岁

九月二十七日，次子慕琛出生。

顺治十二年（1655）32 岁

二月，赴京参加会试。

四月，中乙未科进士，列三甲第192名。初授观政。

顺治十三年（1656）33 岁

在吏部观政结束后，经铨选签分浙江钱塘县知县。

回乡省亲时，为静宁知州刘瑞《遣兴册》作跋。

顺治十四年（1657）34 岁

赴任浙江钱塘县知县。（据魏《钱塘县志》，卷九，官师，康熙五十七年刊印）

作《〈续史〉序》一文。

顺治十五年（1658）35 岁

在钱塘知县任上，逢其父慕忠六十寿，请名家孙治撰写《关西慕里赤先生六十寿序》。

顺治十七年（1660）37 岁

任浙江乡试同考官，分校《春秋》，得钱钰、卢琦、黄斐、宋嗣京四高才。

康熙元年（1662）39 岁

十月十六日，于官署"圣湖公署"作《凤凰山圣果寺志》序。

康熙二年（1663）40 岁

作《〈西溪梵隐志〉序》。

主持修建西溪护生庵。

康熙三年（1664）41 岁

升河南开封府同知，未及到任，其父慕忠于该年春夏之际去世，丁忧归家。

作《武林西溪千金池护生三庵记》。

康熙四年（1665）42 岁

在老家静宁服丧。（清制：内外官员例合守制者，俱以闻丧月日始，不计闰月，二十七个月，服满起复。）

康熙五年（1666）43 岁

迁广西南宁府同知，任职八个月。

康熙六年（1667）44 岁

升福建兴化府知府。（据莆田市地方志编纂委员会《莆田市志》，方志出版社，2001 年版）

缉拿在兴化府境扰乱地方的靖南王耿继茂部下陈智生等，严厉惩罚。

建造台寨、修葺战船。

进行台湾投诚军民的安置工作。

康熙七年（1668）45 岁

冬，重修兴化府文庙正殿及两庑。

十二月初三日，作《自寿兼寄勖诸子文》。

康熙八年（1669）46 岁

正月十五日，为沈大匡所撰《太上感应篇颂》作序。

七月，经钦差大臣明珠举荐，加慕天颜太常卿衔，以正使身份出使台湾，招抚郑经。

七月初六日，抵达台湾。慕天颜此次和谈，转变了此前和谈中清方的弱势局面，使得台湾使者心中臣服。随后，携郑经回复明珠等人的书信，同台湾代表协理刑官柯平、协理礼官叶亨回泉州复命。

在台湾代表与明珠的泉州谈判前，因主宾礼仪之争相持不下，慕天颜遂提出在文庙举行谈判的意见，化解僵局。嗣后，再次奉诏前往台湾进行招降。虽谈判无果，但挫彼锐锋。

两次赴台湾往返期间，绘台海要塞、岛屿、里程地图，献于朝廷。

十二月初八日，作《云溪语录》序。

康熙九年（1670）47 岁

重修兴化府城门楼、古谯楼。

擢为湖广上荆南道，闽浙总督刘兆麒疏言天颜习边海诸事，改调福建兴泉道，未及赴任。

十月，升任江苏布政使。上报江宁巡抚"地方从无升任之官缘由"文，（见《兴革事宜略》之《又布政司详抚院文略》。另见于《李渔全集》第十九册之《资治新书》二集上·卷一·文移部，题为《地方之敝坏日甚等事》）上报江宁巡抚"苏、松浮粮一事"文（见《兴革事宜略》之《又布政司覆详文略》）。

清查康熙元年至八年钱粮，查明"每年奏销民欠四五六十万不等，而挪混缺额又共二百余万"，即行"首革耗蠹，次劝垦耕"。

按照江宁巡抚玛祐"首饬议浚刘河"的意见，向巡抚呈《疏河救荒议略》（见《兴革事宜略》），提出次第开浚刘河、吴淞江的实施方案，并付诸实施。李渔称此疏"直诚剀切，当与海（即明代名臣海瑞）疏并传"。

主持疏浚刘河水道。

大修庙学。

重修胡文昭公（北宋理学先驱、思想家和教育家胡瑗）祠（今胡园）。

康熙十年（1671）48岁

重修官驿皇华亭。

与知府钟麟在常州建延陵书院。

三月初一日，与苏常道参议韩佐周开始浚通吴淞江、刘河淤道。亲往覆勘河情，划分段界，议定夫工、银两实数，安排任务。

六月，呈江宁巡抚玛祐关于疏浚吴淞江规划的详文（见《兴革事宜略》之《慕公布政司详文略》）。

十二月初八日，吴淞淤道疏河开工，委官窦尔扬等一十四员，驻守工地，日夜监修。（见《兴革事宜略》之《慕公布政司完工详文略》）

上江宁巡抚《灾民缓赋详文》。（见《李渔全集·资治新书（二集上）卷一·文移部》）

康熙十一年（1672）49 岁

开浚太湖周边水道。

四月二十六日，呈江宁巡抚玛祜的吴淞疏河完工详文，汇报了工程土方、用工及施工时间，并对各责任官员的辛劳予以褒扬（见《兴革事宜略》之《慕公布政司完工详文略》）。

九月二十七日，请李弘储（本名洪储，号退翁）和尚到苏州灵岩寺问道。

康熙十二年（1673）50 岁

继母景氏丧，本应丁忧守制，经江南江西总督麻勒吉、江宁巡抚玛祜上疏请留，"令在官守制"。

重建苏州圆妙观（本名玄妙观，因避帝名改之）弥罗阁。

与巡抚玛祜、知府宁云鹏各捐俸重建苏州宝带桥。

十一月十九日，由苏州启程赴京入觐，经过扬州、淮安沿途查勘水灾，"询之土人，节节访求"。

与南河部司臣勒德礼、王自修至清水潭勘察。

十二月初一日，抵清河县。查勘灾情，问访灾民。

十二月初二日，至黄家嘴新庄口黄河决口现场，"见决堤之内，水势滔天，望水面浮有草舍，累累成堆，半沉于浪。其中尚有男妇老幼，而爨烟则绝然也。"查看灾情、灾民，当即捐资令董河官吴美秀组织渡船搜救，送赈厂食粥施救。

康熙十三年（1674）51岁

正月十五日，到京觐见皇帝，上《条陈分奏缘由》及《黄淮全局情形》《淮扬涸田宽征》《请除荒坍田粮》《请减浮粮额数》《永行均田均役》《选用守令能员》《恤给罪囚口粮》《闽海寨游设防》八疏。其中《永行均田均役》，请求"遍行全省，且勒石永遵"；《恤给罪囚口粮》一疏建议被"永著为令"。

二月十三日，由京返回苏州。

将入觐八篇奏疏编订为《辑瑞陈言》一卷，未刊印。

康熙十四年（1675）52岁

重修苏州灵岩禅寺大殿。

奏请对灾田三年后起科征粮。

对割股疗亲的顾风俦，嘉奖"孝德可风"匾额。（见同治《苏州府志》，卷八十八·人物卜五·长洲县·国朝，第996页）

对抚孤子效良成才的鲍邦舜妻蒋氏，"请旌其母额，奖效良"。（见同治《苏州府志》，卷一百十四·列女二·吴县·国朝，第3721页）

对孝子江大淅与其妻王氏孝奉翁姑给予"双孝匾"。（见同治《苏州府志》，卷一百十七·列女七·长洲县·国朝，第4015页）

对夫亡抚侄、送别两代的黄明伦妻沈氏嘉奖"贞操风世"旌额，并为其建坊。（见嘉庆《直隶太仓州志》，卷四十七人物·列女六·崇明县·国朝，清嘉庆七年刻本，第878页）

八月，作《〈礼记说义纂订〉序》。

康熙十五年（1676）53 岁

清明日，作《题赠梅轩公诗卷》诗二首。

七月二十三日，升为江宁巡抚，加带记录八次，兼都察院右副都御史。

八月二十四日，到任受事，上《江苏巡抚谢恩》疏。

九月，参与主持修建苏州圆妙观育婴堂。

交印江苏布政使完毕。

十月十五日，上《请蠡山高等属灾田钱粮》疏。

上《淮扬涸田宽征》疏。

带头出资并按月捐俸，支持苏州士绅蒋德、许定升等在圆妙观雷尊殿之西创设育婴堂。捐建育婴堂门楼，并题写"保赤"匾额。

十一月初六日，上《司任交代钱粮》疏。其钱粮交代册，受皇帝嘉奖，被立为以后布政使交代的范式。

十二月十五日，因任上节省钱粮甚多，受到加一级的考绩奖励。上《节省钱粮加级谢恩》疏。

在衙署内仿照来鹤楼故事，建"鹿随轩"，并作《鹿随轩跋》（其文已佚）。另在来鹤楼后修"擎天捧日"楼。康熙《吴县志》记载："创大楼七楹于来鹤楼后，匾曰：擎天捧日。"

为苏州翠岩寺题名。

重修吴淞堤闸。

在苏州黄鹂坊桥南修造慕家花园，后人也迁居江南。（见同治《苏州府志》，卷第四十五，宅地园林一，第1780页）

康熙十六年（1677）54 岁

正月，考核官员，上疏弹劾因钱粮征缴不力的嘉定知县陆陇其、昆山县知县曾荣科、金坛知县李瞵、丹阳知县管承基，各降二级调用。

正月二十九日，上《缓征灾邑十六年钱粮》疏、《请带征山清等邑淹田漕粮漕项》疏。

二月初一日，因裁减驿站钱粮一十万两以上，加一级，加兵部右侍郎，兼都察院右副都御史。

二月初三日，上《请复嘉定陆令原职》疏，请求以原职改补嘉定知县陆陇其于他处。

二月二十四日，上《加兵部侍郎谢恩》疏。

三月二十一日，上《题覆豆草折价》疏。

四月初七日，上《覆部驳自首盗招》疏。

五月初四日，上《丹徒复沙起科》疏、《清丈江苏等芦课》疏。

六月初五日，上《覆江南水艍犁缯等船》疏。

六月初七日，接上谕，紧急督造鸟船（大型战舰）四十只，以资岳州大将军贝勒尚善破敌。随即通告江苏各地将军、督、抚、盐、漕、提镇并所属司道府州各官，要求多方劝谕，设法捐助，建造鸟船。

六月十四日，上《捐造鸟船委员限期》疏。遴选松江府知府鲁超、江宁府知府孙芳、常州府知府单务嘉、京口船政同知任道立分设四厂，选购材料，各造鸟船十只。派遣按察使崔维雅日夜监督工程进度；派布政使丁思孔稽核钱粮。

六月十六日，派专员带领船匠二名，前往岳州军前请示建造适合湖中水战鸟船的细节问题。并请调拨岳州熟谙湖水行船匠役一二名至江南船厂，进行技术指导。另派员到浙闽二省沿海地方选募管船、捕盗、舵工各四十，山东、河南、浙江每省调拨炮手三百名。

六月三十日，上《成造鸟船制度限期》疏。

七月初九日，上《宿迁垦田起科》疏。

七月十一日，主持启工建造鸟船，破木兴工。

七月十九日，从苏州驰赴江宁工地，日夜督工建造鸟船。

七月二十二日，会同监督、司府各官，并集闽浙匠头方景等，面商式样、底板尺寸，依照原发式样、尺寸建造。

上《侵盗钱粮人犯的处置》疏，提请将原本侵盗钱粮一年追纳未完的人犯及妻及未分家之子均要流徙、财产入官的定例，改为"于册报之后、发解之前全完者免罪"，部议"著为令"。

九月初三日，试演所造鸟船，并预选扬州府同知王兴元、苏州营游击朱成格预备解送。

九月初六日，上《鸟船完工报》疏。

九月初七日，上《请蠲并卫荒田逃丁》疏。

十月初八日，委派江宁左营游击王佐到江西九江、吴城、吉安一带，江宁府通判韩北城到安徽池州、芜湖县等处，分遣标员沿江逐节赶催，将承办桅木催办运解到厂。

十月十二日，自省起程旋苏。

十月十七日，上《续造鸟船完工》疏、《监候疑犯请行一体秋审》疏。

十月二十九日，上《请留便民黄快船工食等项》疏。

十月二十二日，先造成的二十只鸟船选派扬州府同知王兴元、苏州营游击朱成格，带领兵丁四十名，并拨江宁骑兵二营官二员、兵六十名，沿途护送起行，前往岳州。

十月二十九日，闻钦派户部尚书臣伊桑阿到省城，轻骑就道飞赴迎见，与总督等同僚商议另造鸟船二十只、沙船六十七只事宜。委员分头催督采买各料，议定鸟船在京口择地建厂，沙船在苏、常等府分厂建造，并委司道府各官督办。

十一月初一日，后造成的二十只鸟船选派扬州府通判卞永吉、扬州营守备侯三才带领兵丁护送，并拨沿途护送官兵衔尾而进，前往岳州。

十一月初九日，上《鸟船起行日期并监造职名》疏。

十一月十二日，自省城赴镇江船厂，督察材料事宜。再次开始督造鸟船二十只、沙船六十七只。

十一月十四日，由镇江至常州，督察造船兴建事宜。

十一月十六日，由常州返回苏州官署，督察苏州船厂兴建事宜。

十一月二十二日，上《会议造船缘由》疏。

十二月初八日，上《豆草给兵折价》疏。

康熙十七年（1678）55岁

正月初八日，上《保题苏松常道》疏，因苏松常道参议方国栋在任病故，保荐常州府知府单务嘉就近升补苏松常道，以暂行护理。

正月十八日，上《回奏承问自首盗案》疏。

闰三月初三日，加三级，例授兵部尚书、太子少师（宫保），仍兼都察院右副都御史，从一品。

三月二十日，上《秋审减等人犯免赃》疏。

三月二十四日，接到授兵部尚书、太子少师的圣旨。

三月二十七日，上《加宫保尚书谢恩》疏、《请丈青浦县田地》疏。

三月十九日，将督造好的鸟船二十只、沙船六十七只运赴湖南岳州。自省起程署，经途次句容。给闽、浙凯旋官兵调拨各类船只运送兵员。

三月二十二日，星夜回署。

夏，旱魃为灾，率司道等官斋戒祈祷。

四月初三日，上《侵粮犯属老疾幼稚收赎》疏。

四月十二日，上《荐举方面有司教职》疏，举荐有司三员：苏州府现任督粮同知师佐，仪真县现任知县许维祚，沛县现任知县徐懋昭；贰官三员：太仓州现任州同张治国，江宁县现任县丞赵继普，丹徒县现任县丞朱运衡；教职二员：苏州府现任训导张杰，上海县现任教谕马廷桂。

四月十二日，上《荐博学宏词黄与坚等》疏。应康熙擢选博学鸿儒之意，举荐太仓州进士黄与坚、昆山县监生叶弈苞、上海县知县任辰旦、娄县举人钱芳标、娄县举人董俞、青浦县举人田茂遇、长洲县监生金居敬、常熟县布衣邓林梓、赣榆县学教官汪楫九人。（殿试后，黄与坚被授予编修官，纂修明史，分修一统志，官至詹事府赞善；汪楫被授予检讨，后来出使琉球，升福建按察使，官至福建布政使。另，与侍郎严沆共举江苏盐城人、大儒宋曹参加博学鸿词科，宋以母老固辞未赴。）

四月二十九日，上《请留常熟林令戴降供职》疏，因非催征不力，请破格留任常熟知县林象祖（福建晋江人）。

五月初五日，结集已故恩师孙廷铨文集为《沚亭删定文集》，作序并刻印。

五月初十日，上《覆屯卫裁留》疏，回覆高邮、邳州、西海、通、泰、盐、兴、松江、吴淞、南汇和青村十一卫所，守备二员，千总九员，均应裁汰。金山卫学教官，久未奉推，今应裁缺，学务永归松江府学兼理。

五月十七日，上《条议协饷递解》疏。

五月二十一日，上《条议浙船协差东省更换》疏。

六月十一日，上《覆各属食货无可加税》疏。

七月十一日，上《覆长洲县清丈田地》疏。

七月二十八日，上《覆请青浦县丈量》疏。上《回奏李德耀等招案》疏，参淮安府山盱同知李德耀贪墨之事。

八月初六日，上《报销前造鸟船工料》疏。

八月二十九日，上《请免送六道揭帖》疏。

九月二十七日，上《请蠲宿迁积淹田粮》疏。

九月，上《宿迁水沉田地》疏，请求蠲免历年积逋。（见《兴革事宜略》之《慕公覆宿迁水沉田地疏略》）

十月，因假冒护卫案，除二级调用，销去记录八次。

十二月初六日，上《邳沭淹田蠲停丁粮》疏。

十二月初九日，上《节年军需请勅廷议结案》疏、《参苏亨害民款迹》疏。

十二月十七日，上《请留青浦旧令丈田》疏。

出帑购米，设粥厂施食，赈济灾民。

作《清诰封王太宜人墓志铭》。

康熙十八年（1679）56岁

正月，因催征米未完，销去记录一次，免罚俸六个月。上《勘报睢邑积淹田地疏略》疏。

正月初旬，设厂赈粥。上《报睢邑积淹田地》疏，请求将"康熙十七年分积淹田地正赋钱粮并漕粮、漕项，暂行停免，俟来年再行委勘，如有涸出，先议起征。"（见《兴革事宜略》之《慕公勘报睢邑积淹田地疏略》）

正月二十七日，上《请缓宿迁县灾田漕粮》疏。

二月初二日，上《汇题各属节孝》疏，上报旌表本省贞女节妇、孝子义夫五十九人，请予以照例旌表。

上《报各处饥荒情形》疏。

二月十六日，上《请宽上元等县复业沙洲征课》疏。

二月内，为奏销康熙十四年等事及督催十四年分民屯钱粮未完，不及一分，部议停升，罚俸三个月。

三月十八日，上《续报各属饥荒情形》疏。设措劝捐，煮粥施赈。

四月初四日，上《题请蠲缓旧欠钱粮》疏。

四月初九日，上《灾邑征粮考成宽期》疏。

四月十二日，上《京察自陈》疏。

五月初九日，上《覆茶引不便增税》疏。

六月初六日，上《自陈留任谢恩》疏。

六月十六日，上《覆节年挪移钱粮原籍行追》疏。

六月二十八日，上《前造鸟船官绅士庶捐输》疏。

八月初八日，上《报各属旱灾动帑买米平粜》疏。

八月十九日，上《地震奉谕自陈》疏。

九月初八日，上《地震条陈兴革事宜》疏。提出蠲除坍荒、停止官捐、分别侵挪罪犯、请销悬坐钱粮以及取士复额、恤灾蠲漕、纤夫随船折给、难民酌定赎价八条建议，以恢复地方经济。上《请豁坍荒田地钱粮》《请停外官捐输事例》《请改侵挪犯属定例》《请销沉滞驳赔积案》《请更蠲灾则例》《请复儒童旧额》《请行雇折船夫》《请杜揩留难妇》"安民八疏"及《改折灾田漕粮》疏。

秋，因布政使任内催征未完，销去记录二次，免罚俸一年。上《免纤夫雇水手》疏，其中对于战船纤夫的减免与改革，被"著为令"。

十月，上《请缓拨兵饷》疏、《请宽限解送金砖》疏。（中国第一档案馆整理：《康熙起居注》第1册，1984年，第397页）

十一月十二日，上《覆请灾漕改折》疏。

十一月十五日，在城乡各设厂五六处，煮粥开赈。

十一月二十一日，上《请动捐输例银赈饥》疏、《覆请各案军需销价》疏。

十一月，因被吏科衙门掌印给事中苏拜等参劾"诳奏"，降四级留任。上谕："这所奏可依部议。慕天颜夙有才干，但操守不廉，若操守能廉，其才尽可任用。""尔等可拟旨申饬，言其才干优长，简任巡抚，悉心料理，有裨地方。但未见操守清廉，嗣后着痛改前愆，洁己率属，兴吏治，安民生，以副朕委任之意。"（中国第一档案馆整理：《康熙起居注》第1册，1984年，第463页）

十二月初四日，上《兴武等卫分并漕船》疏。

十二月二十四日，上《请展漕兑限期》疏。

康熙十九年（1680）57岁

正月十八日，上《颁赐〈四书〉谢恩》疏、《丹徒沙民输赈山民》疏。

二月初七日，上《请开海禁》《遵请大兴水利》《徐州卫缓征漕项》等疏。

二月二十七日，上《再请缓征灾邑漕粮》疏。

二月之杪，命监赈各官按照饥民情况，酌以麦熟为期，分别每名大口一斗、小口五升一顿给米，令各归家力田，免逐日赴厂就食耽误农事。

春，患火症。

三月初四日，上《赈济常镇二属起行日期》疏。力疾起行，赴常、镇，遍历深山穷谷，确察民间灾情。

三月初五日，至无锡县各乡查看赈灾情况。调委苏州府同知刘大庆补调大米粥厂施粥（因锡邑旧令韩文焜被参去任之日，报册遗漏）。

三月初八日，至武进各乡村，委粮道刘鼎查赈，添办米石粥厂施粥。后历宜兴、金坛、丹阳、丹徒等灾区查看赈灾情况，及时补救。

三月二十日，乘舟至江阴查看赈灾情况。

三月二十三日，视察赈灾返回苏州官署。赈过武、无、江、宜、常、徒、阳、坛、长、吴十县，督令藩司核造饥民名口、动用银米数目。

三月二十七日，上《赈毕回署日期》疏。

四月初六日，上《请蠲桃源淹溺丁田钱粮》疏。

四月二十日，上《报饥民名口赈数》疏。

五月十五日，上《请灾邑漕粮征麦代米》疏。

七月十五日，上《报十九年霪雨淹没情形》疏。

八月，主审原任司道吴伟诈赃案，并上报刑部。

八月十四日，上《报高邮水患情形》疏、《请停桃邑淹田钱粮》疏。（见《兴革事宜略》之《慕公请停桃邑淹田钱粮疏》）

闰八月初四日，上《京口兵米请留江漕》疏。

闰八月初九日，上《暂开常熟江阴海口各坝》疏。

闰八月二十日，上《康亲王官兵回京船只动项》疏。

闰八月二十四日，上《十三四年各案军需销价》《请常熟上海二令行取》《举人沈龙骧例捐复》等疏。

九月，举荐常熟知县林象祖、上海知县任辰旦"才猷素著，学行兼优"。不准。

十月十八日，上《请缓灾邑漕粮》疏、《请开浚白茆孟渎》疏。

十二月十五日，上《请赈扬属饥民》疏。

十二月二十二日，上《请销赈济六属动用银米》疏。

冬，上《勘报宿邑水沉田地疏略》疏。（见《兴革事宜略》之《慕公勘报宿邑水沉田地疏略》）拟定《开浚白茆孟河条约》，规划开浚白茆孟河的相关细节，从前期规划到浚河、募夫、浚筑、建闸，再到善后龥粮等共计十六项十分详尽的条约。（见《兴革事宜略》之《抚部院慕开浚白茆孟河条约》）

康熙二十年（1681）58 岁

正月十六日，上《颁赐〈书经解义〉谢恩》疏。

二月初二日，自苏州官署起行，乘舟前往丹阳县勘阅练湖坍荒公占田地。将开浚河身及招民佃垦事宜，逐一估计册报。上《请分别征收房间银两》疏。白茆孟河开浚工程开工。（见《兴革事宜略》之《抚部院慕开浚白茆孟河条约》）

二月初六日，上《借帑买米完漕》疏、《报赈济扬属动用银米》疏。

二月，由武进登陆，驰赴孟河督察浚河事宜，与苏松常道参议祖泽深会商。乘舟到宜兴、常熟，勘查荒田，同粮道副使刘鼎斟酌商白茆浚河事务。

二月，下令向已故镇江知府高得贵（京口驻防参领高腾龙族兄）家属追讨檄追户部核减草豆价银欠款七千余两。参领马崇骏以慕天颜浮冒奏销，控告于将军杨凤翔。

二月，又往昆山、青浦、华亭、娄县、上海，转至嘉定、太仓，勘验各地坍荒田地情况。

三月初九日，返回苏州官署。

三月十二日，上《踏勘练湖坍荒回署日期》疏。

三月二十八日，上《请照旧例给足东省贴船水脚》疏、《再请宽展十九年漕限》疏。

四月二十六日，上《请销六属赈饥米豆价值》疏。

四月二十九日，白茆孟河开浚工程竣工。（见《兴革事宜略》之《抚部院慕开浚白茆孟河条约》）

五月二十五日，上《练湖开垦升科》疏。

五月中下旬，报工部就白茆、孟河两河疏浚完工咨文：请求准予推迟建造闸座时间，因"时值农忙，若建闸动工，不惟有妨东作，抑且坝绝水源，无资灌溉，难于定桩建筑。相应仰请贵部准赐宽展，于秋成之后，将闸座逐一建造"（见《兴革事宜略》之《巡抚慕报两河完工咨》）。

六月二十二日，上《请豁勘实坍荒田地钱粮》疏。

七月，晋光禄大夫，正一品。

八月初十日，上《请豁山阳县故绝人丁》疏。

八月，被京口驻防参领马崇骏等人参告康熙十三年、十四年米豆奏销浮冒。

十一月二十八日，上《请饬回空漕船赴次》疏。委派江淮卫守备殷琏、兴武卫守备福万延，协同抚标能干差员，迅速前往淮安至山东一带沿河运无分昼夜将沿途江南各帮回空船只竭力驱赶南下，以免漕运迟误。

十二月，上报强盗张天性等同伙中沈淑静、孙子奇劫财而不伤人一案，应否从宽。上谕："各犯俱着立斩。沈淑静、孙子奇着监候秋后处决。"（中国第一档案馆整理：《康熙起居注》，第2册，1984年，第113页）

十二月，因请展漕限，以致回空船只冻阻，部议降四级调用。

十二月十六日，上《青浦县清丈田地确数》疏。

十二月初九，因高崇骏、马腾龙讦告奏销浮冒，"不遵部文，辄将马匹草料折给，又附合总督题参马崇骏等"，降三级调用。

十二月二十四日，上《汇题各属节孝》《回空漕船分由孟河进运》《山东贴船脚价宜复旧制》《常江二邑撤沙宜复》等疏。

十二月某日，具题建坊旌表四人：常熟汪鸣玉妻陈氏、苏州廪生沈际飞后妻钮氏、常熟倪逢濂妻胡氏、长洲顾士伟妻归氏。（《古今图书集成·明伦汇编》，第417册，中华书局影印，民国版）

十二月，被罢任，上辩罪疏（未见载）。上批："办事练达，具有才干""自诩清廉，殊属不合！"

康熙二十一年（1682）59岁

正月十三日，去任之际，上疏《吴淞刘河白茆孟渎善后事宜》《坍荒田地垦征事宜》《请减苏松田地浮粮》。

次子慕琛中进士二甲第25名。

康熙二十二年（1683）60 岁

江苏昆山人盛符升辑录《兴革宜事略》付梓，收录慕天颜治理江南奏疏二十四道。

九月，作《重修崆峒山大顶金城宝殿碑记》。

康熙二十三年（1684）61 岁

二月，因湖广巡抚王新命调补员缺，遂起复湖北巡抚，兼都察院右副都御史。

三月，到任湖北巡抚。

五月，上《补授巡抚谢恩》疏（中国第一档案馆整理：《康熙起居注》，第 3 册，1984 年，第 59 页）。

七月，与徐相国、王新命、丁思孔共同编修《湖广通志》，作《〈湖广通志〉序》。上疏《荆府捏销协饷》《荆府圈房减价》。

七月二十九日，上《江陵挪空饷银》疏。

七月十五日，因贵州巡抚杨雍建升任，调任贵州巡抚，兼理湖北川东等处地方、提督军务，兼都察院右副都御史。

七月十七日，上疏《李粮道买米核减》《章粮道买米核减》。

七月二十五日，上《徐司侵挪钱粮》疏，弹劾湖北丁忧布政使徐惺侵挪钱粮一事。进行兵饷、盐课及驿站三个方面的重要改革。勘绘地图、清查人口土地。

十月，授院试任监考。

十月十三日，上《滇旅旋京，拨协凯师船只》疏。

十月十六日，接改调贵州巡抚圣旨。

十月十九日，上《改调黔抚奏谢》疏。

十一月初五日，上《审覆亢从时等劣迹》疏。

康熙二十四年（1685）62 岁

三月二十八日，上《湖南解黔支饷驳案》疏，题请禁用协夫。

五月二十五日，上《镇远卫守备卜世俨殉难请恤》疏，请赠恤在吴三桂叛乱时死节的镇远卫守备卜世俨。

六月十六日，上《湖南解供粮饷驳案》疏。

七月十七日，上《详看山河城池绘图》疏，委派平越府知府白邦杰、贵阳府定番州知州王绪祖会同详勘绘制黔省地图。上交绘制成的贵州地图册，共有总图一幅，每府小图一幅共计十二幅，附上图说，包含"地方山川名目、历代沿革、道里数目、城池丈尺、古迹名胜出处源委"等各项内容，成为清初从汉军藩镇手中收回贵州之后的首次地理勘查与交代。

七月二十六日，上《颁赐〈易经解义〉谢恩》疏。

七月二十八日，上《题覆民赋清丈确册》疏。上交钱粮销册，上报贵州的人口、土地与财政状况。计贵州"实在征差人丁"共有一万三千五百零八人，"征丁差银"五千七百七十二两四钱一分零，新增额外"征折实丁"一百八十八丁，"新垦带派增银"二百一十一两八钱八分零；同时也清查出因"养廉养马苗占沙压"而产生的"失额田"一千八百一十亩。这初步地掌握了贵州的人口与土地状况，为之后实际的治理与规划打下基础。

八月二十七日，上《臬司缺员护篆代覩》疏。

九月十七日，上《驿站裁减钱粮》疏，裁减龙里驿站马匹、马夫。

十月，上疏《协饷愆期请行预拨》《请免各案捐赔马匹》。

康熙二十五年 （1686） 63 岁

上疏《普安等处议食川盐》《预拨黔省协饷》《题覆盐价》。

四月，题参贵州布政使柯鼎等不早行揭报黎平府知府刘桢贪婪事迹（中国第一档案馆整理：《康熙起居注》，第 3 册，1984 年，第 331 页）。

四月十六日，上《颁赐贵省学宫匾额》疏。

七月二十五日，上《题请黔属准行滇盐》疏，请求修订贵州盐法。

八月十三日，上《请免捐赔接收楚粤马匹》疏。

九月初三日，上《请复优免廪粮》疏，请照他省例复全贵州廪生薪给。

应"吴中贤士大夫"之请，将历年奏疏整理成《抚吴封事》（八卷）和《抚楚封事》《抚黔封事》《辑瑞陈言》（各一卷），请朝廷重臣宋德宜、余国柱和翰林院侍讲学士归允肃作序并刊印。

康熙二十六年 （1687） 64 岁

三月二十日，经由廷议，升任漕运总督（兼任总督淮扬等处地方、提督漕运海防军务兼理粮饷、兵部右侍郎兼都察院右副都御史，统辖七省漕运）。（中国第一档案馆整理：《康熙起居注》，第 3 册，中华书局，1984 年，第 438—439 页）

三月，奉旨"驰驿赴任"，会同侍郎孙在丰商议浚通下河事宜。（中国第一档案馆整理：《康熙起居注》，第 3 册，1984 年，第 442 页）

某月，上疏《题定漕船科价银》《江南、江西未完漕米请蠲》

《江北红白兼收》《严斛卒盘验之法》，提出核定漕船料价银；"江北红白兼收，以便土宜"等。

四月二十日，上《请遵旧制黔民仍食川盐》疏，提议纂修盐法，贵州百姓仍食川盐。

四月二十八日，上疏《兵饷请为预拨》《改并州县设官分职》《黎平归并湖广，平清二卫仍归黔省》。

某月，上疏《改定淮南各属漕米红白兼收》《请定专官催护船粮事宜》。

九月，上《漕造料价并岁修永例》疏。

十月，与户部尚书佛伦、侍郎熊一潇、给事中达奇纳、赵吉士，两江总督董讷一同会勘河道，并讨论治理下河的最终方案。

十二月，上《京口至瓜洲设渡生船》疏，提出渡江之法，设置渡生船，落实漕船的安全督护。

康熙二十七年（1688）65岁

正月，上疏请叩谒大行太皇太后梓宫（孝庄太后薨于康熙二十六年十二月二十五日）。获准。

二月，上疏请修高家堰旧堤坝："前臣等会勘河工，河臣靳辅议筑高家堰重隄，臣等议修高家堰旧隄。后尚书佛伦等奉命再行会勘，皆从靳辅臆说，臣不敢附会。且河臣倡举屯田一事，屯官丈占民田，百姓苦累。臣据实奏闻。得旨：本内事情，着九卿詹事科道察议具奏。"（《圣祖仁皇帝实录》卷之一百三十三）

二月，上《请蠲旧久漕项钱粮》疏，请将江南、江西历年带征漕项、银两、米麦蠲免。

春，上疏劾奏靳辅及佛伦、赵吉士途间窜改本章等情（将稿内

"民田之语"忽改为"民之余出之田")。(中国第一档案馆整理:《康熙起居注》,第 4 册,1984 年,第 17 页)

三月初八日,被河道总督靳辅题参朋谋陷害、阻挠河务。"慕天颜、孙在丰朋谋排挤,此二人原系亲家。"(中国第一档案馆整理:《康熙起居注》,第 4 册,1984 年,第 30 页)

三月,因下河案中与河道总督靳辅意见不合,在争议中触怒康熙,被革职羁押于京狱。

四月,上命内阁学士凯音布、侍卫马武等"提拏夹讯"。

五月,仍羁押在狱中。(中国第一档案馆整理:《康熙起居注》,第 4 册,1984 年,第 60 页)

十月,在康熙帝授意下,刑部判"原任漕运总督慕天颜,阻挠河工,应杖一百,徒三年,不准折赎"。康熙追念"前造船有效力之处,从宽免罪。"(中国第一档案馆整理:《康熙起居注》,第 4 册,1984 年,第 84 页)

出狱后,返回故里静宁。

康熙二十八年 (1689) 66 岁

陕甘大饥,加之旧患痰疾复发,遂携家眷寓居江南苏州慕家花园(黄鹂坊桥南)就医。闲暇时阅读佛经。

康熙三十五年 (1696) 73 岁

四月十五日,卒于苏州。本欲归葬故里,但"吴父老感旧恩,环泣赴上官",乞留葬于吴地,得以留葬。

康熙三十六年（1697）

十一月，葬于苏州太湖之滨穹窿山麓。

康熙四十七年（1708）

入祀苏州文庙东的名宦祠。

从祀于静宁州乡贤祠。

苏州士绅在山塘井亭街建慕公祠，专门祭祀慕天颜。（清·冯桂芬《（同治）苏州府志》，卷三十七·坛庙祠宇二）

乾隆元年（1736）

传记入许容修撰《（乾隆）甘肃通志》，列举了八大政绩：黄淮全局情形、淮扬涸田宽征、请除荒坍田粮、请减浮粮额数、行均田均役、选用守令能员、恤给罪囚口粮、闽海寨游设防。

道光四年（1824）

曾孙慕鉴补刻重刊《慕中丞疏稿》。

江苏按察使林则徐在《〈慕中丞疏稿〉序》中，总结了慕天颜在抚吴的八大功绩："治淮黄也，疏水利也，请蠲债也，减浮粮也，除荒坍也，宽涸田也，均田役也，停捐例也。"

民国十六年（1927）

入《清史稿》，有传。

2015 年

5月，由林登昱主编、台湾经学文化事业有限公司出版的《稀见清代四部辑》完整收录了道光版《慕中丞疏稿》和《兴革事宜略》。

【参考资料】

1.《显考鹤鸣府君行状》《慕公神道碑铭》《慕氏族谱》及慕天颜著《抚吴封事》《抚楚封事》《抚黔封事》《督漕封事》《辑瑞陈言》等。

2.《清史稿》《清实录》《东南纪事》《东山国语》《靖海志》《闽媛典·闺节部》《贵州通志》《苌楚斋三笔》《三鱼堂日记》《皇朝经世文编》《历年记》《清耆献类征选编》《平定三逆方略》《十朝诗乘》《阅世编》《清稗类钞》《钱塘县志》《莆田市志》《江苏省通志稿·大事志》等。

流风善政

慕天颜救荒思想探析

□ 强进前

　　自然灾害的发生与人的生活并存，与王朝的兴衰更迭息息相关。中国因其独特的地理位置，深居内陆，东临大海，水旱灾害频发，自古以来就是自然灾害较多的国家之一。中华民族的先辈们，面对自然灾害的严峻考验，艰苦奋斗，精耕细作，不断探索，创造了辉煌的农业文明，总结出一系列救荒、抗灾思想，为后世的生产生活积累了宝贵经验。

一、中国历史上的灾荒及救灾思想

　　中国自古以农立国，而农业生产更与自然环境密不可分。在漫长的历史进程中，中华大地上各种自然灾害频发。据竺可桢先生研究，在中国自有文字记载以来的 3703 年中，因水、旱、蝗、雹、风、疫、地震、霜、雪等形成的重大自然灾害达 5258 次，平均每半年罹灾一次。据邓拓先生统计，从汉立国（公元前 206 年）以后计算，到公元 1936 年，共计 2142 年，灾害总数已达 5150 次，平均约每四个月便有一次。其中，旱灾共计 1035 次，平均每两年便有一次；水灾共计 1037 次，平均每两年便有一次。明代共历 276 年，各种灾害多达 1011 次，其中最多的是水灾，共 196 次；次为旱灾，共 174 次；又次为地震，共 165 次；再次为雹灾，共 112 次；更次为风灾，共 97 次；复次为蝗灾，共 94 次。此外歉饥有 93 次；疫灾有 64 次；霜雪之灾有 16 次。而且各种灾害通常交织发生，形势复杂。清朝统治中国 296 年，灾害总计达 1121 次，较明代更加繁密。其中有：旱灾 201 次；水灾 192 次；地震 169 次；雹灾 131 次；风灾 97 次；蝗灾 93 次；歉饥 90 次；疫灾 74 次；霜雪之灾 74 次。葛全胜先生研究认为，在中国古代社会，灾害年均频次最多的是明清两朝，分别为 19.99 次/年和 20.01 次/年，其次是魏晋南北朝的 3.63 次/年，宋辽金元的 2.97 次/年，隋唐五代的 1.59 次/年，秦汉的 1.05 次/年。秦汉以来平均每年的发生次数为 8.22 次，上升态势明显。即使是民国与清代相比，无论是发生次数，抑或破坏程度都是增加的。不管哪种计算和统计，都不难看出，中国历史上发生的各种灾害，尤以水灾、旱灾为多，其次则是地震、雹灾、风灾。不论何种自然灾害，都会引发不同程度的灾荒，而灾荒发生之后的最大影响和后果就是人口大幅减少和死亡。据张振兴先生统计，东汉至隋朝（25—618），致人死亡灾害 19 次，死亡人数 31.44 万；唐朝到元朝（618—1368）54 次，死亡 1064.41 万人；明清时期（1369—1911）189 次，死亡 2039.76 万人，合计 3135.61 万人。高建国先生对明清时期死亡千人以上灾害也做过详细统计，他认为，明代共发生旱、涝、风雹、冻害、潮灾、山崩、地震等各类灾害 370 次，共死亡 6274502 人；清代 413 次，共死亡 51351547 人；合计明清两代死亡千人以上灾害共 783 次，共死亡 57626049 人。面对各种灾害，为了救济灾荒和减轻灾荒造成的影响，历代先民在与自然抗争的过程中显示出了非凡的智慧和思想。

先秦时期，我国就有原始的预防灾害和救荒思想。据考古挖掘和文献记载可知，约公元前1320年，商王朝因内部争夺王位，加上黄河下游常有水灾发生，商王盘庚为了挽救政治危机，迁都于殷（今河南安阳）。此后，王权巩固，政局稳定，商朝遂强盛起来，君王在经济、政治生活中的支配权已完全确立。但由于生产力低下，人们对于自然界的认识还极其有限，将自然界中的"天"人格化、神秘化，认为一切自然灾害的发生，都是"天神"所

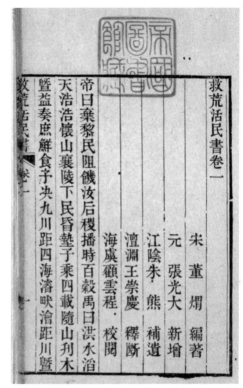

（南宋）董煟编著《救荒活民书》是中国古代最早的一部系统全面论述救荒之策的著作

致，因此，防灾减灾的主要方式是祈祷、弭禳。春秋战国时期，铁器开始用于农业生产，生产力不断提高，社会经济格局发生巨大变动，各种思想不断涌现，天降灾害的观念开始动摇，在生产生活实践中不断探索出一些防灾减灾的措施。秦汉以来，面对灾害，除了以"天命主义"为主的弭禳论之外，已有其他比较切实可行的减灾救荒思想。在灾难中总结和形成的这些思想，就往往成为官府或民间救济灾害的主要依据。中国古代的救荒思想，内容丰富，影响深远。依其内容来看，有赈济、调粟、养恤、除害等事后救济之策，也有安辑、蠲缓、

放贷、仓储等事先预防之策。

二、清初的主要灾荒及其影响

清朝是中国历史上最后一个大一统封建王朝，统治中国 276 年。据《清史稿·灾异志》记载，顺治九年（1652）冬至康熙五十八年（1719）正月，发生雪冻之灾约 21 次，其中灾情严重者有顺治十三年（1656）冬，武强大雪四十日，冻死者相继于涂；昌黎、滦州大雪五十余日，人有陷雪死者。康熙十六年（1661）九月，临淄大雪深数尺，树木冻死；武乡大雨雪，禾稼冻死；沙河大雪，平地深三尺，冻折树木无算；二十二年（1683）十一月，巫山大雪，树多冻死；太湖大雪严寒，人有冻死者。顺治元年（1644）四月至康熙六十年（1721）五月，发生霜灾共约 47 次。顺治元年至康熙六十一年（1722）十二月，发生雨雹共约 89 次。其中顺治十四年（1657）六月初三，猗氏大雨雹；霸、蓟等七州，宝坻等二十一县雨雹。十五年（1658）三月，宁波大雨雹，击毙牛羊，桑叶尽折，镇海大雨雹。越三月朔，上虞、龙门大雨雹，倏忽高尺许，或如拳，有巨如石臼，至不能举，人畜多击死。康熙元年（1662）三月二十一，海宁大雨雹，河涧雨雹，大如斗，五月，淮安大雨雹，人畜有伤。顺治二年（1645）正月初一至康熙六十一年（1722）十二月，发生雷电之灾共约 99 次。顺治三年（1646）七月至康熙五十九年（1720），发生蝗灾共约 55 次，如康熙十八年正月，苏州飞蝗蔽天。顺治元年至康熙六十一年七月，大疫约计 51 次，人死无算。顺治元年八月至康熙六十一年六月，发生水灾共约 178 次，其中，康熙十三年（1674）三月，苏州大水，霸州等十一州县大水。五月，任县、万载大水，琼州海水溢，民舍漂没入海，人畜死者无算。十六年（1677）二月，高邮、铜山、萧县大水。四月，潜江、望江大水。十七年（1678）六月，广济、宜都、宜昌、宜兴、武进、福州、惠来、遂州、合江大水。二十年（1681）四月，常山大水。七月，峡江、宜昌、宜都大水。八月，太湖溢，湖州大水。顺治元年七月至康熙六十一年七月，发生火灾共约95次。顺治二年（1645）至康熙六十一年十二月，发生水灾共约155次。其中，康熙十九年（1680）二月，襄垣大雨四十余日，六月，高邮淫雨连旬，坏民舍无算。七月，龙门大雨，平底水深尺许。二十年三月，处州大雨，至五月始止，四月，宁波大雨一月。二十二年（1683）春，苏州淫雨十二日，杀麦，青浦淫雨伤麦；阳湖恒雨杀麦。康熙二十五年（1686）五月至六十一年夏，鼠灾11次。顺治元年八月至康熙六十一年六月，发生旱灾共约193次。其中，康熙十六年，湖州、万载自五月至七月不雨，大旱。十八年春，满城旱；四月，杭州旱。黄安、罗田、宜都、麻城、公安自五月至八月不雨，大旱。苏州、昆山、上海、青浦、阳湖、宜兴大旱，溪水涸。十九年，蠡县旱，顺治二年七月至康熙六十一年十二月，风灾共约123次，大风杀稼、拔木，毁坏庐舍无算。顺治元年九月至康熙六十一年十一月，发生地震灾害共约230次，康熙十七年四月初五日，苏州、镇洋、上海、青浦、崇明地震，初七日，海盐地震，屋瓦倾覆。顺治元年十一月至康熙四十七年（1708）春，发生山崩共约21次。此外，还有其他灾害频繁发生，严重影响了农业生产和百姓生活，也给清初政府造成了巨大的财政负担。

三、慕天颜救荒思想的主要内容

慕天颜一生清廉自守，勤政爱民，任职期间，重视农桑、兴修水利、整顿赋税、登记钱粮、赈济灾荒，兴利革弊，尽职尽责，政绩卓越，深受百姓爱戴。政务之余，慕天颜遍览典籍，勤于著述，有《抚吴封事》《抚楚封事》《抚黔封事》《督漕封事》以及《辑瑞陈言》等文稿遗世。从其著述和大量奏疏，尤其是"安民八疏"中不难发现，慕天颜的救荒思想主要分为灾后赈济和灾前预防两种。

1. 灾后赈济思想

（1）祷禳

祷禳，就是通过祭祀天地神明，祈祷国泰民安、消灾减灾的一种神秘活动。这一"天人感应"思想根深蒂固，影响深远。康熙十八年（1679）七月二十八巳时地震之变，皇帝认为："盖由朕躬不德，敷治未均，用人行政，多未允符。内外臣工，不能精白乃心、恪尽职掌，或罔上行私，或贪纵无忌，或因循推诿，或恣肆虐民，是非颠倒，措置乖方，大臣不法，小臣不廉，上干天和，召斯灾眚。若不洗心涤虑，痛除积习，无以昭感格而致嘉祥。"传统观念认为，自古帝王，只有抚御万方，兢兢业业，勤求治理，才能阴阳顺序，和气凝庥。凡遇灾异，必是上天发出的儆示，皇帝只有反省思过，实修人事，才能挽回天心，消除灾害。祈祷、禳灾的思想在慕天颜的奏折中也多有体现。如：康熙十七年（1678）春，苏州一带，"商羊肆虐，二麦无收；入夏，旱魃为灾，西成失望。比时，臣躬率司道等官斋戒祈祷，奈天和难挽，以致阖属被灾。"康熙十八年（1679）八月，江苏一带，"天道亢阳，炎威日甚，流金烁石，四境槁枯。……继而躬亲率属步祷，省愆斋戒者四十余日，竟滴雨无施，焚恢愈其。直至七月初七日始得降雨一二寸不等，而高区所植之禾苗业已枯萎，不能复生矣。……臣一面檄令有司加意劝农，将低处所救之禾设法勤莳；一面仍行虔祷，以待甘霖。至七月十七日及二十一日，又有雨一二寸，然终不能霑足，亦不能溥遍。"康熙十九年（1680）七月十五日，慕天颜又奏道："迨今春四、五月间，雨泽适调，二麦结秀，方幸乘时收获，可以资食力田。讵意饥馑之后，疫疠流行，染患之民死亡枕藉。臣于尔时，恐妨东作，寝食靡宁，慎选良医，修制药饵，分行救济，全活颇多。仍复躬亲祈禳，疫气始得渐解。"通过祈祷的方式禳灾，是否能够一一印验，达到缓解灾情的效果，不能一概而论。但在今天看来，这仍是古代天命思想的延续，是传承多年的地方民俗，甚至是一种迷信，显示了人们对大自然的敬畏和一种精神寄托。

清末《点石斋画报》里的"山西灾状"

（2）赈济

赈济，就是在灾害或饥荒发生后，动用钱粮或衣物救济灾民的方法。这一思想在我国古代出现甚早。《礼记·月令》中载"仲春振乏绝"。《左传·文公十六年》中有"振廪同食"。这里的"振"皆是赈济的意思，后世每遇灾荒，官府和民间采用赈济救荒的措施不断发展，成为最主要的救灾减灾方法之一。赈济也是慕天颜救荒思想的主要内容之一，不但在其奏疏中记述最详，而且运用得力，收效显著。如康熙十八年（1679）二月初二日，江苏大部分地方受灾，慕天颜在奏折中写道："凡属旱荒之区人民，遂至绝食，饥号载道。臣随亲行察访……苏属虽止吴县山区为重灾，而其余郡县亦俱菜色堪嗟。甚有累日不得一飧而奄毙者，有典鬻无资阖门饿死者，有剥食草根树皮而哀号道路者，有以石屑充肠而噎嗝至病者，更有饥寒难忍、投告无门轻生自缢者，种种惨苦情形，不可名状。臣为之食不下咽，业同司道各官竭力倡捐，一面买米散给及煮粥设赈，一面移咨督、盐诸臣，并劝谕僚属绅耆共襄协助。"康熙十八年三月十八日奏道："臣属地方江、苏、松、常、镇、淮、扬、徐八府州属上年二麦无收，秋被旱灾。……以致哀鸿满道，沟壑委填，其饥惨情形真有绘图难尽者。荷蒙皇仁，准动正项钱粮酌量赈救。"又说，"现在饥民嗷嗷，自应赈恤，仰副我皇上视民如伤之至意。其未经题请灾蠲者，江属之句容、溧水，苏属之长洲，常属之武进、江阴、无锡，镇属之金坛，淮属之山阳，扬属之通州，以上最为饥馑，应照灾属一体动正项赈救。其次则常熟、宜兴、仪真、泰兴、丰县，应查明实在饥苦穷民，酌量照最苦之灾黎，止给米一半。以上州县，实因去岁被旱既甚，秋后挽救之禾结谷空秕，遂致高区小民饥饿绝食。此臣之见闻与藩司详报果系确察无异，俱应分别动项，酌量救赈，以广皇仁。再淮、徐二属，虽经总河臣靳辅另疏题请：留漕米二十万石，给工兼以赈济。今准移开：遍地翳桑，尚有数倍于在工之人，尽皆仰望赈救。是淮、徐之饥民，半属就赈于工，而未能赴工之老弱妇子仍应给赈者也。其余溧阳、高淳、太仓、昆山、嘉定、华亭、娄县、青浦、靖江、安东、清河等州县，亦有饥民无告者。臣经饬令各地方官设措劝捐，煮粥施赈，是亦臣等竭力设法，务为国用撙节，而饥黎仍不致失所矣。惟是应动赈米，因仓庾无积，众口嗷待，势必买米应济"。康熙十八年四月初四日奏道："惟是上年旱荒，流移载道，臣目击心伤。于今年正、二月间措捐赈恤，冀得疮痍稍起，不意各属告饥之文踵至，哀惨之声不彻。臣每一出，鸠鹄男妇，携老挈幼，环车号呼，而就食粥厂者日多一日。荷蒙皇恩，俞请动帑，命臣等亲行督赈。臣阅道府册报：饥民名口，一邑多至十数万。"康熙十八年十一月二十一日奏道："臣属地方，今岁夏秋赤旱，遍地禾苗枯萎，兼以蝗蝻踵至，在在失收，真属从来未有之奇荒。……是以交冬以来，乏食者更苦寒威，将树皮石屑充肠，岂能久活？臣闻见所及，处处同然，早夜图维，亟思赈救。……惟是目今灾地穷民，饥苦已极，望赈迫切，实有刻难缓待者。……幸惟我皇上饥溺斯民，特允督臣会题，展开事例，广行分赈，正遗黎再生之日。然而赈济之法，宜筹至当。若欲每人给米，来春饥民愈多，领者如蚁，拒之不能，一经挨户稽查，反滋冒滥，而外方乞食之人不与焉？况人支斗粟，不数日而食尽，仍复饿伤，更难为继；且领米于城，或分给于市镇，远近不等，匍匐为艰。莫若就灾地近区多设粥厂，在道里适均之处煮粥散食，使饥民远不过十里，便其扶老携幼。则稍可自全者，决不蒙耻食粥，而溷滥之弊一清，所赈之民甚溥，至公至广而又节省者也。再查臣属幅员辽阔，如淮、徐，去臣所驻苏城最远，河漕臣靳辅以勘工时常往来，熟悉其人民困苦真情，臣现在咨商河臣就近区画、分任赈济，仍请皇上勅下该督速行酌议勘赈外，如江宁一属应听督臣查赈，扬州一属仍藉盐臣分济。惟苏、常、镇所属长洲、吴县、常熟、武进、无锡、江阴、宜兴、丹徒、丹阳、金坛，臣已先为劝捐米石，发往各邑，饬令在城乡各设厂五六处，公举好义绅士、诚实耆民董理其事，于腊月十五日为始，煮粥开赈。而江属之六合、句容二邑，扬属之江都，为该属诸邑中被灾尤甚者，臣亦先买米酌发，咨会督、盐二臣矣。……以上应赈各属煮粥所需柴米，虽臣与司府等官极力设法，但有司无力可捐，绅民值灾难助。现措之米，不过供赈数日，将来饥民众多，务须源源接济，赈至麦熟，始行停止。"康熙十九年（1680）二月二十七日奏道："今此九县灾黎饥困，现蒙天恩俞准，设厂赈济。臣日夕督率监赈，各官煮粥散食，惟恐其失所，多方抚慰之不遑。是应征漕米之民，即此嗷嗷乞赈之残喘也。"康熙十九年三月初四日奏道："今查淮、扬、徐三属，现藉河、盐二臣酌赈；江宁一属，督臣业已区画另报。臣所赈苏、常、镇属饥民，先经分委苏常道参议祖泽深督赈长洲、吴县，苏松督粮道副使刘鼎督赈武进、无锡、江阴、宜兴及常熟五县，江镇道参议石珍督赈丹徒、丹阳、金坛三县。……盖恐今春饥民愈多，难以溥遍，挨户稽查，又未免反滋冒滥，是以煮粥散食，实为节省起见。兹当东作方兴，务须及时劝耕，若使远近饥黎仍就赈厂歠粥，未免朝夕匍匐，有妨农业。且今饥民食粥既久，凡地方之饥困真情与赴厂之人民多寡，监赈各官皆瞭然熟悉。酌量给米，亦无冒滥之弊矣。……是以臣复分委司道府厅各官亲赴各厂，查明现在食粥饥民，仍照给粥米数，约至麦熟之期，计口给米，而粥厂即于给米之日停止。"康熙十九年三月二十七日奏道："臣属地方，上年灾荒，穷民饥困，荷蒙皇上恩俞，发帑赈济。除江、淮、扬、徐四属饥民，现经督、河、盐诸臣分赈另报外，臣所赈苏、常、镇属饥民，先于去冬委道府县各官开厂赈粥；今春又委府佐分理监赈，仰体浩荡洪恩，不令一民失所。……臣自去秋忧旱成瘁，今春忽患火症，尚在医治。然思赈饥一役，我皇上视民如伤，如何真切？若非臣单车小艇，亲到荒村周察民隐，倘或穷陬僻壤有一失赈向偶，何以仰副皇恩？……其他窵远乡鄙，亦有茕弱不能到厂领赈者，一一按口散给，而欢声遍地，此锡邑已无不赈之真饥矣。……臣安插既定，急棹扁舟，历宜兴、金坛、丹阳灾区。或不通舟楫之处，臣乘兜舆，入山谷间逐加体访，老幼相率称已领赈，得延余生。及臣至丹徒地境，缘臣前题令沙区助赈之米尚在劝输未足，山区灾饥之民难以嗷待。……臣于二十日，还舟至江阴，起视饥民，悉已受赈安生，此先委苏州府同知赵森督理，颇称得宜，无滥无遗者也。再至常熟，则已赈之饥民，惟额手呼颂皇恩，此该令林象祖与通邑绅廉贡士耆老同心实力，协董其事，分赈之公溥，惟常邑为最。……臣查赈事毕，业于三月二十三日回署讫。除赈过武、无、江、宜、常、徒、阳、坛八县，及臣先赈长、吴二县，饥民名口、动用银米数目，现行藩司核造，俟详报之日另疏具题外，所有各邑现在情形、微臣回署日期，合先密疏题报。"康熙十九年四月二十日，因东省连岁饥荒，众多灾民待赈甚迫，奏请广开事例之策，以救残黎，以安地方。奏道："经查苏、常、镇三府属，通共约计饥民 643800 余名口，共约需米 154140 余石，内除丹徒县沙区出粟助赈已完米 4100 石外，实需动帑买米 150040 余石，每石价值一两五六钱不等，约需银 232560 余两。又煮粥柴薪每米一石需柴 234 斤不等，每柴 100 斤约价七八分不等，每米一石约用柴价银一钱六分，应需银 16940 余两，米薪二项通共约计应需银 249500 余两。其各府属粥厂需用锅桶家伙等物，尚未计算。惟是各邑开赈，原有先后不同，每日食粥饥民亦有增减不一，按口散米，又有大口、小口及饥苦不至极甚者，分别酌赈，是以动用米石俱未能预为悬定，谨就约略之数开报。总俟各县报到细数，当即核实转达，断不容有冒滥。……又扬属灾民，原系盐臣分赈，江都一县经盐臣布哈鼓劝好义各商乐输给赈。臣恐饥民众多，商捐有无接济至麦熟之时，现饬该府县确查。如捐米可赈至麦熟，则不动正项；如难以接济，另行动项买米补给。其高、宝、兴三州县，先据约报饥民 87800 余名口，约买米及柴价共需银 44200 余两。但据报：开赈之后，哀鸿渐集，日有所增，尚难定数。至如通、仪等邑，悉皆劝捐赈救，即有不敷，所动无几矣。……但苏、常、镇、扬各邑，开赈既系先后不同，每日食粥饥民亦增减不一，按口散米，又俱分别大小酌赈，则支用钱粮必俟赈完之日，各属报齐，始可稽其实数，原难预为悬定。今所报需用前项银两，不过约略之数，尚有增减，务期核实，节省造报，不致冒销。再查各属给赈米内，有江西采买米石，应俟报销之日另行扣算。又徒邑沙区未完米石，应俟催完算补。"康熙十九年八月十四日奏道："高邮自康熙七年以来，岁罹水患，民生昏垫，困苦已极。方幸上年报涸，旋被旱蝗之灾，所存孑遗，皆我皇上仁恩蠲赈之余生也。……先将露处灾民，择邻境高阜地面，搭盖茅舍，安顿得所。仍查内有绝食人口，量行给米赈救，毋令一夫不获。……吁恳皇上俯鉴邮邑阖境淹沉灾惨，特赐动帑，先行赈救，仍将该邑本年额赋并各年旧欠正杂钱粮悉予停征，以慰哀鸿。"康熙十九年十二月十五日奏道："如今春赈饥，动帑数十万，虽现在开例收补，而尚未捐足。夏秋水淹地方，又多饥黎绝食。……念国用之殷繁，不第不能生节，更且屡祈蠲赈，臣心何忍？故自入冬以来，臣查极灾极苦之处，多方捐措，稍稍赈恤，使之苟延不致冻饿绝命。"

康熙十九年十二月二十二日奏道："臣于春间亲行查赈之时，遍历深山僻壤，周巡蔀屋穷檐，目击鸠鹄男妇，炊烟久断。若非广加赈施，必致流离失所，委填沟壑，抛荒田地，贻误甚大。而武进一邑，地广民稠，饥困更多。臣仰体皇上爱养至意，不敢不遍行赈恤，原非概将可以度日之民滥行施给，糜费钱粮也。至于各属赈过数目以及采买米薪各数，除江宁一属系督臣核赈，应听督臣报销，而扬属江、仪二邑系盐臣劝赈，业经盐臣核题外。惟是淮、徐二属原系河臣督赈，疏请赈完之日另行核算，汇入苏、常等属一并报销。……臣查苏、常、镇三属并扬属三邑：赈过饥民 672860 余名口，实用米 163928 石，内除沙区已完米 5158 石，并臣捐米 450 石，及各属官绅商庶捐输凑赈米 2041 石，不开价值外，计江西买回及本地采买米 156278 石，不等价值，共银 235266 两，柴价银 16510 两，米薪二项通共 251777 两，内除捐输银 81 两外，实动银 251696 两。比照原题之数，计节省银 42080 余两。此皆臣再四稽核，躬亲确察，无滥无遗，实实动用之数也。"从这些详细数据的记载可知，赈济之策不仅是官府的主要救灾减灾政策，也是汇聚民间救灾力量的主要措施，能够及时有效地救济灾民。康熙二十年（1681）二月初六日奏道："臣属地方大旱之后，继以洪水，穷檐积苦，在在啼饥。……惟大江以北，十余年昏垫方起之疮痍，复遭沉淹，以致高邮、兴化、盐城、宝应、泰州五州县暨江都之邵伯乡饥黎遍地，较倍曩时，不得不丐我皇上如伤之仁，广行施赈。……是以臣经会疏陈请，先动正项发赈，统俟捐输银内补还。一面飞檄藩司酌拨银两，分委府厅县各官于今年正月初十日开赈。臣经再四申饬，勿得虚冒遗漏，务使灾民均沾实惠，以副我皇上惠养元元至意。惟是上年赈济需用钱粮，原于东省连岁饥荒等事案内，奉有俞旨，预行核算，先行该司循例查报去后。兹据江苏布政使丁思孔具详前来，臣查高、兴、盐、宝、泰五州县并江都邵伯乡，约报大小饥民名口313500余。"康熙二十年四月二十六日奏道："臣于节次报赈疏内，即将该年时价题明在案。……且臣查十七年报销赈饥米价，于十九年正月内准部咨开。……可见各年时价，原难一例，而卒急买赈，尤与别项不同，更难拘于常例。"从这些奏疏中不难看出，面对灾荒，慕天颜始终心系百姓、爱民如子，不厌其烦地将灾情上疏朝廷，请求赈济；在救灾过程中，始终能够亲临受灾一线，认真勘察、详细核实，在全面掌握受灾情况的基础上，能够立足实际、分门别类、辨别轻重缓急，有针对性地提出一系列切实可行、竭尽所能、钱粮兼济、赈恤结合的措施，真正起到了赈救灾民、缓解灾情的作用。

（3）蠲缓或蠲停

蠲缓即免除或缓征赋税，是一种灾后减免赋税、停征地租、宽刑罚的辅助救灾措施。统治者颁布蠲缓赋役的诏令，几乎成为历代灾荒之后的定制。因为，在古代中国，政府每年的财政收入，主要依靠租赋，而赋从田出，遇灾则田荒，田荒则无法按时交赋，如果还要强征，则必然加重农民负担，导致社会动乱，影响政权稳定。

蠲缓这一救荒思想最初见于西周。《周礼·大司徒》中有"以为地法而待政令，以荒政十有二，聚万民：一曰散利，二曰薄征，三曰缓刑，四曰弛力，五曰舍禁，六曰去几，七曰眚礼，八曰杀哀，九曰蕃乐，十曰多昏，十有一曰索鬼神，十有二曰除盗贼"等记载，汉代以后，关于蠲免的记述屡见于各种典籍，至魏晋时更有免租、免税的说法和实践，后世也因各自财政制度不同而采取不同的做法，如隋唐时代的免租庸调、五代的除放、宋代的蠲租、元代的免税、明代的蠲税、清代的蠲免赋役等。历代蠲缓措施的内容虽有一定差别，但都是实行修养生息的宽松政策，以便恢复生产，抚慰安民。在慕天颜的救荒思想中，蠲缓、蠲停的举措在给朝廷的奏疏中多有体现。康熙十八年，淮、扬、徐各属低处冲决，河水未消，高处又遭亢旱焦枯，粒米不登。康熙十八年二月初二日，慕天颜在奏折中写道："臣于上年（康熙十七年），查将被灾极重州县行藩司委官确勘，题请蠲恤，蒙恩照例蠲免。……臣是以酌将重灾州县旱荒田地应征康熙十八年分条银，竟缓至六月开比，俾令麦熟之后，闾阎可以资生，则鼓舞征输，国赋方能充裕。"康熙十八年四月初四日奏道："臣伏念我皇上御极以来，将康熙九年以前民欠钱粮三奉诏免，一奉蠲停，康熙十三年苏、松、常、镇、淮、扬六郡钱粮上谕特行蠲半。""臣敢请皇上俯允所奏：将康熙十年、十一年、十二年民屯地丁并漕项未完银米，概赐蠲豁。此三年民欠不满四十万，在朝廷不过蠲此无征之虚数，而穷黎已得共徼免比之恩膏，其利益有不可胜言者。"康熙十八年四月初九日奏道："臣行藩司，将上年被灾各属某某州县重灾极荒应请缓征，某某州县被灾稍轻毋庸请缓，逐一确查详报。""臣属江、苏等八府州属额赋繁重，惟藉岁时丰稔，民力易于输将，递年灾祲频仍，民间困苦已极。幸我皇上轸念如伤，遇灾蠲恤，故虽频年用兵，军糈供亿，犹得以办输无误。今台臣条请缓征，部覆查题，实皆深体皇上惠爱元元、抚恤疮痍之至意。""现行赈救之二十七州县康熙十八年分应征钱粮，仍请一体缓至麦熟后，六月开征。……今康熙十八年应征钱粮，若止缓于六月征收，则此转徙遗黎现沐皇仁赈济，稍延残喘，何能复事追呼？仍应恳请并赐暂停，俟田地涸出，勘报起征，庶疮痍得以渐起，浩荡宏慈溥被无涯矣。"康熙十八年九月初八日奏道："交春而饿殍载道，惨苦不可胜言矣。今则灾后罹灾，亢旱之余，更遭螟螣，而上江安、庐等属，在在灾荒，哀鸿遍野。无论买补无从，且恐救死不赡，安有余资复能采办？若仍责令完漕，实属无出。将来流离逃徙，必致田地荒芜，国计愈诎。除正赋起存钱粮俟勘明分数，另疏请蠲外，仰恳皇上俯念灾民困苦实甚，将江、苏、常、镇、淮、扬六府各属并徐州一州实被重灾田地应征康熙十九年起运十八年分漕粮，请照康熙九年重灾题准折征之例，分年折征。其折价，请照现行折漕之例，每石折银九钱，缓于康熙十九、二十两年带征全完。所有灾漕耗赠银米，亦照九年扣算豁免，以宽民力。至未灾州县及灾邑熟田，仍照征本色起运，以济国储。如此稍为变通，在漕额终无亏缺，不过宽缓年余，而江南百万遗黎均沾再生，颂我皇上于无疆矣。"康熙十九年二月二十七日奏道："臣属地方上年旱蝗灾伤，臣请折征漕米。兹据该司道激切吁详：请将句、六等九县康熙十八年半征重灾漕粮，缓于十九年冬季一并带征完运。臣查前题请折之数，合计全征不过 20 余万。今照半征请缓为数，仅 10 万余石。稍宽数月之限，保全亿万灾黎，而秋成有望，责令完输，于国储原无亏损。"康熙十九年四月初六日奏道："宿、沭二邑，久荷皇恩停征，俟地涸民回，再议起征。则桃邑灾黎，均同赤子，自难歧视。臣在地方，民生疾苦何敢不以上闻？相应仰恳皇仁俯念桃邑与宿、沭二邑同被水淹，将陆城等乡未涸田地 2783 顷 74 亩，并逃溺人丁 4987 丁。"最终朝廷批准暂停征收康熙十八年起存地丁并漕粮、漕项及节年旧欠钱粮。康熙十九年五月十五日奏道："臣查句容、六合、常熟、武进、无锡、江阴、丹徒、丹阳、江都九县，上年旱蝗灾伤，实属异常深重，灾田漕米万分难措。故臣不避斧钺，屡疏请折，再疏请缓，上渎宸严。"康熙十九年七月十五日奏道："臣属地方，赋税繁重，十倍他省。小民资生输课，惟赖雨旸时若，农田有收，庶几输将可继。乃连岁洊遭水旱，如康熙十七、十八两年，骄旸肆虐，赤地千里，诚从来罕有之奇灾。赖我皇上如天之仁，旧欠新粮，破格蠲缓，复准开例动帑，广行赈济。……臣惟旱涝灾伤，固盛世之所不免。第臣属州县连年灾眚困苦，几同倒悬。仰赖皇仁轸恤，蠲赈频加，沟瘠遗黎，获以稍延残喘。"康熙十九年十月十八日奏道："惟此被灾州县今岁漕粮，奉旨全征本色，兼有带征康熙十八年分缓半灾漕及上年灾田题准征麦易米，俱系应征应运之数，臣经通饬各属遵照征输。先据州县粮道等官纷纷详吁：灾民输将新旧漕粮，实属无米难炊，请题蠲缓。……但其中分别积灾最苦者，如高邮、兴化、盐城三邑与江都之邵伯一乡，被水之地，现沉波底，望涸无期，所当仰恳皇上将此四州县勘报淹没田地一万二千七百八十二顷四亩零，康熙十九年分应征一应起存钱粮及漕粮、漕项，俯照微臣目睹等事一案，破格蠲停。"都可看出蠲缓或蠲停在救荒过程中的重要作用。

（4）捐资

捐资，就是发动社会各界和民间有财力的人员捐献物资钱粮赈济灾民的措施。在中国古代的救荒过程中，多有运用。从慕天颜的奏疏中，也能看出这一思想在其任内的实践。康熙十八年二月初二日奏道："至臣所驻苏城地方，目击鸠鹄残黎，哀号满野。臣每一出见，穷黎与流丐之男妇环辕呼泣请救，臣率藩司暨同城各官共捐米石及借动仓粮。于今二十八九等日，臣亲领各官散给每人米一斗，计有老幼男女30000余名口，共给过米3000余石。臣与诸司设法倡劝捐补，虽臣前后捐过银米分发江、苏、常、镇、淮、徐等属，盐臣之捐赈扬属，督臣之捐赈江属及江北地方，河臣之捐赈淮、徐，在在设厂救济，可延饥民旦夕之命。"康熙十八年十一月二十一日奏道："臣于彼时鼓励官绅士庶共相捐济，届正月初旬，设厂赈粥。旋蒙皇上俯允，督臣会请动帑买米给散，普救灾黎。又得河臣之留漕，盐臣之劝商，狼镇臣之分力协捐，民遂得以有生，不至流离。"捐资在一定程度上，能够广泛发动各界力量，迅速聚集财物，缓解一时一地的灾情，起到挽救生命、安抚百姓的作用。

（5）安辑

安辑是指为防止灾民外流而实施的一系列安抚救灾措施。每逢灾荒之后，田地荒芜，大批农民流离失所，四处乞讨。为改变这种状况，产生了以给复、给田、赍送为主要内容的安辑办法。给复主要是通过减免赋税等方法安抚灾民，以引导外流的灾民回乡重新耕种田地。这一措施早在汉代即已实施，历代各有借鉴和完善；给田是给外流灾民以闲田，并减免租税，吸引灾民不外出流徙，这一方法也在汉代开始实施，宋、清时期有了更大发展，应用较多；赍送是通过官府的力量将外流的灾民遣送回原籍，并加以安置。为保证这几种安辑措施的有效实施，官府大都多方周济，缓赋宽逋，贷种葺庐，才能不致灾民四处流窜，危害社会稳定。

关于安辑之法的文献记载也有很多，如《周礼·地官·旅师》中载："凡用粟，春颁而秋敛之，凡新氓之治皆听之，使无征役，以地之媺恶为之等。"这里的新氓，就是指新迁徙来的人。意思是说，对流亡的居民，应免去其征役的负担，这是古代最初的安辑思想。慕天颜也有安辑救荒的思想，如康熙十八年二月初二日奏道："臣思此等流离饥馑之孑遗，皆属耕凿供输之赤子。若不普加抚恤，源源接济，以待麦熟，将来播种何人？赋税何出？且小民救死不赡，又何力完纳钱粮？敲扑徒烦，筋骨愈竭。"康熙十九年四月初六日奏道："臣查桃源县陆城等乡田地，界处宿、沭之中，因杨家庄决口未塞，目今宿、沭二邑田地仍淹未涸，则桃源之田亦属波臣。田地既无可耕，流民何从归业？徒事追呼，望洋莫济。若不亟加抚恤，将来孑遗，势必日就逃亡，国计有损无益。"

（6）调粟

调粟，就是指根据受灾情况在不同地区间调运粮食，向存粮区移民，调整粮食价格等救灾措施。中国历史上有移粟就民、移民就粟、平粜等三种调粟方式。移民就粟，即灾民自发或令其移于膏腴之地就食；移粟就民，即灾民若不能移，而别处有可移之社，则尽力移而就民；平粜，即根据粮食丰歉情况而采用的一种调节价格的方法，一般是在丰年收购粮食，在遇灾荒之年低价出售给灾民的救济手段。

调粟救荒的思想，渊远流长。《孟子·梁惠王上》中载："河内凶，则以其民于河东，移其粟于河内，河东凶亦然。"《管子·国蓄篇》中载："万物之满虚，随时准平而不变，衡绝则重见。又说，凡五谷者，万物之主也。谷贵则万物必贱，谷贱则万物必贵。两者为敌，则不俱平。故人君御谷物之秩相胜，而操事于其不平之间。……夫物多则贱，寡则贵，散则轻，聚则重。人君知其然，故视国之羡不足而御其财物。谷贱则以币予食，布帛贱则以币予衣。视物之轻重而御之以准，故贵贱可调而君得其利。"《汉书·食货志》中记载，李悝在变法时也曾说："故虽遇饥馑水旱，籴不贵，而民不散，取有余，以补不足也。"汉代以后，调粟思想日益系统化、具体化，官府也常采用这一措施来救济灾民。康熙十八年，江苏一带，旱灾、水灾、蝗灾叠加，虽采取多种补救措施安抚百姓，但因国用浩繁，恩泽难周，储备空虚，捐输莫继，致使饥黎载道，救荒无策，慕天颜奏道："臣思灾地籽粒无收，米价倍至腾贵，穷黎欲求升合，益致艰苦，何忍使其流离填壑？因念江楚地方新谷早登，其价必贱，若赍银往彼买得数十万石，陆续运至江南，酌于重灾少米之处一照原价发卖，则本地市值因而减省。是平籴之一法，可使小民沾惠无穷。……臣经咨商督臣，而督臣痌瘝民瘼，早有同心；复又檄令藩司议详，据覆相符。臣敢冒擅专之罪，竟于藩库借动帑银五六万两，遴选廉干官员分赍前往，咨明江楚督抚，令于产米之乡及时收买，俾得实济。总之，此银悉依原数还库，不过通融一时，原无损于饷项，故敢权宜动用也。……抑臣更有请者，丰收余米地方，各官每有遏籴之令，不许外商贩运出境，此诚为本处人民储蓄之计也。但思天下人民，均属朝廷赤子，自无分于疆域，凡遇邻灾，更当救恤，以广皇仁。况邻省重灾，原不概见告籴，亦非常事，允宜通商，相济彼此缓急，此尤望天语申饬者也。"康熙十八年九月初八日奏道："臣属江、苏、常、镇等属上年水旱频仍，灾黎绝粒；淮、扬、徐各属叠被淹沉，民遭昏垫。去岁自冬徂春，绝食饥民剥食草根树皮，流离颠沛，惨苦万状。……何意五月二十日以后，骄阳肆虐，历秋滴雨不施，高处禾苗，久已绝望。乃复旱极生蝗，遍处蚕食，各属报文又已纷纷踵至，低乡秋获亦复难期。除江、苏等属先报情形业经会疏入告，并请告籴邻封，平粜以济时艰。"康熙十八年十一月二十一日奏道："臣先酌议告籴于江楚，满望买米一到，即为贫民疗饥。不谓楚地亦遇灾伤，无从购买。接阅楚抚臣咨覆，臣几荒迷痛哭，莫知适从。差往江西采办官员，亦据回称：价贵艰得，尚未运到。现今本地米值日昂，且无多买之处。如上年江南被旱，今春洊饥，四方尚有客贩而至。"康熙十九年五月十五日奏道："动帑赈救，得以稍延沟瘠。即此买赈之米，臣俱购自远方，江南实无余粒，久在我皇上睿鉴之中。"诸如此类的奏议，都能看出慕天颜调粟的救荒思想。

（7）豁免或停征

豁免或停征，就是在重灾区，对没有能力缴纳官府规定赋税的人群，免除或停止征收累年欠缴的赋税，使百姓度过灾情，恢复生产能力。慕天颜在奏疏中也多次陈述豁免或停征的利弊。康熙十八年九月初八日奏道："臣思最重者，首在恤民，而恤民之最苦最急者，莫若豁免江南坍荒田地钱粮一事。"康熙十八年九月初八日奏道："臣查苏、松、常坍荒田地，向来屡经勘驳，实有三千余顷，合算其本折钱粮亦不满十万。而因此贻累，反致欠多，民情之隐苦，实实不可胜言。盖坍者，久成白水，无土可问；荒者，硗瘠不毛，无法可耕；公占，则系地入公家，民已失业。……奈何有粮无田、有户无人，历年地丁条折原无完纳，委系纸上虚数，不豁亦无完豁之可免累耳。惟漕粮一项，徒累里甲，里甲因此包赔逃亡，株连不知凡几；官役因此遭欠，挪移垫买，每致难清，完犹不完也。三吴赋重额繁，保无顽梗拖欠？然每岁考成，计民间零星尾欠积累而有数万；或灾患不时，民力困竭，逋逃者又数万。总以四百余万之额征而论，亦不可谓之顽矣。此有户有田之欠数，仍可于年限续完。惟坍荒所欠，万万无从责赔。臣前于备陈旧欠无征等事一疏题，蒙特恩蠲停者，即此坍荒在内也。"康熙二十年八月初十日奏道："臣查山阳历年被水淹溺流亡之民，除经招徕、清补外，其余故绝丁户，在于微臣目睹案内，原从淹地停征。今田地虽经陆续勘涸，而流移者散之四方，亡故者九原莫问。若照原额追征，积灾孑遗，难堪赔累。臣经再四严驳，而该司府坚称委系缺额无征，具有不扶印结呈送。相应仰恳皇上俯念灾邑积淹困苦，故绝既属无征，现户包赔无力，俯准自康熙十九年为始，暂照现在丁额征输。其余缺额丁户，统于编审案内陆续升报补额，庶茕茕残孑得苏重困，感沐皇恩无既矣。"

（8）征麦代米

因灾情所致，慕天颜看到职属地方灾民实在不能按照官府原有要求缴纳本色漕米，如实上报灾情后，并奏请朝廷能够根据灾情轻重，在重灾区降低税米标准，并可以麦代米，既可保证朝廷军需，也可减轻百姓负担。康熙十九年五月十五日奏道："臣查句容、六合、常熟、武进、无锡、江阴、丹徒、丹阳、江都九县，上年旱蝗灾伤，实属异常深重，灾田漕米万分难措。……今此重灾田地应征半运漕粮，若必责饥民以米完兑，实属无从购办。臣惟部臣再三不允折缓者，只以俸饷支放不敷为虑耳。今计臣属未灾州县及灾邑熟田全征并灾田半运本色漕米，业已督令征兑全完，尽数开行北上矣。所未完者，惟此九县重灾田地半运漕米 10 万余石。今各属二麦已值收获之时，虽系饥民续命之膏，藉此资生播种，但灾民感沐赈救洪恩，自当谕令勉输。惟是以麦易米，则不但积灾之余，商贾绝少，就近无购买之处，茕子灾黎亦何能远涉贸贩？徒迫追呼，愈致流离；东作无人，秋收何望？该司道会议以麦代运之请，亦属万不得已之情。臣非不知历来京漕无麦兑之例，然苟可设法，断不敢累渎宸聪。因臣亲行赈济，目击灾黎情状，委系万万无米可征，不得不冒昧为民请命。臣查淮属宿、沭、赣三县，因地不产粳，转购艰苦。前经河漕督臣题，奉俞旨允征粟米起运在案。兹句、六等九县因灾无米，转购维艰，暂以麦代，后不为例，谅亦我皇上一视矜怜者也。且京军食面，北地风土皆然，兼得磨麸饲马，亦属相宜。况以 10 万余石之麦，在京储搭放，不过升斗兼支，天庾既无不敷之虑，而灾民得有更生之望，此实国计民生两相调剂之法也。用敢吁恳皇上破格俞允，行臣遵奉饬催，补征兑运，以竣漕务。"康熙十九年十月十八日奏道："臣再有请者，今岁各属水灾过甚，其淹后涸出之田，禾苗受伤，米色自难纯一。请将溧阳、常熟等十四州县应征熟田漕粮及兵南等米，准照上年恩例，红白兼收，买籼搭兑，俾得便于措办，则漕运可以无误而灾民更蒙轸恤。至于带征十八年灾漕，臣前疏业经题请，许其红白籼粳并收，今亦照依前例征兑，以恤穷民，合并声明。"以麦代米的救荒思想，是慕天颜亲临灾情，立足地方实际，综合研判灾荒后做出的大胆探索，即可保证政府财税、军需，也可减轻百姓负担，起到了良好效果。

2. 灾前预防思想

（1）仓储

仓储，就是长期储存，积聚财、物。先秦时期，我国就有积蓄粮食以备灾荒的思想。据《礼记·王制》记载："国无九年之蓄，曰不足；无六年之蓄，曰急；无三年之蓄，国非其国也。"这也是我国古代积蓄思想的重要源头，在这一思想的基础之上产生了仓储制度。西汉时期的"常平仓"就是国家建立仓储制度的有效实践，具体措施就是，政府在丰年谷贱之时出籴本，广为收贮，待凶年谷贵之时以便民间籴买。一出一入之间所获微利，充作常平的基金。这种做法的意义就是平抑粮价。后来，这一方式也在民间广为实践，成为以备灾荒和救济灾民的义仓。纵观我国仓储发展的历史，唐宋之前主要在城区，真正以乡村救济为职责的仓储开始于南宋朱熹创建的朱子社仓。但无论是社仓还是义仓，都面临着粮食短缺的局面，这就会导致灾荒发生时，乡村灾民纷纷流向城市，等待救济的景象。为此，政府还常常在主要城镇、水陆咽喉设立"留养"机构以赈济灾民，减少城镇灾民聚集，以免影响社会秩序。康熙十八年九月初八日，慕天颜奏道："惟是江南地方民家原无储蓄，素藉江楚商贩以资食用。上年被灾，而粮运无误者，以市价不至腾贵，尚能勉力买办输将，然已血竭髓枯。"可见，在慕天颜看来，平时没有做好仓储，每当灾荒发生后，便无粮可给，不能有效缓解灾情，若要预防灾情发生后带来的灾难，必须建立完备的仓储制度，防患于未然。

（2）更改则例

朝廷的规则制度是否科学合理，是否符合百姓意愿，只有经过全面深入的调查研究和实践才能掌握实情。慕天颜主政地方时，屡遭灾荒，他在救济灾民的过程中，深刻认识到朝廷赋税规则的弊端，于是有理有据地提出了一系列更改朝廷规章制度的措施，这也是慕天颜救荒思想的重要内容之一。康照十八年九月初八日奏道："窃惟天灾流行，原属非常之事，一遇灾荒，小民即有赔粮之苦，必多方存恤之，方得安心耕凿，不致流离。伏查现行蠲灾则例：'勘实被灾五、六分者，免正赋十分之一；被灾七、八分者，免正赋十分之二；被灾九、十分者，免正赋十分之三。而漕粮、漕项，不在应蠲之内。'此虽系久定章程，但灾黎之力，实有不堪于其间者。……夫农夫耕种田地，终岁勤动，藉上年之所收，为今年之工本，毫无余蓄。若一被灾，则下年无食无资矣。全赖业主借给耕本，始能胼胝力田；而在业主，藉租完粮，遇灾则无租可收，其完粮之需已难拮据，又何以措给养佃？然而被灾不至八、九、十分，农既有薄收，租亦有半办，又得朝廷稍稍恩蠲，自可勉力输漕也。若重灾，颗粒无收，主佃两空，势必别图生计。素封厚积之巨室，能有几家？大率催科急迫，告贷无门，即至卖儿鬻女。是所望于恩蠲者，实为续命之膏。乃例蠲之三分，又扣出漕项不蠲外，止实蠲条折二分几厘，仍有八分应完于官。而漕粮则当全办，从何出处？不第穷民衣食绝望，饥寒切身，苦其皮肉，以听血比；即中人之家，废产赔粮，亦渐至于骨立矣。富者贫，而贫者死，徙所不免也。况叠遭灾患，又何以堪？而三吴赋重，更不比于他省，速其贫以速其流亡，皆因水旱之降凶也。……臣思当日部定则例，按灾分数蠲免三分、二分、一分，诚属有见。盖谓田地有夏秋二熟，秋灾而夏熟，夏灾而秋熟，各有一收可办蠲存之赋耳。独是夏秋若遇两灾，部臣必执'夏灾已蠲，不再重为'之例，则于民更苦矣。又漕米必藉秋熟，始得籴米交仓。秋若全灾，米从何来？万万难办漕粮。"不难看出，慕天颜根据其主政地方正常年份和每遇灾荒之年的实情，从朝廷、地主、百姓等几个方面详细分析了原有赋税制度的弊端，并几次上疏提出更改旧制的建议。他说："臣敢请皇恩，更定则例，如被灾五、六、七分者，仍照旧例止蠲正赋一、二分不议外，若灾至九、十分，请条漕并蠲三分；灾至八分者，请条漕并蠲二分；若夏秋并灾者，请照灾分数，两次并蠲；倘夏秋并灾而俱至十分者，不得不丐天恩破格将地丁及漕粮、漕项全蠲，以恤斯民。民为皇上之民也，赋为皇上之赋也。赋诎一时，养民以力田供输，则在万年；民若死亡，实难生聚。所关匪细，故敢激切敷陈。"康熙十八年十一月十二日奏道："江、苏、常、镇、淮、扬等属，灾伤深重，委非平常荒歉可比……臣身在地方，时加体访，灾民现在乏食，有将荒草稗子为糊充饥者，或有以石屑磨粉、剥采树皮延生者，盖因麦食既尽，秋稻全无，故致黯然遍地。……惟灾荒最重之州县，如江属句容、六合，苏属常熟，常属武进、无锡、江阴，镇属丹徒、丹阳，扬属江都，此九县者，旱虐与蝗灾并甚，几于无亩不灾，无灾不重，秋禾全无收获，较之他邑，更为惨苦。然于其中又复权其轻重，止请将先经勘报九分、十分重灾田地康熙十八年应征漕米，叩恳皇上特允改折，其耗赠银米并请豁免，此折漕银两与随漕钱粮，仍于本年征完一半，十九年带征一半；其七、八分灾田并其余各州县七、八、九、十分田漕米，俱遵部议，本年征完本色一半起运，十九年带征本色一半；至于各属被灾五分、六分田地应征漕米，仍行全征本色起运，饬令勉力输将。计臣属江、苏等八府州每岁运解京仓漕米一百三十余万石，今句、六等九县九、十分灾田，请折漕米约止二十余万，为数似亦无多。且康熙十九年原有部行江、浙应折漕米，就臣属而论，亦不下折征二十万，即以下年应折之数改征本色，自可补今岁灾漕之折数矣，于国计毫无亏损。而民间今岁少征此米，保全亿万灾民，为朝廷万年供赋之计所关，诚非尠小。又查江南凤、庐等属灾漕，已蒙俞旨允折，实同一例，用敢再疏陈请，仰祈皇上亟赐俞允，纾民困以培邦本者也。再查灾属半运本色漕米，现责催征各官竭力追呼，但民间必须买米交仓，其米色难一。若欲照往年责其纯色，更为民苦，莫若红白兼收、籼粳并纳，止令干洁，毋事苛求，则小民之沾惠无穷。"朝廷规则制度的更改，减轻了百姓负担，也保证了政府的财税收入，也是从根本上预防灾荒的重要举措。慕天颜这种大胆革新、与时俱进、为民请命的思想，不仅源于他一贯务实求真的作风，更源于他为国为民的情怀。

（3）垦荒种地

历代的救荒思想中有权宜之计，也有长久之策。垦荒种地、疏浚水利、改良物种、增加生产等措施就是预防灾荒的长久之策。慕天颜在救荒的过程中，将救急与预防相结合，鼓励垦荒，疏通水利，加强农业生产，不断丰富和完善救荒措施。康熙十八年九月初八日奏道：

"今查前勘坍荒数内，如长洲县田地新经丈清、升补无缺不议外，其太仓、常熟、昆山、嘉定、华亭、娄县、上海、青浦、宜兴九州县，确有坍荒未豁，臣请皇上大沛恩纶，特准开豁。"康熙二十年六月二十二日奏道："臣轻舸简从，亲临各邑，按册逐细察勘。查宜兴县版荒田地，在张公洞等处绵亘几百余顷，俱系近山远水，满目荆榛，难施耒耜。里民环绕呼吁，称系故明末年被山贼蟠踞，以致乡农逃窜，田地抛荒，赔累至今。而常、太、嘉、昆、华、娄、上、青各州县版荒田地，一区之内，比连数百亩或数十亩，一望荒凉，人烟俱绝。高者水源不到，竟成石田；低者砂砾不毛，全无围岸。臣念苏、松寸土尺壤，皆为重粮之地，何致废弃？遍询父老，据称：'或系地土硗瘠，或因岁凶失收，民逃荒弃此田，应完钱粮责令一甲包赔，一甲人户因此包赔逃亡，遂致荒芜日甚。即欲开垦，奈锄犁未施而追呼先至，若不豁除历年包赔钱粮，断无承佃之人。且沟渠不通，何资灌溉？'等语。臣虽宣布皇仁，多方晓谕，小民感泣动地，而积荒难垦情形，历历在目。再履勘常、嘉、华、娄、上、青各州县坍没田地，皆因逼近海洋大江与滨临黄浦以及淀泖诸湖，被风涛冲击，日削月消。高处略有田形，岸址微露可稽；低处坍没无形，竟成巨浸。引勘之里民，向洪波而饮泣，然无形可丈。臣未敢遽信为实。如上海县黄浦之坍田，传询耆老，据称：'向来浦面，原止里许，即最阔之处，亦不过一里以外。今有二三里、四五里不等，比旧宽阔之水面，即系坍没之熟田。'臣又单骑巡历东门外小教场查勘，离浦仅有数步，其照墙恰傍水边。思此教场屋宇，当日必无临浦建造之理，按诸旧志，果系载纪往迹，而今宽广数倍，可谓坍没之明验。他若临江临海，则惊涛澎湃，冲削自所不免。又如刘河旧城，今已半坍入海矣。但各州县坍缺田地，既是无形可丈，恐有以少报多之弊。又已饬令将本区本圩现存田亩通盘丈量，算现实在坍缺之数，方准造报。至于各邑公占田地，勘系烟墩、马路、营房等项，实为公家占废，并无纤毫捏冒。臣查勘事完，随即行据各州县将勘过实在坍、版、公占田地，造册送臣，檄发藩司覆核。兹据布政使丁思孔具详前来，臣查太、常等九州县勘实坍、荒田地，滩荡溇山涂共二千三百五十六顷五十三亩零。其坍者已付波臣，而版荒久为废土，公占乃为军工占用，失业之遗黎与赔累之里甲，望恩甚迫。仰恳睿慈，俯将坍、荒、公占应征起存本折钱粮，亟赐蠲豁，永除积累。豁粮之后，其间有可开垦、作何疏渠招佃，臣当另疏条议上闻。亦不敢以可辟之土，坐视久废，虚悬粮额者也。"

康熙二十年五月二十五日奏道："臣于康熙二十年二月内踏勘各属坍、荒，先往丹阳勘阅练湖，其湖地界徒、阳两邑，延袤四十余里，在北者为上湖，在南者为下湖，上湖受长山诸汊之水，由中埂以入下湖，与运河仅隔一堤。旧设涵洞闸座，原为溉田济漕起见。然昔日济漕之说，盖因百年以前，湖水甚深，可以闭涵久蓄，以济冬春之漕。而今则沧桑变迁，湖身淤塞，夏涨秋涸，不留滴水，既与运道绝无利赖，自可与民开垦升科者也。惟是垦辟湖田，必先疏通水道，水道一有壅滞，则山水涨发无所蓄泄，必启日后奔溃之患。臣与该司道确议，此湖应蓄水者，仍浚渠以通流；应成田者，即画疆以垦耕。查上湖之北，有中心湖一道，今应重加疏凿，直通下湖，以导众水。即于下湖张官渡三闸接中心湖之尾，挑河一道，直抵观音山，泄上湖骤发之水，引入运河。令承佃之民分挑支河，引水灌田。而迤西一带湖地，接壤西乡民田，尤宜分浚支河，以资灌溉。其原设各闸，年久倾颓，亦应修葺完固，以时启闭，庶得旱潦无虞。惟是所开河渠，务须深阔；所筑田埂，务须坚高。大约以全湖计之，将十之七分垦种，十之三分疏筑，自可垂之永久。其招民佃耕之地，或有即堪布种升粮者，或有尚待垦辟起科者，所资民力不等。应令徒、阳二县之民，各就近地承佃，仍议上价，分别新垦、旧圩，视用力之多寡，酌定升科年分。又投诚安插京口之人，据请领佃此田。查投诚原有垦荒之例，而上湖地处高阜，可省浚筑之劳，似应于上湖田内分拨一千余亩，给投诚人垦种完粮，免其上价，以示恩恤。至一切疏筑工料，即出于上价之中，不烦动费公帑。容臣督令司府估计确实，兴工修举另报，业经先后批檄司道查议去后。"这些措施，不仅在当时发挥了重要作用，也对后世的救荒思想产生了重要影响。

（4）减粟

减轻税赋，也是预防灾荒的重要举措之一。康熙二十一年（1682）正月十三日，慕天颜奏道："窃惟江南钱粮独多于天下，苏、松赋额独重于江南，人人所共知也，因额重而逋赋难清，因积欠而民生日困，又人人所共知也。臣于康熙十三年正月备员江苏布政使入觐时，遵旨陈言，恭具苏、松浮粮万难完额等事一疏上奏，其中备陈历代增损赋税原委，及故明仇加重征、江西恩豁有例缕悉情事，叩请酌减，久达御前，未蒙俞旨。……臣计苏、松赋额，平米366万有奇，臣原疏奏请酌减浮粮20余万，如上则三斗至四斗外者，每石减一斗；中则二斗外者，每石减七升；下则二斗以内者，每石减五升；其一斗以内之科则，不减。在国家正课，原止减其必不能完之虚数，在两郡万民共得舒其万难措办之催征。若照江西布政使庄应会所请瑞、袁二属浮粮减额，臣之所请更少也。"根据受灾情况，因地制宜，奏请朝廷不同程度地减轻百姓赋税，既能缓解灾情，也能保证国家财政稳定。

四、慕天颜救荒思想的特点

慕天颜一生清廉，勤政爱民，政绩卓越，深得民心。通过他的文稿、奏疏，探究其救荒思想的渊源，不难发现，这与其平生所见、所闻、所学、所思密不可分。据载，少时，静宁发生大旱，饥荒之年，饿殍浮地，慕天颜对父说道："我家藏谷数千石，仓满屯盈，何不赈济饥民？"父惊其少小年纪，竟有如此胸襟，遂开仓取谷，以济饥民。15 岁补州诸生，学习期间，求知求学之心得不到满足，遂到城郊西岩寺山研读佛教经典《大藏经》，苦读经年。后又精读《四书》，学问日进，学优而仕，为国为民。正如他所言："儒者之学，贵于有为，除大害，兴大利，学者分内最切事。"这些仁民爱物、慈悲为怀的学养，致使他在漫长的仕宦生涯中能够施展兼济天下的抱负、赈济百姓、兴利除弊。慕天颜的救荒思想，既有传统救荒思想的优点和不足，也有很多创新和特点。

一是心怀家国，勤政为民。从慕天颜的诸多奏疏中可以看出，不论主政何地，每遇灾荒，他都能上体皇恩，下恤百姓，往往反省自己履职不力，政务怠惰，从维护政权稳定、减轻灾民负担、缓解灾荒影响等方面提出切实可行的措施，确保百姓生活和地方安宁。

二是躬身践履，体恤灾民。不论水灾、旱灾、蝗灾还是其他自然灾害发生后，慕天颜都能轻舸简从，亲临灾情一线，逐地逐户察访受灾实情，并详细奏呈朝廷，为民请命，期望皇帝和朝廷做出救灾减灾的恳切之情溢于言表。当看到灾民饥饿难耐、哀号遍野、赤地千里、惨不忍睹的境况，他会采取设厂施粥等急救措施，移食就民或移民就食，挽救了很多老弱病残生命。同时，请求蠲缓、停征、豁免累年赋税，并采取疾病防疫等措施，有效缓解了灾荒带来的次生灾害。

三是实事求是，因地制宜。灾荒之后，慕天颜都能结合地方官员呈报和实地察访情形，如实奏呈朝廷，并根据当地人口、经济、地形、气候、农作物等具体情况，请求官府在减赋、贷种、食、牛、工具等农本方面提供赈济，帮助百姓恢复生计，发展生产。尤其是在鼓励垦荒、疏通水利、重视漕运、更改赋税制度方面提出了很多开创性的救荒思想，进一步完善了防灾减灾制度。

四是守正创新，开源节流。自古以来，因"天人感应"思想的影响，"灾异天谴"的观念根深蒂固，更是历代统治者所警惧的信号。"天地之物，有不常之变者，谓之异。小者谓之灾。灾者，天之谴也；异者，天之威也。谴之而不知，乃畏之以威。……凡灾异之本，尽生于国家之失。乃始萌芽，天出灾害以谴告之；谴告之而不知变，乃见怪异以惊骇之；惊骇之尚不知畏恐，其殃咎乃至。以此见天意。天意有欲也，有不欲也。所欲、所不欲者，人内以自省，宜有惩于心；外以观其事，宜有验于国。故见天意者之于灾异也，畏之，而不恶也。以为天欲振吾过，救吾失，故以此报我也。"因此，面对各种自然灾害，统治者都会采用各种方式祷告天地、祭祀神灵以禳除灾害。这一观念，在慕天颜的救灾思想中也屡有体现，但他并不完全依赖祈禳的办法救济灾民，而是积极探索各种行之有效的措施赈济百姓，缓解灾情，更难能可贵的是，慕天颜敢于指出旧制度、旧政策的弊端，减轻百姓赋税的负担，还能开垦荒地、疏通水利，积极鼓励百姓耕种田地，增加收入，改善生活，可以从根本上防止灾害带来的影响。

五、慕天颜救荒思想的启示

慕天颜生活于明末清初，他历经王朝更替，并在清初担任要职，且政绩卓越，在其一生的著述中留存了丰富的救荒奏疏，从这些奏疏中不难发现，他的救荒思想是在继承官府政治救济的基础上，结合自身学养和为政经验的智慧结晶，对赈济当时严重的旱灾、水灾、蝗灾等产生了重要影响，对后世救荒思想和救济措施的发展具有重要的借鉴和启示意义。

一是重视社会救助的朝代，则政权兴，疏忽社会救助的朝代，则政权亡。纵观历代王朝的兴衰更替及其社会救济政策，一般而言，王朝初肇时期，统治者都能兼顾政治救济与灾民救助，救灾也是为了赢得民心，维护政权的稳定。但每到王朝末期，随着政治的腐朽与国家财力的萎缩，统治者较少关注灾民的生活，最终导致百姓流离失所，怨声载道，乃至揭竿而起，改朝换代。

二是社会救助政策的实施效果，取决于清明富足的政府，廉洁奉公、体恤百姓的官吏。以农立国、农民众多、重农抑商，这是我国历来经济社会发展长期面临的基本国情，要保持源源不断的财税收入，保持国家长治久安，就必须以民为本，建立完善的社会救助制度，提高官吏心系百姓的素养，才能确保每项救济措施落到实处。

三是社会救济中，要将国家救济与民间的自救相结合。完善的政府救灾制度体系是确保社会救济行之有效的保证，也是维护社会稳定的根本制度之一。但每逢灾害频发，受灾地域广泛，灾民较多等复杂情势时，就更加需要发挥各界人士及社会团体捐助、异地帮扶等民间救助体系的力量，能够提供灾荒急需的钱粮、食物和其他日用品，有效弥补制度漏洞。

慕天颜救荒思想是其一生留给后世的宝贵精神财富之一。通过"安民八疏"及其部分奏疏可知，实事求是、察吏安民、赈恤相济、标本兼治是其救荒思想的核心，这对其任内救灾减灾发挥了重要作用，也对后世救荒思想和救济制度的完善产生了重要影响。从某种程度上说，正是因为有较为完备的社会救济制度，才使多灾多难的中华民族能够自强不息，长期延续。

【参考资料】

1. 邓拓．邓拓文集［M］．第 2 卷，北京：北京出版社，1998．

2. 葛全胜．中国历朝气候变化［M］．北京：科学出版社，2011．

3. 张振兴．我国自然灾害重点探讨［J］．灾害学，1998（1）．

4. 高建国．中国自然灾害经济损失趋势评价［J］．国际地震动态，1994（9）．

5. 赵尔巽等撰．清史稿·灾异志［M］．卷 40，北京：中华书局，1976．

6. 赵尔巽等撰．清史稿·慕天颜传［M］．卷 277，北京：中华书局，1976．

7. 十三经·周礼·司徒上［M］．上海：上海书店出版社，1997．

8.（宋）朱熹．四书集注［M］．北京：中华书局，1983．

9.（清）戴望．管子校正·国蓄篇［M］．上海：上海书店出版社，1986．

10.（汉）班固．汉书·食货志上［M］．北京：中华书局，1962．

11.（唐）孔颖达撰．礼记正义·王制［M］．第 2 册，北京：中华书局，1936．

12.（汉）董仲舒著，苏舆撰，钟哲点校．春秋繁露义证［M］．北京：中华书局，1992．

13. 李世恩、李安乐辑校．慕天颜集［M］．北京：商务印书馆，2024．

【作者简介】

强进前，甘肃静宁人，历史学硕士，毕业于兰州大学历史文化学院，现为中共平凉市委党校（行政学院）副教授，哲学和社会科学研究所副所长，主要从事中国古代思想史和中共党史方面的教学研究，曾在《西北民族大学学报》《河西学院学报》《人文天下》等国家、省市级期刊发表论文30余篇，出版专著《先秦商人研究》一部。

慕天颜治水治河功绩及方略研究

□ 马　奔

康熙九年（1670），慕天颜升任江苏布政使，主管一省财政和民政，即着手吴淞江、刘河淤道疏浚工作。

康熙十三年（1674），慕天颜觐见康熙皇帝，上陈《黄淮全局情形》等八疏，系统阐述了自己治河方略。

康熙十五年（1676），慕天颜升任江苏巡抚，力主疏浚白茆河、孟河，打通了太湖出入江海通道，使三吴之地成为鱼米之乡。

在慕天颜主政三吴之地前，苏、松、常、嘉、湖、杭六郡河道壅塞、湖水侵淫，民舍被淹、良田被毁。据我国著名经济史专家彭雨新统计，明末清初，我国东部水患灾害异常严重。顺治元年至十八年（1644—1661），各大河流决口十五次。康熙元年至十五年（1662—1676）决口四十六次。仅康熙元年（1662）就达六次之多。康熙十五年（1676）夏，持续大雨，黄、淮并涨，导致各处又发大水，决口三十多处。

大江南北处处决堤，不仅田庐飘荡，田沉水底，给各流域百姓造成深重灾难，而且直接导致漕运严重受阻。土地被淹被毁，农民难以耕作，淹田荒地比比皆是，政府征收的钱粮就成了无源之水，以致国库空虚，仓储无存，社会动荡不安。同时，由于清朝漕粮和物资运输主要仰仗漕运，官俸、军饷全赖山东、河南、安徽、江苏、浙江、江西、湖北、湖南八省每年多达四百万石的漕运供应。所以，一旦漕运受阻，就会导致漕粮无法照额完解，也不能按期运抵京师。

面对滔天洪水、中断的漕运，年轻的康熙帝大力起用靳辅、慕天颜等治世能臣，广泛征求治河方略，在国家财政异常吃紧的情况下，发起了治水、治河的伟大实践。

一、疏浚刘河、吴淞江

太湖流域是一个碟形盆地，四周高、中心低，湖水以涌涨的方式东流入海，因此下游河道的排水是否顺畅，至为关键。

明永乐初年，吴淞江和黄浦江下游淤塞，苏州、松江府一带大水成灾。明成祖委派户部尚书夏原吉到江南筹划根治事宜。夏原吉经实地考察后，一方面仔细研究前人治水得失，一方面广泛听取当地官民的意见，带领十万兵民，"布衣徒步，日夜经画"，疏浚刘河，开浚夏驾浦，掣吴淞江水北达刘河，引太湖水从刘河入海，史称掣淞入浏，刘河也由此代替吴淞江成为太湖的"入海大道"。夏原吉采取的另一项措施是"掣淞入浦"，即导引吴淞江水进入黄浦江，为太湖及下游地区洪水下泄寻找到新的出路。这两项措施使苏松地区水患得到有效治理，刘河因清水水面的增加，水流湍急，由此保持了200多年宽阔而通畅的局面，郑和七下西洋就选择在太仓刘家港起锚。

但由于夏原吉"掣淞入浏""掣淞入浦"方案削弱了吴淞江的水势，使吴淞江海口段的淤塞加剧，成为一条排水量较小的河道。

清代苏松常镇水系图

再加上海上潮泥倒灌，使得黄浦江、吴淞江、刘河、白茆河极易淤塞，需要经常疏浚，大约每十来年就需要疏浚一次。明后期苏州人钱允治在其《长洲县水利议》中提出，三江"大约十余年遣一重臣获事，刻期讫工即回，此则利之利也"。明后期国势不振，政治腐败，太湖下游的大规模治理仅有三次：正德十六年（1521），工部尚书李充嗣开浚白茆河、吴淞江；隆庆三年（1569），应天巡抚海瑞疏浚吴淞江；万历五年（1577），巡江御史林应训浚治吴淞江、白茆河。

从万历五年（1577）到康熙九年（1670），大概经历了100年时间，太湖流域的几条泄水通道——黄浦江、吴淞江、刘河、白茆河早已因潮泥倒灌而壅塞不通。

太湖泄水通道不通，导致的直接结果是太湖水位不断高涨，四处漫溢，大片农田被淹没。慕天颜在《疏河救荒议》奏疏中说："去岁

（康熙九年），水患弥漫四野，数百里间，不第禾尽无收，抑且室庐漂没，流离疾苦，不忍绘图。"

康熙十三年至十七年（1674—1678），山阳、盐城、高邮、泰州、兴化五州县的土地总淹浸率分别达到81.51%、81.51%、80.28%、78.25%、68.70%，令人触目惊心。

太湖流域苏（州）、松（江）、常（州）原是富庶之区，是清政府重点赋税来源之区。这样一经淹没，百姓倒悬，政府财源枯竭。

因此开通太湖通外江海的通道，及"开江"工程刻不容缓。

康熙九年（1670），慕天颜就任江苏布政使后，按照江宁巡抚玛祜"首饬议浚刘河"的意见，他在调查研究的基础上，参考明代治水名臣的成功范例，按当前财力，提出了符合实际的近期目标和长远规划，以及以工代赈、援纳捐助的运筹办法。最后形成《疏河救荒议略》，进呈巡抚玛祜："窃惟三吴治水之功，历稽往绩，无他术也，惟使太湖之水导入江海，而江海之潮汐亦可上通，以时蓄泄，则旱潦无虞。"慕天颜在该疏一开始，就旗帜鲜明地提出，治理苏州、常州、湖州、杭州、无锡、上海、绍兴等"三吴"之地洪涝灾害的方法，是将太湖之水导入江海，同时让江海的潮汐也可上通，该蓄积时蓄积，该下泄时下泄，别无他法。

康熙十年（1671）三月一日，慕天颜与苏常道参议韩佐周开始浚通吴淞江、刘河淤道。与前代疏浚河道不同是，以往大都是西起白鹤江至吴淞江汇合口过黄浦江至高桥镇东北注入长江的虬江，这使得海上浊潮得以直入，江口常被淤积，易造成堵塞，这次慕天颜采用"纤而导之，沪渎会黄浦以入海"之法，使得海潮入黄浦江者百分之七八十，入吴淞江者百分之一二十，极大地减少泥沙淀积。

据江苏昆山人盛符升《开江始末》记载：慕天颜"亲履江上，

实核土方"，经督抚两级反复奏请，最后康熙皇帝批准"以苏、松、常三府九年漕折银（漕粮折算成银两）九万两，杭、嘉、湖三府九年漕折银五万两"作为治理两江工费。工程从康熙十年十二月初八日起工，至康熙十一年四月二十六日竣工。整个工程共疏浚自黄浦口至徐公浦七十二里河道。疏浚后河面宽十五丈，河底宽七丈五尺，河深一丈五尺，用土十七万七千余方。共用民夫一百八十四万零一百五十七个工，用银十万一千余两。

慕天颜以江苏布政使身份，疏通吴淞江、刘河淤道，使苏、松、常、嘉、湖、杭六郡旱涝保收。

二、疏浚白茆河、孟河

康熙十五年（1676），慕天颜升任江宁巡抚，在主政江苏的六年间（1676—1681），慕天颜力主疏浚白茆河、孟河，以图彻底打通太湖出入江海通道。

白茆河即现在的白茆塘，位于常熟东部，西起常熟城区小东门，向东途经高新区东南街道、古里镇、支塘镇、董浜镇、碧溪新区，最终汇入长江，全长41.3公里，汇流面积583平方公里。自宋朝范仲淹首浚白茆塘后，元末张士诚、明朝户部尚书夏元吉、巡抚周忱、知府况钟和巡抚佥都御史海瑞等历代名臣，都曾先后主持疏浚过白茆塘。

孟河北起长江，自大夹江向南至京杭运河，过京杭运河后在奔牛镇祁家村，沿着武进与丹阳、金坛交界处向南延伸至北干河，拓浚北干河连接洮、滆湖，拓浚太滆运河和漕桥河入太湖。

康熙十九年，江南大水。"五、六月大雨，七月连雨数十日，八月复大雨，水大至，邑田全淹。"同年上海，"夏五月大水，浦溢。

……八月，三日骤雨连宵，浦潮陡涨，冲纪南城数丈，压死居民七人，城内水深五尺，船行田中。"

但早在大水来临前的二月，慕天颜就向康熙帝上《遵旨敬陈　请大兴水利》疏，提出"请将苏、常、镇淤塞诸河大兴疏筑，为万年永利之图"，但康熙皇帝朱批："该部议奏。"在部议时慕天颜请浚白茆河、孟河的提议未获通过。

但慕天颜认为"关切地方民事，岂容缓图"？慕天颜组织百姓对"工易而费简"的小工程，或"已劝民浚涤淤沙"，或由百姓"自愿分段疏浚"。

面对汛期的滔天洪水，慕天颜不断上疏朝廷。

七月十四日，上《报高邮水患情形》疏；十五日，上《报十九年淫雨淹没情形》疏、《请停桃邑淹田钱粮》疏。

闰八月初九日，上《暂开常熟江阴海口各坝》疏。

十月十八日，上《请缓灾邑漕粮》《请开浚白茆孟渎》疏。

到康熙二十年初，朝廷终于批准了慕天颜开浚白茆、孟河的奏疏。

白茆河工程于康熙二十年二月初二日兴工，四月二十九日竣工，历时近三个月，积土七万一千方，用夫九十九万四千工，自支塘管家泾，历闸口龙王庙，至海口大马桥，共长四十三里，疏浚七千八百五十六丈河床。分为十段，常熟四段，太仓二段，无锡、江阴、长洲、昆山各一段。用工主要以"饥寒待赈之民"为主，既解决了灾民糊口问题，又不耽误农时。

孟河工程于康熙二十年二月十八日兴工，五月初十日竣工。分十段疏浚，武进四段，丹阳二段，丹徒、金坛、无锡、宜兴各一段。共疏浚四十八里河道，河面十丈，河底六丈，深一丈，积土六万八千二百余方。招募来的民夫大多为灾后待赈之民，又值农事未兴，来者踊跃。工程完工后，上下四十里，灌溉便利，皆为膏腴之地。

被称为"公明第一"的常熟人蒋伊在《重浚白茆塘始末》中说："闻之吴中父老言水利者，迄今颂夏尚书、海巡抚之功不衰。然夏公之绩，特著于吴淞、刘河两江，最后乃及白茆，故浚之不久即淤；海公之浚两江，其功更高于夏，独白茆一役，用法甚峻，相传赴工之夫有泣别其家人者，寻以引嫌去位，其工中辍。岂若今日之十年以内，吴淞、刘河、白茆、孟河四大役，相继并举，而工费给自公帑，民间不闻有庸调之烦；公帑多由措注，国家不致亏正供之额。其经画之详慎，裨益之弘多，未可以岁月计哉！"

蒋伊对明代夏原吉、海瑞与慕天颜"开江"工程做了对比，认为夏原吉重点疏浚了吴淞、刘河两江，而疏浚的白茆河没多长时间就被淤平；海瑞只疏浚了白茆河，但用法严酷，民不堪命，海瑞也被弹劾，工程一度中断。而慕天颜在十年之内，兴举吴淞、刘河、白茆、孟河四大役，工程费用全部由国家承担，老百姓的负担并未加重。

慕天颜曾自称："康熙十年间，臣任江苏布政使，请将吴淞、刘

清代《运河图》之黄淮入海图段（上方是洪泽湖和淮河，下方是黄河）

河开浚，经前抚臣马题准兴工，臣分董其役，不数月而完工，迄今十载，洋洋大观；近此两江州县旱潦无虞，即康熙十八年之大旱，十九年之大水，华、娄、上等县未报灾伤，昆青等邑亦甚少。康熙十九年间，臣将白茆、孟渎疏请开浚……康熙二十年七月至十月赤旱，苏常等属十余州县皆得秋收，而松属更不待言矣。”

经过慕天颜治理，苏、松、常、嘉、湖、杭六郡，遇水旱不至于大困。即康熙十五年，淋雨连旬，滔天水涨，而皆不至重灾。康熙十八年，江南大旱，赤地千里，百年未见，但吴淞之华、娄、上三邑与嘉兴一带，刘河之吴江、嘉定，仍不告灾，太仓、昆山、青浦灾亦甚轻。

慕天颜在吴地历职前后凡十二载，勤政廉明，兴利除弊，体恤民情，造福一方，离任时司库报贮银130万两，比初来授事时库银增至百倍，成为“天下藩司”之楷模。

三、慕天颜治河治水方略

慕天颜长期在与水患的斗争中，结合古人的成功治水方略，逐渐形成了自己的治河、治水方略，主要有以下几点。

1. 民本思想

在《请开浚白茆孟渎》疏中，慕天颜鲜明提出自己治水的目的是“利农田而全民命，以培万年之邦本”。慕天颜认为：“兴水利，而后有农功；有农功，而后裕国。”因此，慕天颜为官每到一地，都把兴修水利作为头等大事来抓。慕天颜认为：“小民之输赋者在农田，而田功之失收者因水旱。使旱不至于枯槁，水不至于沉潦者，非藉蓄泄之有方而何？”

康熙十九年，江南大水，慕天颜连连向朝廷上报《请停桃邑淹田钱粮疏》《请缓灾邑漕粮》等疏，为民请命。

在疏浚白茆河、孟河过程中，对挑废的水田慕天颜也是按数豁除粮额，以免民户赔累。

2. 全局观念

在水系治理中，"治百里之河，眼光必及于百里之外；治千里之河，眼光必及于千里之外"，治水必须有"统系"，要"古今上下而通盘计之"。慕天颜认为治河要有全局观念、长远打算，治河必须把漕运、利民结合起来，通盘治理。

慕天颜在康熙十三年正月十五日上奏康熙帝《黄淮全局情形》疏中说："臣愚以为，开海口而筑诸决，同时并兴，实治河之上策。治河即以利漕、利民，兼尽其要矣。臣所谓归水之故道，惟在淮黄之交会、海口之通泄者如此。"慕天颜的治河方略就是疏通河水出海通道与加固加高河堤同时并举，治河要与漕运、利民结合起来。这在当时是最先进、最具有长远眼光的治河方略。

慕天颜坚决反对治河时的应时就紧、修修补补之法。慕天颜说："经国恤民，当计其大而不惜小费，当图其远而不拘目前。"他对部臣"拘例惜费"的辩驳，也得到了康熙帝的认同，朱批道："说的是。"

3. 本源意识

慕天颜在《黄淮全局情形》疏中说："人人能言之而莫能收其全效，良由急于近功而缓于久计，故决堤旋塞旋开，河流变迁无定。斯其病，止在黄淮之不交，海口之难泄耳。""次第修筑，以几成效？惟是新工可以告成，旧堤难保无恙。……窃以为治不求本，仅补偏于一时；事不师古，虽力竭而罔效。"

慕天颜分析了黄淮经常决口的原因在于没有找到灾害的本源。慕天颜认为治河就像给人看病，必须找到病因，才能对症下药。在此基础上慕天颜提出了"黄淮之不交，海口之难泄耳"的治河本源说。

4. 治河先治沙

治河先治沙，是直到现在治理黄河最根本的治理措施。黄河平均每年从黄土高原带走的泥沙达 16 亿吨之多，慕天颜提出的"治河先治沙"的治河观点是非常正确的治理黄河根本之策。

慕天颜在《黄淮全局情形》疏中说："惟赖全淮之水与黄河交会，刷黄沙以东归于海，则黄、运两利，自无昏垫之虞。""黄淮相背，淤沙罔涤，云梯关入海之路坐此浅狭，日垫日高，水行地上，势缓则沙停，沙停则河饱，下流哽咽而上流四溃，必然之势也。"进而慕天颜提出"此以清刷黄，用水治水，而亦顺水之性，千古不易之法也"的治河观点。

慕天颜清晰地看到黄河下游地上河形成的原因，那就是黄河到了下游，地势平坦，水的流速变缓，黄河从中游携带的大量泥沙下沉，导致河床抬高，几千年来，治理黄河的办法就是加高加固堤坝，导致黄河下游变成地上河。如果遇到大洪水，千里黄河极易冲决堤坝，滔滔洪水在华北平原肆意纵横，最后汇集到淮河，随着泥沙的沉积，淮河也渐渐不畅，田地淹没，百姓逃荒，运河受阻。

但由于时代的局限性，慕天颜的眼光还是没能延升到沙的来源地——黄土高原，故而没能提出治黄先治沙，治沙需治理黄土高原水土流失问题。正因为这样，明清时期，经常治理黄河，但始终解决不了黄河下游河道淤塞问题。

5. 久久为功

黄河年年裹挟巨量泥沙而下，年年淤泥，就得年年疏浚。江南低地也一样，每日的海潮携带泥沙壅塞河道，导致太湖水难以入海，仍然需要年年疏浚。因此慕天颜说："江南水利，既已大兴，善后之图，不宜窳惰。其要在捞浅之勤工，修闸之时举耳。浑潮注入，必有浮沙淀积，日增一箸，岁积尺余矣，故捞浅之工宜勤也。""考稽往时，江南治水名臣如夏原吉、周忱、海瑞诸人，遗谟多可师法，而成迹无至今存者。其故维何？盖由继之者不能循行修理，埋废于浮沙渐积耳。"

在康熙十九年二月初七日《请大兴水利》疏中，慕天颜建议治河者："若果尽人事以弭天灾，未尝无善策。但应图于机先，不图于临时；应计其永远，不计其目前。"

在康熙十九年十月十八日《请开浚白茆孟渎》疏中，慕天颜说："臣先于《遵旨敬陈足国疏》内，请将苏、常、镇淤塞诸河大兴疏筑，为万年永利之图。"

慕天颜始终认为治河、治水不是图于目前，不是简单修修补补，图的应是一劳永逸，图的是久远。

6. 法古不泥古

前人已经在治河治水方面积累了大量成功的案例，慕天颜在治水工程中充分吸收了前人的优秀成果，但慕天颜"法古不泥古"，并没有完全照搬照做，而是大胆创新。

在治理江南水道过程中，慕天颜的创新之举颇多：一是以往开江河床两边三十里尽成荒地，而慕天颜开江"禾棉遍于江壖，高下皆为沃壤"。二是以往开大江，必开支河，并以渠道相通，这次慕天颜着力疏浚一江，并增广增深，百里通流。三是以往开江，从周围四郡抓丁拉夫，强迫征调，这次慕天颜大量召集饥民，以工代赈，饥民携家带口，争相涌来，欢呼溢路。四是以往开江，多在无事之日，这次慕天颜开江则在国家多事之秋。

因此慕天颜在《黄淮全局情形》疏中说："或谓海口广阔几二三十里，狭者亦十余里，从来无浚海之法，盍止用水攻之为愈？此古法则然也。而不知古之决与淤不尽如今之甚，用古法而莫识变通，又胶柱刻舟矣。"

总之，正是慕天颜力主疏浚吴淞江、刘河、白茆河、孟河，始有今日长江三角洲"鱼米之乡"的富庶与繁华，而康乾盛世的取得也与慕天颜一条条颇具远见卓识的治河方略不无关系。

【参考资料】

1. 彭雨新：《清代前期三大财政支出》（《中国古代史论丛》1981 年第 2 辑）

2. 四库本《明史纪事本末》卷二十五

3. 牛志奇《古代吴淞江治理方略及其实践》（《水文化》2022 年第 7 期）

4. 《皇朝经世义编》卷一一三

5. 《吴江县志》（乾隆年间刻本）

6. 《上海县志》（同治年间刻本）

7. 同治版《苏州府志·卷 11》《江苏府县志辑》第 7 册（江苏古籍出版社，1991 年影印本）

8. 康熙版《常熟县志·卷 6》（康熙二十六年刻本）

9. 沈佳编《民国江南水利志》（民国十一年刊本）

10. 李世恩、李安乐辑注《慕天颜集》（商务印书馆 2024 年版）

【作者简介】

马奔，男，汉族，1973 年生，静宁曹务人，正高级教师。一直从事中学语文、历史教学和艺术社团管理工作，热衷于中小学校本课程开发和地方文史研究。先后获得甘肃省中小学骨干教师、甘肃省美育工作坊领衔人等荣誉称号。获甘肃省基础教育成果二等奖、甘肃省中小学社团指导教师一等奖等奖项。完成省市课题 6 项，研究推广甘肃省美育项目 1 项，出版《静宁抗金将领传略》《静宁古今人物》专著 2 部，参编《七彩阳光》《静宁戏曲志》等多部作品。

慕天颜均田均役思想对后世
赋税制度改革的影响

□ 强进前

一、中国赋税制度的发展演变

赋税是我国古代政府财政收入的主要来源之一。因此，历朝历代都非常重视赋税制度的变革和完善。夏商周时期，由于受社会生产力的限制和国家制度的影响，主要实行贡赋制，尤其是西周时期，周王将土地分封给诸侯，各诸侯必须向周王交纳一定的财物作为贡赋，这是我国赋税制度的雏形。春秋时期，齐国管仲实行"相地而衰征"，即根据土地多少和田质好坏征收赋税。鲁宣公十五年（前594），鲁国实行"初税亩"，即按亩征税，标志着承认土地私有合法化的开始。秦统一后，在原有赋税制度的基础上，对赋税制度进行了改进，实行"黔首自实田"。据湖北云梦秦简记载，秦朝的赋税制度主要分为田租、田亩附加税、口赋、算赋、户赋、关市之税等。包括货物流通、商贾贸易、生产资料、生活资料、渔采畜牧及每个人的人身等都在课税之列，冗杂沉重的赋税负担，最终引起秦末农民起义，推翻了秦朝。汉初文景时期，休养生息，百姓负担大大减轻。武帝时，改变汉初无为而治的国策，开始变革各项制度，户籍管理上，实行编户齐民制度，被正式编入政府户籍的平民百姓称为编户齐民。编户齐民具有独立的身份，对封建国家的主要赋役负担有田租税、人口税、更赋、徭役、兵役等，另外统治者还征收各种田亩附加税和征发杂税等。总体来看，汉代的田租税较轻，人口税和更赋较重。魏晋南北朝时期，北魏孝文帝推行改革，开始实行租调制。受田者每年必须向国家缴纳定量的租调和服徭役、兵役等。隋唐时期，唐朝前期实行租庸调制。"租"是成年男子每年向官府缴纳定量的谷物；"调"是缴纳定量的绢或布；服徭役的期限内，不去服徭的可以纳绢或布代役叫"庸"。隋朝的"庸"有年龄限制（50 岁以上），唐朝的"庸"不再有年龄限制，这就保证了百姓的劳动时间，有利于发展生产。唐朝后期，建中元年（780）。唐德宗接受宰相杨炎的建议，实行"两税法"，主要按土地和财产的多少，一年分夏、秋两季征税，这就开始改变了以人丁为主的收税标准，是我国赋税制度的一次重大改革。北宋时期，为了改变积贫积弱的现状，宋神宗即位后，任用王安石开始变法，经济制度方面主要推行募役法和方田均税法。募役法是指政府向应服役而不愿服役的人户收取免役钱，雇人服役，不愿服役的官僚地主也要出钱，减轻了农民的差役负担，保证了生产时间。方田均税法是指政府在全国重新清丈土地，以东西南北各一千步为一方，核实土地所有者、亩数，并按土质好坏分为五等，作为征收田赋的依据。然后定下这一方土地应征课的赋税总额，并将赋税总额按田地的多少摊派于这一方土地上的户主，不同户主间的地界有地符。目的是通过丈量田亩、整理地籍，以实现均平税收负担，增加财政收入，为后代清丈土地树立了典型。明朝，嘉靖时期实行"一条鞭法"，即把田赋、徭役和杂税合一，折成银两分摊在田亩上，按人丁和田亩多少收税。这一制度适应了商品经济发展的需要，有利于农业商品化和资本主义萌芽的发展。清初，田赋征收仍袭明制，将各项杂税并入田赋合并征收，称"地丁钱粮"，并属中央管辖，地方不得染指。雍正时实行"摊丁入亩"，即把丁税平均摊入田赋中，征收统一的地丁银，它废除了人头税，有利于当时人口的增长和社会经济的发展。

辛亥革命后，1912年改丁条为正税，列田赋为国税，按银圆或法币折算征收。中华人民共和国成立后，改民国时期的田赋为农业税，规定向一切从事农业生产、有农业收入的单位和个人征收农业税，按人均常年产量，"依率计征、依法减免、实物征收、货币结算、增产不增税"的税制。1958年，农村实现人民公社化后，原来以个体经济为基础，按户累进计征的农业税征收办法，已经不能适应新的农村经济情况，1958年6月，废除原来以户为单位计征，改为以公社为单位计征的比例税制。1978年，党的十一届三中全会后，我国社会主义建设进入了一个崭新的历史时期，税收工作同其他各项工作一样，随着改革开放的逐步深入而不断前行，实行了一系列税收优惠政策。2006年1月1日，我国政府宣布废除农业税，进一步减轻农民的负担。至此，在我国延续征收2600多年历史的农业税彻底退出了历史舞台。

二、明清时期赋税制度的变革

我国赋税制度的发展演变是一个复杂曲折的过程，长期以来，政府主要以"赋"和"役"两种方式征用社会资源，即所谓"有田即有赋，有丁即有役"，赋的征收对象是"田"，所以通常称田赋；役的征用对象是"丁"，通常称丁银。赋役的轻重与政权的兴衰密不可分，呈现出稳中求进、因人因地而变的鲜明特征。明代前期，田赋原则上以"本色"征收，徭役也亲身服役，即所谓力役或力差。然而，在明朝中期，随着经济的白银化，政府征派的服役也开始用银子征收，田赋用银子征收，称为折色银；以银代役，则称为银差。嘉靖年间，南方各省普遍采用这种做法，史称"一条鞭法"。万历九年（1581），内阁首辅张居正改革时，将"一条鞭法"推行全国，最终将这种赋役制度确立下来。据《明史·食货志》载："总括一州县之赋役，量地计丁，丁粮毕输于官。一岁之役，官为佥募，力差，则计其工食之费，量为增减；银差，则计其交纳之费，加以增耗。凡额办、派办、京库岁需与存留、供亿诸费，以及土贡方物，悉并为一条。皆计亩征银，折办于官，故谓之一条鞭。立法颇为简便。嘉靖间，数行数止，至万历九年乃尽行之。"大体而言，就是将各项复杂的田赋附征和各种性质的徭役一律合并征银；徭役中的力差改为以银代役，由官府雇人充役；徭役银不用户丁分派，而由地亩承担；以县为一单位，将全部徭役银分配于一县的田额上，改变原来按里平摊之法；赋役征收由地方官吏直接办理，废除原来通过粮长、里长办理征解开役的办法。不过，对丁的界限与前朝不同的是，明朝规定，男子年满16岁即为成丁，到60岁免役，这段年龄的男子有为国家承担劳役的义务。不难看出，明朝财税收入与前朝一样，依然以田赋为主，并且政府将民户的户口人丁、田地税粮统计在册，按照户口册和土地册来征派赋役。"一条鞭法"比起旧制"两税法"更加切合经济社会发展需要。一是简化了赋役的征收手续，改变了以前赋与役分征的办法，使二者合而为一，并出现了"摊丁入亩"的趋势。二是徭役征银的办法使农民对封建国家的人身依附关系有所松弛，为城镇手工业提供了较多的劳动力。三是由于赋税征银，对货币地租的产生和部分农作物的商品化起了一定的促进作用。但是，随着"一条鞭法"的长期实行，弊端也日渐丛生，主要问题是由于民户因分户析产而使土地产权聚散不常，土地买卖的普遍和地权的频繁转移，导致政府田赋征收册籍上记载的户口田地赋役数与实际情况不相符。加之，政府对部分权贵免除徭役，使得一些有田产的农民为逃避国家徭役，就将自己委身为这些特权阶层的僮奴，并将自己的田产"投献"给权贵之家，或将自己的田产"诡寄"到别人名下，以逃赋役，进而导致这些权贵阶层变本加厉地巧取豪夺，想方设法逃避国家的田赋负担，并与地方里胥、官吏勾结在一起，将自己的田产"花分"到亲邻佃仆名下，或者"飞洒"到贫民的民户名下，于是出现了很多有田无丁，有丁无田的局面。有田无丁者则不用承担国家的徭役，有丁无田者反要承担重役，在这种情况下，特权的存在以及由此引发的营私舞弊、逃避服役，造成了很多贫富不均、民户大量流亡、国家财政收入严重损失的情况。据载，洪武二十六年（1393），明朝掌握的土地额为850762368亩，到百年后的弘治十五年（1502），会计田土总额却只有622805881亩，减少了227956487亩。与此相应，明朝的田赋征收，洪武二十六年为29442350石，弘治十五年为26792259石，也减少了2650091石。为了保证财政收入，明朝不断提高税率。明初规定，民田每亩征收田赋三升三合五勺，但从正统元年（1436）后，有的地方每亩田赋增加到八升五合。江浙、湖广、广东、广西、福建等省田赋逐渐折银征收，米麦每石折银二钱五分，至成化二十三年（1487），改为折银一两。如此一来，农民的田赋负担至少增加了三倍。赋税的增加，则进一步导致民户的逃亡。据载，弘治二年（1489），明政府掌握的人口数为50207934人，相比于洪武二十六年的 60545812 人减少了五分之一。大量户口的逃亡，使明朝政府的赋役任务只能摊派于登记在册的民户，这又促使了大量流民的产生。因此，张居正改革伊始，首先实行清丈土地。经过清丈土地，国家掌握了 701397500 亩耕地，虽比明初相差 1 亿多亩，但比弘治初年增加了近 8 千万亩。"一条鞭法"实行以来，将徭役、杂泛、均徭三种徭役折银征收，便可"量地计丁"，实现赋役合一。这样原来需要亲自充当的力役就全部变成了"银差"，而官府中的常役，诸如库子、斗级、皂隶、马夫、力夫、弓兵等均徭，则仍为力差，但由官府金募，而支付"工食之费"，这是中国古代赋役制度史上的一大变革。

清初的赋税征课沿袭了明代，继续实行"一条鞭法"，并再次将众多的赋役名目加以简化规范，分列"地"和"丁"两大项下。所以，输纳征解，通称"地丁"，也叫"地丁钱粮"，但"地"与"丁"还是分别计算。耕地需要根据垦荒涨坍的情况而定期编审，人丁也需要根据增减的情况来加以编审，明朝的"黄册"制度照旧进行，"丁增而赋随之"，国家对民户征收的"丁粮"在原则上还是按照地亩和人丁的实际数量来加以编派和征收。虽然"一条鞭法"将赋役合并折银征收，简化了税征的名目和手续，提高了行政的效率，但对于不断变化的耕地和人丁数，并没有相应的比以前更有效的控制办法，国家依然面对的是耕地和人丁的隐漏，仍然存在有丁无田、有田无丁，以及赋役承担不均的情况。自顺治二年（1645）始，规定将丁银随同田赋一起上缴，同时也对人丁进行了较为细致的统计，以确保征收的赋税数额。顺治十三年（1656），对丁定由三年一编审改为五年一编审。顺治十五年（1658），命各省将编审人丁造册上交户部。顺治十八年（1661），户部首次公布了全国丁银的统计数字，各省丁银总数为三百万八千九百两九钱，米 12570 石。此后，丁银成了清政府赋税征收的重要内容之一。尽管清政府数次编审各省人丁数字，但因统计手段的限制，要得知确切的人丁数也并非易事。丁数之多寡变数太大，其中有新生的，有死亡的，有移民的，还有隐匿不报的，此其一。如山西交城县在明末时有户6400，口18600，康熙初年时，则有户达15900，口18600，口不减于明而户却数倍于明，显然，这里面就有虚报的成分。户部尚书张玉书说："其载诸册籍者皆实输丁粮之人，而一户之中，生齿虽盛，所籍丁口，率自其高曾所遗，所非析产不增丁，则入丁籍者，常不过数人而已。其在仕籍者及举贡监生员与身兼隶营伍者，皆例得优免，而佣保奴隶又皆不列于丁"，"遍审户丁只限于土著，客籍户口并不计入。"这样的规定就为隐匿提供了很大的空子，此其二。按照清代制度，士绅可享受丁赋优免，但仅止于本身，可事实上并非如此，尤其是丁役较重的北方各省，贫苦百姓为逃避丁役多投奔于缙绅门下，便成了缙绅供丁。通常情况下，一个乡绅的供丁多至数十名，他们是不需要缴纳丁银的，此其三。这样一来，丁银的税额要足数上交，而人丁数量又在不断缩水，造成丁银溢额增多，最终，这些负担都落在了中下层百姓身上，从而激化了阶级矛盾。百姓受丁银之害，贫苦者无力负担，只有四处逃亡，沦为流民。正如山东巡抚黄炳在《敬陈穷民苦累请照按地摊丁以苏积困事》的奏折中指出："山东各州县丁地各不相涉，往往田多者不输一丁，家无寸土者反需输纳数丁。无地贫民即使在丰收之年也生活艰难，结果便是卖儿卖女，乞食地方。"事实上，自康熙初年以来，各省的情况大体和山东一样，比如江苏向来是富庶省份，却也存在一些村社"逃者十之九"，最少的也是"逃者十之二三"，这在一代贤臣慕天颜的奏疏中也多有记述。康熙五十一年（1712），清朝宣布以康熙五十年钱粮册内的人丁"永为定数"，"其自后所生人丁，不必征收钱粮"。这就是史称的"滋生人丁，永不加赋"。从康熙五十一年后，朝廷向民间征收的丁银，固定为一个"定额"，这就为摊丁入地或丁随地起创造了条件。

三、慕天颜的均田均役思想及其实践

慕天颜生于明熹宗天启四年（1624），卒于康熙三十五年（1696），正值明末清初的政治变革之际，任职期间，曾主政江南财赋要地，面对连年战争，灾荒频发带来的影响，他深入百姓之中，勤于调查，实事求是，大胆探索，在沿用"一条鞭法"制度的基础上，提出了一系列革新朝廷赋税制度的思想，对后世"摊丁入亩"的推行产生了重要影响。

康熙十三年（1674）正月十五日，慕天颜奏道："夫均田均役之法，通计该州县田地总额与里甲之数，将田地均分，每图若干顷亩编为定制，办粮当差，田地既均，则赋役自平。即有科则轻重之别，而按亩编甲，其输粮之数不甚相远，且不许豪户多田隐役，苦累小民。"可见，均田均役的主要思想就是先统计州县的所有田地数量和人口总数，然后将土地均分，并按图册编为定制，以此作为征收徭役和缴纳赋税的依据，就会防止豪强多占、隐漏田地而逃避赋役，减轻百姓负担。又说："臣任江藩，再三饬行无异。但民间田地卖买不常，每遇编审之期，必应推收过割，恐有积蠹乘机炫惑有司，变乱成法，则贻害无穷。若非奉天语徼饬，何以永著为例？臣请勒行，嗣后推收编审，悉照均田均役，听民自相品搭，充足里甲之数。不许多田少役，则隐苦、诡寄、包揽诸弊可以永清，实有益于民人矣。"可见，在具体的实行过程中，田地有优有劣，缴纳的赋税应有所不同，"若不分良顽混漏完欠，并比差扰，则小民难堪。"于是，经过具体详查，"设立征收截票之法，计算每户实征粮银，分作十限，清造截票，按月限完一分，于开征日预给便民限单，悉照由单编派数目刊列，填写明白，俾民晓然，自知本名应输钱粮若干，依限完纳截票宁家，印官止将未截者摘比，事省而不致滥差，数清而不扰良户。第恐法久弊生，恭请勑行永遵者也。是不第江南行之有益，即直省通行，可以兴利除弊。"推行均田均役，需设立征粮截票作为新的单据，原本在里甲内部进行的催征等环节，现在变成了地方政府与纳税户之间的事务。如果全国各省都能通行均田均役，就会革除旧制的弊端，有利于百姓生活。然而，均田之法的前提是要准确丈量、核查田地数量，一旦出现隐匿田数，就会直接影响赋税的征收，所以慕天颜奏请皇帝下诏推行。康熙十七年（1678）闰三月二十七日奏道："臣查此等县分，粮额甚重，如隐田一二顷，即亏粮数十石，非比别省粮轻田地，即查出万顷，亦止增粮数千石也。今青邑田地，荒熟混淆，逋赋甚多，若一邑之亏额，复足可当他省数郡之加增，自应亟为丈勘，以清积弊。但另委别员，与民情不相亲切，利弊不能熟谙，似应即委青浦县知县刘廷谏履亩丈量、厘剔锢弊、搜查足额，仍令该府知府鲁超为之董理，而藩司则力行督催，以期彻底清楚。"清查、丈量田地必须选择适当时期，不能影响农事和作物生长。"惟是丈量田地，乃为地方久远之计，一岁之内，四月农事方殷，夏秋禾苗在地，不便施弓，止有冬春可以履丈。青邑幅员广阔，务得年半限期，方可责令丈完，编成归图清册，以为永远章程。""至于从前隐漏赋粮，请照现行事例，听民自首，宽其既往，于丈出之年起科，以广皇仁；而真正坍荒，亦即除豁。总之，以盈补亏、以升抵减，务必毋缺原额。该令倘能实心任事，逋赋得清，有裨国课，容臣题擢，以示鼓励；该府董理得法，亦加优异。其该县印务亦照长邑之例，另委贤员署理。本年现征钱粮与节年拖久，及承追未完各项，即令署官照旧征收，依限考成，原无诿误。"康熙十七年（1678）七月十一日，慕天颜"查长洲县原额田地山荡，除禄、龙二田外，共计13261顷65亩，今据报丈现实在田地山荡漊堑共有13279顷14亩。较之原额，溢出田荡17顷49亩，该溢出平米237石6斗8升。而坍荒业已豁补，隐混业已清厘矣"。之所以会出现田地数量与应交粮食数量的差异，就是因为有人口的隐匿和疏漏。

慕天颜在推行均田均役时并非强制武断，生搬硬套一刀切，而是立足实际，因地制宜，正确处理旧制遗留问题和新制度的有效衔接，这就为百姓更好地理解和接纳这一制度奠定了坚实基础。如"康熙十七年条折，该县已循旧册征输，民间完纳过半，今岁断难纷更。惟十七年分本色漕米，目今尚未启征，应即照丈增新册完纳；其地丁银两，应于十八年为始，照新册升赋征输。又查额载荒平米，除由单复熟外，原有21677石，今据丈现荒平米21513石6斗6升，此额丈减163石3斗3升。荒米既减，熟米应增，此丈增熟平米160余石，亦应于新册户名完粮之日，照依额征熟平米一例征科"。在新旧制度接替推行之际，"惟过户推收之际，饬令务照今次清丈册内所定丘号、科则、亩数，备晰开明，推收过割。而每年实征完粮文册，仍逐户注明原田坐落区图、丘号、亩数，永著为例，则自可杜绝以熟冒荒、挪移斗则、欺隐混淆之弊，亦无徭役不均之叹。"如果官府能够深入百姓，亲自督行，"经营一年，豁包赔而民困已苏，清隐苦而弊源自革，不特赋额既足，且有稍浮，裨益于国，具见本官实心任事，成劳难泯，今仍令其复任县务。若使康熙十八年新户征收钱粮果能十分全完，则以后输将既无弊混积逋，为一邑之永利，而将来增减，亦得按籍而考，为百世之根源。"每一新制度的推行，一般都会受到守旧势力的阻碍，均田均役之法也不例外。康熙十七年（1678）七月二十八日奏道:"今青邑田地,系属额内荒熟混淆,斗则轻重失均,或有不粮之产苦盖于他人名下,奸户坐享其成利,甚至无田之赋悬寄于图中甲内,里民实难以包赔,故积逋十万有余。皆因旧册散佚无稽,相沿莫可考正,必须彻底清查,履亩丈勘,更定斗则,庶弊混可清,将来赋税不致逋欠。即如长洲一县,清丈告竣,除豁补坍荒、清厘隐混之外,尚较原额有溢出田荡 17 顷、平米 200 有余石。"并呈请朝廷,"定限年半内丈完册报,将来按亩输税,于国计民生两有裨益。"但因积弊较多,额赋不清,利弊不明,慕天颜期望特奉俞旨,专理清丈,打破豪强的阻挠,革弊兴利。一项政策的有效实施,离不开能吏干将,为了推行均田均役,慕天颜呈奏朝廷,挽留知县刘廷谏负责清田完赋。康熙十七年(1678)十二月十七日奏道:"臣查该县新任印官,钱粮刑名,日不暇给。松属府佐实无闲员,至他郡佐贰,自不能熟谙地方利弊。刘廷谏一官,廉谨自持,惠爱兼至,久任青邑,民情熟悉。即今奉议降调之案,原为该邑田地未清,以致催征难副,照例参处。臣闻其离任之日,小民攀泣哀号,不忍舍之。若仍留尚理清丈,自必驾轻就熟,可望弊革利兴。且民心爱戴,当亦踊跃勘报。臣从国计民生起见,恐有才弃置,原期本官代民清此积弊,非系破格留任者比。用敢再疏渎陈,仰恳皇上鉴允所请,将该县知县刘廷谏带降留于青浦,专董清田,仍定限年半内丈完册报。俟将来实有成效,容臣题叙示劝,庶田赋从此清厘,而能员知所鼓励矣。"康熙二十年(1681)十二月十六日又奏道:"今此案关系清理通县田粮册籍,实系浩繁,非寻常事案可比,该令刘廷谏沿乡履亩,躬亲确丈,正荒熟以豁赔累,清隐缩以绝弊源,精勤任事,成劳难泯,应否邀恩格外宽免处分,统候部臣议夺。除将送到清丈县额、区图册送部外,理合具题。"

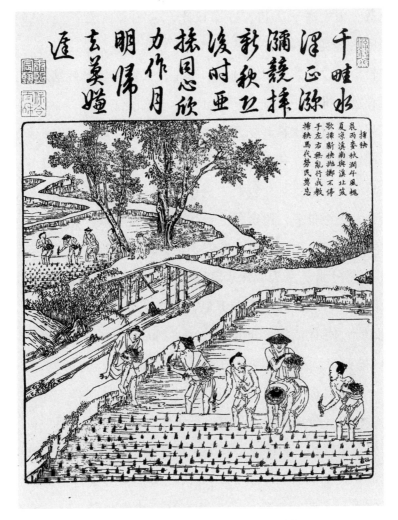

《康熙御制耕织诗图》之"插秧"

除了慕天颜上疏朝廷的奏章外，在长洲县蔡方炳所著的《长邑清田纪事》中也有关于慕天颜推行均田均役的相关记载。"今中丞慕公天颜，先任总藩，目击疲敝，怒焉。以思岂长之民尽顽、长之吏尽拙、长之役尽蠹欤？是必有其受病处，宜改弦而更张之。于是，咨之父老，采之舆论，咸曰：赋从田出也，田有肥瘠，故赋有重轻。向设版籍，载土田之高下广狭、圩栅丘比，名曰'鱼鳞册'，民间置产，按册而稽核其实数以办课，从无淆讹。自明之季，豪民猾胥，相缘为奸，移轻重，改荒熟，尽去其册。于是，买卖止凭契开某圩之田，不知属某丘也；推收止凭册开田若干亩，不知此丘若干、彼丘若干也。黠者，浮其数以卖，愚者受之；强者，缩其数以收，弱者听之。日积月累，以致熟冒荒、荒作熟、瘠办重、腴办轻，甚之有田无粮、有粮无田，莫可究诘。于是，包赔之祸作。包赔不已，死者填沟壑，生者轻去其乡，逃绝日多，田亩荒芜日甚，课安得不缺？非按圩丘实在之田，俾轻重荒熟，悉还旧贯，弊终不清，课终无补。计安土全下，惟是为亟。"鉴于此，慕天颜深表赞同，"乃颁发《坐图销圩条约》，饬长洲令沈恩举行之。沈亦廉干吏也，咨求研究，务得其窾要。"一是"购求旧册，使有依据。惟旧册终不可得者，方许丈量也"。二是"履亩以稽业户，不必符现在办粮之数，以免瞻顾也"。三是"禁民告讦，不追求已往隐占之弊，以杜诈扰也"。四是"择士之端方正直有心计者任之，胥吏不得干与也。行于康熙十一年春几月之间，功奏其半。因东作将殷，暂停以待，夫农功之毕，然后竣局。而沈公寻以他事去，豪民猾胥，议论蜂起，或谓此事迂，不必行；或谓劳民伤财，宜勿举；或谓须概行丈量，乃有济。故难其说，总不利此事之成。嗣后，尹兹邑者，因循废阁。公知其不足与谋，亦姑缓之"。不难看出，沈恩是在得到"坐图销圩"的指令后开始清理田赋并进行土地丈量，"坐图销圩"与均田均役中的"销图"应为一回事。沈恩所要购求的旧册，应是万历时期编纂的鱼鳞图册。如果清丈所得数字与现在缴纳税粮之数额不符，也不追究，以令业户安心。政策的推行与官员的能力和施政措施密切相关，"迨李公履任，精明强干，公以为举百年之废，非其人不可。然不专任，无以一事权；不清丈，无以杜多口。亟请于马公特疏题请，得奉俞旨，命李令暂释县务，专事清田。豪民猾吏始心慑，于此事之必行矣。时公已晋大中丞，上下相孚，李令乃详为条格，布置部署，要于易简而不扰。自康熙十五年十月开丈，夏秋之间，苗田蓄水，难以施弓。至冬复丈，康熙十七年二月始竣。""计长洲县原额田地，山荡溇共计 13261 顷 65 亩 5 分 4 厘，计平米 454039 石 9 斗 9 升 8 合 5 勺，内荒平米 21677 石 6 勺。今丈见田地，山荡溇计共 13279 顷 14 亩 7 分 1 厘 2 毫，计平米 454277 石 6 斗 8 升 4 合 2 勺，内荒平米 21513 石 6 斗 6 升 2 合 1 勺，除无主荒土，如庵庙颓基、摊坟绝冢，永为不毛者，丈见 21 顷 6 亩 4 分 5 厘 6 毫，又现今积荒冀后日尚可募垦者，丈见 1 顷 68 亩 8 分 5 厘 9 毫，不入数内，已于原额有溢无亏。""盖长洲地当巨浸，其滨湖之区，为风涛所冲击，积渐坍没，昔田而今波者，不可胜计。恐坍没之课，不蒙允减，故搜查种菱蓄鱼之浜溇，量升科则，以免缺额，此其苦心筹画者一也。长洲尺壤寸土，皆隶版籍，岂有无课之田得以清出补额？但昔人定赋，视其土之大相悬绝者，分则以课之，其不甚相悬而肥硗固殊者，亦必硗田之步稍宽于肥田之步，今恐仍许宽窄，则豪猾得以丛奸，因一体丈步，故微有增长耳，然仍令抵扣极低水区、荒多熟少之亩，不欲以溢额邀功、累百姓，其苦心筹画者二也。民之胜此役者，疲困已极，须造册报宪，为费不支，今以田形四址、斗则轻重、业佃姓名，备细开列者，曰'信册'，钤印存县；以字圩丘、数平米、业户，开列如镜者，曰'镜册'，以呈宪；以县总、仓总、图总、圩总，开列大端者，曰'简明册'，以达部。而民间又省无数金钱，其苦心筹画者三也。"可见，沈恩清理田赋之后，编纂了三种册籍：一是保存在县衙的"信册"，其内容包括田形、四址、科则轻重、业佃姓名等；二是呈交给布政使的"镜册"，其内容包括字圩丘数、平米、业

年据汜保到雪牛於满仓
巳勾晰盍王穿补箱欣
经桔日藏眄雨葺欣颍

入仓
天寒牛在宋戍
暮来八度田父
有馀缲系青队
塘虚初愁催赋
和香足束旁午
翰官王事了索
饭兄叶起

《康熙御制耕织诗图》之"入仓"

户等;三是呈交给户部的"简明册",内容包括全县、各仓、各图、
各圩的田土总数等。"是举也,起百年之废坠,定万世之章程,别豪
蠹积岁之欺蒙,豁兆姓无穷之赔累,造福一方,泽流千祀。使非上台
力为仔肩,贤令精为厘定,固未易奏成功。"昔张文忠柄国时,饬行
丈量,士人有诗云:"量尽山田与水田,只留沧海与青天。如今那得

闲洲渚，寄语沙鸥莫浪眠。"江陵贤相，其举动皆国计民生，而奉行不善，遗嘲若此。今兴旷世未行之役，而小民感心，豪猾屏息，伊谁之功欤？《语》云："非常之功，必待非常之人。苟非其人，可轻言丈量哉？"等。可见，土地清丈由见总、图书、圩甲、业佃共同进行。清丈田地是各地推行均田均役的前提和基础，而江南一带的土地几百年来就有所属，现要全部清查、均分，这就面临田地肥瘠不一、造册登记有无等诸多困难和问题。正如损《长邑清田纪事》所载："清丈之不易言，曷故□？盖今日之土田，皆三百年来久出之版籍也。江南承平多，田亩不致尽芜，人民不致尽徙，与他省无主新垦之土不同。所当清者，不过荒熟轻重之混淆，飞洒包赔之拖累。"若要快速准确清田，必须全面掌握原有版籍资料，躬身践履。一旦清田出现问题，就会产生很多弊端。"若清丈不得其宜，殆有甚焉者矣，一曰欺徇之弊，一曰纷更之弊，一曰掩饰之弊。"可见，康熙十一年（1672），长洲知县沈恩已经进行了清理田赋的工作，但因"沈公寻以他事去"。康熙十三年，李敬修由兵部笔帖式授任长洲知县，康熙十五年，由他主持编纂了长洲县鱼鳞图册，并于同年八月开始主持土地清丈，到十七年六月完成。李敬修清丈并编纂鱼鳞图册时，基本原则与沈恩大致相同，他们都将"销圩"作为清理田赋的核心环节，甚至有"销圩足矣，何庸丈"的说法。当时，苏州布政使慕天颜与当地士绅都支持由李敬修施行销圩与土地清丈。由此不难推断，康熙十五年编纂鱼鳞图册的前提必然是推行均田均役改革，因此《长邑清田纪事》中才特别强调"均田以前，里长皆世役"，也就是说，均田均役之后才完全革除了里甲应役的制度。

　　慕天颜在主政地方推行均田均役，清查田地时，因地制宜，分门别类，提出了不同的方案。据徐秉义《开除坍荒说》中载："慕公乃创立三图，分行各属。一曰阡陌连绵，榛芜砂砾，然后可称版荒。凡一圩一号仅荒数亩者，不准开报，而惰农弃业、抛荒于熟地之内者，其弊于是乎一清。一曰江湖海畔，冲沉水底，然后可称坍荒。但此无地可丈，必取通圩现存田号，除扣所坍，方为确数，而浮开顷亩，希幸混免者，其弊于是乎一清。一曰墩台、马路，围筑民田，然后可称公占。"可见，不论销圩或销图，其含义都是检查原本田土的都、图、圩号，再进行重新登记。在清查土地的过程中，慕天颜每到一地，首先全面掌握原有资料，了解实情。"必详考其建自何汛、始自何年，方准入册，而原系官地，指称民地者，其弊于是乎一清。图式既具，行令业户与圩甲、里书，自相覆丈，具结开呈，以凭亲勘，而胥吏造报之虚妄，委员履亩之纷扰，其弊于是乎一清。今统计之，坍荒之数，视版荒为少；公占之数，视荒坍为更少。计太仓、常熟、昆山、嘉定、华亭、娄县、上海、青浦、宜兴九州县，共得 3000 余顷，赋额不满 10 万，在朝廷之加恩甚易，而下免里甲之包赔，上绝官司之移垫，有裨于治体者实多也。"与鱼鳞图册不同，销圩所编纂的册籍中，将同一业户的土地汇总编号。之后，业户名下的田土仍然以都、图、圩的方式编纂起来，形成所谓"虚都虚图"的册籍。

又据清代曹家驹在《华亭县均田均役碑》中载："昔周文襄公抚吴最久，有郡人杜宗桓上书，具言苏、松、常、镇四郡壤地相接，而苏、松田赋觭重，祈公疏请均之。公格其议不行，惟蠲积逋数十万。后人谓公能苏一时之困，不能系万世之思，深以为惜。大臣经国，亟图去大患处，若乃非常之患，留待后哲，非所谓时至而事起者乎？云间幅员狭而赋额广，民困于赋久矣。有赋则有役，赋之不均也，此积重难返之势也；役之不均也，尤官民交困之道也。"可见，赋役制度直接关系民生疾苦，推行均田均役已是现实所需。但"言均实难，图田之多寡不齐，小民之贫富不一，加以绅衿之优免，黠猾之规避，如理乱丝。十年践更，每遇金审，沿习'照田编役'四字，下既以此欺官，官亦以此自欺，遂使田连阡陌，坐享豪华；而寡妇之子，伊吾之士与夫不辨菽麦之夫，苟有数亩，鲜不竭泽而渔矣。及届承役，号曰'年首'，举一里之田赋，惟斯人是问。初则仰鼻息于里书，是制裘而与狐谋也；继则寄司命于隶卒，犹委肉而当馁虎也；迨计穷，而哀恳急公于豪右，犹排阊阖而叫九阍也。中人之产立消，而公家之欠如故，县官按籍而诛，徒闻敲朴之声，终宵达旦，犹箠楚不足，禁之圜扉。于是死不择地，缳可投也，鱼腹可葬也。求缓须臾之计，莫若背乡井、捐坟墓。而比邻姻党，下逮治其田者，兔举鹰击，鲜有遗类。白望四出，不至村落成墟、蓬蒿满眼不止也。夫一人亡命，破及千家，此汉末党锢之祸，不图今日于赋役见之。识者谓吴民竭力以供惟正，此朝廷之孝子顺孙，天意必不绝之。乃果委娄邑李侯，力行均田均役之法。其区图里甲，仍仿旧制，惟甲田限以定数，毋盈毋啬，汇甲成图，汇图成区，汇区成保，纲举目张，较若画一，而田无不均矣。田均则役自均，且初无所谓役也。人各自并其田，里书之弊窦不攻而自破矣；人各自完其粮，年首之祸根拔本而塞源矣。设按月一分之印单，以稽完欠，单去而知其为淳良，单存而责其顽抗，奸胥不得上下其手，狞差不得鸱张其威。盖讲求几费苦心，而其间调剂合宜，则孝廉吴含文厥功懋焉。娄事告成，吾华且是则是效，同心芝兰。孰云作者难，而述者易乎？疮痍起而流移复，莫不诵曰：'李侯活吾。'乃诵声未辍，毒焰复炽，鼓邪说以惑上听，几几乎摇之矣。幸赖士大夫合词以争，卒不能摇。而履霜坚冰，由来有渐。会藩台慕公入觐，天子临轩，畴咨岳牧，公惕息天威，于均田均役敷陈未尽。退而补牍，剀切淋漓，几夺敬舆之席。复请天语申饬，勒石永遵。噫！三千里外之民瘼异绩，竟以都俞遭会，直彻宸聪，斯实天之哀吴民，而巧遇明良之合也。猗欤休哉！良法可恃以无恐矣。"从中国古代赋税制度的发展演变中，也可看出实行均田均役的进步作用。"从古法久必变。唐之租庸调，变而为杨炎之两税；宋之常平均输，变而为王安石之手实青苗；明之实粟塞下，变而为叶淇之输银运司。彼皆不达与时消息之理，徒以欲速见小之意出之，误国误民，莫此为甚。惩前毖后，今日均田均役，法诚尽美，而拂民从欲、违道干誉者，往往而有。"但对这样的良法，推行之初，都会存在不同的看法。慕天颜在其任内，多次上疏朝廷，力主实行均田均役，这就有效保证了新制的推广和延续，为社会经济发展做出了重要贡献。"慕公一疏，寝贪夫溪壑之源，束才士蹶张之气，意良深矣，余因是而重有感也。县令身司民社，间有贤者，亦思奋励有为，无如事权掣肘，不免垂成而挠败。即幸而成，而法因人立，人去而法随亡矣。李侯建树虽奇，设不遇慕公，彼墨吏肆志而图逞翻局，又何能泽被邻邑，俾吾华承庥袭庆于无穷哉！信乎慕公保护良法，再造东南，他年并文襄俎豆千秋可也。"足见当地百姓对李侯、慕天颜推行均田均役的认可和好评。清代大学者尤侗在《公贺慕大中丞寿序》中也说："今国家宅神京以临区夏，指臂之势，首重江南。江南七郡，富庶繁华甲天下，自一命而上，居官者以为乐土，况开府之尊，隐若一国，比于晋楚，岂不壮哉？然而三吴赋役，日累月加，民疲于奔命，伐毛洗髓，而莫之恤也。其风俗喜骄奢，习夸诈；一旦有事，文网密而犯法者众，文令者弗戢，武竞者多残，丝乱难治，自昔然矣。天子以为忧，故于藩臣中，特简我公以抚兹土也。盖公司右藩者七年，美意良法，布护民间。而又于入觐之日，条奏便宜，深动当宁之嘉叹。及其专制节度，一一见之施设，如驾轻车就熟路，而王良、造父为之御也。此于势似易，而不知公之时，有处其极难者。自三蘖跳梁，秦楚闽粤，赤白如雨，司农仰屋，恐储胥之不给，引领南望，而公飞刍挽粟，辇车骊驾，前后不绝，是以士饱马腾，得奏敌忾之功。比者王师南下，需艨艟以济，天子命公董其役。取材既巨，鸠工维艰，而公亲冒寒暑，指麾斧斤，不费公帑，咄嗟措办楼船四十，两月告成。将来衔刀渡江，以剪灭鲸鲵余息者，此又公之功也。"为官一任，造福一方。慕天颜不仅大力推行均田均役，还竭力建造楼船，改善交通，影响深远，百姓赞誉不绝。"江南公抚江南，为国施仁，为民祈福，善政彰彰，更仆难数。而予独举其大者，其勤劳在朝廷，而谋猷在疆场若此，以见公之一人，不惟为江南福星，而天下之所仰望以为长城者也。昔周之盛也，起于西而成于南，故周公主陕以东，而风曰《周南》；召公主陕以西，而风曰《召南》。洎乎中兴，则有召虎江汉之师，方叔蛮荆之伐，仲山甫东方之役，南仲皇父淮浦之戎。至于王命申伯，一曰'南国是式'，再曰'南土是保'。而其首章曰：'嵩高维岳，峻极于天。维岳降神，生甫及申。'不第美其功德，而并原其所自生，以显天诞之奇。由是观之，江南为四方之权衡，而公为江南之屏翰，非一朝一夕之图，实亿万斯年之计。百尔君子，愿陈'吉甫肆好'之风，以为公祝焉。"这些记述，虽是在慕公寿诞时的贺词，难免有些许过誉之词，但也能够看出慕公除弊革新，移风易俗，对当地发展做出的重大贡献。

自古以来，只有良法善治才能达到利国利民的目的，慕天颜身为一代能吏重臣，在其任内，忠君体国，胸怀百姓，以其独有的眼光更改朝廷则例，革新旧制，在诸多方面取得了显著成效，有力推动了经济社会发展，尤其是均田均役思想，对后世赋税制度（摊丁入亩）的全面施行产生了重要影响。

四、慕天颜均田均役思想对"摊丁入亩"的影响

明清时期，土地市场对于土地权利的确认，主要依赖赋役制度与社会关系网络的维系。明代初年以鱼鳞图册进行土地登记，黄册进行人户与财产登记，而黄册制度的基础之一就是里甲制。明代里甲制规定，邻近的 110 户为 1 里，从中推丁多田多的 10 户轮流充当里长，余 100 户分 10 甲，每甲 10 户，轮流充当甲首。10 年轮流一遍，期满后，按各户人丁和田地增减重新编排。若里长有贫困者，在 110 户的另选，逃亡的补足。在这种体制下，地方政府的日常运转与公共事务，必须依靠徭役及其各种折算形式。士绅优免滥用，就会导致所谓"役困"，地方政府难以获取维持正常运转所需的经济资源。为了解决这一突出问题，明万历年间，苏、松一带就有均田均役的探索，但由于豪绅大户的强烈阻扰而一直未能推行。明代后期实行"一条鞭法"，为满足新的赋役核算需求出现了一系列新的赋役册籍。其中，赋役全书约定了各级地方政府的田赋征收规模；实征册核算每年度地方政府具体的田赋征收；归户册、亲供册等提供各个业户的赋税征缴依据；易知由单、三联板串等连接起了业户、胥吏、地方政府的征缴环节。这就为土地确权提供了新的机制，田面权交易由此更为活跃。清代康熙初年，均田均役在江南各地广泛推广，成为一项通行的赋役制度。慕天颜就是这一制度的大力推行者之一，这在慕天颜的奏疏以及《长邑清田纪事》《华亭县均田均役碑》等资料中都有详细记述。

均田均役制度着力于限制乃至废止士绅的优免特权，由此扩大地方政府佥派徭役的范围，同时改进徭役的编审核算技术，使得徭役的编审日渐脱离明代的里甲体制，施行图甲制。康熙元年（1662），令江南苏、松两府行均田均役法。据《清史稿》载，户科给事中柯耸

说："任土作赋，因田起差，此古今不易常法。但人户消长不同，田亩盈缩亦异，所以定十年编审之法，役随田转，册因时更，富者无免脱之弊，贫者无虚负之累。臣每见官役之侵渔，差徭之繁重，其源皆由于佥点不公，积弊未剔。查一县田额若干，应审里长若干，每里十甲，每甲田若干，田多者独充一名，田少者串充一名，其最零星者附于甲尾，名曰花户，此定例也。各项差役，俱由里长挨甲充当，故力不劳而事易集。独苏、松两府，名为佥报殷实，竟不稽查田亩，有田已卖尽而报里役者，有田连阡陌全不应差者。年年小审，挪移脱换，丛弊多端。田归不役之家，役累无田之户，以致贫民竭骨难支，逃徙隔属。今当大造之年，请饬抚臣通行两府，按田起役，毋得凭空佥报，以滋卖富差贫之弊。其他花分子户、诡寄优免、隔属立户、买充册书诸弊，宜严加禁革。下部议行。"不难看出，均田均役改革始自康熙元年，由户科给事中柯耸提出，最初仅在苏州、松江两府施行，其核心政策是"按田起役"，即按照田亩派征徭役。康熙五年，李复兴被任命为松江府娄县知县，当地士绅吴钦章等人重新提出推行均田均役的建议。

慕天颜的均田均役思想是对明末"一条鞭法"的有效继承和总结，旨在使所有的徭役负担均可数量化，并且以土地为唯一的核算标准，"将各图田亩汇为一处，其有真正赔荒绝户，造明圩段细号，通盘筹算，量行均派"。该举措的重点是将"真正赔荒绝户"的税粮、徭役负担均摊到各图，使得负担公平，而且"粮白则照田完纳，杂差则按亩均摊，以本名之田，完本名之税"。这在其多次上疏朝廷的奏折中多有体现。康熙十三年（1674），慕天颜"入觐，疏言'江南田地钱粮有隐占、诡奇诸弊，臣饬州县通计田额，均分里甲；又因科则不等，立征收截票之法，每户实征钱粮分十限，於开征日给限票，依限完纳截票。逾限未截，按数追比，吏不能欺民。'下部，著为令。"
在全面了解江南一带的情况后，又"复请天语申饬，勒石永遵"，极力倡导推行娄县知县李复兴在本县实施的"各甲田亩多寡一样、赋役轻重一致"的均田均役之制，通过"均图"，也就是将全县的土地重新编制图甲；"并田"即根据新编的图甲对土地重新登记造册，且同一个业户名下的土地尽可能编入同一个图；"销图"，即核查新的图甲编号与旧的鱼鳞图册等步骤，解决赋税征缴过程中出现的各种弊端和疏漏，进而达到"分户"，即土地买卖后重新编制田册的目的。如此一来，发生买卖的田块，将其从原属的业户名下分出，仍然在所属的图甲内分立一户，其原则是"盖编定之图，惟户可换而田不可换也"。随后，慕天颜又深入民间，全面了解所属地方的田地赋税情况，并亲力亲为，清查丈量土地，监察稽核、按田地优劣、民力多寡，编户造册，蠲免钱粮，积极推进田赋制度改革，成效显著，深得百姓和朝廷认可。可见，虽然李复兴在娄县推行均田均役是在康熙四年（1665），但直到康熙十三年（1674），才由江苏布政使慕天颜主持，在全省进行推广。

均田均役的实行，取代了自明以来江南一带的里甲正役，是明清之际一系列具有"一条鞭法"精神的赋役改革的重要一环，是观察赋役制度与社会关系网的一个重要切入点。慕天颜的均田均役思想无论在制度设计上还是具体措施上，都为后来"摊丁入亩"的实施起到了积极推动作用。

清初税制役法的改革，其中心内容是将过去的丁役银、人头税合并到田税银里一起征收，标志着按人头收税的制度正式废除，是历史上税制改革的一大里程碑。之所以要推行新的赋役制度，首先是源于旧制存在诸多弊端，导致社会矛盾重重。早在明代中期，由于官府对徭役的横征暴敛，再加之自然灾害，使得农民大量逃亡，从而造成多达万石税粮（相当于全国税粮的1/10的遗荒田的产量）的损失。如福建延平、浙江金华府、台州府等所属各县形成了千里一空、良民逃避、田地撂荒的严重现象。嘉靖年间，国内各地形成了所谓客户多、主户少、流窜人口遍地的局面，使得官方屡屡遇到差丁不足，工役难兴的困难。在此形势下，官府开始重视赋役制度改革。许多官僚、绅士认为，土地万世而不变，而丁口有盛衰，若按人头收税，赋税增减波动不可避免。清朝建立之初，战火仍然不断，百姓死伤流亡甚多。据统计，明天启三年（1623），全国在籍人口尚有5000多万人，而到清顺治八年（1651），只剩下3000余万人。明万历年间，在册耕地为80多万顷，而到清顺治八年，只剩下50多万顷了。山河残破，经济凋敝，国内大小起义暴动不断发生。清朝统治者为了招抚流亡，恢复和发展社会经济，缓和各类矛盾，稳定社会秩序，巩固政权，只有逐渐抛弃关外的赋役制度，开始采纳和施行明朝曾经出现过的"摊丁入地"制度。其次，是源于"摊丁入亩"能够满足当时社会经济发展所需。清初，因明代原有的户部税役册簿大量毁于兵燹，清政府便以仅存的《万历条鞭册》为依据征收赋役，但在实施的过程中逐渐体会到《万历条鞭册》中某些摊丁入亩措施的合理性，加之在康熙后期，国内土地兼并严重，"一邑之中，有田者十一，无田者十九"。土地兼并又造成大量的人口流动，不少人丁聚而复逃，丁额缺，丁银失，财政徭役以丁，稽查为难，定税以亩，检核为易。于是决定，丈地计赋，丁随田定，即实行摊丁入亩，以期通过采用赋役合一的办法来消除前弊。总体来看，土地基本上是稳定不变的，而人口却是变动的，因此，按田定役或摊丁入亩就比按人丁定役的里甲制度要稳妥和适用。清康熙年间，丁随粮派或以田摊役的地区，在全国全面颁行了

"摊丁入亩"之制，饬令各省奉行。这样，就将丁役银负担从人口方面全面转向土地方面，减轻了百姓负担，保障了财政收入，维护了社会稳定。

"摊丁入亩"，即将应出徭役之数折成银两，平均摊入土地之中，与田赋一同缴纳。作为一种应时所需的新制度，并非一蹴而就，而是分为两步完成：第一步，清政府宣布以康熙五十年（1711）全国的丁银额为准，以后新增人丁不再加赋。《清圣祖实录》载，"朕览各省督抚编审人丁数目，并未将加增之数，尽行开报。今海宇承平已久，户口日繁，若按见在人丁加征钱粮，实有不可。人丁虽增，地亩并未加广，应令直省督抚将见今钱粮册内有名丁数，勿增勿减，永为定额，其后所生人丁，不必征收钱粮。"由此，把全国征收丁税总额固定下来。第二步，清政府于雍正元年（1723）下令，将康熙末年已在四川、广东等省试行的摊丁入亩办法推广全国，把康熙五十年（1711）固定的丁税平均摊入田亩之中，又称"地丁合一"。这一制度改革，历经康熙、雍正、乾隆、嘉庆四朝一百余年，除盛京外，全国各地基本完成。当然，个别省份和个别地区直到道光年间才完成。"摊丁入亩"的实施，无疑给原本赋役负担沉重的百姓注入一剂强心针，解决了人丁与地亩的长期矛盾，赢得了民心，顺应了经济社会发展。

综观明清两代的赋税制度，不难发现，清代的"摊丁入亩"与明代的"一条鞭法"，同为使役银归于赋银，将原来的人丁税并入土地税。就这点来说，"摊丁入亩"是"一条鞭法"的延续。但两者又有不同。一是"一条鞭法"的丁指的是差役，"摊丁入亩"的丁指的是丁银。二是"一条鞭法"只在某些州县推行，各地情况相差很大；"摊丁入亩"则丁额已在"永不加赋"的规定上加以固定，并广泛推行，且较"一条鞭法"更加简明。慕天颜在江南一代推行的均田均役之法，上承"一条鞭法"，以鱼鳞图册作为征税依据，下启"摊丁入亩"，力倡按照田亩派征徭役，是明清之际赋税改革的一项重要举措和实践，在中国赋税发展史上具有举足轻重的地位。

【参考资料】

1. 上海师范大学古籍研究所点校. 国语·齐语［M］. 上海：上海古籍出版社，1988.

2. 杨伯峻. 春秋左传注·宣公十五年［M］. 北京：中华书局，2009.

3.（汉）司马迁. 史记·秦始皇本纪［M］. 卷6，北京：中华书局，2002.

4.（清）张廷玉等撰. 明史·食货志二［M］. 卷78，北京：中华书局，1974.

5.（明）李东阳等撰. 大明会典·户部四·田土［M］. 卷17，扬州：广陵书社，2007.

6.（明）李东阳等撰. 大明会典·户部十一·税粮一［M］. 卷24，扬州：广陵书社，2007.

7. 刘锦藻撰. 清朝续文献通考·田赋二［M］. 卷2，浙江：浙江古籍出版社，2010.

8. 明实录·孝宗实录·弘治元年十二月己未条.［M］. 卷21，上海：上海书店出版社，2015.

9.（清）张玉书. 皇朝经世文编［M］. 卷30，扫叶山房石印本，光绪二十三年（1897）.

10.（清）雷瑨辑. 清人说荟［M］. 上海：上海文艺出版

社，1990.

11. 李世恩、李安乐辑校．慕天颜集［M］．北京：商务印书馆，2024.

12. 赵思渊．土地市场与赋役制度的协调演化：清初江南均田均役再讨论［J］．中国经济史，2021（2）．

慕天颜法治思想概论

□ 李郁军　张　源

　　清朝初期采取"详译明律，参以治国"的立法指导思想，在入关后秉持"以汉治汉"的策略，其法律既体现了明朝汉族法制的特点，又具有满族固有习惯的风格。为学必有宗旨。大凡一种成系统的思想，皆有别于其他思想的核心范畴。法治思想是慕天颜思想的重要内容，通过梳理可知，其既接受了儒家的传统思想，又接受了法家的观点主张。慕天颜法治思想是以"仁、礼、法、德"为基本框架，并辐射至社会治理各环节各领域。从慕天颜给朝廷上奏的诸多奏疏来看，无不关系社稷民生，真正做到了"居庙堂之高，则忧其民；处江湖之远，则忧其君"。尤其是其分八疏对蠲除坍荒、停止官捐、分别侵挪罪犯、请销悬坐钱粮以及取士复额、恤灾蠲漕、纤夫随船折给、难民酌定赎价的上闻，更彰显了其卓越的人格魅力及政治智慧，真挚的为民情怀及法治担当。康熙二十五年（1686）文华殿大学士兼吏部尚书宋德宜序慕天颜疏稿的评价："于《抚楚》一卷，见厘剔贪暴、蠲除烦苛之善政焉。"时任户部尚书的余国柱也称："楚当军兴之后，累年缺帑亦不下百五十万，公至而破柱之下，弊孔尽出，司农受成事焉，是公之大有造于予也。"据此可见，慕天颜奏疏中所体现的治国理政思想，具有超时空的张力和当代意义。

一、出礼入刑、隆礼重法的治国策略

"出礼入刑"最早形成于周朝，后经赓续发展，一直延续至清末。大致经历了礼刑并用、礼刑互斥、礼法合一、隆礼重法四个阶段，在清朝，其进入了"隆礼重法"的鼎盛阶段。要求执政者既要重视礼乐道德的教化作用，又要通过法律打击违法行为。清朝实现了以礼为内容，以法为形式，礼法高度融合的治国理政方式，对于中华法系主体结构的形成具有重要的影响作用。中国古代一直强调"为政以德、明德教化"的治理之道和"引礼入法、礼法合一"的立法精神。"法"与"礼"皆是国家治理的必要手段，但德礼重在感化引导，通过教育熏陶的方式劝民以礼、导民向善；刑罚则在于通过强制力禁暴止奸、彰显善恶。

慕天颜法治思想中关于"出礼入刑"的内容，主要体现在审判决狱的思维模式上，其在裁判具体案件时，往往充分考量法律规则与道德标准双重因素，实现法理、情理、事理的有机统一。因此，"以情断案"亦是慕天颜法治思想的主要内容。据李世恩考证：每遇重刑犯，慕天颜必命官员保障其饮食，毋致缺乏。复勘重案时，只要不是罪大恶极、泯灭人性者，总是反复权衡于"依律"和"衡情"两者之间，尽量为其留一条生路；如若不得，则于房间踱来踱去，辗转思之，往往终夜不能成寐。正如《名公书判清明集》所言："法意、人情，实同一体。徇人情而违法意，不可也；守法意而拂人情，亦不可也。权衡两者之间，使上不违于法意，下不拂于人情，则通行而无弊

清末《点石斋画报》里的"执法如山"

矣。"一方面，审理案件时综合考量情、理、法，将行为人的动机善恶作为量刑轻重的重要参考因素，使"志善违于法者免，志恶而合于法者诛"。这在一定程度上也导致慕天颜在判案时往往将"礼"作为首要考量因素，不可避免地钟情于情理，在注重民意沟通的同时，强调法意与人情的融通，使得其诸多裁判都充满了说教或说理的色彩。当然，以今天的法治观念重新进行审视，以儒家义理作为裁判依据，通过引用圣人语录、道德故事的方式会使得裁判者拥有过大的主观空间，且对其进行解读往往会出现分歧，难以形成相对统一的标准。另一方面，审理案件时充分考量情、理、法在一定程度上强调了程序上的反复斟酌。例如：慕天颜在奏疏中提到的"秋审"制度，每年都会对死刑监候的案犯进行一次全国性的复核。据此亦可以发现，在清朝为了凸显礼对法的指导性，任何法律的制定及实施都要以礼作为精神支撑，道德化、伦理化已成为一种社会性的意识形态与普遍要求。

慕天颜法治思想较为完整地呈现了礼文化的形式及内容。从国家治理层面，他强调用礼以治天下，这种治理主张是符合王道政治的，即君王必须勤政为民、尚贤举能；从个人修养层面，他主张个人知识与道德修养的相辅相成，即经由"学习"和"积累"的"知通统类"。因此，慕天颜认为礼是一种人文关怀的表现，是进行治国理政的政治纲领和人文治理的一切准则。

二、民唯邦本、务在宽减的民本理念

"民本"思想萌芽于商周，形成于先秦，发展于汉唐，鼎盛于明清。《尚书》有云："黄祖有训，民可近，不可下，民惟邦本、本固邦宁。"人民是国家长盛久安的根本，只有人民安居乐业，国家才能安定富强。"得众则得国，失众则失国。"民本思想凝聚了中国古代丰富的法治智慧，体现了治国理政矜恤社会弱势群体的观念做法。"大道之行，天下为公。"国家统治者要以"人"为中心，实施"仁政"，尊重人的尊严，彰显人的价值，真正做到爱民、信民、惠民、护民。

慕天颜在入仕后极力践行"国以民为本，社稷亦为民而立"的执政要领，重视民意民生，强调统治者要采取富民、养民的经济政策，其认为"伏思民生与国计相表里，民有疾苦，则元气自耗，实所以病国。若徒托诸空言，而不见诸实行，虽具申饬之虚文，究于除害兴利无裨也"。康熙九年至十二年（1670—1673），扬州连发水灾，慕天颜到任后的康熙十三年，高邮又发洪水，连年水灾致使百姓苦不堪言。慕天颜给皇帝上疏，希望朝廷能帮助灾民恢复生产，并免三年税务，其建议全部获得朝廷同意。其仁心和善政，在民间广为流传。

"民本"思想要求执政者要以"仁"为要，国家政策要体现富民、爱民、惠民的价值导向；"治国有常，而利民为本。"作为执法者，在法律实施过程中要关注民众诉求，维护民众利益，正确处理好"君（国）与民""官与民"的关系。慕天颜受儒家民本思想法理观的熏陶，主张国家治理要"德治"和"仁政"一体推进，"今言兴革事宜，莫大于'察吏安民'四字。"认为"得民心、顺民意"是一个国家长治久安的基础。清代官员犯罪，仍然延续了以往对家人的"连坐"。慕天颜遂谨奏："为慎刑奉有恩纶事例，请归画一，以重民命，以广皇仁事。"其连坐的妻、子、婢、仆也不一定可以随行，他们入官之后面临的是由官府籍没为奴、任意处置的境地。故慕天颜以"夫妻不能完聚，与例未合"来请示，表现出一丝执法的温情。"臣愚以为实给罪囚口粮，所费无多，而广布皇上钦恤之仁恩，所关甚大。"以为囚犯争取口粮彰显"政仁"，体现皇恩浩荡。因此，在治国理政的策略选择及法律适用方面，慕天颜主张用法宽简，以体现"仁政"取向。

三、天下无讼、以和为贵的价值追求

《周礼·地官·大司徒》曰："凡万民之不服而有狱讼者与有地治者，听而断之。"注曰："争罪曰狱，争财曰讼。"在古代，审理民事纠纷叫"听讼"，审理刑事案件叫"断狱"。《易经·讼卦》充分体现了古人对于"讼"的鲜明态度："讼，有孚，窒惕，中吉，终凶。"因此，讼的行为在中国古代是不被倡导的，认为其是不理智的表现，并带有不吉利的因素，遂形成了"息讼"的风气。民间更有"好人不见官"的流传，甚至出现"厌讼""耻讼"之传统。事实上，历朝统治者为了便于管理，采取多种措施抑制诉讼，对提起诉讼的主体、时间、事由等皆进行了限定。但慕天颜所倡导的"无讼"理念，其更多强调的是一种目标，而非手段，注重实质上的和谐，并非形式上的息事避讼。

"天下无讼、以和为贵"是中华传统法律文化的重要内容。执政者作为民之"父母"，不但掌管着国家律令，还是纲常伦理教义的维护者。诉讼增多在一定程度上被认为是地方官员教化不力和政绩不佳的表现。董仲舒有言："古者修教训之官，务以德善化民，民已大化之后，天下常亡一人之狱矣。"这与慕天颜所倡导的"和"具有异曲同工之妙，是治国理政的最高境界。当然，"天下无讼"作为一种理想状态，无法根绝不服教化的"刁民"和挑词架讼的"讼师"。因此，通过教化实现息诉止讼之目的是历代执政者的追求。而能够通过感化教育手段，使得当事人主动止讼的司法官，则成为了辅助君王的楷模。在南宁任职的八个月间，慕天颜审查了不少疑难复杂案件，每桩都能得到妥善处理，无不体现了其息诉止讼的治理策略。

清朝雍正曾下令："州县官为民父母，上之宣朝廷止德化，以移风易俗。次之奉朝廷之法令，以劝善惩恶。"康熙亦作"圣谕十六条"，告诫国人"和乡党以息讼"，"息诬告以全良善"。"息讼"的价值观在慕天颜自理词讼的审理上得到全面实践。究其实质，慕天颜之所以倡导"天下无讼，以和为贵"的价值追求，就在于中国社会是"乡土性"的，民众生活区域基本上是一个熟人圈子，如果发生矛盾或纠纷，首选解决方式肯定并非诉讼程序，一旦诉诸官府，则影响宗族关系及社会和谐。慕天颜认为："情罪有轻重之分，刑罚有宽严之当。"但是，这也并不意味着要一味强制性地进行息讼，而是在引导的基础上，尽量能够使双方当事人心平气和地解决问题。

四、德主刑辅、明德慎罚的慎刑思想

自古以来、道德与法律便如影相随，共同规范、约束着人的行为。甚至在一定程度上，"礼法"比"律法"更加具有内在感召力，是治国理政的重要手段。周王朝时期便提出了"明德慎罚""敬天保民"的思想，认识到依靠神权思想和重刑主义难以实现国家长治久安。若要使"天下归心"则必须对其施以道德教化，以"重民生""抚民心"为治国理政的纲要，让民众各安其宅、各田其田，毋故毋私，惟仁之亲，实现保民，才能永受天命。"仁"作为儒家思想的核心，在政治上表现为"仁政"，在社会治理方面体现为"德礼刑政"。孔子有言："道之以政，齐之以刑，民免而无耻。道之以德，齐之以礼，有耻且格。""政刑"作为一种重要的社会治理方式，必须以"礼乐"为前提。清朝科举考试内容随不同时期有所变化，但《四书》《五经》却必须烂熟于心，受儒家"情理"影响，慕天颜亦主张"礼法合一"的指导思想，认为法意与人情实为一体，在援法断罪时既不能拂人情，又不能违法意，"天下事无论巨细，大端不外情理时势四字，苟知准情酌理，审时度事，自无往而不利亦。"在依律例判决时要兼顾情理，对于留养承嗣情形，可酌情从轻处罚，体现了对老无所依者的人文关怀，既能让受害人接受，亦不至于引发新的社会矛盾。

慕天颜在判决时十分审慎，对重罪之人只要是不泯灭人性、罪大恶极者，总是想方设法给其一条生路。每遇到重刑犯，总是保障其饮食。在任江苏布政使时，为"请给囚粮，以昭钦恤之仁事"，特向皇帝提出给各地增设额编囚粮的建议。有的囚犯因为受到在逃案犯的牵连，在狱中关押三年之久，慕天颜在秋审时将其释放，并对无亲属送饭者，每月发三斗米。"窃惟犯罪者伏法，国典之轻重，具有常刑，而矜恤之恩示于法外者，莫如月给囚粮，可以生全民命，不致毙狱之屡见也。"主张在处理案件时要谨慎行事，不可滥用刑罚，尤其是在处理具体的刑狱案件过程中，要格外审慎用刑。正如明成祖所言："刑者，圣人所慎。匹夫匹妇不得其死，足伤天地之和，召水旱之灾，甚非朕宽恤之意。"一是重视礼治提倡教化。慕天颜强调在援法断罪时要从宽恕的角度出发，以免涉讼者受无穷之患；二是办案不株连。慕天颜在办案中尽量避免牵涉范围过广，给无辜百姓带来无妄之灾；三是问供不刑讯。清代官员犯罪，仍然延续了以往对家人的"连坐"。慕天颜认为，追赃视犯官家产如何，纵有限期，有完者，也有不完者。

慕天颜把人命案件作为头等大事，坚持疑罪从轻和少杀慎杀，及时清理积案。"臣思审结监候重犯，虽法所当刑，然一日未决，尚留旦夕之命，仰体圣德好生，固不可以其罪重而听其绝食痿毙也。况有钦案牵连，不得不加羁禁；亦有全招未结，尚须覆勘雪冤；或无亲属可依，必致断其狱食，此等尤堪矜悯。""臣披阅原招，虽各犯情罪真伪非一，但逃盗缉获无期，则川等纵有诬枉，终无审雪之日，势必尽化狱燐。在情真罪当者，固所应得；设果枉扳毙狱，宁不上干天和？臣思凡审定秋决重囚，犹令臣等督抚合同布、按等官，公同详审，将情可矜疑之犯，分别减恤。此赃迹未明、质证无凭之疑案，岂宜反置沉狱、不一录勘、同邀钦恤之仁？"体现出慕天颜慈悲为怀的做人秉性，以及接近于如今"疑罪从无"的文明执法理念。尤其难能可贵的是，慕天颜所上此疏，并非只是为这几名疑犯考虑，而是着眼于建立一种处理此类案件的制度，"永著为例"。以制度保障疑犯权益，尽量减少冤假错案。

五、援法断罪、罚当其罪的平等观念

自古以来，中华法系所蕴含的援法断罪、罚当其罪的平等观念就在司法适用中具有重要功能。晋朝尚书刘讼曾言："律法断罪，皆当以法律令正文，若无正文，依附名例断之，其正文名例所不及，皆勿论。"为政者在处理各类案件时，要做到不枉不纵，赏罚善恶一视同仁，实现"君臣上下贵贱皆从法"。慕天颜在处理各类案件时，主张要做到一视同仁，不能内外有别、亲疏差异，"君臣上下贵贱皆从法"。

《大清律例》在"断罪引律令"条之下，专门规定"务须详核情罪"。此处的"详核情罪"便是要做到罪责刑相统一，切不可断罪随意出入，量刑畸轻畸重，要将"平等"之观念贯彻始终。慕天颜关于"法"的认识论思想落实在为政治理的实践领域，形成了以刑、讼、狱为主题的法治实践论。"援法而治"来源于法家思想，慕天颜有关奏疏中记载了部分其关于"刑、讼、狱"的思考，概括起来主要有以下几点。

一是主张慎杀。恤刑慎杀是中国古代法律传统中充满人文关怀的一项制度。自汉代录囚制度始，历朝历代一直重视恤刑慎杀。慕天颜在受命重新严审时，不仅调取"该县初报原文"，而且参照自己的前任巡抚审理同类案件的先例，提出罪犯"自首既确，原拟充军，委无失纵"，但能否减等稍宽，则"合听部议"。由此可知，对一件有争议的普通案件能反复审理，甚至能上达天听，其对待人命之事，并非"葫芦僧判断葫芦案"，而是相当审慎。

二是重视秋审。秋审是清朝司法制度中非常重要的一项内容，工作量巨大。根据案件情节、性质等具体情况，将其分为情实、缓决、矜、疑、留养承祀五种类型。慕天颜自江宁赶回暂别三月之久的巡抚衙门，案牍如山。这其中，就有一桩为时不短的"信访积案"，即已经考虑成熟，但未及上疏请示的"监候疑犯请行一体秋审"。"为疑狱待质无期，久禁必多淹毙，恳请准同秋决一体审录，分别矜缓，以广钦恤之仁事。"《清史稿·列传第六十五》记载："天颜历官有惠绩，尝疏请有司亏帑虽逾限，於发遣前清偿，仍贳其罪。狱囚因逸犯株连，待质已三年者，於秋审时开释；狱囚无亲属馈食，月给米三斗：皆恤下之政。"

三是严惩腐败。慕天颜"为特参不职厅官，以除民害，以肃官方事"，认为该案"事出不经，举动乖张"，即使该同知没有侵占之罪，但百姓控告并非空穴来风。

四是避免连坐。在"特参贪纵，审覆亢从时等劣迹"的审理报告中，慕天颜逐人逐事辨析其所犯罪行及适用法律，对武昌府同知亢从时、兴国州知州张辉祖、广济县知县陈肇祉等皆主张严以惩治，同时认为按察使张道祥、武昌道参议成光、护巡荆道事、荆州府知府许廷试等到任时"方始访闻款迹揭报"，以上司道各官，从前不行申报情由，毋庸议。避免了省属司道府各官为何迟迟未报并予揭参的连带责任。

五是量刑平等。"但论法，赦前似宜轻于赦后，何以赦后之流罪以下，妻、子止于流徙；而赦前之犯属，概应入官乎？似轻者反重，而重者反轻矣。"慕天颜从侵盗犯罪的赦免中，洞悉到对挪移犯罪量刑畸重的漏洞，主张实质上的平等。

六是司法公正。慕天颜认为，"前后议覆，轻重悬殊，在部臣之改重，亦以嫉恶，惟恐不严起见，但法垂永久，倘将来遇有自首盗犯，恐承谳之外吏莫知适从。况罪疑惟轻，若概依此案之改重，而入其辟，又蒙减轻，则失入之处分，比失出之例较重，又不得不剖晰陈明，请勅部臣指示画一也。”倘使同类案件在量刑时如此“轻重悬殊”，作为“以垂永久”的法律，“倘将来遇有自首盗犯”，必导致承审官员无所适从。慕天颜所提出的“况罪疑惟轻，若概依此案之改重，而入其辟，又蒙减轻，则失入之处分，比失出之例较重”，是牵涉司法公正的原则性和制度性的大事。并主张区分自首的主观状态。“查《律例》：‘强盗亲属首告到官，按告者之亲属服制，分别附近、边卫充军。’似不论犯者之愿首与不愿首。若本犯愿首，而令得相容隐之亲属为首及相告言，则各如罪人身自为首，法得全免其罪，又不仅免死充军而已。今谦吉等父兄既先赴县陈明伊等子弟愿来投首，则与罪人自首相同。只因燎伤事主之妻，损伤于人，不能全免其罪耳。”

七是罪责刑相适应。慕天颜曾向司法部门上书建言，对于拖欠国库公款的行为，即使其在最后期限内予以偿还，仍然要对其加以责罚。针对盗犯王文英、李谦吉、蔡恂等原拟充军一案，就这几名罪犯是否构成自首情节，指出以往“事发投首”的许壮修等案，法司在审核时“俱准其自首，得邀宽典”，承审官员差点犯了轻罪重判之错；今此案系“捕前投首”，事同一例，甚至自首情节更为明显，但法司又“不准其自首”，“改斩以正法”，承审官员又犯了重罪轻判之错。

六、老幼病残、宽宥赦免的恤刑原则

对老幼病残实施宽宥政策是中华文化的传统美德。早在《周礼》中就专门有针对未成年人及老人的“三赦”之法。《大清律例》明确规定，凡年龄未满十二岁的孩子，除犯罪情节特别严重的情况外，不予定罪，年满十二但未及十六岁者，以及年龄超过八十岁的人，根据所犯罪责严重程度进行一定的谅解，大致可以将其罪责下降一等到二等。可以看出，清朝对于老幼病残等特殊群体给予了一定程度的关照。管子有言："薄赋敛，轻征赋，弛刑罚，赦罪戾，宥小过，此谓宽其政。"在康熙十七年（1678）四月初三日，慕天颜上疏为属地犯罪官役之年老废残及未成丁者争取宽宥。"原为正犯干连之属，出于无辜，议请照律收赎，以邀矜恤"，"臣查流徙入官新例，虽无收赎之条，但系罪人之家口，则较之正犯，似有分别。"且此等老疾伏查刑部现行例内开载："直隶各省军流人犯，果有年老残疾及家无以次成丁者，该督抚即行查明取具该地方官印结，将人犯不必解部。稚孩，皆属家产尽绝，仅存皮骨，余生发解长途，必致淹毙沟壑，徒为无益。"称他们"原为正犯干连之属，出于无辜"，希望"此等老疾稚孩"，不致"发解长途""淹毙沟壑"。再查流徙入官新例、刑部现行有关条文，更以太仓州某原拟斩犯人陆某因年老目瞽，"照老疾律收赎"的事例，来表述对这类犯属可予宽免的理由。

慕天颜对于老幼病残罪犯的宽宥，主要体现在诉讼程序及刑事处罚方面。

一是对于老幼病残犯罪采取宽宥的处理方式。在审讯老幼的过程中，"凡应八议之刃（礼所当优），及年七十以上（老所当恤），十五以下（幼所当慈），若所废（疾所当矜）者，（如有犯罪，官司）并不合（用刑）拷讯、皆据众证定罪。"

二是主张对弱势群体采取赎刑制度。收赎是针对"老幼、废残、天文生及妇女"所实施的一项将刑罚折算为钱财的赎刑制度；散收则是对"老幼及废疾犯罪者"可以不戴刑具，以减轻其身体负担；犯人分流则对"年七十以上、十五以下、废疾者"在监狱中散收，分开收监。并要求"锁杻常须洗涤，席荐常须铺置，冬设暖床，夏备凉浆"。

三是重视幼童成长。慕天颜在各地兴办育婴堂的过程中，还制定了一套严格的规章制度。要求"凡一应募建屋宇、雇觅乳母、需用饮食、衣絮医药等项，仿照江、扬、苏、松现行成例"，并对干出成绩的地方官加以奖励，对漠视者严予惩戒，铁腕整治。

七、慕天颜法治思想对当代的镜鉴及启示

"以史为鉴，可以知兴衰。"法律作为社会经济的产物，慕天颜法治思想的产生具有与当时社会经济、政治和文化需求相契合的社会背景。易言之，法律作为上层建筑，服务于经济社会发展与统治阶级。当前，在推进中国式现代化的历史潮流中，应当坚持传承中华民族优秀传统文化，积极借鉴慕天颜法治思想中的有益成分，实现依法治国与依德治国相统一。一方面，吸收、借鉴慕天颜法治思想应当立足法治建设实际；另一方面，要坚持扬弃原则，吸收合理成分，摒弃封建思想。

1. 坚持依法治国与依德治国相统一

法安天下，德润人心。纵观慕天颜有关奏疏，礼法并举、德法共治是其法治思想的基础，单纯依靠儒家的礼治和法家的法治都难以取得治国理政的理想效果。要坚持依德治国和依法治国相结合，把法治建设和道德建设紧密结合起来，把自律的和他律的紧密结合起来，做到法治和德治相辅相成、相互促进。法律与道德皆具有规范行为、调节关系、维护秩序的功效，且法律的实施需要道德支撑，道德的践行需要法律保障，两者不可分离、不可偏废。慕天颜法治思想中的"出礼入刑"，强调礼法两者在功能上的互补。道德与法律同为上层建筑，为国家治理提供了强制力上的保障，"依法治国"与"依德治国"有机融合的治理策略，不仅蕴含着千百年来中华民族的文化信仰，彰显

了深厚的家国情怀及修平治齐的道德操守，而且对于推进国家治理能力和治理体系现代化具有重要意义。吸收、借鉴其中的有益成分，对于当前中国法治建设成效明显，是重塑新时代礼法关系的重要抓手。

"不知耻者，无所不为。"社会主义核心价值观是中华民族的思想道德基础，在推进全面依法治国的进程中，必须将其融入法治国家、法治政府、法治社会建设之中，将其内化于心、外化于行，为中华民族伟大复兴注入磅礴伟力。

2. 坚持以人民为中心

慕天颜认为："自古帝王，抚御万方，兢兢业业，勤求治理，必期阴阳顺序，和气凝庥。"其所倡导的"民本"理念，以及建言朝廷实施的"惠民""安民""恤民"等各项举措，与当代法治理论"以人民为中心"的法理高度契合，其是"民本"理念在当下社会的集中体现。

坚持以人民为中心，是中华民族优秀文化传统的重要体现，亦是对党的百年奋斗历程的深刻总结，只有顺应历史潮流、尊重人民意愿、满足人民需求、促进人民发展，才能更好地筑牢中华民族共同体。一是要坚持为民立法。人民是立法活动的主体，科学的立法必须符合社会发展规律，符合人民群众利益。二是要坚持为民司法。积极践行司法为民、人民至上的价值理念，切实维护好人民群众的利益及福祉，将人民的愿望、诉求作为全面推进依法治国的重要抓手。三是坚持为民执法。持续推进法治政府建设，构建诚信政府、廉洁政府。四是促进全民守法。只有人民自觉、自愿地遵守法律，才能营造人人崇法尚法的法治环境，将法治建设成效转化为社会治理动能。

3. 坚持法律面前人人平等

在皇权体制下，君王的意志便是法律，但这种法律很难具备一部"良法"的标准。所谓"刑无等级"，就是在法律上一切主体都是平等的，要求对当事人一视同仁，此即形式平等。但实质平等要求根据对象不同进行区别对待，这种区别对待并非赋予一定的特权与等级，而是以实现公平正义为前提。慕天颜所提出的"况罪疑惟轻，若概依此案之改重，而入其辟，又蒙减轻，则失入之处分，比失出之例较重"是对司法公正及法律面前人人平等的精辟阐释，譬如：慕其所倡导的对妇女、儿童等有所减免，就是实现实质正义的体现。平等是社会主义法治的基本要求。吸收、借鉴刑无等级中的平等元素，树立"法律面前人人平等"的社会主义法治理念，对于促进社会主义法治建设影响深远。

4. 坚持宽严相济刑事司法政策

尊重和保障人权是我国宪法确立的基本原则。"明德慎罚"的法律思想，要求执法、司法者必须审慎使用刑罚，做到"宽严相济""用刑宽缓"。在立法、执法、司法各环节更加体现人文关怀、人道精神。宽严相济刑事司法政策有着深厚的历史底蕴及鲜明的时代特征，是"明德慎罚"思想的集中体现。可以说，古有"明德慎罚"，今有"少捕慎诉慎押"等刑事司法政策。慕天颜法治思想中所蕴含的平等观念、慎刑思想及恤刑原则，映射在当下就是要坚持宽严相济刑事政策。一是转变"重打击轻保护"的办案理念。在追求结果正义、注重打击犯罪的同时，要兼顾程序正义，加强人权保护。二是改变倚重口供的办案方式。要摒弃"以口供为中心"的狭隘认知，树立客观证据优先的意识。三是"做好后半篇文章"。探索建立少捕慎诉慎押与惩戒教育有机衔接机制，延伸办案触角，做实风险评估，完善回归社会支撑体系。

5. 坚持人与自然和谐发展

以和为贵、与人为善是中华民族的优良传统美德。在各种矛盾日益激化的当下，"天人合一""天下无讼""以和为贵"的思想对于中国法治建设具有重要的正向引导作用。正如宋人胡石壁所言："大凡乡曲邻里，务要和睦。才自和睦，则有无可以相通，缓急可以相助，疾病可以相扶持，彼此皆受其利。"一是着力构建调解制度。创新性发展新时代"枫桥经验"，构建多元调处机制，促进矛盾纠纷的实质性化解。二是推动人与自然和谐相处。顺应自然规律，加大对环境污染犯罪的惩治力度，实现人与自然和谐共处。三是促进和平发展。不断推动人类命运共同体建设，消弭文化鸿沟，消除机制障碍，促进世界各国和平、友好发展。

唯能融旧，故吻合于国性民情；唯能铸新，故适应现代之需要。慕天颜法治思想虽历经百年流变，仍对当代中国法治具有极强的镜鉴意义，成为中华传统优秀法治文化的重要组成部分。应当立足司法实践需求，挖掘其中的一切有益因素，并对其加以创新性转化，融入中国特色社会主义法治体系的建设之中，为法治中国建设提供雄厚的文化根基。

【参考资料】

1. 李启成《"宗旨"：沈家本法治理论的核心概念》(《兰大法律评论》2020 年第 1 辑)

2. 何勤华《中国古代"出礼入刑"传统之赓续与创新》（《政治与法律》2023 年第 8 期）

3. 刘雪婷《中华优秀传统文化在基层社会治理中的价值与适用路径》（载《法治文化》集刊第 1 卷）

4. （清）周振鹤《圣谕广训》卷三《和乡党以息争讼》（上海书店出版社 2006 年版）

5. 何勤华、张顺《从"民惟邦本"到"以人民为中心"中国传统"民本"理念的法理设定及当代传承》（《学术月刊》2022 年第 5 期）

6. （清）张延骧《入幕须知五种·赘言十则》（清光绪十八年浙江书局刊本）

7. 李世恩《乡贤慕天颜与慈善事业》（《平凉日报》2023 年 10 月 20 日）

8. 余针飞《康熙治国思想和清代法制》（《法律评论》2012 年第 4 期）

【作者简介】

李郁军，男，汉族，1969 年 1 月出生，甘肃靖远人，兰州大学法律硕士，研究方向为法治文化、检察实务，曾任平凉市人民检察院党组书记、检察长，现为甘肃省兰州市人民检察院党组书记、检察长。

张源，男，汉族，1990 年 1 月出生，甘肃静宁人，西北政法大学民商法硕士，研究方向为检察实务，现为甘肃省人民检察院兰州铁路运输分院案件管理办公室（法律政策研究室）主任。

慕天颜开放海禁思想探析

□ 强进前

一、中国古代的海外贸易

中国古代的海外贸易由来已久，秦汉之前，中国已同近海国家有了贸易往来。秦朝时，徐福浮海逃到日本。到了汉代，中国商船已远达印度东南海岸，并同印度半岛、马来半岛、马来群岛的一些国家和地区建立了直接的海上贸易关系。东汉光武帝时，"倭奴国"曾派遣使者来汉。中国的铁器、铜器、丝绸品不断销往日本，养蚕业也传到了日本。魏晋时期，北方的曹魏与日本，江南的孙吴与印度半岛诸国也经常有贸易往来。南北朝时期，航海造船业的发展开辟了中国与天竺的航道，中国与沿中印航线各国的贸易更为频繁。当时被称为"舶"的大船"长二十余丈，高出水面二三丈"，状如阁楼，可载六七百人，物品万斛。隋唐时期，陆海并举，积极发展国际贸易，但唐玄宗天宝十年（751）怛罗斯战役后，唐朝战败，"陆上丝绸之路"屡遭梗阻，逐渐衰落。因此，从唐中期以后，国家更依赖以广州为起点的"海上丝绸之路"开展对外贸易，中国商船已由印度半岛延伸至波斯湾，与马来半岛、马来群岛、阿拉伯半岛、日本、朝鲜的贸易也十分活跃。据载，唐太宗贞观四年至唐昭宗乾宁元年（630—894），日本遣唐使来华达13次以上，往返均携带大批商品货物。宋元时期，海外贸易更加繁荣，与宋代有贸易关系的国家主要有南洋的交趾、占城、真腊，有印度洋的天竺、狮子国、大食等，还有东方的高丽、日本等50多个国家和地区，贸易的重点线路已由汉唐时的陆路转为海路，之所以会出现这一重大转变，主要是因为经济重心南移，南方沿海城市成为外贸港口，西夏、金阻断了陆上"丝绸之路"。元代对外贸易在宋代的基础上又有发展，海外贸易主要港口为泉州、广州和庆元。泉州在宋代迅速崛起，南宋时已和广州同为海外贸易主港口，到元代则成为世界大港，其与埃及的亚历山大港被称为世界东西两大港。到元末，陆路贸易虽有恢复，但仍以海路为主。宋元时期海外贸易的兴盛，使政府收入大大增加，觉得有必要对其加强管理，北宋初，就在广州设"市舶司"管理外贸事务。南宋时，又在杭州、明州增设"市舶司"。后又增设了泉州、密州的"市舶司"。元代沿用宋代制度，在泉州、庆元、广州、杭州等地设"市舶司"。"市舶司"的主要职责有三：一是管理外来商人和商品；二是对海外运来的商品征税，为宫廷购买外来商品，主要是生活奢侈品，将征税和购买来的货物出售或运送到指定地点；三是检验外国贡奉的货物。宋代市舶司的设置，对管理外贸有一定作用，为政府增加了收入，但也干扰了海外贸易的发展，如在市舶司购买商品前，外商不得出售商品，特别是香药等贵重商品。明初，对外贸易比宋元时期有所发展，海外贸易同各国的朝贡密切相关，"市舶"附于"贡舶"是当时海外贸易的重要形式。正如王圻所说："贡舶与市舶一事也，凡外夷贡者，皆设市舶司以领之，许带他物，官设牙行，与民贸易，谓之互市，是有贡舶即有互市，非入贡即不许其互市矣。"远洋航行更是空前繁荣，永乐三年至宣德八年（1405—1433），郑和七次出使"西洋"，航船大者长达44丈，宽18丈，并且有丰富的航海经验，船队遍及今北印度洋、孟加拉湾、印度半岛、阿拉伯海及其沿岸的30多个亚非国家。这一壮举，使中国古代官方贸易达到高峰。明中叶以后，中国的海外贸易因"海禁"和"迁界"，私人海上贸易兴起，官方贸易衰落，这是此时对外贸易的重大变化。嘉靖二年（1523），明王朝严禁与葡萄牙人贸易，并封锁了全部通商口岸。隆庆以后，明政府开放海禁，促进了私人海上贸易的发展。隆庆间，海澄开设船舶税时，仅收数千金，万历四年（1576）增至1万两，万历十一年（1583），增至2万余两，万历二十二年（1594）又增至2.9万余两。清初，实行闭关锁国的政策，从顺治元年到康熙二十三年（1644—1684），这40年间，由于郑成功以台湾为根据地坚持反清斗争，清政府实行"片板不许下海，粒货不许越疆"的海禁政策，除了在一定的贡期内进行小量的贡舶贸易外，当时海上贸易几乎完全停止，直到收复台湾后，才宣布开放海禁。从康熙二十三年到道光二十年（1684—1840），这150多年是开禁设关、严格限制对外贸易的时期。康熙二十三年（1684），清廷在广州、漳州、宁波、云台山（今连云港）分别设立粤海关、闽海关、浙海关和江海关与外国通商，并制定了一系列关税税则和管理办法开始征税，从此，海关代替了历代市舶机构管理海外贸易，这也是中华大地创立海关之始。在这四个口岸中，广州为外国商船集中地，其他地区只有在特殊情况下，如外国商船遇到风暴，漂泊所至，可予临时接待外，一般不许在这里贸易。但后来，由于英国等殖民主义者在中国沿海进行种种非法活动，清廷于乾隆二十二年（1757）下令封闭其他海港，只准在广州一处通商贸易，由粤海关加强管理。嗣后，外商虽多次要求增设口岸，都未成功。这种一口贸易的体制，一直维持到1840年鸦片战争结束后《南京条约》的签订，清政府才被迫开放广州、厦门、福州、宁波、上海五处通商口岸。

二、明清时期的海禁与闭关政策

中国古代的海外贸易，主要分官方贸易和私人贸易，以官方贸易为主。其中，以朝廷间互赠礼品形式出现的"朝贡贸易"和随之而来的"随贡贸易"是官方贸易的主要形式。其次是官府采办，即由官府派遣专人出海贸易，以谋取奢侈品和厚利，是"朝贡贸易"的补充。

海禁，就是旨在禁止民间私自出海通商，也限制外国商人前往本国通商的一种封闭锁国政策，具体实施则随着时事所需而有张有弛，即有"严禁"及"弛禁"之分。明清时期的海禁政策，时禁时开，并随着政治所需而有调整和变化。

1. 明代的海禁

禁海令在我国宋代就已出现，元代、明代、清代亦有海禁。明政府禁阻私人出洋从事海外贸易的政策，亦称"海禁"或"洋禁"。有明一代，海禁虽时张时弛，但直至明末，未曾撤销。

明初，随着北方战争的胜利，物资开始逐渐充裕起来，明太祖朱元璋出于政治上的需要，在对外贸易上，除为"怀柔远人"，允许部分国家或部族通过"朝贡"的方式进行贸易外，其他私人海外贸易一律禁止。《明史·食货志》载："明初，东有马市，西有茶市，皆以驭边省戍守费。海外诸国入贡，许附载方物与中国贸易。因设市舶司，置提举官以领之，所以通夷情，抑奸商，俾法禁有所施，因以消其衅隙也。洪武初，设於太仓黄渡，寻罢。复设于宁波、泉州、广州。宁波通日本，泉州通琉球，广州通占城、暹罗、西洋诸国。琉球、占城诸国皆恭顺，任其时至入贡。唯日本叛服不常，故独限其期为十年，人数为二百，舟为二艘，以金叶勘合表文为验，以防诈伪侵轶。后市舶司暂罢，辄复严禁濒海居民及守备将卒私通海外诸国。"并于洪武二十三年（1390）、洪武二十七年（1394）、洪武三十年（1397）先后三次颁布《禁外番交通令》，规定"滨海居民不许与外洋番人贸易"，颁布"将人口军器出境及下海者，绞"等严刑峻法。又在山东至广东的沿海地区修筑海防工事，建立严密的"巡检"制度。永乐以后，朝廷仍屡申"严私通番国之禁"。但远不如洪武年间严厉，禁令的范围也逐渐缩小。《明史》载："永乐初，西洋剌泥国回回哈只马哈没奇等来朝，附载胡椒与民互市。有司请征其税。帝曰：'商税者，国家抑逐末之民，岂以为利。今夷人慕义远来，乃侵其利，所得几何，而亏辱大体多矣。'不听。三年，以诸番贡使益多，乃置驿於福建、浙江、广东三市舶司以馆之。福建曰来远，浙江曰安远，广东曰怀远。寻设交址云屯市舶提举司，接西南诸国朝贡者。初，入贡海舟至，有司封识，俟奏报，然后起运。宣宗命至即驰奏，不待报随送至京。"成化年间（1465—1487）对官吏私通番国的贸易事件，都采取比较宽容的态度。正德、嘉靖年间（1506—1566），西方殖民主义者逐渐到东方寻找殖民地，其中，嘉靖元年（1522），给事中夏言认为倭寇起于"市舶"，建议罢市舶，厉行海禁。朝廷接受建议，封锁沿海各港口，销毁出海船只，禁止下海捕鱼捞虾，断绝海上交通。凡违禁者，必依法处以极刑。明廷严厉的海禁政策，并不能阻遏私人海外贸易的发展，相反地，参加对外贸易的人越来越多，朝廷无法禁绝。正如徐光启所说："官市不开，私市不止"，这是一种自然的发展趋势。嘉靖二年（1523），"日本使宗设、宋素卿分道入贡，互争真伪。市舶中官赖恩纳素卿贿，右素卿，宗设遂大掠宁波。给事中夏言言倭患起于市舶。遂罢之。市舶既罢，日本海贾往来自如，海上奸豪与之交通，法禁无所施，转为寇贼。"嘉靖二十六年（1547），明朝派朱纨巡抚浙江，兼提督福建军务。朱纨到任后，封锁海面，击杀了通倭的李光头等96人。朱纨的海禁触犯了通倭的官僚。"御史陈九德劾纨措置乖方，专杀启衅。帝逮纨听勘。纨既黜，奸徒益无所惮，外交内讧，酿成祸患。汪直、徐海、陈东、麻叶等起，而海上无宁日矣。"嘉靖三十年（1551），连渔船也禁止出海（以前的禁令把渔船除外），一切海外贸易都被取消。嘉靖三十二年（1553），葡萄牙殖民者以晾晒水渍货物为由，强借澳门。从此盘踞此地，不服"抽分"，贩卖奴隶，危害明朝主权，并转向福建、浙江沿海从事违法的贸易活动。当时从事海上贸易者获利甚巨，故官僚地主多与商人相勾结，凭恃权势和厚资，串通官府，逃避禁令，招诱破产贫民出海。或违禁"私造双桅大舡下海"，有的则"私充牙行，居积番货，以为窝主"。有的舶主更是"名为商贩，时出剽劫"，既是走私商，又是海盗。有些豪门世家、奸商舶主，利欲熏心，不仅与葡萄牙殖民者进行非法贸易，而且勾结倭寇在东南沿海一带掳掠杀害中国人民，构成了有明一代的"倭寇之患"，直到隆庆时（1567—1572），民族英雄戚继光、俞大猷平定了沿海的倭寇，才改变了这种局面。隆庆元年（1567），旧日的海禁政策已经不可能维持下去，而东南沿海的倭患又已大体平息，朝廷在舆论影响下，才批准福建巡抚都御史涂泽民的建议，开放海禁，允许民间私人远贩东西二洋，以征收商税，增加财政收入，史称"隆庆开关"。"万历中，复通福建互市，惟禁市硝黄。已而两市舶司悉复，以中官领职如故。""通海者十倍于前者"而

"所贸金钱，岁无虑数十万，公私并赖"。大量外银流入闽、粤沿海各地，屈大均说"用银始闽粤，而闽粤银多从番舶来"舶税也不断增加。此后，民间私人的海外贸易获得了合法的地位，东南沿海各地的民间海外贸易进入了一个新时期。

开放海禁，即等于明政府允许私人海外贸易的合法存在，这就使参与海外贸易的中小商人大大增加。他们纷纷筹集资金，建造海船，装载土产，径往东、西洋，与海外诸国贸易，明朝政府的商税也因此不断增长。如漳州府在万历三年（1575）征收税银6000两，万历二十二年（1594）则征收银约30000两，整整增加了5倍。海外贸易的发展，促进了东南沿海地区商品性农业和手工业的繁荣，为资本主义萌芽的成长提供了有利条件。但明代海禁的开放也是有限制的，弛禁初期颁发"引票"（亦称船引，明代商人出洋贸易的通行证）50张，

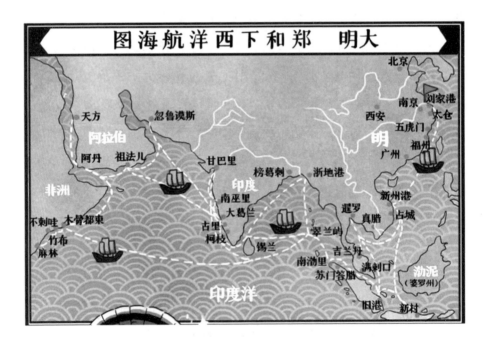

郑和下西洋航海图

万历中增至 80 张，东、西洋各 40 张。出海贸易者，均须经海防同知批准，领取"引票"，到指定地区贸易，并在规定的期限回港。对前往贸易的国家和地区也有一定限制，日本即在禁止通商之列。另外，对出口货物的品种也有所限制。这类规定依然严重束缚着海外贸易的正常发展。

2. 清代海禁

中国向来重视"夷夏之防"。清朝乃满洲人入关所建，因其长期生存于北方内陆，以游牧为生，取得全国政权后，为了加强统治，不断吸收和采纳明代的各项制度。清初为了恢复和发展社会经济，海外贸易中并不禁海，后来为了防止沿海民众通过海上活动接济反清抗清势力，才实行海禁，而且较明代更为严厉。早在顺治初年就已禁止出海贸易。顺治十三年（1656）六月，朝廷以皇帝的名义发布了《申严海禁敕谕》，其中规定，北自天津南至广东沿海岸线各省，一律"严禁商民船只私自出海，有将一切粮食货物交逆贼贸易者，或地方官查出，或被人告发，即将贸易之人，不论官民，俱行奏闻正法，货物入官，本犯家产，尽给告发之人。其该管地方文武各官，不行盘诘擒缉，皆革职从重治罪。地方保甲，通同容隐，不行举首，皆处死。""无许片帆入海，违者立置重典"，其主要目的是使用军事法律力量强制隔断海内外的一切联系和往来，取缔一切贸易活动，进而削弱和扼杀以郑成功为首的反清力量。然此谕试行了五年，并未达到彻底隔断对外联系的目的和遏制沿海百姓对明郑反清力量的支持，"粮、饷、油、铁、桅船之物，靡不接济"。海内外人和物的交流仍在进行。因此，顺治十八年（1661），又决定强行将江、浙、闽、粤、鲁等省沿海居民分别内迁 30 里至 50 里，设界防守，严禁逾越，这就是所谓"立界移民"，又称

"迁界"。无疑这一做法是禁海政策的扩大和补充，其目的是制造出一个无人区以作隔离地带，彻底实现禁海。但迁界给当地百姓带来了深重灾难，"令下之日，挈妻子载道路，处其居室，放火焚烧，片石不留，民死过半。"在闽、粤、江、浙沿海，到处挖界沟、筑界墙、设烟墩、派兵警戍，界内外严禁通行，凡出界者即以违旨或"置买货物，欲图出洋"的罪名逮杀。据清代档案记载，因违反迁界令被杀的百姓难以计数。这种违背百姓利益的政策，直到康熙二十二年（1683）七月，郑克塽、刘国轩率部归降，政权统一，清廷禁海迁界等法令已失去意义，康熙迅速调整政策，决定"展界"，即安排因顺治十八年（1661）前后被迫迁离的百姓复归故土，将沿海一大片"弃地"重新开辟为阡陌，恢复农牧渔樵生产以及交换贸易等正常生活秩序。展界为开海准备了条件，康熙二十三年（1684）七月，康熙力排众议，决定立即开放海禁，发展贸易，并于康熙二十三年至二十五年（1684—1686）间先后设立闽、粤、江、浙四个海关，分别管理对外贸易事务，而且一向严禁的赴日贸易也在开放范围之内。这一决策，不但对沿海省份有益，而且对全国政局发展也具有积极意义。据《圣祖实录》载："上谕大学士等曰：向令开海贸易，谓于闽粤边海民生有益，且此二省民用充阜、财货流通，则各省俱有裨益。夫出海贸易，本非贫民所能，富商大贾懋迁有无，薄征其税，不致累民，可充闽粤兵饷，以免腹里省分转输协济之劳。腹里省分钱粮有余，小民又获安养，故令开海贸易。"从禁海到开海的政策转折，符合经济社会发展规律，是大势所趋，百姓所愿。但是，仅仅过了三十多年，全面开海的政策就开始收缩，面对日益严重的"海寇"活动和西方势力在东亚海域的潜在威胁，康熙五十五年（1716）十月二十五日，康熙召见大臣，提出禁海问题，次年，正式实行禁海，这就是南洋禁海令。南洋禁海虽然并非全面禁海，但对正在不断发展的中国民间对外贸易力量无疑是严重的打击，影响了正常的海外交流和经济活动。

三、慕天颜开放海禁思想的主要内容

慕天颜在顺治十二年（1655）中进士后，曾授浙江钱塘知县，迁广西南宁同知，再迁福建兴化知府，康熙五十年（1711）擢任江宁巡抚。在其任内，注重疏浚河流，兴修水利，垦荒种田，发展经济，政绩卓越。

清康熙元年（1662），为防御郑成功的进攻，朝廷下令在潮州实行海禁，将沿海居民迁入内地50里，至康熙三年（1664）又迁徙50里（包括今潮安县庵埠、彩塘、铁铺、官塘一带），禁止出海捕鱼和贸易。康熙五年（1666）撤销澄海县并入海阳县（至康熙八年才恢复）。康熙十年（1671）重申海禁，不准闽、粤二省船只过洋。康熙十九年（1680）二月初七日，57岁的慕天颜上奏《请开海禁》疏，在此奏疏中，他从国计民生的角度出发，对海禁的弊端和开放海禁的益处做了详细陈述。康熙二十二年（1683），清朝收复台湾后，国家政权统一，长期的国内战争基本结束，局势逐渐稳定，沿海各省要求对外开放的呼声越来越高，朝廷遂下令开放海禁。

慕天颜的《请开海禁》疏，是当时要求开放海禁，加强对外交流贸易的典型代表，通过这道奏疏，可以窥见慕天颜开放海禁思想的主要内容，也可推断此疏对康熙决定实施开放海禁所起的积极推动作用。

慕天颜奏道：

臣查生财之道，必致其源，而理财之法，当从其大。目前兴师征讨，四出靡宁。虽蜀道渐开，楚江咸顺，而貔貅之众，棋布星陈，资饷甚殷，所在告急。议节省则事款通裁，几于节无可节矣。议捐输则事例多案，几于捐无可捐矣。然而军马之供亿，每患不敷，度支之经营，尚苦莫措者，良由讲求之术，徒循其末而未深探其本也。盖自庸调之制废，而民力之输纳无复本色之供，自两税之法行，而国用之征求惟以金钱为急。上下相寻，惟乏金之是患也久矣。然银两之所由生，其途二焉。一则矿砾之银也，一则番舶之银也。自开采既停，而坑冶不当复问矣。且迁海既严，而片帆不许出洋矣。生银之两途并绝，则今直省之所流转者，止有现在之银两。凡官司所支计，商贾所贸市，人民所恃以变通，总不出此。而且消耗者去其一，埋没者去其一，埋藏制造者又去其一。银日用而日亏，别无补益之路。用既亏而愈急，终无生息之期。如是求财之裕，求用之舒，何异塞水之源而望其流之溢也。岂惟舒裕为难，而匮绌之忧，日甚一日，将有不可胜言者矣。由今天下之势，即使岁岁顺成，在在丰稔，犹苦于谷贱伤农，点金无术，何况流亡迭见，灾歉频仍。于此思穷变通久之道，不必求之天降地出，惟一破目前之成例，曰开海禁而已矣。盖矿砾之开，事繁而难成，工费不可必。所取有限，所伤必多，其事未可骤论也。惟番舶之往来，以吾岁出之货，而易其岁入之财。岁有所出，则于我毫无所损，而殖产交易，愈足以鼓艺业之勤。岁有所入，则在我日见其赢，而货贿会通，立可以祛贫寡之患。银两既以充溢，课饷赖为转输。数年之间，富强可以坐致。较之株守故局，议节议捐，其得失轻重，有不啻者矣。

然而议此者，必谓海氛未靖，方事剿除。若一通洋，势多扞格。则更请衡今昔事势而言之。按故明海岛诸国，并许朝贡。惟以猥彝犷悍，绝不使通。然而市舶之往来，于彼不废，故有舶商匿货之禁。原以专计泛海之船，行之累朝，深得其利。其后虽有倭患，原非兆于商舶也。

再以本朝而言。闽海之余孽未殄，而荷兰、琉球等国之贡仍至也。粤地之风帆接闽，而暹罗、红毛等国之贡自若也。贡船本外彝（外夷，外国）所来，犹且无碍。商舶由内地所出，翻谓可虞，又事理之必不然者矣。

犹记顺治六七年间，彼时禁令未设，见市井贸易，咸有外国货物，民间行使多以外国银钱。因而各省流行，所在皆有。自一禁海之后，而此等银钱，绝迹不见一文。即此而言，是塞财源之明验也。可知未禁之日，岁进若干之银，既禁之后，岁减若干之利。揆此二十年来，所坐弃之金钱，不可以亿万计，真重可惜也。今则盛京、直隶、山东之海船，固听其行矣，海洲、云台之弃地，亦许复业矣。香山、澳门之陆路，再准贸贩矣。凡此庙谟之筹略，岂非见于海利之原可通融，而故弛其禁耶？今所请之开禁，亦即此意扩推之而已。

惟是出海之途，各省有一定之口，税赋之入，各口有一定之规。诚画一其口岸之处，籍算其人船之数，严禁其违禁之货，察惩其犯令之奸，而督率巡防，并资文武，统之以兼辖，责之以专泛，弹压之以道官，总理之以郡佐。一切给票稽查，抽分报纳诸例，皆俟定议之日，可逐一妥酌举行也。

总之，此事诚关重大。今之言者，明知此禁之当开，乃瞻顾而不敢轻言。即言矣，议者亦明知此言之可行，又因循不敢决断。则财终从何裕而用终从何出乎？兹因需饷浩繁，民生困苦，上厪庙堂之忧，更烦院虑之功。再行筹计，展转思维，以为微利轻财，未足以补救。今日必当致财之源，生财之大，舍此开禁一法，更无良图。

抑臣更有请者，江南弃沙，虽已复业过半，尚有界外未复之洲。实则在大江口内而不在外洋，迁民失业，更为可悯。今若开禁，并可勘令复归故土，垦种补课，又系生财之一端。而海舶通商，所资在天下之大，百世之远，宁仅江南一隅足饷一时已哉！

由此可见，慕天颜认为，维护政权稳定，增加政府财政收入，无外乎开源和节流两种途径，而对于时下的清朝政府来说，连年征战，兵燹不断，已节无可节，只有开源才是根本。而当时政府财政收入的主要来源是"矿砾之银"和"番舶之银"，但自政府停止开采矿山和严格禁海以来，致使这两大财源枯竭断绝，加之灾荒不断，农业歉收，若要增加收入，持续发展，权衡之下，开采矿山耗费较大，事繁难成，只有打破旧制陈例，开放海禁，发展对外贸易，投资少，见效快，更能鼓励当地百姓勤于垦殖，经营生产，增加收入，长此以往，方能保国安民。通过此道奏疏及其当时的海外贸易政策，我们可将慕天颜开放海禁思想的主要内容归纳为以下几个方面。

1. 悉数开放海禁的缘由

慕天颜在主政地方和江南各省时，灾荒频发，战乱不断，朝廷迁界禁海，限制对外贸易，致使财源枯竭、赋税繁重、民生困苦。针对这种境况，他深切体会到朝廷旧制的弊端和开放海禁的益处，于是结合江南沿海经济发展特点，大胆提出革新举措，只有开放海禁，才能从根本上解决财政匮乏、经济萧条、民生凋敝等困难和问题。正所谓："今天下之势，即使岁岁顺成，在在丰稔，犹苦于谷贱伤农，点金无术，何况流亡迭见，灾歉频仍。于此思穷变通久之道，不必求之天降地出，惟一破目前之成例，曰开海禁而已矣。"

2. 明确开放海禁的目的

慕天颜认为，"惟番舶之往来，以吾岁出之货，而易其岁入之财。岁有所出，则于我毫无所损，而殖产交易，愈足以鼓艺业之勤。岁有所入，则在我日见其赢，而货贿会通，立可以祛贫寡之患。银两既以充溢，课饷赖为转输。数年之间，富强可以坐致。较之株守故局，议节议捐，其得失轻重，有不啻者矣。"只有打破成例旧制的种种束缚，顺应经济发展规律，开放海禁，积极发展对外贸易，打通海外交流，互通有无，才能调动百姓生产的积极性，激发市场活力，改善贫富差距，增强国力。

3. 提出开放海禁的措施

慕天颜认为，"惟是出海之途，各省有一定之口，税赋之入，各口有一定之规。诚画一其口岸之处，籍算其人船之数，严禁其违禁之货，察惩其犯令之奸，而督率巡防，并资文武，统之以兼辖，责之以专泛，弹压之以道官，总理之以郡佐。一切给票稽查，抽分报纳诸例，皆俟定议之日，可逐一妥酌举行也。"要在沿海各省设立口岸，制定税则，收取税赋，并加强对出入口岸贸易船只、货物的监督检查，严惩违禁商人和货物。

4. 限定开放海禁的范围

慕天颜指出，开放海禁，要以沿海各省为口岸，首先允许南北重镇自由交流贸易，同时，远涉近海邻国，乃至朝贡的邦国和岛屿。

"今则盛京、直隶、山东之海船，固听其行矣，海洲、云台之弃地，亦许复业矣。香山、澳门之陆路，再准贸贩矣。""按故明海岛诸国，并许朝贡。惟以猥彝犷悍，绝不使通。然而市舶之往来，于彼不废，故有舶商匿货之禁。原以专计泛海之船，行之累朝，深得其利。其后虽有倭患，原非兆于商舶也。……再以本朝而言。闽海之余孽未殄，而荷兰、琉球等国之贡仍至也。粤地之风帆接闽，而暹罗、红毛等国之贡自若也。贡船本外彝所来，犹且无碍。商舶由内地所出，翻谓可虞，又事理之必不然者矣。"

5. 加强开放海禁的管理

慕天颜认为，开放海禁后，必须加强口岸通行货物及人员管理。"惟是出海之途，各省有一定之口，税赋之入，各口有一定之规。诚画一其口岸之处，籍算其人船之数，严禁其违禁之货，察惩其犯令之奸，而督率巡防，并资文武，统之以兼辖，责之以专泛，弹压之以道官，总理之以郡佐。一切给票稽查，抽分报纳诸例，皆俟定议之日，可逐一妥酌举行也。"

不难推测，康熙批览了慕天颜及东南各省官员呈请开放海禁的数百件章疏条陈后，权衡利弊得失，先后颁发了数以百计的谕旨和朱批，认为开放海禁，加强海外贸易，既可"充闽粤兵饷，以免腹地省份转输之劳"，又可"闽粤边海生民有益"。于是，在平定三藩、收复台湾，政权稳固的形势下，下令准许内迁居民归复田里，开放海禁，并于广州、漳州、宁波、云台山四处设海关，征收进出口关税。这一决策反映了当时国内社会经济发展要求，开拓了中外贸易以及其他交往的实现，适应了形势发展的需要，实属明智之举。但值得一提的是，康熙时虽实施了开放海禁的政策，但清政府对外国商船和逗留在中国的外国人的活动仍防范极严，康熙曾下谕地方官，要在沿海各地增设炮台，并保持"海外如西洋等国，千百年后，中国必受其累，国家承平日久，务需安不忘危"的忧患意识。

自康熙开放海禁之后，每年造船出海贸易者，多至千余，但回来者不过十之五六，不少人留居南洋。清政府因而担心"数千人聚集海上，不可不加意防范"，并认为南洋各国历来是"海贼之渊薮"，于是康熙五十六年（1717）复行南洋海禁，严禁与南洋往来贸易，严令沿海炮台拦截前往船只，水师各营巡查。南洋海禁之后，一度繁荣的对外贸易，又复颓滞，沿海经济日趋萧条，给当地居民造成严重后果，以致有用四五千金建造的大船，任其朽蠹于断港荒岸之间，生活没有着落的穷苦百姓，被迫逃亡海上，或铤而走险，或违法犯乱。为此，又有不少人奏请开禁。康熙五十九年（1720）当圣祖获悉"每年造船出海贸易者，多至千余。回来者不过十之五六，其余悉卖在海外，资银而归"时，即下令"其南洋吕宋、噶喇巴（今爪哇）等处，不许前往贸易"。并规定："出洋商船初造时，先报明海关监督及地方官，该地方官确访果系殷实良民，取具澳甲族各长并邻伍保结，方准成量。"可见，康熙对西方殖民主义者始终存有戒心，惟恐中国百姓在海外聚众反清，极力限制百姓自由出海贸易。雍正五年（1727），在大臣的反复奏请讨论下，雍正担心闽粤地区因长期海禁而引发海患，同意废除持续十年的南洋禁海令，随即开放了粤、闽、江、浙四口通商口岸，但限令出洋贸易之人三年内回国，否则不许回籍。雍正九年（1731），为使"盗匪即无人假冒"，又规定："嗣后商、渔各船照票内舵工水手各年貌项下，将本人宾斗验明添注，均于进口、出口时按名查验，一有不符，即行根究。"乾隆二十二年（1757），朝廷修改世祖入关时制定的编置户口牌甲之令，规定"沿海等省商渔船只，取具澳甲族邻保结，报官给照。商船将船主、舵工、水手年貌籍贯并填照内，出洋时，取具各船互结，至汛口照验放行。渔船止填船主年貌籍贯。其内洋采捕小艇，责令澳甲稽查。至内河船只，于船尾设立粉牌，责令埠头查察。其渔船网户、水次搭棚趁食之民，均归就近保甲管束"。后来，由于英国等殖民者在中国沿海进行种种非法的活动，清高宗下令关闭江海关、浙海关、闽海关，指定外国商船只能在粤海关即广州一地通商，这就是所谓的"一口通商"政策，这也标志着清政府闭关锁国政策的开始。在此基础上，清政府还提出了一些严格限制措施，如外商需听中国行商的管束，不得随意奴役中国人，不得在广州自由出入等。同时，也加强了对内地商人的限制，如设立了保商制度，保商受政府委派，拥有对外贸易的特权，凡外来的一切人员、船只、货物及纳税等事皆由保商担保。加税也是限制与西洋各国通商的办法之一。清政府的关税分船钞、货税两种，除康熙时曾一度减轻税额外，以后各种名目的附加税日益增多，乾隆时，清朝即以加重浙江等地海关税以抵制外商北上，同时，清朝政府还先后颁行了禁止五谷、金银、铜觔、丝斤出洋等种种禁令。嘉庆二十二年（1817），清廷又将深受海外欢迎的茶叶作为禁止出口的货物之一，令皖、浙、闽三省巡抚，"严饬所属，广为出示晓谕，所有贩茶赴粤之商人，俱仍照旧例，令由内河过岭行走，永禁出洋贩运，倘有违禁私出海口者，一经擎获，将该商人治罪，并将茶叶入官。若不实力禁止，仍私运出洋，别经发觉，查明系由何处海口偷漏，除将守口员弁严参外，并将该巡抚惩处不贷。"此外，诸如粮食、铁器、硝磺、金银等物品亦属禁止出口之列。特别是粮食，清廷控制极严，连船员食用也不准多带，每船只能依照人口多少与往返航期，每人一天以一升米为度。可见，清政府对外贸易的限制政策对于殖民主义者在中国的侵略活动起过一定的防卫作用，却使中国在对外贸易中丧失了主动性，使中国封建社会内部已经滋长起来的进步的手工业生产，得不到更进一步的发展，最终导致中国的科学技术和经济发展极大落后于西方，逐步闭关锁国、落后挨打、主权丧失，沦为半殖民地半封建社会。

纵观明清两代的海禁政策，不难发现，明朝虽然在明前期至隆庆开关时期近乎全面海禁，但仍然在16世纪中期隆庆开关时开放了漳州月港一处口岸。有明一代，禁海时期约占75%，开海时期约占25%。有清一代，鸦片战争前，禁海时期约占15%，开海时期约占85%。可谓弛禁相当。但不论怎样，海禁政策的实施，严重妨碍了海外市场的扩展，抑制了资本的原始积累，阻碍了资本主义萌芽的滋长，导致中国与世隔绝，没能及时与世界先进科学技术交流互鉴，远远落后于西方。

四、慕天颜开放海禁思想对后世的影响

明代的海禁政策有着深厚的历史原因和现实因素。明王朝建立后，以华夏中原正统自居，不惜一切代价，拒绝承接宋、元以来发展起来的与海外贸易联系，实行严厉的海禁政策，甚至规定"片板不许下海"。这种做法实际上拒绝了对海洋文明的接纳，把明帝国紧紧锁在封闭的大陆体系中，最终导致我国开始落后于西方世界。

清朝在收复台湾以前，为了巩固政权，曾经厉行海禁政策，严禁商民出海贸易，犯禁者一律处死，货物没收入官。这种海禁政策的实施，主要是为了对付郑成功及其子孙的海上势力，但一定程度上也阻碍了对外贸易的顺利发展。

慕天颜生活在明末清初，并长期在地方和江南财赋要地任职，他

深知对外贸易在发展经济、增加财税收入、改善百姓生活中的重要作用。因此，向朝廷呈奏《请开海禁》疏，悉数前朝实行海禁的种种弊端和开放海禁的益处，无疑这对康熙提出开放海禁产生了积极影响。

其一，在经济发展方面，康熙二十二年（1683）开放海禁后，清王朝大力主张东南沿海地区，尤其是各通商口岸，开展正常的海外贸易，鼓励迁界之民回归故土，垦殖生产，发展经济，国家财政收入明显增加，国力不断强盛。

其二，在政治制度方面，开放海禁就是对旧制成例的大胆革新，是在深入了解前朝赋税制度利弊的基础上，立足当朝经济社会发展实际，提出变革制度的创建，符合百姓需求，利国利民。在此基础上，后世竭力改革田赋制度，推行"摊丁入亩"，进一步完善了古代赋税制度，从根本上保证了财政收入，极大促进了社会发展。

其三，在文化交流方面，随着对外贸易的发展，周边国家和地区，乃至世界各国的各种文化也传入中国，尤其是欧洲国家的先进生产技术、自然科学、人文理念，宗教信仰等也大量引入中国，中国文化也不断传入世界各国，有力促进了中西文化交流，扩大了中国文化的影响。

其四，在对外交往方面，自开放海禁以来，在经济贸易不断发展的基础上，原有以朝贡为主要方式的外交逐渐变化，中国与周边国家和地区的交往日益密切，范围不断扩大，使得中国不断融入世界，中华民族屹立于世界民族之林。

慕天颜开放海禁的思想，无疑体现了他胸怀百姓、忠心为国、立足实际、放眼长远的经济眼光和非凡的政治智慧，对康熙时期开放海禁、发展江南经济、增加政府财政收入、减轻百姓负担产生了重要影响，是深入研究中国海关史和对外开放史的重要资料。但因各种因素的影响，开放海禁的政策时张时弛，未能始终如一地实行，导致清朝中后期，逐步闭关锁国，走向衰落。

近代以来的中国历史，国家蒙辱、人民蒙难、文明蒙尘，中华民族遭受了前所未有的劫难，究其原因是多方面的，但与明朝的海禁和清朝的闭关锁国政策具有密不可分的关系。"海禁"妨碍了海外市场的开拓，阻碍了资本主义萌芽的滋长，造成中国落后于世界；闭关锁国割断了海外市场，导致夜郎自大，抑制了资本的原始积累，隔绝了中西文化交流，使中国落后于世界潮流。历史和实践证明，世界潮流浩浩荡荡，顺之者昌，逆之者亡。独立自主不是闭关锁国，对外开放不是随波逐流。只有立足实际，实事求是，守正创新，胸怀天下，遵循经济发展规律，顺应时代潮流，才能富民强国。

【参考资料】

1. （清）张廷玉等撰．明史·食货志［M］．卷81，北京：中华书局，1974.

2. （美）牟复礼，（英）崔瑞德编．剑桥中国明代史［M］．上卷，北京：中国社会科学出版社，1992.

3. 贾新政编．中国全史·商业史［M］．北京：经济日报出版社，1999.

4. 厦门大学台湾研究所，中国第一历史档案馆编辑部编．郑成功档案史料选辑［M］．福州：福建人民出版社，1985.

5. 中华书局影印．清实录·仁宗睿皇帝实录［M］．北京：中华书局，1986.

6. 李世恩、李安乐辑校．慕天颜集［M］．北京：商务印书馆，2024.

慕天颜台海攻守战略研究

□ 马　奔

一、清初台湾割据局面的形成

1. 郑成功收复台湾

明末，战乱纷起，荷兰殖民者趁机占据了我国宝岛台湾。殖民者在占领期间，滥杀无辜、强征租税，激起了台湾人民激烈反抗。1661年5月1日，民族英雄郑成功率大军攻占台湾鹿耳门。刚登上台湾土地，郑成功遣使警告荷兰殖民者："土地我故有，当还我。"郑成功这种强烈的国家领土主权意识得到了全台湾民众大力支持和积极拥护。经过郑成功和台湾民众的同心勠力，果敢杀敌，1662年2月1日，荷兰殖民者被迫签订了投降条约。残余的五百余名荷兰人，分乘八艘船舰，退离台湾。至此，经历了三十八年殖民侵略，台湾终于重归祖国怀抱。

2. 郑经割据台湾

1662 年 6 月 23 日，郑成功在台湾溘然病逝，郑成功之子郑经在内斗中取胜，成为郑氏在台湾的第二代统治者。但是，在事关台湾谁属这一重大问题上，郑经却背叛了其父的立场，父子之间出现了原则性的分歧。

郑成功 1661 年致信荷兰殖民者："台湾者，早为中国人所经营，中国之土地也！"郑经则多次向清政府明确说明："台湾远在海外，非中国版图，先王在日，亦只差'删发'二字，若照朝鲜事例，则可。"

至此，郑经企图将台湾分割于中国版图之外的立场已显而易见。

二、清政府和平收复台湾的努力与慕天颜两次出使台湾

清初，由于长年战争，经济十分凋敝，而渡海作战，对于惯习陆战、战舰无多的清政府而言，面临重重困难。再加上其后施琅渡海作战失利和"三藩"之乱，招抚成了清政府对台主方略。

康熙八年（1669）六月，康熙帝亲政，清廷开始了与台湾郑氏集团第五次谈判，因这次谈判是康熙亲政后第一次谈判，康熙帝对这次谈判非常重视。康熙帝特派刑部尚书明珠、兵部侍郎蔡毓荣携诏书入闽，与郑氏谈判。明珠经过再三佺选，最后选中兴化知府慕天颜作为访台使。

七月初，慕天颜奉诏以兼理太常卿充正使的身份，携皇帝诏书及明珠给郑经的亲笔信到达台湾安平镇王城（今台南市安平区）。根据慕天颜之子慕琛《显考鹤鸣府君行状》载，慕天颜见到郑经，送上诏书和信件。郑经只收下明珠书信，但不肯接诏书。郑经还对慕天颜

说:"两岸息兵已有三四载,长此下去,相得益彰,何必深求相逼?……台湾不在中国图籍之内,可无烦执事之俨临,非某之敢抗中朝也。"郑经不愿回归统一的意图十分明显。

慕天颜说:"普天之下,莫非王土。公等之若父若祖,皆我中国之臣民,岂有中国臣民之子若孙,而不隶我版籍?我天朝皇帝,仁覆万方,不忍以中国臣民流于化外。故予今日之来,所以招我中国之臣民,非招海外之岛夷也。公等曰不抗,又谁复敢抗者?"

慕天颜柔中带刚地说:"公等如鱼游釜中耳!天朝法网宽大,特命予宣布德意,冀尔一返于正。不欲以烦兵戈者,重民命也。尔其图之,勿有后悔。"

最后,郑经指派使者柯平、叶亨随慕天颜返回大陆继续谈判。

听到郑经将台湾与朝鲜相提并论的消息后,康熙皇帝明发上谕《敕谕明珠等郑经比例朝鲜不便允从》,郑重说明:"若郑经留恋台湾,不思抛弃,亦可任从其便。至于比朝鲜不剃发,愿进贡投诚之说,不便允从。朝鲜系从来所有之外国,郑经乃中国之人!"此后,康熙帝再次指出:"台湾皆闽人,不得与琉球、高丽相比。"但康熙帝为了避免谈判破裂,指示明珠等再做让步,准许郑经"藩封,世守台湾"。

随即明珠又派慕天颜再次赴台谈判,但由于郑经坚持"比朝鲜,不剃发,愿纳贡投诚",最后谈判破裂。

这次由康熙帝亲自安排的和谈,清廷作出了最大的让步,表明了清政府"和平统一"海峡两岸的极大诚意。慕天颜两次出使台湾,虽没有通过谈判的方式和平收复台湾,但"台湾之知向化,实自此始"。

三、慕天颜《闽防之战 闽海寨游设防》与对台战守攻略

慕天颜两次出使台湾后，康熙九年（1670）五月被破格超升为江苏布政使。康熙十二年（1673），慕天颜借觐见康熙皇帝之机，向康熙帝进呈《闽海寨游设防》一疏，详细阐述了自己对台战守攻略。

清光绪年间绘制《福建全省图》

1. 以战逼和，寓剿于抚

慕天颜两次出使台湾，台湾郑氏集团"比朝鲜，不剃发"的顽固立场让慕天颜深刻认识到了只凭说教谈判解决不了根本问题。

因此慕天颜在两次往来台湾过程中，详细记载了台湾"山川扼塞险易之处，舟船往来远近之程，绘图以献"，向康熙皇帝"力陈台湾可取状"。而其后施琅"由澎湖进师，台湾悉隶版图，盖用府君（慕天颜）之画为多"。事实上，从康熙元年（1662）到康熙二十二年（1683）施琅武力收复台湾，清廷先后派遣官员与台湾郑氏集团进行了10次和谈，每次谈判清廷都付出了极大的诚意，但每次谈判都没有成效。

总结清廷与郑氏集团谈判失败的原因，只有一个，就是清政府没有坚强的海军实力作后盾。

10次谈判失败，迫使清政府丢掉幻想，改变策略，加强水师建设，以战逼和，先用武力夺取澎湖，歼灭郑氏集团主要军事主力，造成大兵压境之势，取得谈判的主动权，然后，再展开政治攻势，敦促郑氏集团放弃分裂的企图，接受清政府的招抚，按照清政府提出的和谈条件进行谈判，从而取得了圆满结果，最终和平统一了台湾本岛，实现了国家的统一。

2. 战场前置，外洋取胜

对台海作战，慕天颜首先想到的是"惟主击贼外洋，不使冲突内犯"。慕天颜分析了当下多数朝臣坚持的"弃置边岸，击贼内港"的不利之处，进一步提出了"不若先取胜于外洋"的对台战略思想。

这同现代战争中"御敌于国门之外"的思想是一致的。

在现代战争中，任何在本土爆发的战争，即使胜利也是失败，因为战争会破坏本土的安全和发展环境。抗美援朝战争，就是我国打的一场御敌于国门之外的战争，最终我们获得了战略上的胜利，避免了我们本土遭受战争的破坏，使我们本土各项建设能够在安全环境中进行，粉碎了敌人的阴谋。

鉴于此，战场前置，前沿设防就显得尤为重要。

慕天颜《闽海寨游设防》一疏说："至于浯屿一寨，则系绝岛，孤悬大海之中，一望无际，风涛汹涌，因是故明亦有移屯石湖之议。然而石湖在内，不能远眺，惟厦门东指彭湖与浯屿，原可遥通，且港湾能容巨舰，四面风皆可泊，不但为泉、漳之屏翰，实关全闽之襟喉。朝廷费百万金钱收复此地，乃废置不守，仍为逆孽窃处于其间，亦非得计。况寨、镇皆俯瞰鲸波，极目千里，寸板在洋，无不了然于目，内奸之透越，何从飞出？外船之接渡，何处突来？私运不通，贼又不窘而坐毙乎？"

浯屿，是福建东南海中的一个小岛，地理位置在小担岛与镇海角之间，面积0.96平方公里，属今漳州龙海市港尾镇。浯屿岛在当时属于前沿要地，能远眺周围水域，但因为孤悬海上，明代时就曾发生过将岛上防御力量移驻石湖之内的动议。慕天颜坚持认为该岛"为泉、漳之屏翰，实关全闽之襟喉"，守住该岛，才能将战场前移，更有利于战守。

3. 占据前沿，要地设防

"天时不如地利"，"地利"永远是战争中不可忽视的重要方面。而前沿要地更为必守之地。

慕天颜《闽海寨游设防》一疏说："福兴泉漳四郡，福宁一州，俯临巨海，其险要之处，当以泉州之厦门为第一；而福宁之烽火、福州之小埕、兴化之平海卫、漳州之铜山，皆最险之门户。"

慕天颜又说："臣查故明总兵戚继光扫荡倭氛，议复烽火、小埕、南日、浯屿、铜山五大水寨，部署得宜。"慕天颜就各个战略要地向康熙皇帝进一步做了具体筹划和解释说明。

烽火门为闽省上游最要之口，岂宜空虚？如大金、三沙、沙埕、官湾、嵛山、斗米一带，皆其汛地。

小埕毗连福州之梅花所，船必避礁傍寨而行，更须缜密。而万安所、镇东卫、西洋、竿塘、白犬，皆其汛地。

兴化外扼海坛，内控三江，独以南日为外护，但南日势居孤岛，不若于平海卫实地设镇，而湄州莆禧所以及龙王宫、西寨、东沪，皆其汛地。

铜山逼近南湾，峙险尤为吃紧，而悬钟、六鳌、镇海、古雷等处，皆其汛地。

慕天颜向康熙皇帝具体筹划在厦门特设总镇，统兵一万以上，以防御正前方之敌。同时还需要在围头湾设参将一员，统兵二千驻防，以御东南之地。还需要在闽安镇设总兵一员，统兵五千，驻防兴化，为援剿左路。

4. 声势联络，首尾呼应

慕天颜在《闽海寨游设防》一疏说："设兵扼守，则在声势联络，首尾策应。"

慕天颜详细研究了明代嘉靖时期巡抚谭纶提出的"五寨呼应"防

御之法，向康熙皇帝说明了闽海烽火、小埕、南日、浯屿、铜山五大水寨首尾呼应防御之法。

其法为："五寨定为五大鲸，而又为之分汛地、明斥堠、严会哨、课功罪，贼寡则各自为战，贼众则合力并攻，以扼外洋。盖分哨往来，两寨交会，必使道里适均，而又避风稳泊。如烽火北会浙船于井下，门南与小埕会哨于西洋山，小埕与南日会哨于梅花所南茭，南日与浯屿会哨于平海卫湄洲，浯屿与铜山会哨于料罗、担屿，而铜山之南，则为广东界，与广兵会焉。"

慕天颜总结道："其立法之遗意，即首尾联络之道也。"

慕天颜还研究了明代万历年间巡抚金学提出的"五游之兵"防御法。

"五游之兵"意即海上定期巡逻之兵。

慕天颜在奏疏中说："臣又查万历间巡抚金学曾采集群谋，申明旧制，又添设南湾、浯铜、海坛、湄洲、嵛山五游之兵，屯聚洋岛，按期游历，大都间处于五寨之中。无事出兵会哨，使寨与寨会，游与游会；有事呼吸相应，臂指相连，寨各奋勇而截击，游必循环而救援。"

慕天颜在奏疏中进一步驳斥了部分朝臣的议论。

当时部分朝臣认为在孤悬海外的小岛上布置兵力，万一敌人倾巢侵犯，仅凭一寨之兵难以抵挡。

慕天颜说："臣窃已虑之久矣。五寨相去约四百里，贼浮海面，上、下两寨俱可望见。烽火北枕浙界如首，铜山南跶潮洋为尾，厦门、平海、小埕如腰肢如腹心，正《兵法》所云'常山率然之势'。而合围分守，奇正相生，窥烽火而小埕援，平海、厦门、铜山相继而翼之；窥铜山而厦门援，平海、小埕、烽火相继而翼之，首尾应也。

窥腹心腰肢而首尾不可并应乎？一寨遇警，施放号炮，日则举烟，夜则明火，各汛巡兵闻见递接，烽火相望，勠力齐驱，俱有旧迹可循，当日戚继光诸人料算已深。在昔五寨废而倭寇作难，五寨复而海警无闻，确有明验，臣非敢凭臆妄言。"

对于"五寨""五游"声势联络，首尾呼应，慕天颜是胸有成竹的。

四、慕天颜督造战舰与清政府"以战逼和"收复台湾

德国的铁血宰相俾斯麦说"真理永远只在大炮的射程之内"。没有武力作为后盾，任何谈判只能是消磨时光。鉴于几次招抚郑经都无法达到"和平统一"的目的，康熙帝决意恢复福建水师提督建制，做好武力统一台湾的军事准备。

康熙十六年（1677），清政府令陆路提督黄芳世兼管福建水师提督。康熙十七年（1678），清廷专设福建水师提督，以加快水师建设。康熙十八年（1679）《清实录》记载："上（康熙帝）欲乘胜荡平海逆，乃厚集舟师，规取厦门、金门二岛，以图澎湖、台湾。"

康熙十六年（1677）前，整个清廷可以调配的战船极为有限。清廷为了平定"三藩"之乱，于康熙十六年（1677）六月初一日戌时，兵部密令各地统计可用战船："江南所有水艍、犁缯、鸟船等海战之船，着巡抚慕天颜详查具题；再崇明船只，着提督刘兆麒查明具题；其浙江定海等海边所有此等船只，着巡抚陈秉直查确具题。"

最后汇总的结果是：

初三日，苏州府船政海防同知刘大庆呈称："唯崇明水师提标有沙船（防沙平底船）一百只，以资防御；其吴淞川、沙福山、太湖、平望等营，各有哨探沙唬船只，其中并无水艍、犁缯、鸟船等项。"

初四日，准镇海将军王之鼎称："查京口原设有水艍、犁缯船一百只，奉旨拆卸，现今京口并无艍、犁、鸟船。"

提督刘兆麒称："臣查京口原于顺治十八年造设水艍船五十只、犁缯船五十只，康熙三年曾经小修一次，至康熙六年止大修过船五十二只，尚有四十八只停泊日久，腐烂不堪。"

督臣麻勒吉称："现在止有沙唬船（小型水面战具）二百七十四只，经制可考；至于鸟船一项，京口、崇明等处向来原未成造。"

康熙十六年（1677）六月，康熙命慕天颜督造鸟船。慕天颜奉谕旨不到三个月捐造鸟船40艘，解送岳州军前。此船长33米，高31.7米，每只船造价3000余两白银，配备官兵炮手150人。慕天颜又提出"古今水战之功，必以火攻为胜"。因此在战舰的设计制造中，增加了火砖、火箭、喷筒、蒺藜等火攻武器，选派善用火攻的将卒，

康熙《钦定平定台湾凯旋图》

同赴军前。江苏不产硝磺，慕天颜又多方措办，试制合成火药二十余万斤，以及旗帜、棉帘、风篷、锚缆诸物，一一配置妥全。各船所需炮手1200名，分省调募，同时并发，编号列队，竖桅起行。

更为难能可贵的是慕天颜督造战船时，就考虑到了海战的需要。

当时大将军贝勒只考虑到了洞庭水浅，不比海洋渊深，故板片改薄，食水宜浅，要求慕天颜督造战船时"船底、船帮，板用二寸六分"。但慕天颜考虑到以后海战，因而说："海战之船，底板厚至五寸，若遇出洋，又将巨石铺载镇压在底，盖因桅高乘风，其力甚重，不可使船底轻浮也。向臣奉使台湾，身经乘坐鸟船，目击如此。即今沿海水艇、犁缯，亦莫不同然。今楚式鸟船，身长十一丈余，桅高九丈六尺，而炮位、器械、扛具，何啻数十万斤，皆设于船面，舱内已属空虚。又每船官兵、水师炮手，计有一百五六十人，在船行动用力，若船底过薄，食水太浅，未免有上重下轻之虑，转樯调戗果否利便？施放火炮有无震惊？不可不为深算！"

康熙帝大悦，赞慕天颜"急公可嘉……实心任事，勤劳茂著……才品优长，殚心料理，筹画周详，克副委任"。遂于康熙十七年（1678）闰三月加封慕天颜为太子少师、兵部尚书，仍兼都察院右副都御史，授为从一品，晋位光禄大夫。

康熙十八年（1679）四月，清政府调湖广岳州水师总兵万正色为福建水师提督，而岳州水师总兵万正色所统领的水师战舰基本都是慕天颜督造的。

康熙十九年（1680）二月，万正色率舰队攻取海坛、南日、湄州等岛，并在惠安县崇武海上与台湾割据势力郑军交战，击沉郑军战船12艘，配合陆上炮击，把郑部朱天贵的300多艘船队驱散，收复崇武。万正色乘胜追击，收复金门、厦门等岛，郑军退守台湾。

康熙二十年（1681），康熙帝下令万正色进军台湾，万正色却认为"台湾难攻且不必攻"，康熙帝遂将万正色调为陆路提督，改由施琅接任福建水师提督。

康熙二十一年（1682），康熙帝决定攻台，命施琅与福建总督姚启圣一起进取澎湖、台湾。

康熙二十二年（1683）六月十四日，施琅督率水军由铜山出发。二十二日早七时，施琅亲率 56 只大型战船组成的主攻部队，经过 9 小时激战，攻取澎湖列岛。

此后，施琅一面加紧军事行动，一面对占据台湾的郑氏集团施以招抚。八月十三日，施琅率领舟师到达台湾，郑氏集团主动投降，台湾终于回到祖国母亲的怀抱。

在清廷"剿抚兼施，以抚为主"收复台湾过程中，慕天颜积极主动作为，不单有两次出使台湾的招抚经历，还有用超前眼光为海战打造大型战舰，为武力攻台奠定物质基础，更有将原不属于自己分内管辖的台海攻防战略研究得如此清晰明了，充分体现了"天下兴亡、匹夫有责"的政治职责。在康熙帝收复台湾的过程中，"一切张弛，天颜之言悉为左券。"时至今日，2300 万炎黄子孙仍孤悬海外，他们何时才能回到祖国母亲怀抱，他们怎么才能回到祖国母亲怀抱，这都是当下我们要解答的历史课题。当此之时，我们更需要学习和研究慕天颜对台战守攻略了。

【参考资料】

1.《清史稿·郑成功传》(中华书局 1977 年版)

2. 江日升《台湾外记·卷八》(福建人民出版社 1983 年版)

3. 林乾《康熙统一台湾的战略决策》(《清史研究》2000 年 8 月第 3

期)

4. 李妙根《清政府对郑氏集团招抚政策述论》(《军事历史研究》2001年第 2 期)

5.《静宁州志·卷七·乡贤·慕天颜传》(乾隆年间刻本)

6. 李世恩、李安乐辑注《慕天颜集》(商务印书馆 2024 年版)

艺文赏析

清初家训的典范之作

——慕天颜《自寿兼寄勖诸子文》笺注与赏析

□ 马世年　张凯亮

自寿兼寄勖诸子文[1]

岁戊申之腊，余莅晋安事，已蓂荚十有四更，行年四十六矣[2]。值公事寓迹三山旅舍，簿书杂沓，应酬冗赜[3]。悬弧之旦，暂谢绝宾从，举凡世之篚筐杯斝颂祷之具，皆却而不御；与瞿子寿明促膝斗室间，阖户御风，焚香隐几，默念余身世之所阅历[4]，自幼及壮，今且发渐星星矣。苦日恒多，而乐日恒少；去日常多，而来日常少[5]。人谋所以为吾寿者，吾却之；吾之所以自谋为寿者，胡不计之？而吾之所以谋为寿者，固不止虔礼旃檀之林，栖心服炼之术，谓可享遐龄、跻不老也[6]。《书》载《洪范》“九畴”称：五福者，寿为先，而继之曰攸好德[7]。《易》言：“天行健，君子以自强不息。”[8]故“至诚”亦称“无息”，又曰“悠久无疆”[9]。德也，诚也，一而二，二而一者也。无疆不息，非寿云乎哉[10]？概而言之曰：仁者寿[11]。

慕天颜撰文并书《自寿兼寄勖诸子文》（局部）

则吾今日之所以自谋寿者，可以报君，可以恤民，可以齐家，可以保身，顾安得不先举以教子[12]。夫人子苟非败类，鲜不愿其亲之登大年，介繁祉者也[13]。尔辈能遵吾之意，服吾之言，朝夕兢兢焉，不尤愈于捧椒柏而习拜舞乎[14]！

盖吾之所以为寿者，一曰廉。自筮仕以迄于今，未尝妄取人锱铢之利，非惟暮夜之金，故所誓绝；即耗赠之例，并亦查除；蔬水礼节之需，不容已者半问之；孟尝之券，而吾不忧也[15]。盖不欲致富，则营求之念可息；不妄得财，则弥缝之虑可省[16]。心地光洁，尘累祛遣，泰然适然，饱食安枕，而疴病不侵，身其康强，惟廉可致也[17]。

一曰恕。恕也者，非姑息滥恩之谓也[18]。推我及人，彼此一视，即是古人欲立欲达之念，己饥己溺之怀[19]。吾历官十三载，或常以喜怒妄加于人，然断以近情体贴为当，不至生中枉死，宁于法外施仁[20]。《诗》有之："乐只君子，民之父母。"[21]颂无期者，亦归之"乐只"焉；好之恶之，非恕之极至者乎[22]！吾不敢自诩其德，庶几和气致祥，惟恕斯得也[23]。

一曰谦。夫满必招损，谦则受益，故圣经六十四卦，吉凶悔吝，象以示人[24]。惟谦则六爻皆吉，而"福谦"二字，其包举者甚广[25]。语云："神之听之，介尔景福。"[26]福者何？禄、位、名，而寿尤其大也。况惟恭则寿，谦象亦主地山之义焉[27]。谁谓坤土之奠宁，泰华之亘峙，终古不变？非寿之莫与享者也。

一曰明。考之《礼经》之训曰："清明在躬，志气如神。"[28]盖束修纯一之至，斋居祓濯，更无贪淫杀妄之念、纷华靡丽之心蔽滞于中，如赤日之当空，如止水之鉴物，上可以答苍昊，下可以对黎民[29]。每见世之昏黯庸浊者流，利欲熏之，病魔扰之，酒与色戕害之，虽日服参蓍，讲求延年，终无济也[30]。况"志气如神"，即《中庸》言"至诚高明"之说也；高明之说，又无息之验也[31]。

斯四者，皆余之所不逮，而惴惴焉，乾乾焉，未尝不以自励也[32]。今再言吾力之所能，而尔辈之所当极闻者，则曰勤曰俭。

君子朝作夕息，苟一怠惰，匪僻随之，故宴安鸩毒，宵旰不遑，古先圣贤，斤斤致训[33]。而能勤者，不惟可以集事，抑且可以延龄[34]。盖勤则筋骨运动，腠理密饬，饮食荣畅，脉络贯通，却病长生，可以操左券而决之[35]。曾见世之人，皓发童颜，精神矍铄，而平日耽于佚惰，废时失事者乎[36]？勤可获寿，断断然矣[37]。

若夫俭，则罗绮不常御，剪裁之费渐减矣；珍馐不常列，宰杀之惨渐除矣[38]。然惟淡泊清心，兼之惜福保命，尤阴骘之显而易知者；且自奉损约，则薄禄足以养身，多求之念可绝[39]。既不多求，罪将自减。居官居乡，处身处世，岂非切实可行之事乎哉！

吾愿尔辈，时时勉励，事事兢业，须念为父者十年灯火，两榜科名，而举步不敢存一点刻薄、嗜一分货利、贪一时骄惰，驰驱王事，力瘁心枯，今日从心田上积得分毫，尔辈受用无尽[40]。古人云："遗子满籝金，不如遗一经。"[41]尔辈若能读父书，尤须能体父志，六字之义，阐发详明。当此时万水千山，想尔辈必为我遥祝南山之觞，期添东海之筹，正不如书严训于座右，拳拳服膺，其所以寿吾者，诚无涯涘也[42]。

江寒笔战，意不悉言。瞿子寿明见而叹曰："夫廉，德之干也；恕，德之基也；谦，德之体也；明，德之化也；勤与俭，德之实也。六德备，而天下之善毕具矣。先生何术而臻此欤？《传》有之：'宜其家人，而后可以教国人。'[43]先生自寿之篇而勖厥令子者在是，所以寿国者亦在是。由身而家，由家而国，将见主圣臣贤，调元理化，时和年丰，夭札不作，凤麟游于郊，龙马负于河，甘露降于野，景星庆云昭于天，休祥滋至，而诸公子趾美象贤，簪笏勿替，所期者，顾不远且大乎[44]？小子愿赓'永锡尔类'之章，为先生祝，并为诸公子颂也[45]！"余曰："嘻，何瞿子言之过谀也！"然文则未尝不佳，故并述之以示尔。尔其敬之哉，惟尔其勉之哉！

康熙七年季冬朔有三日　晋兴太守鹤鸣主人书

笺注：

[1] 自寿：为自己祝寿。勖：勉励。

[2] 莅：临视，此处引申为治理。晋安：福建兴化府的故称，今为莆田市。蓂荚（míng jiá）：古代传说中的一种瑞草。又名"历荚"。《竹书纪年》载曰："又有草夹阶而生，月朔始生一荚，月半而生十五荚；十六日以后日落一荚，及晦而尽。月小则一荚焦而不落，名曰蓂荚，一曰历荚。"

[3] 寓迹：犹寄足，暂时寄住。三山：今莆田市荔城区西天尾镇有三山村，疑即此。清初当是一驿站。

[4] 悬弧：古代风俗尚武，家中生男，则于门左挂弓一张，后因称男为悬弧。《礼记·内则》："子生，男子设弧于门左，女子设帨于门右。"后代指男子的生日。篚（fěi）筐：盛物竹器。方曰筐，圆曰篚。亦指礼物。杯斝（jiǎ）：古代酒器，亦指饮酒。颂祷：赞美祝福。瞿子寿明：即瞿昌文（1629—?），字寿明，常熟人。明末清初南明政治人物瞿式耜之孙，学者瞿玄锡与闺秀诗人陈结璘之子。南明永历二年（1648），赴广西桂林省祖父瞿式耜，参加抗清。次年授中书舍人，后授翰林院检讨。清顺治十年（1653），

扶祖枢归葬虞山。与钱澄之为师友。曾辑祖父《虞山集》付梓。促膝：谓对坐而膝多接近。多形容亲切交谈或密谈。隐几：靠着几案，伏在几案上。

〔5〕发渐星星：头发变得花白。

〔6〕旃檀之林：佛教语。佛寺的尊称。服炼之术：服气修炼的道家养生之术。遐龄：高龄，长寿。跻（jī）：登，上升。此句谓别人谋划为我祝寿，定有所图，我谢绝了；我之所以替自己祝寿，本不只是虔诚礼佛和静心修道，而是希望延年益寿，长生不老。

〔7〕《洪范》：《尚书·周书》之一篇。有"九畴"之说，即治理国家的九种大法。"五福"属于"九畴"中的最后一种，具体是："一曰寿，二曰富，三曰康宁，四曰攸好德，五曰考终命。"其中，"攸好德"意为遵行美德。

〔8〕原文脱"以"字，根据文意补全。此句意为：天道运行刚强劲健，君子因此而奋发图强。

〔9〕语出《中庸》第二十六章。此句意为：最高境界的真诚是永远不会停息的，它悠久而长远，如天地那样无边无际、永世长存。

〔10〕此句意在强调生命不息、真诚不已的道理。

〔11〕语本《论语·雍也》篇。

〔12〕此句道出慕氏自寿的两个目的：一是勉励自己继续保持并发扬真诚的美好品性，进而报效国家、体恤百姓、齐整家风、保全自身。这可与《大学》"八目"相发明。二是借自寿以告诫诸子为人处世的道理。

〔13〕登大年：犹言延年，多享年岁。介繁祉（zhǐ）：多福。《诗·周颂·雝》："绥我眉寿，介以繁祉。"

［14］椒柏：椒酒和柏酒。古代农历正月初一用以祭祖或献之于家长以示祝寿拜贺之意。拜舞：跪拜与舞蹈。古代朝拜的礼节。

［15］筮仕：古人将做官时必先占卜问吉凶，故以此称初出做官。锱铢之利：比喻微利，极少的钱。暮夜之金：典出《后汉书·杨震传》。杨震为东莱太守，途经昌邑，县令王密求见。至晚，以十金奉震曰："暮夜无知者。"杨曰："天知，神知，我知，子知。何谓无知者？"遂拒而不受。后世以"暮夜却金"喻为官清廉。耗赠之例：指旧时征收赋税，以转运亏损为名，额外加征以供弥补的一种杂税。这些杂税往往作为官员收入的一部分，是官场陋规之一。不容己者半问之：不允许亲己之人插手过问。孟尝之券：典出《战国策·冯谖客孟尝君》。冯谖是齐国孟尝君的门客，受命去薛国收债，当着百姓的面烧掉所有的债券，以提升孟尝君的威望。这就是"焚券市义"。此句意为：自做官以来，自己从未取得别人半点利益，杜绝任何不属于自己的财物；严格查处官场耗赠之事，即使采办一些生活和礼节所需的用品，也绝不允许亲己之人插手过问；自己不收贿、不妄取，所以不欠任何人的钱财和人情。

［16］营求之念：谋求（财物、权力）的念头。弥缝之虑：设法遮掩的思虑。此句谓不想致富，追求物欲的念头就会消除；不欲取财，就会省去遮掩的忧虑。

［17］尘累祛遣：谓解除尘俗牵累。此句谓要想做人光洁泰然，去除俗累，安枕无忧，且疾病不侵，身体安康，唯以廉洁处之。

［18］姑息滥恩：无原则的宽容和不合规定的奖赏。

［19］欲立欲达：语本《论语·雍也》篇。己饥己溺：语本《孟子·离娄》篇。慕氏认为，"恕"就是儒家所谓的推己及人。

［20］全句大意为：我做官十三年，虽时常以喜怒之情加于他

人之身，然仍以近于人情、将心比心为准则来断讼，宁愿法外施恩，也不使生者枉死。

[21] 语见《诗·小雅·南山有台》。民之父母：作者对周王的赞誉之词。

[22] 此句意为：纵然是无穷无尽的歌颂祝福，最终只是归于"快乐"二字；好百姓之所好，恶百姓之所恶，这才是最高境界的"恕"啊！《礼记·大学》："民之所好好之，民之所恶恶之，此之谓民之父母。"可与此相发明。

[23] 庶几：或许。

[24] 满必招损，谦则受益：语本《尚书·大禹谟》。此句意为：自满必定招致损害，谦虚才能受益无穷。圣经：这里是对《易经》的尊称。吉凶悔吝：祸福和悔恨。象：征兆，卦象。

[25] 六爻：《易》卦之画曰爻。六十四卦中，每卦六画，故称。

[26] 语出《诗经·小雅·小明》。此句意为：神会帮助你得到大福气。

[27] 谦象亦主地山之义焉：谦卦（䷎）下艮（☶）上坤（☷），故云。

[28] 语出《礼记·孔子间居》。此句意为：如果一个人的内心清洁光明，那么他就会神志清明，头脑明辨。

[29] 束修：指初为官之时的束带修饰。斋居祓濯：斋戒别居，除垢使洁。此句意为：（我）初入官场时衣着十分朴素，通过斋戒的方式清除身体的污垢和内心的杂念，使得心中没有过分贪污和杀戮的念头，以及追求物欲的想法，恰如当空的红日，鉴物的静水，在上可以报答苍天，在下可以面对百姓。

［30］参蓍：人参和蓍草。古人认为二者可入药，有延年益寿的作用。

［31］"至诚高明"之说：见《中庸》第二十六章。验：效验，效果。

［32］逮：及得上，比得上。惴惴：忧惧戒慎貌。乾乾：敬慎貌。

［33］匪僻：邪恶。宴安鸩（zhèn）毒：谓沉溺于安逸享乐，犹如饮毒酒自杀。宵旰（gàn）不遑：日夜没有闲暇。形容勤于政事。斤斤致训：小心谨慎地接受训诫。

［34］集事：成事，成功。延龄：长生，延长寿命。

［35］腠（còu）理：指皮肤的纹理和皮下肌肉之间的空隙。操左券：古代契约分左右两片，双方各执其一，作为凭据，左券由债权人收执，右券由债务人收执。比喻事成有把握。

［36］见世之人：现时之人，此处指自己。皓发童颜：白色的头发，红润的面色。形容老年人气色好，有精神。精神矍（jué）铄：形容老人目光炯炯、精神健旺。

［37］断断然：确实如此，决然无疑。

［38］罗绮：罗和绮。借指丝绸衣裳。珍馐：珍奇美味的食物。

［39］阴骘（zhì）：阴德。自奉损约：自己的奉养简洁节约。

［40］十年灯火：指长期闭门苦读，致力学业。两榜科名：即进士。科举时代，谓考取举人的榜为乙榜，考取进士的榜为甲榜，进士名列两榜，故称。驰驱王事：奔走效力于王命差遣的公事。力瘁心枯：精神和体力都极为劳累。

［41］遗子满籝（yíng）金，不如遗一经：典出《汉书·韦贤传》。韦贤是鲁国邹人，善习《诗经》，兼学《尚书》《礼经》，号

称邹鲁大儒。他以儒家经典教育四子，诸子皆有贤能。故谚曰："遗子黄金满籝，不如一经。"

[42] 觞：盛满酒的杯。亦泛指酒器。筹：行酒令的筹码。拳拳服膺：诚恳信奉，衷心信服。形容恳切地牢记不忘。此句意为：此时我们相隔千山万水，我想你们一定会祝我福如东海，寿比南山，与其这样，却不如将我对你们的训诫书写于座右，诚恳信奉，牢记不忘，你们若以此为我祝寿，我的寿命将会无穷无尽。

[43] 语见《大学》第九章。此句意为：适宜了一家人，才可以教育一国人。

[44] 调元理化：调理元气，治理教化。时和年丰：四时和顺，五谷丰收。用以称颂太平盛世。夭札不作：不会发生人遭疫病而早死之事。凤麟游于郊，龙马负于河：语本《礼记·礼运》。后以此为祥瑞的象征。景星庆云：古代以为祥瑞的事物或征兆。趾美象贤：谓继承发扬前辈的贤德。簪笏勿替：比喻长期以来为官显贵。簪笏，冠簪和手版，古代仕宦所用。

[45] 赓：酬唱。永锡尔类：语见《诗·大雅·既醉》。此句意为：祝愿您的家族永受天赐！

赏析：

本文录自慕天颜所书中堂作品。该书法作品20世纪90年代尚流传于静宁民间，字迹已脱落漫漶，由时任静宁县政协副主席马勤祥先生抄录，并拍照保存，延请当地学者赵宗理、程万恭、段吉昌三位先生校勘，拟定题目。文字初刊于1997年《静宁文史资料选辑》，书法照片则收录于《静宁古今书画集萃》（此据《慕天颜集》辑校者李世恩先生所云）。

本文是慕天颜四十六岁生日时所作，一来为自己祝寿，二来勉励诸子。

全文主要分为三个部分，可用"自寿""勖子""友祝"三个主题词概括。

第一部分是慕天颜对自己的希冀。首先，慕氏回顾一生，"苦日恒多，而乐日恒少"，每日埋头于劳形的簿书和冗多的应酬之中，看尽社会百态。因此，他拒绝别人的祝福宴请，而与好友瞿寿明促膝而坐，享受半日之闲。接着，慕氏述说自寿的两方面考虑：一方面是希望通过虔诚礼佛和安心修炼的方式，延年益寿；另一方面是勉励自己追求至高的真诚，自强不息，从而实现精神上的万寿无疆。最后，慕氏交代追求长寿的根本原因，那就是"可以报君，可以恤民，可以齐家，可以保身"。由此观之，慕天颜志存高远，渴望建功，平生以经国济世为己任，怀有强烈的入世念想和爱国精神，正如他自己所言："儒者之学，贵于有为。除大害，兴大利，学者分内最切事。"（《静宁州志·慕天颜传》）活现出一个饱读经书、注重实用、为国为民的儒者形象。

第二部分是慕天颜对诸子的训诫。慕氏以自身经历为基础，从六个方面告诫诸子为人处世之道，希望他们能够听进自己的诚言，遵从自己的意愿，兢兢业业做事，小心谨慎为人。

其一，做人要廉洁。慕氏自做官以来，严格从生活作风和为人处世方面要求自己，不贪锱铢之利，不谋暮夜之金，杜绝官场耗赠陋习，一经发现坚决查处；就连生活所需物品的购置，也很少让亲近之人经手。由于他不妄取、不贪财、不受贿，所以不欠任何人的财产和人情，这为其秉公处事奠定了良好的基础。此外，慕氏强调廉洁的重大作用在于，它能使人心里澄净，不为外物所扰；安枕饱食，而无疾病所侵。这是能拥有一个安康强健的身体的重要前提。

其二，做人要宽容。慕氏特别强调，宽容不是滥于恩情，而是推己及人，不分你我，怀有一颗"己欲立而立人，己欲达而达人"的普世之心。他以亲身经历告诉诸子，自己为官十三年，凡断讼皆近于人情、将心比心，宁可法外施恩，也不使好人枉死；杜绝阿谀奉承之风，一直以百姓的好恶为自己的好恶，这才是真正的"恕"。最后，慕氏指出，唯怀有宽容之心，方能做到和气致祥。

其三，做人要谦虚。《尚书》云："满招损，谦受益，时乃天道。"人如果保持谦虚，就会得到吉祥，上天就会降下福运。所谓"福"，并非指功名、爵位与利禄，而是神祇给予的长寿。慕氏强调，大地的安宁和群山的耸立并不是亘古不变的，只有福寿才是永恒；而欲获得福寿，就要求人有一颗懂得谦卑的心。

其四，做人要清明。清明者，清净澄明也。慕氏告诫诸子，为官者须身着打扮朴素如一，斋戒沐浴，洗净身上的污秽；摒弃心中的贪淫之念、物欲之情，如此才能做到在上可以无愧于君主，在下能够对得起百姓。同时，坚决不能与当世昏暗庸浊之人交好，他们已经利欲熏心，疾病缠身，深受酒色戕害而无药可救。总之，只有保持志气清明，追求至高真诚，生命才会不止不息。

除了以上四个方面，慕天颜还要求诸子竭尽全力做好如下两个方面。

一是勤奋。慕氏先抑后扬，首先指出懈怠懒散所造成的不良后果："苟一怠惰，匪僻随之""宴安鸩毒"。古今圣贤都明白这个道理，所以他们没日没夜地勤于政事，谨慎小心地接受训诫。接着，他指出勤奋的人不仅能够成就大事，也许还能延年益寿，可谓一举两得。慕氏坚持以身作则，故而精神矍铄，鹤发童颜。由此来看，勤奋能够获得长寿，这是绝对之事。

二是节俭。慕氏开门见山，先是讲述何为"俭"：不常穿华丽衣裳，不常吃珍贵菜肴，节约自身开支。接着说明节俭的好处：通过减少剪裁衣服的费用和去除宰杀生命的活动，可以使自己清心宁静，积累阴德，进而保养自身，断绝物欲，减轻罪过。最后，他告诫诸子：不论是做官抑或居乡，节俭对于个人的修身处世具有切实的益处。

慕天颜再次结合自身的做官经历，希望诸子能够听从并践行以上六个方面的为人处世之道。慕氏希望孩子们念在自己"十年灯火，两榜科名，而举步不敢存一点刻薄、嗜一分货利、贪一时骄惰，驰驱王事，力瘁心枯"的份上，时时以此勉励，事事兢兢业业。同时，他叮嘱诸子认真读书，体会父志，阐明"廉""恕""谦""明""勤""俭"六字的真义，然后将其付诸实践，方可不负为父的教诲，也算是对自己寿辰最大的祝福了。拳拳之情，溢于言表；谆谆教诲，动人心弦。这正是文章的出彩之处。

第三部分是友人瞿寿明对慕天颜的祝贺，以及对慕氏诸子的赞赏。瞿氏首先对以上六字箴言做了总结："夫廉，德之干也；恕，德之基也；谦，德之体也；明，德之化也；勤与俭，德之实也。"这六种品德皆备，就是聚齐了天下之善，而慕氏正是如此。瞿氏不仅高度赞扬慕天颜的为人处世和教育子女之道，而且指出国家能够长治久安，关键在于像慕天颜这样六德毕备、为国为民之臣的驰驱奔波与尽心竭力。慕氏先修身，后齐家，再报国，这样一来，社会不久将呈现出一幅"主圣臣贤，调元理化，时和年丰，夭札不作，凤麟游于郊，龙马负于河，甘露降于野，景星庆云昭于天，休祥滋至"的祥和景象；诸位公子也将效法先人贤德，弘扬优秀品质，为官清明显贵，对上可以回报君主，对下能够造福百姓。这一部分可以视为对全文的总结与升华。

本文也体现出较高的艺术性。一方面，全文最大特色就是引经据典，增强了文章的说服力和文学性。本文以征引经书最为多，主要包括《周易》《尚书》《诗经》《礼记》，具体而言，分别是《尚书》中的《洪范》《大禹谟》，《周易》中的《乾卦》《谦卦》，《诗经》中的《南山有台》《小明》《既醉》，《礼记》中的《大学》《中庸》《礼运》；同时，暗用了《论语·雍也》的个别语句；又化用了《战国策》《汉书》《后汉书》中的三处典故。由此来看，慕天颜读书广博，至少涉及经、史、子三类的书籍，学养十分深厚。另一方面，在题材上独具特色，借自寿而勉励诸子，遂使文章具有家训的性质。重视家庭教育，是我国自古以来一以贯之的优良传统，而家训便是家庭教育的重要形式之一。《自寿兼寄勖诸子文》可谓是清初家训的典范之作，即使以现代人的眼光来看，它也是一篇颇有价值的文章；文中所提出的"廉""恕""谦""明""勤""俭"六字箴言，对后世的家训家风（如《曾国藩家书》）也产生了较大的影响。

本文也可以帮助我们进一步认识慕天颜其人。慕天颜是一个注重实际、为民请命的爱国官员。据史书记载，慕氏为官以来，政绩十分突出，他的治区跨越了浙江、广西、福建、江苏、湖北、贵州等地，后任漕运总督，在每个任上，他都因地制宜，切实解决了不同地区存在的重大问题，展现出杰出的统筹和治理能力。其中，在福建筹备军需，赴台湾招降绘图；在江南督造战船、开浚水利、整顿赋役、救灾救荒、关怀百姓；在贵州绘制地图，核查人口土地，改革兵饷、盐课、驿站；督理漕运时定价船料、方便百姓，等等；

都卓有成效。另外，慕天颜在赋役方面"均田均役"的思想，在治理黄淮方面"以清刷黄、用水治水，而亦顺水之性"的思想，以及在各地进行的切实改革，在当时及后世都有着重要的影响。故而康熙皇帝赞其"实心任事，勤劳茂著"。他又着力加强西北家乡与江南各地之间的交流，为家族乃至整个家乡的发展开拓了新的道路，这些也是特别值得肯定的。

慕天颜身上还体现出直言敢谏、大力反贪反腐的可贵品格。在巡抚江宁期间，慕氏对朝廷政策法规时有进言："凡督抚重臣所不敢请者，公必力言之，或言之而格不行者，公常独奉中旨报可，以行于中外。"（钱仪吉《碑传集·巡抚慕公天颜免役碑》）任湖北巡抚期间，极重"厘惕贪暴"（《静宁州志·慕天颜传》）；为官以来，坚决查处"耗赠之例"，革除官场陋习。他又敢于揭露世道沦丧，批判社会庸浊，不愿同流合污。当然，慕天颜后期因为牵涉到参劾陆陇其案、浮销豆草案以及卷入治河事件等，而被两度降级，终至革职，康熙甚至批评他"居官不善，素行乖戾"，这些则又是与当时官场的权力博弈乃至高层的政治斗争密切关联的。

要之，慕天颜是一位受河陇声气风俗熏染的士人官员，体现出先秦以来河陇文化慷慨任气、耿直朴实的"秦风"特质和精神品格，这在其《自寿兼寄勖诸子文》一文中也可以见其大略。

【作者简介】

马世年，甘肃静宁人，西北师范大学文学院院长，教授，博士生导师。国家级高层次人才项目入选者。国家社科基金重大项目首席专家。甘肃省拔尖领军人才，甘肃省飞天学者特聘教授。兼任西北师范大学国学中心主任，甘肃省先秦文化研究中心副主任，并担任中国先秦史学会法家研究会副会长、中国《史记》研究会副会长、甘肃省《四库全书》研究会副会长等。主要从事中国古代文学与传统文化的教学与研究。出版有《〈韩非子〉的成书及其文学研究》《韩非子新读》《潜夫论注译》等十余部，发表论文八十余篇。

张凯亮，甘肃天水人，西北师范大学文学院博士研究生。主要从事先秦两汉文学研究。参与国家社科基金重大项目"韩学文献整理与研究"子课题相关研究工作。

慕天颜诗词三首析赏

□ 王克生

题杨忠愍公《梅花诗册》二首

丙辰清明日，读渭公冀老年翁所藏杨忠愍公题令祖梅轩公诗卷。敬附诸名卿之后，赋五言二律，以志景仰。

一

诗卷留天地，高风尚可攀。

纲常生死际，性命友朋间。

祖幹金龟列，孙枝玉鹭班。

冰心疏影外，尺幅大罗山。

二

忠义千秋迥，文章一代赊。

鹅池香润墨，鸾掖笔生花。

鼎鼐调新味，丹青照晚霞。

鸣鸡风雨后，开卷重咨嗟。

千秋岁·祝严太夫人

夫人王屋，曾记云璈曲。会领取、人间禄。芳菲兰畹佩，蕃衍椒聊菊。一寿考，珠窗绣佛供天竺。

庭树菁葱玉，门驻朱颜毂。莱子舞，封人祝。五苞将凤彩，千里飞高鹄。将进酒，流霞酌共蒲桃熟。

《题杨忠愍公〈梅花诗册〉二首》，录自《西泠印社 2013 年春季拍卖会中国书画古代作品专场画册》三零八二号藏品，题为《李赞元、慕天颜、秦松龄等十九家题杨忠愍公梅花诗册》。诗原无标题，系此次辑校者所拟补。

先看诗前小序。大意说：清康熙十五年（1676）丙辰岁的清明节，我捧读了冀渭公应熊老年翁所珍藏的杨忠愍公继盛昔年题赠与他的祖父梅轩公冀国的诗卷。遂以虔敬之忱，赋五律二首，附于诸名公巨卿诗作之后，以录存我对先贤高谊的景仰。"渭公冀老年翁"，指冀应熊，其字渭公，籍河南辉县冀庄；明末至清初，辗转任仕。年翁，当时对同年（同榜登第者之互称）之父或父辈的尊称。杨忠愍公，即杨继盛，字仲芳，号椒山，明嘉靖进士；因劾严嵩被杀，谥忠愍。由卷册诸序可知，杨继盛抗言罹祸之后，时任刑部主事的冀应熊祖父冀国（梅轩）"周旋诏狱"，"倾身橐饘，忠愍高其诣，为作此卷"（邵长蘅序），"画古梅并系长歌贻梅轩"，"（其）孙渭公世守之，当时文人继和题识甚夥"（张英序）。"康熙丙辰，渭公来吴阊（按：谓苏州），出卷示余，盖百二十馀年物矣"（邵长蘅序）。为"显扬祖父"，"裨益风教"（张英序），特请苏州公卿名士题诗于后，成一时佳话。时慕天颜任江宁巡抚，应邀赋题五言二律如上。

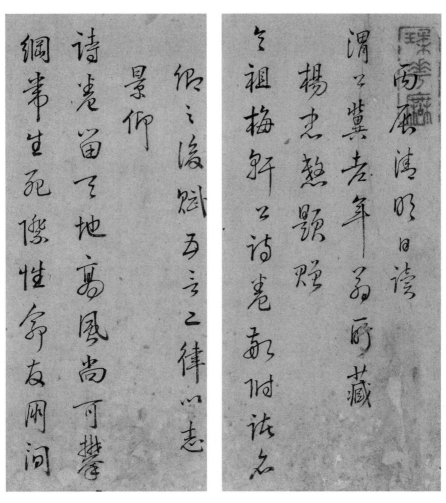

慕天颜题《梅花诗册》墨迹

　　继看第一首。开首两句说：诗画遗册将长传人间，杨、冀二公的亮节高风幸有绍继追攀者。次句是就冀应熊而言，钦赞他有乃祖之风。颔联盛赞二公于生死关乎纲常之际、友道坠于存亡之时结成的深情笃谊，断非泛泛势利之交可侔。颈联谓：尊祖昔具巨幹之才，登选出仕；令孙今如分枝逸拔，位列朝班。这两句互文见义，统言祖孙科入仕铨，才为邦用。由"幹"及"枝"，分喻祖、孙，十分切宜。

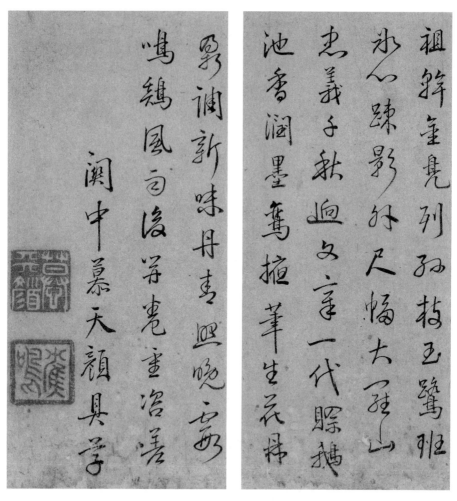

慕天颜题《梅花诗册》墨迹

凫，即"凫飞"。《后汉书·方术传上》载：王乔任叶（音"舍"）县县令时，每于月朔、十五乘双凫（野鸭）入朝觐见。后以为赴仕或离职的代称。鹭，即"鹭序鸳行"，以白鹭、鸳鸯之群飞有序，喻百官上朝时的行列。"凫"以"金"饰，"鹭"借"玉"拟，俱喻尊荣，且工对仗。尾联之"冰心疏影"，是对杨公所画梅花风姿的概括评赞，亦二公节操之写照，义涉物人，双关互衬。末言画幅以小见大，能于咫尺之间，呈现出冰清玉洁的玄元境界。大罗山，即神话中的玄门圣山，相传乃鸿蒙元气凝结所化。此句实谓画面元气淋漓。此诗为仄起式，首句不入韵，属五律正格；叶删韵，无一邻韵，循律甚严。

第二首。首联谓：二公之忠义浩气，迥出世尘；其道德文章，彪炳一代，凌高响远。赊，寥远。这一首发端便用对仗句。颔联谓：二公之翰墨意趣，堪与王羲之同流共雅；其朝堂文章，正可谓妙笔生花。鹅池，传为晋王羲之养鹅处，在浙江绍兴戒珠寺前。鸾掖，宫殿边门，常以指代宫禁。笔生花，即"生花笔"。李白少时，梦见笔头生花，"后天才赡逸，名闻天下"。事见五代王裕仁《开元天宝遗事》。颈联谓：二公为政，能因情参酌，独具宏猷；暇余作画，亦能烘托出龄届桑榆而"为霞尚满天"（唐刘禹锡《酬乐天咏老见示》诗）的高尚情怀。颈联分叙政才与画艺。鼎鼐一器，大鼎为鼐；喻其才可居三公、宰辅之位。调鼎鼐，犹"调羹"，喻治国理政。尾联说：在风雨如晦的黑暗已然过去百余年后的今天启卷重瞻，令人不胜咨嗟，感慨百端。鸣鸡风雨，是紧缩《诗·郑风·风雨》"风雨如晦，鸡鸣不已"而来，以喻权奸当道的严酷年代，简括而恰切。此诗亦系仄起式首句不入韵，为五律正格；叶韵皆取麻韵。

通观二作，可知作者虽以循吏名，韵文非其专治，然为诗却极为娴练：立意措辞，俱精工不苟，条畅合宜，毫不见逊于诗坛巨擘。其学养之渊渟岳峙，由此可证。

再看《千秋岁·祝严太夫人》词。此词录自陆勇强《〈全清词·顺康卷〉补遗》，原载《南阳师范学院学报（社科版）》2005年第四期。《补遗》系从清陈枚辑、陈德裕增辑之《留青新集·卷七》（康熙版）转录。

此词是为祝嘏而作。嘏，音"古"，福；祝嘏，即贺寿。千秋岁，是词牌，顾名思义，多用于祝嘏贺寿。严太夫人，不详；但依中共领导人在延安为朱德母亲祝寿称其为"钟太夫人"的惯例论，太夫人本姓亦即娘家姓当为"严"。首二句之"王屋"，山名，在今山西省阳城县西南，传为黄帝访道之山，故以称修仙之处。云璈，又称"云锣"，打击乐器。这两句借想象说：太夫人本居王屋仙境，还记得喧阗悦耳的上界仙乐。下句说，他降临人间是来享受福禄寿考的。继二句说：她佩饰着芳菲的兰蕙，满握着椒聊籽。前言操守高洁，后喻子孙众多。兰畹，种兰花的园圃。语出《离骚》："余既滋兰之九畹兮，又树蕙之百亩。"椒聊，木名，多籽而香，以喻子孙济济。《诗·唐风·椒聊》："椒聊之实，蕃衍盈升。"匊，本义为满握、满捧。又下两句说：太夫人独享高寿遐龄，犹在华屋中供奉着以彩线绣成的佛像，一如置身天竺梵境。珠窗，即"珠窗网户"，极言居处之奢侈华贵。绣佛，用彩色丝线绣成的佛像。杜甫《饮者八仙歌》有"苏晋常斋绣佛前"句，仇兆鳌注："《广弘明集》：'（南朝）宋刘义隆时，灵鹫寺有群燕共衔绣像，委之堂内。'据此，则绣佛之制久矣。"天竺，印度的古称，这里代指佛家最玄妙的境界。从这句的意思推想，太夫人当是一位持斋礼佛的"供养人"。

换片转写家居环境。先说：庭院里生长着青葱的玉树和韭花，门前停驻着华贵的车辇和骏马。玉树，木名，指说不一。李煜《破阵子》词："玉树琼枝作烟萝。"菁，韭花；此以"韭"音谐"久"，切归祝嘏之义。接着说：老莱子与时起舞，华封人逢道祝寿。老莱子事，即二十四孝图中戏彩娱亲的故实。封人祝，即"华封三祝"：传云唐尧巡行至华地（今陕西华县），华地守封疆的人分别以寿、福、多男子祝尧，尧皆却辞，说："多男子则多惧，富则多事，寿则多辱。

是三者非可以养德人，故辞。"事见《庄子·天地》。依此词意，"封人祝"只是借申三祝，而不取尧之辞让义，所谓"惟我所用"者。下两句说：饰以凤凰形文采的五种馈赠礼物，被高飞千里的鸿鹄远载而来。苞，苞苴，用苇、茅编织成的包裹食品的工具，常以代指用以馈赠的礼物。卒章两句说：请饮下一杯仙酒，值葡萄方熟，正可佐觞。将进酒，汉乐府《铙歌》十八曲之一。《乐府诗集》宋郭茂倩解题谓："古词曰：'将进酒，乘大白。'大略以饮酒放歌为言"（按：大白，大酒杯）。这里一词双关，用为劝酒辞。将，在此读如"羌"。流霞，传说中天界神仙的饮料。汉王充《论衡·道虚》："仙人辄饮我以流霞一杯……数月不饥。"蒲桃，是"葡萄"的昔写。

哀语易工，欢声难巧。联语中的迎岁之辞，诗词里的祝嘏之什，向来流于俗庸，殊少佳构。此词题材虽同，却写得驾轻就熟，了无折鼎覆𩜹之窘；宣意措辞，至严丝合榫，一若量身定制。这与今之祝寿者辄以"福如东海""寿比南山"两语塞责而迄无它辞达意的捉襟见肘相较，不啻霄壤之判。显然，一旦学识淹贯，纵为贺祝应酬之作，亦能左右逢源，不落时人窠臼。

二〇二三年癸卯岁十一月初十冬至日

【作者简介】

王克生，笔名尘隐，籍甘肃庄浪县。赴学并毕业于西北师范大学、甘肃教育学院中国语言文学系。为中学语文高级教师、甘肃电大庄浪工作站汉语言文学专业指导教师，任一中教导主任。曾受聘任县委党校客座教授，兼任语文教学研究会甘肃省理事、陇东副主任、平凉市副理事长、庄浪县理事长。现任县人大、政协古代汉语、古典文学咨询专家、特邀研究员，县作家协会、诗词学会、紫荆山文化景点顾问。

出版关于诗词、人物、金石铭、制艺文研究与笺注的著述五部；撰写关于文史、艺术、舆地、方志类研究论文百馀篇；创作诗词曲赋、笔札序跋、各类对联、公私碑版文两千馀篇。与纂一中校史，独力纂就《庄浪县教育志》明、清、民国段；主纂《甘肃金石录·平凉卷·庄浪编》。审订并助编《平凉市第一中学校史》《庄浪县人民医院院志》《寺坪塬刘沪庙庙志》等；其教育、治学业绩入载《中国教育二十年·甘肃优秀人物卷》。

慕天颜判词三条释赏

□ 王克生

judge判词，是法官听讼时对讼案做结论的判决文辞，也是判决书的旧称，或称"断语"。中国封建社会中，地方行政官吏兼理法律诉讼，便须对讼案写出判决文书，时称"判词"。

现存慕天颜的理讼判词有三条，载于清人李渔《李渔全集·资治新书》。此书是李渔对明清案牍文件的汇编，意在"有裨于官常之万一"。其中辑录"判语"等六十余门类。慕氏这三条判词，其署名皆为"慕鹤鸣"（"鹤鸣"为其表字之一），似非同一职任期内所作；从第一条中作者自称"本府"、第二条中当事人有"会稽生员"推断，疑分别系慕氏于福建兴化知府、浙江钱塘县令任上所作。解读这类文字，对于了解当时的吏治和社会生活，具有真切的实证意义。

仇抄事

余明、余龙，从兄弟也。两人以手足之戚，沽酒为欢；剧饮不已，因而猜拳赌胜。其胜乎，固臆则屡中；不胜乎，亦驷不及舌。何鏖战不已，遂交手乎？果犹取小，拳何争胜？让道衰矣！

于是龙控衙门，明控本府，皆胎祸一觞，而起衅十指也。今庭质之际，复愿和息。岂以一拳之胜负难必，而一纸之胜负更难必乎？合允其所请，而分别示罚。

标题"仇抄事"，是对讼案的概括与定性，谓因仇隙以致相互斗殴的案件。抄，斗殴、袭击。从兄弟，即今所谓堂兄弟。从，在此意义上其声与调本须读如"棕"。戚：亲属，包括父母兄弟；专指族外亲属，是现代汉语后起义。"其胜乎……亦驷不及舌"是说：搳拳中的取胜一方，是因其预谋无误而屡屡猜中；不胜者，及至发觉猜错却已无法改口。驷不及舌，成语，谓话已出口，四匹马的车也拉不回来，故出言当慎。此语出自《论语·颜渊》。"果犹取小……让道衰矣"，借晋张隐《文士传》所载孔融幼时让梨取小，且言"我小儿，法当取小者"的事典，评论说：懂礼的为弟者食果尚且专拣小的，你等岂能在微不足道的搳拳上争强好胜呢？谦让的礼道如今真是衰微了！下之"胎祸一觞""起衅十指"，以对仗句互文见义，谓一场斗殴皆由一杯薄酒酿祸，十个指头起衅。"岂以一拳……更难必乎"是说：莫不是猜拳尚且不敢保证必胜，在一张讼纸上恐怕更难预言必赢吧！这是对原告二人小题大做的揶揄讥讽。最后以允其和好且分别处罚结案。

判词寓议论于叙事，发慨叹于析理；指责切乎人情，揶揄旨归劝喻；虽示罚以惩戒，终息事而宁人。入理合情，谆谆告诫，是其佳长。

屠劫事

张氏之与幼男同居，其涂墐塞户，亦常事耳。族恶周升之恶其修房，而借题兴戈。何为者？欺孤虐寡，罪不容逭矣。而此犹为同宗之斗，彼会稽生员沈阳春复为周升作后劲，又何为者？

信如二人所为，将使张氏母子竟露处于雨雪霏霏之下，而谓不如是不足表其白雪之操耶？杖有余憾！

张荣，则张氏抱告人耳，若与人并杖，虑此寡妇孤儿，将来门无吠犬矣。原拟相应豁免。

屠：这里是毁坏。劫：这里指威逼；胁迫。细审词义，对案件的分类定性切准其情。涂墐塞户：用泥涂塞门窗孔隙。《诗·豳风·七月》："塞向墐户"（按：向，北向的窗牖），同此。这里实指对房屋的小补葺，故成为下文周升"恶其修房"之因由。兴戈，代指执器杖打架。逭：逃避；音"唤"。生员：读书人出身的一种，即俗称之"秀才"。后劲：在后面鼓劲；意谓怂恿并作后盾。信如：若果如此……。雨雪霏霏：雨雪纷扬貌。语出《诗·小雅·采薇》："今我来思，雨雪霏霏。"白雪之操：比喻高洁的节操。同"冰雪之操"。宋文天祥《正气歌》："或为辽东帽，清操厉冰雪。""将使张氏母子……白雪之操耶"是说：执意要使张氏母女暴露于雨雪肆虐中受冷冻，似乎不如此便不足以显示其高洁的节操吗？这是以因事生发的诙谐语反诘周、沈二人之恶毒，亦见张氏一方之可怜。杖有余憾：打了周升和沈阳春二人的板子还不大解气。抱告人：依明清制度，诉讼中原告可委托亲属或家人代理出庭，代理者称"抱告人"。下面的话依文理应当是说：张荣作为张氏的同族及诉讼代理人，因维护本家而"借题兴戈"导致两家斗殴，属于挑起事端的一方。本亦应处以杖责；

虑及张氏将后有他事而无人声张，故而给予豁免，不予杖责。门无吠犬：比喻门庭冷落，了无声息。

缮修之役，最易与邻里发生纷争；振古如斯，至今尤厉。判词怙寡恤孤，恤弱惩恶，循吏之蔼然仁心见焉。

验伤救命事

审得张印畜鸭营生，而王闯关则佣以喂养者也。数十红掌，躅蹢水草，劳苦功高。算账不敷，乃施毒手，何功人之遽忘功狗也！夫妻扛打，砖瓦频加；血流披面，凶狂甚矣！原约工价五两，追给闯关。张印以野鸭起衅，复以牝鸡召殃，竹杖之加，聊以报尊拳耳。

红掌：以局部代全体，指鸭。唐骆宾王《咏鹅》诗："白毛浮绿水，红掌拨清波"，鹅鸭同类，是其出处。躅蹢：徘徊不前貌。蹢，兽蹄，这里音同"踯"。功人、功狗：汉高祖刘邦平定天下后论功行赏，以萧何居第一，群臣以何无战功而不服。高祖曰："夫猎，追杀兽兔者狗也，而发踪指示兽处者人也。今诸君徒能得走兽耳，功狗也；至如萧何，发踪指示，功人也。"语载《史记·萧相国世家》。张印谋划其事，王闯关劬劳其务，判词以功人、功狗分喻之；且责张付酬违约而大打出手，是功人负心寡恩于功狗也，大有曹子建所谓"煮豆燃豆萁"般同类相煎之狠毒。同典切当，信手拈来，令对方理屈莫辩。牝鸡召殃，是由"牝鸡司晨"生发。《尚书·牧誓》："牝鸡之晨，惟家之索。"孔安国传："喻妇人知外事。雌代雄鸡则家尽，妇夺夫权则国亡。"这是对张印怂恿其悍妇抄器助战、火上浇油恶行的快语痛詈。"竹杖"一句说：对张印板子伺候，以回敬他当初暴打王闯关的那一对尊贵的拳头。这是以其人之道还治其身。判词于揶揄中夹厉叱，听来痛快淋漓。

判词多为短章，趋尚理直辞雄，要言不烦，亦最能见出理讼者见识之高下与文辞之优劣。《醒世恒言》里《乔太守乱点鸳鸯谱》一篇，便是脍炙人口的判词佳例。所不同者，那是文学创作，故铺陈附会，极尽渲染之能事；这三条却是躬亲理讼，以言简与剀切为尚，"辞达而已"。虽然二者有别，却也写得条畅诙谐，饶有风趣。窃谓慕氏文笔，与冯梦龙假托的那位乔太守有异曲同工之妙。

二〇二三年癸卯岁十一月初十冬至日

难得一见的八股范文

——慕天颜会试经义卷《而非邦也者》试读

□ 时下翁

经文题目源自《论语·先进·子路曾晳冉有公西华侍坐》章，通过孔子与四位门徒的对话，展现了孔圣以礼乐教化天下的理想境界。该文摹写生动，活泼机趣，是人们公认的文学经典之一。

故事梗概是，有一天孔子和他的四位弟子子路（字仲由）、曾晳（名点）、冉有（名求）和公西华（姓公西，名赤）在一起闲聊，顺便问及他们的人生志向。老师话音刚落，好勇伉直的子路就不假思索道：假如让我治理一个遭受饥荒、面临外敌入侵的中等国家，三年时间，我能让国民勇敢善战，懂礼知法。接下来是冉有发言：假如一个纵横六七十里，或者五六十里的小邦，让我去治理，三年之后，可以使老百姓富起来。至于修明礼乐，我没那能力，只有等待贤人君子了。公西华的回答似乎更谨小慎微：我不敢说我能做些什么，只想认真学习做好每一件事。比如担任宗庙祭祀，或者诸侯会盟及朝见天子的时候，我愿意穿戴好礼服礼帽，做一个合格的小司仪。正在弹瑟的曾皙停止了弹奏，出语惊人：我和他们三人的志向不同。接下来是一段罗曼蒂克式的抒情：暮春三月，穿着春装的五六个成人和六七个少年，大家相约在沂河洗浴，在舞雩祭台上沐风，大家快快乐乐地唱着歌儿回家。孔夫子听完，大发感概：我太同意曾点的看法了。因为，这位高徒和自己憧憬的政治理想竟然如此合拍！

聊天结束，曾皙追根究底，提出心中尚存的三点疑问：一是老师您为什么要笑子路呢？二是难道冉有讲的（方六七十，如五六十）的小邦不是治国大事吗？三是难道公西华讲的（宗庙之事，如会同，端章甫，愿为小相）不是治国大事吗？

于是，孔子在明确否定子路轻率用武观点的同时，用反问的语气表达了对冉求、公西赤为国以礼的赞同："安见方六七十，如五六十而非邦也者？"（怎么能说治理方圆六七十里或五六十里的地方，就不是国之大事呢）；"宗庙会同，非诸侯而何？赤也为之小，孰能为之大？"（宗庙祭祀、会盟诸侯，难道不是诸侯国之间的大事吗？如果公西华算是一个小相的话，那么谁能称得上大相呢？）

很明显，该题就是直取孔圣"非邦也者"经典名言而拟，意在引导考生发挥国无大小，事无巨细，都必须以礼教为先的治国理念，为圣贤立言。此题截取原文片言只字，与原文暗通脉气，似断似连，难度系数较大，非大手笔难以破承，遑论纵横捭阖，推波助澜？然而这位生而卓荦的静宁才俊，破承起转，行文如万斛泉源，不择地而出，八股之余，以反问"安见方六七十，如五六十而非邦也者"收结，黄钟大吕，振聋发聩。

作者慕天颜，字拱极，一字鹤鸣，静宁州城人。顺治丙戌举人，乙未进士。遇事敢言，担当有为，《清史稿》有传。本文是其会试的经文朱卷，全文 571 字，符合顺治初对八股文每篇 550 字的限定。该文以其纯熟的制艺水平，被清代"高考作文范文"《利试小题英雅》等收录刻刊，发行民间，影响广泛。

交代完背景，回到正题上来。

题目：而非邦也者。

关于题目类型，科举研究大家商衍鎏先生在他的《清代科举考试述录》一书里说："文题有大题小题之分，乡会试每出大题，较为整齐，小考则纤佻琐碎居多，谓之小题。"所谓"小题"，就是不用现成的句子或章节，只截取上句或下句，把题目出得让你无法蹈袭现成的文章。本题就是典型的"小题"题型。

破题：深以为邦许贤者，而反言以明之焉。

"破题"，就是文章起首必须用两句话，把经文原来的题字、题意破解开。破题不一定用偶句。

句意：我深以为期望贤明的人治理国家，而题目却从反面来明确这个道理。

承题：夫求之志在为邦，此不俟辨而知也；如曰"非邦"，亦曷就是邦而审之哉？

"承题"，即是承接破题，继续将破题之意引申、发挥，以使其明白、晓畅。通常只用四五句话，不可过长，亦不定用偶句。

句意：（侍坐章中）冉求的志向在治理国家，这是不言而喻的。如果他所说的"方六七十，如五六十"算不上国家大事，那么何不就这个"小邦"进行一番探讨呢？

起讲：间考列邦之绣壤，未尝不叹封建之泽长也。邶鄘既亡，系在变风之首；曲沃非旧，仍兹唐叔之遗。盖去其实者，犹存其名也。

而非邦也者

慕天顏

深以為邦許賢者而反言以明之為夫求之志在為邦而不俟辨而

知也如曰非邦亦曷就是邦而審之戰間效列邦之繡壤未甞不嘆

封建之澤長也地廓既亡系在變風之首曲沃非舊仍茲唐叔之遺

蓋去其寔者猶存其名也豈有其寔見是而其名則非耶吾為方六

七十如五六十者思之謂是先王之建爾土乎則鼇圭瓚而錫秬鬯

嚴然伯叔甥舅之儔不得謂郎祖是而蒲穀則非也謂是先公之啟

爾守乎則備附庸而分民族皆在凡蔣邢茅之列更弗得謂龍將是

沈桜將貼非也故謂之為邦吾聞之矣疑以非邦吾未之見也有邦

"起讲"又叫小讲，亦即开始进入议论的意思。通常用数句或十数句话即可。讲究起承转合，思路要合乎逻辑规律。起讲不限用对仗，语言全部为散文也行。

句意：我间或考察各地的山川田野，从来没有不感叹分封制度的源远流长。譬如武王克商后，将殷都朝歌分为北邶、南鄘。其后二国俱亡，而诗歌犹系于十三国变风（指《诗经》中"国风"等十三国的作品）之曲。周成王封弟叔虞为唐侯，后徙曲沃，仍沿用唐的名称，这是不用实名而存旧名啊。

入手：岂有其实则是，而其名则非耶？吾为"方六七十，如五六十"者思之。

"入手"又称入题、领上等，是用一两句或者两三句过渡性的句子将文章引入正题。多用散文，不用偶句。

句意：岂有实名正确而旧名错误的呢？让我设身处地为冉有说的"方六七十，如五六十"思考思考。

前股：谓是先王之建尔土乎？则厘圭瓒而锡秬鬯，俨然伯叔甥舅之俦，不得谓躬桓是，而蒲谷则非也。

谓是先公之启尔宇乎？则备附庸而分民族，皆在凡蒋邢茅之列，更不得谓枛将是，而毊将则非也。

前股又叫起比、题比。是"八比"的第一对偶句。通常用四五句，或八九句，两比的字句必须相同。

句意：假若说先王是为后代封国建土的话，那么，赐给你圭瓒做成的酒器，一卣以黑黍和香草酿造的美酒，那就等同于伯叔甥舅一类，不能够说在典礼中公爵执桓圭，伯爵执躬圭是正确的，而子爵执谷璧，男爵执蒲璧是错误的。如若说是先公为后代开启殿堂屋宇的话，那么，置备附庸，划分民族，都和周公的后代凡蒋邢茅姓属同一性质，更不能说天子以指挥奏乐的柷赐给诸侯是对的，而赐给子男爵位的终止奏乐的敔是错的。

出题：故谓之为邦，吾闻之矣；疑以非邦，吾未之见也。

所谓"出题"，即是在领题的基础上，须将题目原文全部点出。出题多用散行，不作偶句。

句意：所以要说是治国大事，我同意；如若怀疑这不关治国大事，则我不同意。

中比：有邦而等于非邦者，纪侯大去，鄎子无归，是亦昔人之所伤矣。若犹是疆场之翼翼也，则天灾行而告籴有书，曰："维邦之故"；强邻逼而敛赋有索，曰："维邦之故"。非是邦也，岂其共为姬氏之疆索，而顿殊禹甸之山川也者。

有非邦而等于邦者，蔓草难图，椒聊实盛，是亦吾党之所惧矣。若犹是都城之奕奕也，则清庙歌而骏奔有事，曰："邦在则然"；湛露赋而聘享有时，曰："邦在则然"。非是邦也，岂其共为一王之带砺，而遂殊五等之土田也者。

"中比"是"八比"的第二对偶句。通常它是全文的重点段落，是发挥题目"正义"，即中心论点的地方。长短无定式，一般情况，它要长于下面的"后比"。中比和后比应处理成论述的"文腹"，或前或后，必须有一个充作重点段落。

句意：有国而等于没有国的，如庄公四年，齐国灭纪，"纪侯大去其国"，不再回来；以及鲁昭公十八年"邾人袭鄎，尽俘以归。鄎子曰：'余无归矣。'从帑于邾"的史实，都是前人所伤感的。假若田野疆界还是那么齐齐整整，而天灾流行有公文请求买粮，说，全是为了国家的缘故；强大的邻国挟逼而尽其所有来供给军队，说，全是为了国家的缘故，这不能算是国家啊。哪有大家都是姬姓的后代疆域，却对本属大禹所垦辟之地的中国之地不同对待呢？也有本不是国家而等于国家的，如《左传》中野草滋生，难以消除的共叔段以及花椒聊菜长得十分繁茂，预示着曲沃势力强大将要灭晋，这也是我们所担心的。假若都城依然还是那么高大雄伟，而人们跟着周公唱着追颂先王的《清庙》之歌，四方诸侯疾来助祭。说，有国家就是这样；高歌着贵族们宴赞的《湛露》之诗而聘问献纳有时，说，有国家就是这样。然这不能说是国家，哪有大家共同追随一王决心不变而对周建国以后把土田分为五等而随便不同看待的呢？

后比：盖审乎邦之所由始，则齐晋之壤以数圻，熊嬴之险以三百，俱不得自托于先庙之制，以今而存兹僻壤，不可谓非幸也。求而及此，毋亦有下泉匪风之思耶？如或非之，是干先王之典以自戾也，其谓之何？

且观乎邦之所自命，则城穀实与国之私封，虎牢亦盟主之僭赏，俱不得自混于宝玉之颁。以彼而列在藩服，宁得谓之渺也？求而志此，毋亦有大都耦国之忧耶？如或非之，是弃文武之训以自私也，其谓之何？

"后比"是八比的第三对俳句。长短亦无定式。通常，中比长而后比短。本文中、后比相当。

句意：如若分析思考城邦的来由，则齐晋那样的大国疆域不过方几千里；周公东征十七国的熊、嬴国，险要也不过三百处。他们都不能够借口符合儒家为已故祖先建立灵魂依归之所设立的次序和祭祀制度。到今天这些穷乡僻壤还存在，不能说是不幸运。推求到此，不是也有周王室内乱，居住下泉的王子匄忧思京师安危和远方游子赋《匪风》之诗寄托思乡之情吗？假定不是如此，那就是冒犯先王的典章而自招罪过的行为，要不这作何解释？何况观考自己命名国家的缘起，则城毂乃是盟国友邦私下分封的，虎牢是盟主越位赏赐，它们都不能够混同于高规格的颁赐宝玉之典。把这些冒充的名列九服藩臣，岂不显得太渺小了吗？推求记此，不是也有王畿、大城足与国都相抗衡的担忧吗？假定不是如此，那就是放弃了周代先公先王的训典达到自私的目的，否则，该做何解释？

束股：典籍藏于故府，吾将于是邦征礼；宫悬隶于太常，吾将于是邦观乐。

"束股"即收束，是八比的最后一对偶句，宜短不宜长。

句意：典籍收藏在旧府库，我将去这里寻求周礼；皇帝用乐的级别，隶属于太常寺，我将去这里观赏礼乐。

结语：安见"方六七十，如五六十"而非邦也者？

"结语"又叫"落下"，即全文结束。多为散文，不用偶句。

句意：怎么能说方圆六七十里，或者五六十里的地方，不能看作国家呢？

限于资料缺乏，我们不知该科总裁、房官对此文的批语若何。清代收刻此文的"八股范文大全"《利试小题英雅》中，有"千年俎豆，后有作者，谁与方镳"（这是受后人世代尊奉的经典作品，后来作者，谁能与之并驾齐驱）之评语，足见慕公不愧文章大家，八比圣手也。